REFRANERO ESPAÑOL

Colección de ocho mil refranes populares

Recopilación explicada, ordenada
y anotada por
Juan Bautista Bergua

Precedidos del
Libro De Los Proverbios Morales
de Alonso de Barros
Prologado por Juan Bautista Bergua

Colección La Crítica Literaria
www.LaCriticaLiteraria.com

Copyright del texto: ©2014 Ediciones Ibéricas
Ediciones Ibéricas - Clásicos Bergua - Librería Editorial Bergua
(España)

Copyright de esta edición: ©2014 LaCriticaLiteraria.com
Colección La Crítica Literaria
www.LaCriticaLiteraria.com
ISBN: 978-84-7083-969-6

Imagen de la portada: Don Quijote de La Mancha and Sancho Panza,
Gustave Doré (1863)

Ediciones Ibéricas - LaCriticaLiteraria.com
C/ La Punta Del Cuerno 19
39318 Cuchia, Cantabria
www.EdicionesIbericas.es
www.LaCriticaLiteraria.com

Impreso por LSI (Internacional)

ÍNDICE

PRÓLOGO POR JUAN BAUTISTA BERGUA

Refrán, según el diccionario, es dicho sentencioso, con frecuencia agudo, de uso común. Sinónimo de refrán es proverbio, que si buscamos igualmente esta palabra en el mismo almacén de ellas, encontraremos: proverbio, máxima, adagio, sentencia, todo lo que en unión de aforismo y axioma constituyen una serie de expresiones sinónimas, puesto que de ellas los diccionarios dicen que estas palabras se aplican a los vocablos de igual o muy parecida significación. En efecto, máxima es sentencia, apotegma o doctrina aceptada como norma de moral. Luego palabra de significado parecido a refrán y proverbio, aunque de significado un poco más amplio, puesto que toca a lo moral, a lo que no siempre llegan proverbios y refranes. Asimismo el adagio es una sentencia breve y moral que estimula a proceder conforme a una enseñanza. Y sentencia, dicho grave y sucinto que encierra doctrina o moralidad. Es decir, y como se ve, semejante a adagio. Apotegma, por su parte, es, dicho breve, agudo y sentencioso. Esta palabra se aplica preferentemente a lo dicho, de este carácter, procedente de autores antiguos célebres. Y aforismo es definido como sentencia breve y doctrinal que se propone como máxima. Podríamos añadir a todas las palabras anteriores, hermanas o primas hermanas por lo menos de refranes y proverbios, el término axioma, que significa, como sabemos, principio, verdad o proposición tan evidente que no necesita demostración; cualidad que la emparenta con proverbios y refranes que, por lo general, tampoco necesitan demostración, ya que basta enunciarlos para comprenderlos. Así, cuando decimos, por ejemplo: «La mujer compuesta quita al marido de otra puerta», no obstante el carácter simbólico de la expresión comprendemos muy bien que quiere decir lo conveniente que es que la mujer no se abandone, pues bien arreglada y compuesta agradará siempre a su marido, evitando con ello que lleve sus ojos hacia otra mujer. Y si decimos: «A buen hambre no hay pan duro», no hay necesidad de que nos expliquen que no hay condimento como el apetito, y que el que tiene hambre encuentra bueno cuanto le ofrezcan. Luego axiomas la mayor parte de los refranes también, en cuanto a claridad y no necesidad de explicación.

Se suele decir igualmente que los refranes son, y ello podría servir asimismo como definición de esta palabra, «la sabiduría de las naciones». Y que ello es así, tampoco se puede poner en duda, puesto que ha sido la repetición de un hecho cuya insistencia acabó por hacer que fuese observado, lo que movió a una boca sentenciosa a plasmarle en la expresión corta que constituyó el refrán. Siendo, pues, la virtud particular de los refranes plasmar en una sentencia breve un suceso repetido y bien observado, son tales y no pierden su carácter aunque fijen sucesos que sólo se dan en determinadas circunstancias de tiempo y lugar, los refranes relativos a la agricultura o a la meteorología. Pues el hecho de que les falte la universalidad de que disfrutan otros, no impide que allí donde nacieron sigan siendo tales y verdaderos refranes. Lo que en cambio no son refranes sino simples aleluyas, son ciertos dichos que sólo por su brevedad tienen apariencia de proverbios; pero que no lo son precisamente por carecer de algo que es esencial en éstos: ser verdad lo que afirman. En los de tipo aleluya, no. En ellos tan sólo se ha aprovechado un juego de palabras o una simple asonancia para redondearlos. Vaya como ejemplo: «En martes, ni te cases ni te embarques».

En cambio pueden no parecer refranes, pero lo son en realidad, expresiones tales que: «Ir por lana y salir trasquilado» o «Las necedades del rico por sentencias pasan en el mundo», o «No sino haceos miel y paparon han las moscas», que tomo de aquel rústico y amable almacén de refranes que el sin par Cervantes hizo a Sancho Panza. Por cierto que el propio Cervantes pone en boca del «cautivo» (capítulo XXXIX de la primera parte de Don Quijote) una buena definición de refrán: «Hay un refrán en nuestra España —dice este personaje— a mi parecer muy verdadero, como todos lo son, por ser sentencias breves sacadas de la luenga y discreta experiencia; y el que yo digo, dice: «Iglesia o mar, o casa real», como si más claramente dijera: quien quiera valer y ser rico, siga a la Iglesia, o navegue ejercitando el arte de la mercancía, o entre a servir a los reyes en sus casas, porque dicen: «Más vale migaja de rey que merced de señor».

Las expresiones que he citado antes, que si bien no refranes propiamente dicho, lo valen, las he tomado del capítulo XLIII de la segunda parte: «De los consejos seguidos que da Don Quijote a Sancho Panza», antes de que éste vaya a encargarse del gobierno de la ínsula. Por cierto que hubiera podido añadir algunas más que Don Quijote da a su escudero a modo de sabios consejos, tales que: «No comas ajos ni cebollas, porque no saquen por el olor tu villanía», o «Come poco y cena más poco, que la salud de todo el cuerpo se fragua en la oficina del estómago»; gran verdad que vale por muchos libros de medicina. Y no menos sabio y prudente el consejo: «Sé templado en el beber, considerando que el vino demasiado, ni guarda secretos ni cumple palabra».

Cuando Don Quijote, incomodado al fin con Sancho por harto de oírle decir refranes, le regaña diciéndole: «Yo te aseguro que estos refranes te han de llevar un día a la horca, por ellos te han de quitar el gobierno de tus vasallos o ha de haber entre ellos comunidades.» Sancho le replica sin enfadarse: «Por Dios, señor nuestro amo, que vuesa merced se queja de bien poca cosa. ¿A qué diablos se pudre de que yo me sirva de mi hacienda, que ninguna otra tengo, ni otro caudal alguno, sino refranes y más refranes?» Esto dicho, y como me parece que nada sería más oportuno que inaugurar el tesoro de refranes que va a continuación con los que componían la rica hacienda de Sancho en lo que a proverbios afecta, allá van por orden alfabético todos los que Cervantes puso en boca del escudero de Don Quijote:

A buen salvo está el que repica.
A buen servicio, mal galardón.
A Dios rogando y con el mazo dando.
A dineros pagados, brazos quebrados.
A idos de mi casa y qué queréis con mi mujer, no hay responder.
A buen callar llaman Sancho.
A buen entendedor, pocas palabras.
A buen pagador no le duelen prendas.
Al enemigo que huye, hacerle la puente de plata.
Algo va de Pedro a Pedro.
Al hijo de tu vecino, límpiale las narices y mételo en tu casa.
Allá van leyes do quieren reyes.
Andeme yo caliente y ríase la gente.
A otro perro con ese hueso.
A pecado nuevo, penitencia nueva.
A perros viejos no hay tus tus.
Aquel que dice injurias, cerca está de perdonar.
A quien cuece y amasa, no le hurtes hogaza.
A quien Dios quiere bien, la casa le sabe.
A quien Dios se la dio, San Pedro se la bendiga.
A quien se humilla, Dios le ensalza.
Aquí morirá Sansón y cuantos con él son.
Aunque las calzo, no las ensucio.
Aunque la traición aplace, el traidor se aborrece.
Bien se está San Pedro en Roma.
Bien predica quien bien vive.
Bien venga mal si viene solo.
Buenos son mangas después de Pascua.
Buen corazón quebranta mala ventura.
Cada oveja con su pareja.
Castígame mi madre y yo trampógelas.
Ciego es el que no ve por tela de cedazo.
Cual el tiempo, tal el tiento.
Cuando a Roma fueres, haz como vieres.
Cuando Dios amanece, para todos amanece.

Cuando la cabeza duele, todos los miembros duelen.
Cuando te dieren la vaquilla, corre con la soguilla.
Cuando viene el bien, métel o en tu casa.
Cuidados ajenos matan al asno.
Dádivas quebrantan peñas.
Debajo de mala capa suele haber buen bebedor.
Debajo de mi manto al rey mato.
De la abundancia del corazón habla la lengua.
Del dicho al hecho hay gran trecho.
Del hombre arraigado, no te verás vengado.
De los enemigos, los menos.
De noche todos los gatos son pardos.
Desnudo nací desnudo me hallo, ni pierdo ni gano.
Detrás de la cruz está el diablo.
Dijo la sartén a la caldera: quítate allá, ojinegra.
Dime con quien andas, decirte he quién eres.
Dios sufre a los malos, pero no para siempre.
Dios que da la llaga, da la medicina.
Donde hay estacas no hay tocinos.
Donde las dan las toman.
Donde hay tocinos no hay estacas.
Donde no se piensa salta la liebre.
Donde una puerta se cierra, otra se abre.
Echar azar en lugar de encuentro.
Echarlo todo a doce, aunque nunca se venda.
El abad, de lo que canta yanta.
El asno sufre la carga, mas no la sobrecarga.
El buey suelto bien se lame.
El consejo de la mujer es poco, y el que no lo toma es loco.
El dar y el tener, seso ha menester.
El diablo está en Castillana.
El hacer bien a villanos es echar agua en la mar.
El hombre pone y Dios dispone.
El mal ajeno, de pelo cuelga.
El pan comido y la compañía deshecha.
El que a buen árbol se arrima, buena sombra le cobija.
El que compra y miente, en su bolsa lo siente.
El que larga vida vive, mucho mal ha de pasar.
El que luego da, da dos veces.
El que tiene el padre alcalde, todo le vale.
El que ve la mota en el ojo ajeno, no ve la viga en el suyo.
En casa llena, presto se guisa la cena.

En la tardanza está el peligro.
En los nidos de antaño no hay pájaros hogaño.
En otras casas cuecen habas y en la mía a calderadas.
En priesa me ves y doncellez me demandas.
En salvo está el que repica.
Entre dos muelas cordales nunca pongas tus pulgares.
Ése te quiere bien, que te hace llorar.
Espantose la muerte de la degollada.
Hablen cartas y callen barbas.
Haceos de miel y papaos han las moscas.
Hay más mal en la aldehuela que se suena.
Haz lo que tu amo te manda y siéntate con él a la mesa
Hombre apercibido, medio combatido.
Hoy por ti y mañana por mí.
Iglesia o mar o casa real.
Ir el muerto a la sepultura y el vivo a la hogaza.
Ir por lana y volver trasquilado.
Júntate a los buenos y serás uno de ellos.
La codicia rompe el saco.
La culpa del asno no se ha de echar a la albarda.
La diligencia es la madre de la buena ventura.
La doncella honesta, el hacer algo es su fiesta.
La doncella honrada, la pierna quebrada y en casa.
La letra con sangre entra.
La mujer y la gallina, por andar se pierden aina.
La ocasión la pintan calva.
Lo bien ganado se pierde, y lo malo, ello y su dueño.
Lo que cuesta poco, se estima en menos.
Lo que has de dar al mur dalo al gato y sacarte ha de cuidado.
Los duelos con pan son menos.
Majar en hierro frío.
Más sabe el necio en su casa que el cuerdo en la ajena.
Más vale algo que non nada.
Más vale al que Dios ayuda que al que mucho madruga.
Más vale buena esperanza que ruin posesión.
Más vale buena queja que mala paga.
Más vale migaja de rey que merced de señor.
Más vale pájaro en mano que buitre volando.
Más vale salto de mata que ruego de hombres buenos.
Más vale un toma que dos te daré.
Más vale vergüenza en cara que mancilla en corazón.
Mejor parece la hija mal casada que bien abarraganada.

Mezclar berzas con capachos.
Mientras se gana algo, no se pierde nada.
Muchos pocos hacen un mucho.
Muera Marta y muera harta.
Nadie diga de este agua no beberé.
Nadie tienda más la pierna de cuanto fue larga la sábana.
Ni quito ni pongo rey.
No con quien naces, sino con quien paces.
No es de estima lo que poco cuesta.
No es la miel para la boca del asno.
No es oro todo lo que reluce.
No hallar nidos donde se piensa hallar pájaros.
No hay regla sin excepción.
No pidas de grado lo que puedas tomar por fuerza.
No quiero perro con cencerro.
No se ganó Zamora en una hora.
No se ha de mentar la soga en casa del ahorcado.
No siempre hay tocinos donde hay estacas.
Nunca lo bueno fue mucho.
Nunca segundas partes fueron buenas.
Ojos que no ven, corazón que no quiebra.
Pagar justos por pecadores.
Para dar y tener seso es menester.
Para todo hay remedio si no es para la muerte.
Pedir cotufas en el golfo.
Por el hilo se saca el ovillo.
*Pon lo tuyo en concejo y unos dirán que es blanco y otros
que es negro.*
Por su mal le nacieron alas a la hormiga.
Pues Dios se la da, San Pedro se la bendiga.
Quien a buen árbol se arrima buena sombra le cobija.
Quien bien tiene y mal escoge, del mal que le venga no se enoje.
Quien busca el peligro perece en él.
Quien canta sus males espanta.
Quien destaja no baraja. Quien las sabe, las tañe.
Quien la vido y la ve ahora, ¿cuál es el corazón que no llora?
Quien te cubre te descubre.
Quien te da el hueso, no te querrá ver muerto.
Quien tenga hogazas, no busque tortas.
Quien yerra y se enmienda, a Dios se encomienda.
Quitada la causa se quita el pecado.
Regostóse la vieja a los bledos.

Ruin sea quien por ruin se tiene.
Si al palomar no le falta el cebo, no le faltarán palomas.
Si bien canta el abad, no le va en zaga el monacillo.
Si da el cántaro en la piedra o la piedra en el cántaro, mal para
el cántaro.
Si os duele la cabeza, untaos las rodillas.
Sobre un huevo pone la gallina.
Su alma es su palma.
Su San Martín le llegará, como a cada puerco.
Tal el tiempo, tal el tiento.
Tomar la ocasión por la melena.
Tan buen pan hacen aquí como en Francia.
Tan pronto se va el cordero como el carnero.
Tantas veces va el cántaro a la fuente que al fin se rompe.
Tanto vales cuanto tienes.
Tener dineros en mitad del golfo.
Ténganos el pie al errar y verá del que cosqueamos.
Tirar piedras al tejado del vecino teniendo el suyo de vidrio.
Todo saldrá en la colada.
Tripas llevan corazón, que no corazón a tripas.
Tripas llevan pies, que no pies a tripas.
Una golondrina no hace verano.
Un asno cargado de oro sube ligero por una montaría.
Un buen corazón quebranta mala ventura.
Un diablo parece a otro.
Un mal llama a otro.
Viva la gallina aunque sea con su pepita.
Viose el perro en bragas de cerro.
Ya está duro el alcacel para zamponas.

VIDA DE ALONSO DE BARROS

Uno de los hombres más amables, más cultos y de más afectuosa y grata compañía y conversación que he conocido fue don Adolfo Bonilla y San Martín, catedrático de Historia de la Filosofía en la Universidad de Madrid. Discípulo de don Marcelino Menéndez y Pelayo, de él lo fueron muchos, algunos de los cuales que viven aún, como don Pedro Sainz Rodríguez, seguro que también le recuerdan con verdadero agrado. Yo, aunque siempre le consideré como un maestro, no llegué a ser su discípulo en las aulas. Por casualidad presidió cierto tribunal ante el que tuve que presentarme para aprobar una asignatura, la Etica, que entonces, en unión de la Historia de España y la Historia de la Literatura, constituían el año preparatorio de la Facultad de Derecho. Y digo por casualidad, porque era catedrático de esta asignatura un tal señor Fajarnés, krausista de los pies a la cabeza, y que precisamente para mi dolor y para el de cuantos como yo tenían que aprobar la Etica aquel curso (no tengo seguridad, ha pasado tanto tiempo, si era el año 1909 ó 1910), acababa de publicar un texto muy esperado (por lo visto pocos sabían tanto como él sobre Krause, aquel filósofo de principios del siglo XIX para quien el Universo era una síntesis de la razón humana y la Naturaleza), cuya aparición fue un verdadero parto de los montes, pues la verdad era que no había medio de entender ni una siquiera de las ochocientas o novecientas páginas de aquel indigesto volumen. Tal parecía no sólo a los desdichados que teníamos que apechugar con él, sino a los que les cabía la suerte de no tener que hacerlo. Por ejemplo, a don Adolfo, que en voz un poquito más baja y con aquella su afectuosa sonrisa de siempre, me confesó cuando fui a consultar el caso con él, que, en efecto, aquel libro había defraudado a cuantos esperaban de su autor algo más sustancioso y sobre todo más claro. Porque ocurrió que a poco de publicado el volumen, y estando el curso a punto de acabar (sería a finales de marzo), el señor Fajarnas se marchó a reunirse con Krause; y al correr la voz de que quien nos examinaría sería don Adolfo, yo corrí a mi vez en su busca para manifestarle a un tiempo mi alegría y mis cuitas, pues no sabía nada de Etica, ni krausista ni de otra clase, si otra clase había.

Don Adolfo era amigo de mi padre y además cliente de la librería que teníamos en la calle de Preciados, y yo le había encargado que el primer día que fuese a ella le preguntase que cuándo podría recibirme. Y así ocurrió. Fue una mañana, dijo a mi padre que podía ir a verle aquella misma tarde, y a las seis, hora en que me había citado, estaba allí. Me gustaba mucho ir a su casa no solamente por serme muy grata su compañía, sino porque tenía una biblioteca muy buena y siempre me enseñaba libros que hubiera sido feliz llevándome. Aquella tarde, lo recuerdo muy bien, me mostró un Corán precioso que acababan de regalarle. Se trataba de un diminuto volumen de cuatro por tres centímetros todo lo más y un par de ellos de grueso, encuadernado en una especie de chagrín verde, finísimo; volumen en el que, impreso en caracteres árabes, estaba, por lo visto, el texto íntegro del interesante código religioso-político musulmán. Hasta el estuche que contenía la joyita era precioso.

Hablamos. Lo primero de la dichosa Ética. Y fue cuando tras manifestarme que tanto él como cuantos conocían al señor Fajarnés habían sentido mucho su muerte, en lo que al libro afectaba, en verdad había sido para todos un desencanto. Luego, con aquella inolvidable sonrisa amable que era como el sello inconfundible de su persona, añadió, por supuesto sin malicia ni intención torcida, pues en toda su abundante persona sólo había bondad, afabilidad y cultura: «Si hubiese muerto de cólico, todos hubiésernos echado la culpa al libro. Por cierto —añadió al punto—: el del cólico de libros, ¿no vas a ser tú? Tu padre me ha dicho esta mañana que te habías matriculado de no sé cuántas asignaturas?» «De preparatorio, primero, segundo, tercero y civil segundo. Si no me detienen me examinaré de civil primero con don Felipe Clemente de Diego, y de segundo con el señor Sánchez Román.» Pero ¿no te parece una locura? Me ha dicho tu padre que sobre todo desde Navidad estudias de la mañana a la noche. Que no sales ni los domingos.» «No puedo, don Adolfo. He dividido los días por el número de lecciones que tengo que aprender, y me es imposible perder tiempo.» «Aprender, aprender. Pero es que de este modo no aprenderás nada. Lo más que conseguirás será retener unas cuantas nociones, con alfileres, como suele decirse.» «Ya lo sé, pero...» «Pero, ¿qué? ¿A qué estas prisas? ¿Qué te propones?» «Acabar la carrera este año mismo. Si apruebo ahora en junio haré lo que me falta de cuarto y el quinto en septiembre, y el año que viene, mientras preparo el doctorado, haré una memoria y solicitaré con ella una pensión con objeto de irme al extranjero. Si la obtengo, quisiera, don Adolfo, mientras aprendo idiomas, irme preparando para ingresar en el Consejo de Estado.»

Y la primera parte de tan ambicioso proyecto se realizó tal como la tenía decidida. La segunda, no. Estando en París, un día, llevaría allí seis meses, recibí un telegrama de mi madre instándome a volver en el primer tren. Mi padre, aparentemente muy fuerte, había empezado a sentir determinadas molestias. Marchó con mi madre a consultar a un especialista, y el diagnóstico, acertado por desgracia, fue: cáncer en la ampolla rectal, inoperable. Plazo máximo de vida: un año. Y de París tuve que volver, y proyectos, sueños e ilusiones, ¡truncados! A los diecinueve años tuve que ponerme al frente de nuestro negocio para el que no tenía otra preparación que mi amor y afición a los libros.

Y la vida siguió pasando. Si no dorada, como antes, tampoco muy negra, aunque muchos momentos, a causa de mi poca edad e inexperiencia, fuesen más bien amargos. Pero cuando los años son pocos, todo acaba por sonreír. si la salud es buena. Y la mía, hasta ahora, ha sido excelente. Y un día, como por fortuna ocurría con frecuencia, vino don Adolfo. Meses antes había decidido lanzarme al negocio editorial y se lo había dicho. E incluso lo que pensaba hacer y cómo iba a empezar. Y ya para cuando aquella visita estaban en circulación, y con gran éxito por cierto, unos tomitos de lo que habíamos llamado «Pequeña Enciclopedia Práctica». Mas dos o tres de la «Biblioteca de Bolsillo». Y como hablándole de ésta le dijese los proyectos editoriales que tenía, entre ellos hacer aparecer un volumen que me parecía interesante y de venta: un Refranero. estaba diciéndome don Adolfo: «Si te decides a hacer este Refranero, que creo, en efecto, que pudiera ser un libro de éxito, vuelve a hablarme de ello en el momento oportuno», cuando entró un joven, cliente nuestro, que solía visitarnos con frecuencia. Era un muchacho delgado, pálido, de aspecto más bien apocado e incluso enfermizo, pero que en cuanto empezaba a hablar parecía transfigurarse. Pues se animaba y se expresaba con precisión, seguridad e incluso mucha competencia si se trataba de libros o algo con ellos relacionado. Se llamaba Rafael Domínguez Acebal. Sabíamos muy bien no sólo su nombre, sino sus señas, pues le enviábamos libros muchas veces. Aquella mañana, al ver a don Adolfo, vino diligente hacia donde estábamos, mostrando al hacerlo viva alegría. Había sido discípulo suyo, y como cuantos habían tenido la suerte de tratarle, sentía hacia él tanto cariño como agradecimiento. Estuvimos charlando un gran rato. Como don Adolfo se lamentase de que no había ido a verle hacía mucho tiempo, se excusó contestando que salía muy poco. Que apenas si se movía de su casa si no era para venir a encargarnos libros, pues pasaba todo su tiempo preparándose para las oposiciones a cátedra que, como sabía don Adolfo (que por cierto formaría parte del tribunal), había firmado y que se celebrarían muy en breve.

Cuando Domínguez Acebal se marchó, me habló de él. Era uno de los mejores alumnos que había tenido, y don Adolfo estaba seguro de que la cátedra sería para él. Era un joven fuera de serie. Yo le dije que solía venir con un amigo, un tal Pérez Bricio, también muy aficionado a los libros. Don Adolfo le conocía también, pues había sido asimismo alumno suyo al tiempo que Domínguez Acebal. Que como éste, era excelente muchacho y que si no opositaba aquella vez era a causa de hacerlo su amigo y estar seguro de que presentándose él no había esperanza alguna. «Por cierto —añadió de pronto—, que antes, cuando me hablabas de editar un Refranero y yo te dije que me avisases cuando fueras a hacerlo, era pensando precisamente en ponerte en contacto con Domínguez Acebal.» «¡Ah! ¿Se ocupa también de paremiología?» «No. Pero verás. Cuando estaba conmigo me dijo un día que pensaba hacer la tesis doctoral y que le gustaría hacerla más que sobre un tema filosófico o literario, sobre un autor. A ser posible poco conocido. Pues decidido a trabajar a fondo, como siempre, sobre lo que escogiese, tenía intención de hacer algo interesante. Y entonces yo recordé, y se lo dije, que don Marcelino me había dicho un día, siendo yo discípulo suyo, y me lo había dicho como invitándome a que aceptase lo que sin decirlo francamente quería proponerme, que si él tuviese más tiempo del que disponía, le gustaría averiguar algo sobre Alonso de Barros, autor de ciertos Proverbios morales interesantísimos, del que se sabía muy poco. Sólo que vivió en pleno Siglo de Oro y que Lope sentía por él una gran admiración. Yo —siguió don Alfredo—, con gusto hubiera aceptado lo que sin proponérmelo me proponía, pero ya tenía elegida mi tesis y casi ultimada. Total, que al oír a Domínguez Acebal decir que le gustaría trabajar acerca de un personaje poco conocido, le conté lo mismo que acabo de contarte a ti, y aceptó al punto.» «¿Y la hizo él?» «Casi. Digo casi porque por lo visto empezó al instante a hacer averiguaciones. Yo, como punto de partida, le había comunicado lo que para abrir boca me había dicho don Marcelino a mi: Don Marcelino, en efecto, me había hablado de ciertas Efemérides que había comprado a Pedro Vindel, al que seguramente conoces.» «Mucho —le repliqué—. Hace, tal vez ni siquiera ocho días, que ha estado aquí. Y ahora le contaré a usted, a propósito de él, algo interesante. Pero siga, don Adolfo, hágame el favor.» «Pues que Pedro Vindel le había ofrecido como cosa extremadamente rara, un folleto o cuadernillo, pocas hojas pero mucha sustancia, cuyo título exacto era; *Efemerides del Mentidero de Madrid del año 1627.* Se trataba de un punadito de hojas de aquel excelente papel de hilo en que se imprimía entonces, sin pie de imprenta, y de los que se hacían, por lo visto, en tirada fraudulenta, un corto número de ejemplares, contando los chismes más salientes de tipo político-literario, que habían corrido durante el año por el famoso Mentidero de la Villa y Corte. Pero de modo, además de muy ingenioso, pues aunque nada se decía eran escritos y comentados por los más agudos de aquellos excelentísimos poetas y escritores de entonces, tan atrevido y audaz muchas veces, pues si hacía falta señalar al rey, al rey señalaban, que por prudencia, ni el folleto tenía pie de imprenta, ni lo que en ello se decía, autor. Siento no recordar, por ejemplo, pues de otro modo te lo repetiría, la composición, obra de Lope de Vega a propósito de la muerte del Conde de Villamediana, que, según Torres Villarroel, primero en hablar de las citadas Efemérides en su Relaciones de sucesos de la Corte, apareció en las del año 1622.» «¿Se refiere usted, don Adolfo, a

—Mentidero de Madrid,
decidnos: ¿Quién mató al Conde?
Ni se sabe ni se esconde

Sin discurso discurrid.
—Dicen que le mató el Cid
por ser el Conde lozano;
¡Disparate chabacano!
La verdad del caso ha sido
que el matador fue Bellido
y el impulso, soberano.

«Pues sí, a estos deliciosos y maliciosos versos hechos por Lope con motivo de la muerte del Conde, asesinado por un tal Bellido, al llegar una noche, de Palacio precisamente, a la puerta del suyo. Sabrás también, claro, que cortejaba, o lo pretendía al menos, a la Reina; que no hacía mucho en una justa de toros se había presentado a alancear uno llevando el pecho cruzado por una banda que decía en letras de oro: "Son mis amores", y sobre ella y todo el pecho, cubierto de "reales" de plata; y que el Rey al darse cuenta de su audacia había exclamado: "¡Pues yo se los convertiré en cuartos!" Y pocos días después fue cuando cayó asesinado.»

«Esto no lo sabía. Pero lo que sí recuerdo también es la poesía que con motivo de esta muerte publicó, seguramente en las Efemérides asimismo, Juan Ruiz de Alarcón:

Aquí yace un maldiciente
que hasta de sí dijo mal,
cuya ceniza mortal
sepulcro ocupa decente.
Memoria dejó a la gente
de bien y de mal vivir;
con hierro vino a morir,
dando a todos a entender
cómo puede un mal-hacer
acabar un mal-vivir.

«Preciosos e ingeniosos también. Los conocía, aunque no hubiese sido capaz de recitarlos como tú. Y a cambio de habérmelos recordado voy a ver si haciendo un esfuerzo de memoria repito los que en honor de Alonso de Barros había en las interesantísimas páginas que don Marcelino compró a Vindel. Porque, por lo visto, este hombre, que era un verdadero santo, tuvo una vida sumamente desdichada. Tanto, que un tal Fray Marcos, que según la *Efemérides,* era, además de un gran teólogo, conocido inquisidor, había renunciado, en vista de la injusticia que representaba la vida de Alonso de Barros, a ambas cosas. Hombre por lo visto de fondo honrado, al sentir que de pronto flaqueaba su concepto sobre la justicia divina ante el espectáculo de las desdichas que habían afligido inmerecidamente a

Alonso de Barros, de quien era confesor, abandonó a un tiempo su modo de pensar y su cargo. Vamos a ver si las recuerdo. Eran otras dos composiciones que demuestran que en cuanto a religión, desde Erasmo, no era oro todo lo que relucía en España:

> *Alonso, Alonso, ¿qué barros*
> *puso a tus pies el Destino?*
> *¿Quién por hollar tus virtudes*
> *torció envidioso tu sino?*
> *Tras una vida de santo*
> *sólo hallaste triste muerte:*
> *ni aun de los hijos del Cielo*
> *envidie nadie la suerte.*
> *Y vosotros, majaderos,*
> *que aseguráis, ¡embusteros!,*
> *conocer al Ser ignoto,*
> *dueño de lo inescrutable,*
> *de teólogo hacer voto,*
> *¿habrá algo más miserable?*

La otra decía:

> *Tras pensada inquisición,*
> *Fray Marcos, hombre sincero,*
> *dijo: Teólogo, ¡cero!,*
> *y huyó de tal profesión.*
> *Que le juzgue cada cual*
> *A su capricho y manera;*
> *mi admiración es sincera,*
> *tanto cual su decisión.*
> *Al verle enviar al diablo*
> *ciencia de Dios trapacera*
> *y un empleo irracional*
> *en odiado tribunal,*
> *¿cómo cosas tan sensatas*
> *me parecían mal?*
> *Fray Marcos, tu decisión*
> *la encuentro justa y normal.*
> *De seguir como hasta aquí*
> *el balance era certero:*
> *verdugo si inquisidor,*
> *si teólogo, embustero.*

«¿Y decía la *Efemérides* quién hizo ambas composiciones, don Adolfo?» «Tampoco esta vez. Pero así como las que tú has recordado no era difícil adivinar de qué meollo habían salido, pues de una decía: la "verdad" sobre quién la ha hecho no es "sospechosa", y de la otra: ¿a quién se le ocurrió cosa tan bien compuesta? No se sabe, pero algún malicioso sospecha que a un vate a quien nadie iguala en dos capacidades: la amorosa y la poética, en lo que e. ésta afecta era más peliagudo determinarlo. Pero como a propósito de la primera se leía: Que se sospechaba que era de un tonsurado que había aceptado la tonsura para poder poner la olla todos los días; y de la otra: ¡Golpe certero! El que lo ha dado, ¡vive Dios que tiene que manejar la pluma como la tizona! Don Marcelino opinaba, y creo que tenía razón, que aquélla había sido escrita por uno de los Argensola, Bartolomé Leonardo, y la otra por Quevedo.» «¿Y por qué?» «Pues porque Bartolomé Leonardo de Argensola ya había demostrado, por lo menos, que en lo que a la justicia divina afectaba no pensaba como la mayor parte, escribiendo aquel buen soneto que empieza:

> *Dime, Padre común, pues eres justo,*
> *¿por qué ha de permitir tu providencia*
> *que, arrastrando prisiones la inocencia*
> *suba la fraude a tribunal injusto?*

Pues aunque pensando en la Inquisición trató de arreglarlo al final, se ve bien claro de qué pie cojeaba. En cuanto a la segunda composición, porque Quevedo tenía fama de ser, en efecto, tan diestro con la espada como con la pluma. Total, que le dije a Domínguez Acebal que, pues estaba dispuesto a hacer su tesis sobre Alonso de Barros, yo en su lugar lo primero que haría sería irme a Santander, ciudad a la que don Marcelino había legado su riquísima biblioteca, leer bien la *Efemérides* en cuestión, ver de enterarme quién era el tal Fray Marcos, y ¡adelante! Todo era cuestión de buscar bien y tener suerte. Y a ti te digo que te convendría ponerte al habla con él, una vez que haya ganado la oposición, y que sea él quien te haga el *Refranero*, pues seguramente a estas horas sabe más que nadie sobre Alonso de Barros, con cuyos *Proverbios morales* creo que debías empezarle. Y ahora cuenta la prometida anécdota a propósito de Vindel, porque me tengo que marchar.» «Pues ya sabe usted cómo es de grande y de tosco. Pero en cuanto a cabeza, no sólo conoce de libros antiguos más que nadie en España, sino que en cuanto a memoria creo que tiene tanta como dicen que tenía don Marcelino. Cuando viene aquí, y lo hace siempre que he comprado una biblioteca, donde puede haber algo que le interese, se sienta, pone entre las piernas un bastón tremendo que lleva hecho enteramente con una barra de hierro, apoya ambas manos en el cayado y la barbilla en ellas, y así empezamos a hablar. Él con los ojos medio cerrados y pareciendo no ver nada, pero viéndolo todo. El otro día le digo: «Le voy a enseñar, don Pedro, un libro que no ha visto usted nunca», y al tiempo que decía esto, echo mano así, a este estante, y saco un libro que, en efecto, acababa de comprar entre otros muchos. Y apenas lo había hecho, él me replica sin moverse y sin mirar más: «No te molestes. Puedes volver a ponerle donde lo has cogido. Conozco ese libro mejor que tú. Y para probártelo te diré no sólo que es la *Historia de la Casa de Silba,* sino que de la página tanta a la tantas hay una serie de manchas de humedad, pero de poca importancia; y a partir de la tantas hasta el final, agujeros de polilla, pero que no afectan al texto. Y que lo mejor que tiene ese libro, pues las historias de las casas grandes, salvo para los que cobraron por exagerar y mentir escribiéndolas, no tienen el menor interés; lo que vale es la encuadernación de Ginesta, que fue el artista que mejor ha trabajado el pergamino no sólo en España, sino fuera de ella.» «¿Y era verdad lo de las manchas de humedad y lo de las polillas?» «Exacto.» «¿Y entonces?» «Pues que yo dije: Bueno, bueno. ¡Qué le vamos a hacer!, y volví a poner el libro donde le había cogido. Pues creí —dije aún— que había hecho usted hoy la mañana, don Pedro, viniendo aquí.» «Por lo menos he tenido, como siempre, el gusto de veros —añadió levantándose y dirigiéndose a la puerta—. Si quieres veinte duros por la encuadernación, te los daré», siguió sin detenerse. «Si no fuese una lástima arrancarla y dejar al libro sin ella, se ¡a daría a usted por 500 pesetas.» Al llegar a la puerta se volvió: «La verdad es que no vale la pena de que te tomes el trabajo de arrancarla. Te daré las 500 pesetas y me llevaré el libro como está», y echó mano al bolsillo. «Es que como está, don Pedro, son 500 por la encuadernación y 1.000 por el texto.» «¿Pero te has vuelto loco?» «Pues mire usted, no es usted, don Pedro, el primero que me lo dice. A veces me cogen de pronto unos arrebatos muy sospechosos. Como uno que me está entrando ahora que me empuja a que no le dé a usted el libro sino por dos billetes de los grandes.» Oyendo esto se dirigió diligentemente al estante, cogió el libro, y metiendo la otra mano en uno de los bolsillos del pantalón sacó un fajo de billetes que me tendió, diciéndome: «Cógete las 1.500 pesetas antes de que me arrepienta.» Lo hice mientras él repasaba ávidamente el volumen. Le devolví lo que sobraba y se lo guardó, añadiendo: «El que ha hecho la mañana viniendo yo aquí has sido tú. Has sacado más por un libro que todo lo que les has dado a los hijos del señor Balenchana por la biblioteca entera. A él se lo vendí yo hace algunos años en 2.500 pesetas. El texto tiene poco interés, pero además de ser casi un incunable, es ejemplar único. Y ahora, otro que será feliz cuando se lo ofrezca, pagará cuatro veces más. De modo que si me llegas a pedir 5.000, te las pongo sobre el mostrador.» Tras lo cual salió a buen paso como marcha siempre.

* * *

Y una vez más, algo insospechado cruzándose en mi camino. Habría pasado, qué sé yo, pero no mucho tiempo cuando se presentó una mañana no Domínguez Acebal, sino Pérez Bricio. Y al preguntarle por su amigo, la fatal noticia: Domínguez Acebal acababa de morir. He aquí lo que había ocurrido: una tuberculosis galopante se le había llevado en menos de un mes. Claro que, ¿cuántos haría que estaba minando al pobre cuerpo? En plenas oposiciones (había ganado tan brillantemente el primer ejercicio, que cuantos se habían presentado habían renunciado a seguir opositando), de pronto cayó enfermo. Hubo que suspender los ejercicios esperando que se recuperase... ¡Y la muerte! «Yo le había dicho veinte veces —siguió el atribulado amigo y compañero— que pensase un poco en su salud y menos en los libros. Y él siempre me respondía lo mismo, como a su madre y a cuantos se interesaban por él: "Dejadme que me sitúe y luego, tranquilo ya, podré cambiar de vida." Y éste ha sido el cambio.» Yo le dije cuánto lo sentía, y era verdad, y hasta le hablé del propósito que tenía respecto a su empezada tesis doctoral relativa a Alonso de Barros. «¿Sabe usted algo de ella? Quiero decir si la acabó.» «Casi. Sólo le faltaba, por lo visto, poner en orden el montón de notas que había ido tomando por todas partes: Santander, Toledo y finalmente Simancas, adonde también había ido.» «Pero su madre conservará todos sus papeles, ¿no?» «Por supuesto. Pero ahora, y me temo que durante mucho tiempo, cuanto intentase usted, si tal es su propósito, sería inútil. Ni siquiera le recibiría. Ni aun mediando yo. Está la pobre señora ¡deshecha! Muerta también. Todo lo que tenía era Rafael. Porque, verá usted...» Y me refirió la tragedia. El padre de Rafael hacía muchos años que no vivía con ellos. Liado con otra mujer con la que incluso tenía varios hijos, había roto todo contacto y relaciones con doña Adela y con Rafael. Y gracias a que doña Adela tenía bienes propios en Logroño, de donde era oriunda, lo que les había permitido vivir siempre holgadamente. Volviendo a lo de Alonso de Barros, Pérez Bricio me dijo que la cuestión había interesado mucho a su amigo. Que por consejo de don Adolfo Bonilla había empezado por ir a Santander a buscar cierto documento en la biblioteca de don Marcelino Menéndez y Pelayo. Que encaminado, y por ver de hallar más, fue a ver a don Pedro Vindel, que era hombre que también sabía muchas cosas, para ver si tenía noticias de cierto libro titulado *Sobre los inescrutables designios de la Providencia*, escrito por un tal Fray Marcos, de Villasandino, que mencionaba el documento que había podido leer y copiar en Santander. Así como que este Fray Marcos había sido, en tiempos, gran amigo y confesor incluso de Alonso de Barros, además de teólogo y de ocupar un puesto importante en el tribunal de la Inquisición de Toledo. Pero que, hombre además de honrado amigo de meditar, al considerar tras la muerte de su amigo la serie de injustas calamidades que durante muchos años habían ido minando su vida ejemplar, pues para él Alonso de Barros había sido un verdadero santo, renegó de ser teólogo y de que se lo llamasen, ya que era inútil tratar de comprender ciertas cosas, como, por ejemplo, que un Ser bueno y todopoderoso permitiese al mal campear libremente por todas partes; y, en definitiva, saber algo de Él. Y tras renunciar incluso a su puesto como inquisidor al convencerse de que era insensato considerar a ciertos desdichados enemigos de un Algo del que en realidad no se sabía ni cómo podía ser, qué querer y cómo pensar, y además castigarles, para explicar su determinación y sus dudas, había escrito el mencionado libro. Que Vindel le dijo no haberle visto nunca ni tener otras noticias sobre él que las que Rafael le daba, pero que puesto que se trataba de un ex inquisidor de Toledo, él, en su caso, iría a ver si en la biblioteca de la catedral de esta ciudad había algo sobre el personaje. Y a Toledo fue. Y luego a Simancas, al saber que la biblioteca de la catedral se había deshecho, al ser abolida la Inquisición definitivamente a principios del siglo XIX, de cuantos documentos y papeles habían llegado hasta ella procedentes de dicha extinguida institución. Y que de Simancas, donde estuvo más de una semana, Rafael había vuelto muy satisfecho. Y era cuanto Pérez Bricio sabía.

Así las cosas, la cuestión era para mí la siguiente: ver cómo ponerme en relación con la atribulada madre de Domínguez Acebal, no obstante lo que me había dicho su amable amigo. Y para ello empecé por ir a la calle de la Colegiata, donde Domínguez Acebal había vivido y muerto y donde, en aquel piso triste y hermético, lloraba su inconsolable madre, y no menos apenada la sirvienta, que desde que Rafael era niño había estado con ellos.

Y a la calle de la Colegiata me encaminé dispuesto a ponerme en contacto, lo primero, con la portera de la casa. Lo que hice, empezando por obtener un rotundo no, al pretender subir al piso ocupado por doña Adela. Las órdenes de ésta habían sido terminantes. Salvo la media docena de personas que a aquella mujer, bastante agria por cierto, le eran bien conocidas, no debía permitir que nadie subiese a la casa. Como no podía hacer otra cosa, di media vuelta y salí por donde había entrado. Y caminaba despacio discurriendo sobre qué hacer, cuando de pronto mis ojos vieron, en realidad sin mirar, un letrero que había en una tienda de la acera de enfrente, donde en caracteres blancos y grandes, sobre fondo más oscuro, decía: «Tinte». Verlo y asaltarme la idea de entrar allí fue todo uno y lo mismo. Instantes después estaba ante una señora amable y agraciada, de unos treinta años, y otra también muy agradable que seguramente no había cumplido aún los veinte. Saludé a las dos, y tras rogarlas que me perdonasen por venir buscando algo un poco a ciegas: las señas de un tal Rafael Domínguez Acebal, amigo mío, que acababa de morir, con objeto de presentar mis condolencias a su madre; la agraciada señora de más edad me contestó al punto: «Precisamente vivía, y hoy su pobre madre, claro, ahí enfrente, un poco más arriba, en el número 16.» «Y si quiere usted verla —añadió la más joven—, dese prisa, porque a las cinco en punto viene todas las tardes un taxi para llevarla al cementerio, de donde regresa al anochecer.» Consulté mi reloj. Faltaban, en efecto, unos minutos para las cinco, de modo que les di las gracias, salí y me metí en un bar que había allí mismo, un poco más arriba, diciéndome: por lo menos a la madre podré conocerla. Luego ya pensaré lo que me parezca más apropiado para llegar hasta ella. Y, en efecto, a poco llegaba un taxi que se paró ante la puerta del número 16. Entonces salí, crucé la calle, y como faltaban tres o cuatro minutos para las cinco, me puse a hacer que miraba el escaparate de una tienda a algunos pasos de allí. Y, en efecto, a poco vi salir del portal del 16, primero a la portera, que fue a abrir la portezuela del taxi a una señora enteramente de luto que, sin fijarse en nada ni en nadie, cruzó la acera y se metió en el coche. Tras ello, la portera cerró la portezuela que acababa de abrir y desapareció a su vez. De regreso a la librería, y tras pensar varias cosas, acabé por decidir lo que paso a indicar: Al siguiente día, y luego de comprar un ramo de flores, tomaría a mi vez un taxi y me iría al cementerio. Allí preguntaría dónde habían enterrado a don Rafael Domínguez Acebal el día exacto, que sabía por Pérez Bricio que había ocurrido; me encaminaría a donde me dijesen, pondría el ramo sobre la piedra sepulcral y esperaría. Y así lo hice. Y llevaría unos minutos, muy pocos, aguardando, cuando la vi bajar del taxi que se había detenido casi allí mismo. No me di por enterado de que se acercaba, permaneciendo como estaba, con las manos juntas, caídas, y los ojos bajos, hasta que ella, al cabo de un instante, me preguntó: «¿Conocía usted a mi hijo?» Entonces me volví: «¿Acaso es usted doña Adela, la madre del pobre Rafael?» Con la cabeza más que con la boca me dijo que sí. Entonces yo seguí: «Pues sí, señora. Y no sabe usted cuán sinceramente la acompaño en su dolor, y en qué modo grande es asimismo el mío. Porque fui amigo de Rafael, su gran amigo, su único amigo entonces, cuando ambos hacíamos el grado en el colegio de Figueroa. Luego, sin acabarle siquiera, me tuve que ir con mis padres a la Argentina; le prometí escribirle y mandarle mis señas y que no dejaríamos de estar en contacto... Porque, sabe usted, le quería tanto... Sí, mucho, porque él era el que me ayudaba en todo e incluso me hacía muchos ejercicios que yo no era capaz de hacer. Y luego, no obstante mi promesa... Porque la vida a veces se tuerce, señora... Las circunstancias... El destino o como usted quiera llamar a la fatalidad... Primero, dificultades económicas al llegar... Tuve que suspender los estudios y ponerme a trabajar... Y cuando ya empezaba a clarear mi situación, me casé y... Yo no sé si usted sabrá, doña Adela, es decir, sí, puesto que en este momento estamos juntos aquí, lo que es perder lo que más se quiere. Yo, ¡a aquella mujer!...» «¿Murió también?» «Peor, doña Adela. Un canalla, un malvado, un mal nacido, ¡me la robó! ¡Por no perderme corrí hacia aquí seguro de que sólo junto a Rafael podría encontrar consuelo. Porque era tan bueno, que seguro estoy que me hubiera perdonado, no el haberle olvidado, cierto que olvidarle no le olvidé nunca, sino el no haberle escrito...» Y callé un poco asustado de hablar a aquella pobre señora como lo hacía, y en aquel tono que hubiera envidiado cualquier actor dramático, tono que a mí mismo me asombraba, pues jamás imaginé que fuese capaz de fingir de aquel modo. Además, si algún día llegaba a enterarse de quién realmente era... Porque lo curioso e inquietante del caso fue que ella entonces empezó a consolarme y a juntar su dolor con el mío. Y como ya no era cosa de volverse atrás, seguí por lo dramático, y cuando un par de horas más tarde volvimos juntos en el taxi, no solamente había conseguido que me permitiese volver todas las tardes al cementerio con ella, sino que hablando y hablando sobre lo mismo, sobre Rafael, sobre sus ambiciones, sobre sus proyectos, sobre sus trabajos, yo la llevé hacia la tesis doctoral, y supe de sus labios lo que ya sabía, lo mucho que le había interesado, cuánto había trabajado sobre ella y, en fin, los viajes que juntos, como es natural, pues no se separaba de él, habían hecho a Santander, a Toledo y a Simancas. Entonces yo, al saber lo de la montaña de notas que había dejado sin ordenar a causa de las oposiciones, pasando de lo trágico a lo heroico, la dije que estaba dispuesto a hacer lo único ya que por mi querido Rafael podía hacer: poner en orden del mejor modo que pudiera y supiera aquellas notas. Pues estaba seguro que habría hecho algo muy bueno, y que lo publicaríamos para que no muriese su nombre. Y aquella bondadosa y amantísima madre encontró a su gusto mi propósito y consintió en que me llevase el codiciado tesoro; decisión que me costó muchos viajes, en su compañía, al cementerio. El último para dejar allí, con el adorado hijo, a la pobre señora, que no le sobrevivió mucho, tan grande era su soledad y su pena. Yo entre tanto había trabajado cuantas horas había tenido libres, no muchas, la verdad, pues otros proyectos editoriales me dejaban pocos respiros. Pero al fin conseguí dar forma a lo informe y ordenar de un modo que me pareció conveniente todo lo reunido por el inteligente Domínguez Acebal. Y cuando ya no faltaba sino que llegase el momento de llevarlo a la imprenta, lo que llegó de pronto, fue ¡el 18 de julio! Con lo que empezó otra historia triste que voy a resumir en cuatro palabras antes de continuar con Alonso de Barros.

* * *

Cuatro meses en Madrid, donde entre otros sobresaltos de menor importancia, dos visitas obligadas: una a la checa instalada en el palacio del Círculo de Bellas Artes, y otra, posterior, a la que tenía su sede en la calle de Fomento. Mas una llamada telefónica de Pedro Rico desde el Ayuntamiento poniéndome en guardia, gracias a la cual me salvé de uno de aquellos grupos de facciosos que instalados en el propio Ayuntamiento habían decidido, en une. de sus arbitrarias determinaciones, «venir por mí». Luego, ocho meses en la cárcel. Vivía entonces, adonde iba todas las noches a reunirme con mi mujer y mis hijos, en una finca que teníamos en Getafe, en la que estaban los almacenes de nuestra editorial, y en la que me encontraba la tarde en que entraron las tropas que avanzaban a las órdenes del entonces teniente coronel Tella, tras replegarse hacia Madrid los republicanos. Almas caritativas de esas que se encuentran siempre colgando como oficiosos y enconados caireles allí donde envidias o resentimientos las empujan, hablaron tan elocuentemente de mí al mencionado teniente coronel, que fui inmediatamente detenido. Sin la intervención del general Mola, con quien me unía una sincera amistad, mal lo hubiera pasado. Pero la época era tan incierta y turbia y él tan ocupado en lo suyo estaba que no podía tenerme continuamente a su lado. Como denunciar a un enemigo verdadero o supuesto era un mérito y los riesgos, por ello, muchos, para que estuviese seguro le pareció oportuno enviarme a una cárcel con orden terminante de que nadie, sin una autorización escrita de su propia mano, pudiera sacarme de ella. Muerto aquel gran hombre, su segundo, el entonces coronel de Estado Mayor señor Moreno Calderón, sabiendo la amistad que me unía al general y el peligro que podía correr una vez él desaparecido, me facilitó los medios para pasar a Francia. Y en este país, ¡veintitrés largos años! La amistad de otro hombre bueno y generoso, el señor Juan Sarrailh, rector a la sazón de la Universidad de Grenoble y posteriormente de la Sorbona, hizo que mi suerte y mi vida allí, colocándome de asistente de español en un liceo, fuese menos dura que sin su protección lo hubiese sido.

Así las cosas, yo ausente y las pasiones todavía desencadenadas, enemigos que ni conocía ni seguramente ellos a mí, al menos personalmente, hicieron varios registros en mi casa, sin duda con la esperanza de encontrar algo que verdaderamente me comprometiese. Y a falta de otra cosa se fueron llevando papeles míos relativos al negocio editorial, pensando, siempre enconados, hallar en ellos con qué justificar su torpe y equivocado celo. Pero, claro, papeles que luego jamás devolvían. Y entre ellos, todo lo que a propósito de Alonso de Barros tenía preparado para ir a la imprenta. A causa de ello, la primera y sucesivas ediciones del *Refranero* salieron con la cuidadosa selección de aforismos hecha por mi hermano, más los *Proverbios morales;* pero sin otra noticia sobre este autor de estos proverbios que las poco menos que nulas y equivocadas en cuanto a fechas, sobre todo, que pudo hallar en los diccionarios enciclopédicos corrientes y en las ediciones anteriores de estos *Proverbios morales* que llegaron a sus manos. Sólo ahora, y para esta edición, me he decidido al fin, encontrando unos momentos libres para ello, a falta de lo reunido con tanto trabajo por Domínguez Acebal y luego ordenado no sin esfuerzo y trabajo también por mí, a hacer memoria con cuidado de lo acopiado entonces y a favor de ello dar sobre Alonso de Barros a modo de biografía, todo lo que va a continuación.

La exposición creo que puede ser interesante, pues hasta ahora, como digo, cuanto se sabía sobre él era poco más que nada, y aún ello, muy sujeto a caución. Así, por ejemplo, se afirmaba que la primera edición de los *Proverbios morales* habían visto la luz en 1567 y que su autor había muerto hacia el año 1658. Lo que equivalía a que aun suponiendo que hubiese publicado los *Proverbios* a los veinte años, a obligar a admitir que había vivido más de ciento. Cosa no imposible, claro, pero menos que probable. Se decía también, y esto era verdad, que había nacido en Segovia, que había publicado algún otro libro, que Felipe II estimaba tanto su *Filosofía cortesana* (los *Proverbios morales*) que la recomendaba a cuantos le rodeaban, y que Lope de Vega también le admiraba mucho. De esto no se puede dudar, puesto que escribió, a propósito de los *Proverbios,* lo siguiente:

> *Este libro es un diamante*
> *pequeño en la cantidad,*
> *pero en lo que es calidad*
> *no conoce semejante.*
> *Éste, que es de todos cifra,*
> *nos ha dado ciencia infusa,*
> *y aunque es cifra no es confusa:*
> *que sólo verdades cifra.*
> *Es un lenguaje lacón,*
> *que al étnico quiere mal;*
> *es un alma sustancial,*
> *sin cuerpo de dilación.*
> *Filosófico tesoro*
> *que los libros ha quemado,*
> *de cuya nada ha sacado*
> *solo y acendrado el oro.*

Un espejo con vislumbres
de verdad y razón clara,
en que ve el alma la cara
de su conciencia y costumbres.
Es en desnuda verdad
Heráclito cortesano,
y Demócrito cristiano,
que llora y ríe a su edad.

Alabanzas, y justas, en efecto, siempre se hicieron de él, pero saber algo acerca de su autor, tan poco que puede decirse que nada. Y precisamente esta laguna fue la que don Marcelino Menéndez y Pelayo quiso que llenara el señor Bonilla San Martín, y no habiendo podido éste hacerlo, se lo propuso a su vez a Domínguez Acebal, que aceptó, y para ver cómo podía llevar a buen puerto su propósito empezó, como ya he dicho, por ir a Santander en busca de la codiciada *Efemérides*. Que encontrada, marchó a Toledo, persiguiendo esta vez noticias de Fray Marcos, el confesor de Alonso de Barros; y de Toledo a Simancas, haciendo con todo lo encontrado la montaña de notas que su madre me entregó a mí, que con no poco esfuerzo conseguí ordenar, y que perdí, como también he dicho, en uno de aquellos registros tan torpemente inútiles, pero cuya síntesis voy a dar ahora, reuniendo lo mejor que pueda los recuerdos que tengo de lo que entonces compuse, empezando por explicar un poco el porqué de los anteriores viajes de Domínguez de Acebal.

En la *Efemérides* correspondiente al año 1627 en que murió Alonso de Barros decía poco más o menos al empezar a ocuparse de éste: «No es propio para ser dicho en tono de burla o algarada, sino todo lo contrario, con amargura y lágrimas, cuanto atañe a la tristísima muerte del maestro Alonso de Barros, acaecida al amanecer del día 27 de noviembre, luego de haber permanecido más de dos meses en estado letal. Vuelto de Indias y llegado a Sevilla a principios de julio, pero tan postrado y enfermo que no pudo continuar el viaje hacia la Corte, se limitó a escribir una carta a su confesor Fray Marcos. Y como por lo visto le decía el estado en que se hallaba, éste, que le admiraba y le estimaba mucho, fue a Sevilla a por él, y para que no muriese allí se le trajo en jornadas lentas y penosas hasta Madrid, adonde llegó en el mencionado estado letal del que, pese a cuanto se hizo por sacarle de él, incluso rogativas y novenas, no se consiguió. Varios amigos, hombres todos togados o de letras, le visitaron varias veces movidos de afecto y caridad hacia el ilustre moribundo. Fray Marcos les dijo a todos algo que sabían muy bien a causa de haberle tratado: "Que había sido un santo toda su vida. Que no merecía cuanto había pasado durante ella. y menos aquella muerte. Y que tenía el propósito (una vez que hubiese acabado, de escribir un resumen de su dolorosa existencia, muy particularmente de la última parte ocurrida en Indias, que con todo detalle le había comunicado el pobrecito moribundo antes de caer en aquel estado), de hacer ciertas declaraciones suyas, pues la desdichada e inmerecida vida de don Alonso le había abierto los ojos y orientado su espíritu de modo distinto a como lo había estado hasta entonces. Declaraciones a propósito de teólogos e inquisidores, que él, por haber sido ambas cosas, estaba en mejores condiciones de hacer que otro alguno. La *Efemérides,* aparte de esto y las dos composiciones breves ya transcritas, no decía nada más a propósito de Alonso de Barros, pero era lo suficiente no solamente para que Domínguez Acebal quisiera saber lo que indudablemente Fray Marcos había seguramente escrito sobre su desdichado amigo, sino sus descargos de conciencia. Y de vuelta a Madrid fue a decir a don Adolfo Bonilla el resultado de sus averiguaciones. Don Adolfo le dijo que en vista de ellas, y puesto que el tal Fray Marcos había sido inquisidor en Toledo, que fuese a esta ciudad a ver si tenía la suerte de encontrar en alguna biblioteca, muy especialmente en la de la catedral, noticias no sólo del hombre, sino de su obra, pues indudablemente debió publicarla. Y, en efecto, a Toledo fue Domínguez Acebal, donde no encontró lo que buscaba pero sí una pista segura, pues supo que una porción de legajos con documentos sobre procesos de la Inquisición, hablan sido enviados, al ser suprimida ésta, al archivo de Simancas. ¡Y al archivo de Simancas! Allí, tras mucho rebuscar (Domínguez Acebal, agradecido, alababa las facilidades que había hallado por parte de los custodios del archivo, cuyos nombres incluso citaba), encontró, al fin, el original, manuscrito, que buscaba, de la biografía del maestro Alonso de Barros, redactado de puño y letra por el propio Fray Marcos de Villasandino, confesor, por lo visto, no sólo del autor de los *Proverbios morales,* sino del propio rey don Felipe IV. Más algo sumamente interesante: una extensa nota escrita por el padre Ramón Brizuela de Medina, lugarteniente, por decirlo así, del inquisidor general reverendísimo e ilustrísimo arzobispo don Fernando María de Astudilla y Arriaga, explicando cómo por gracia divina (más una delación), había podido ser «arrebatado», tal era la expresión, el impío manuscrito (lo de impío por la sincera confesión de Fray Marcos de Villasandino sobre teólogos e inquisidores), de la imprenta donde le estaban componiendo. Así como que por orden del eminentísimo arzobispo, Fray Marcos de Villasandino, Antonio Villamar, regente de la imprenta, así como todos cuantos con él trabajaban en ella, habían sido llevados a los calabozos de la Inquisición.

Como valía la pena de no dejar así la cuestión y tratar de averiguar qué había sido, sobre todo de Fray Marcos de Villasandino, a quien Felipe IV no podía haber abandonado siendo su confesor, Domínguez Acebal siguió buscando y acabó por dar con la cédula real en la cual se «rogaba y ordenaba» al reverendísimo e ilustrísimo Inquisidor General, no sólo la inmediata puesta en libertad de Fray Marcos de Villasandino, que debería seguir al portador de la cédula, sino considerar con benevolencia el encarcelamiento del impresor y sus ayudantes, que cuanto habían hecho era servir al cliente que les había encargado un trabajo. Y nuevas averiguaciones (era ya cuestión, si se tenía un poquito más de suerte, de llegar al final de lo empezado), hicieron encontrar a Domínguez Acebal otra cédula, en virtud de la cual el ilustrísimo y reverendísimo arzobispo Inquisidor General ascendido a la dignidad de cardenal por el Papa Urbano VIII, era además nombrado por Felipe IV Patriarca de las Indias, adonde, y para ponerse al frente de su patriarcado, se trasladaría, bien a la ciudad de La Habana, bien a la de Méjico (donde había residido el último Patriarca, eminentísimo señor don Francisco Larrea del Peso), ora a otra ciudad cualquiera de los reinos de Indias, a su elección. Y como Domínguez Acebal no gustaba de dejar las cosas a medias, aprovechó las próximas ferias de Sevilla para irse allí con doña Adela a casa de unos amigos que les habían invitado cien veces; y mientras ella la recorría en coche, él buscó en el Archivo de Indias hasta dar con una relación que refería: «Que el eminentísimo Patriarca había salido de Sevilla camino de Indias el 5 de marzo de 1624, y... ¡que no se había vuelto a saber más ni de él y de cuantos le acompañaban en la expedición! ¿Habían tomado en vez de la ruta considerada entonces más segura para ir a Indias, es decir, la que pasaba por Canarias, otra más al Norte, zona de altas presiones atmosféricas donde era fácil la formación de tempestades; o habían caído, por el contrario, más al Sur, en la zona de los vientos alisios, zona funesta, en ocasiones, a causa de las temibles calmas llamadas chichas?» Al final del documento, una llamada a otro que también tuvo la suerte de encontrar, le hizo saber que la carabela perdida había sido encontrada al fin, al cabo de muchos meses, navegando a la deriva no lejos de la desembocadura del Amazonas. Cuando los que la encontraron subieron a bordo, sólo hallaron una serie de cadáveres. Todos parecían haber llegado a tal estado tras haber sufrido una de las muertes más angustiosas: ¡la muerte por la sed! Entre ellos, en una cámara, y a juzgar por las vestiduras que aún cubrían sus huesos, hallaron lo que quedaba de su eminencia ilustrísima don Fernando María de Astudilla y Arriaga, Patriarca que no llegó a ser de las Indias. Conocido lo anterior, vamos con lo interesante: la biografía del maestro Alonso de Barros, escrita por su confesor Fray Marcos de Villasandino.

Esta biografía empezaba poco más o menos con estas palabras: «Creo que tan difícil sería encontrar otro hombre que con tan buena condición natural haya tenido una vida tan amarga y desdichada, como explicar y menos justificar por qué ni en virtud de qué o para qué, cayó sobre él desde su nacimiento, destino tan injusto y funesto. Que no obstante verse asediado una y otra vez por crueles amarguras jamás tuviese un gesto de rebelión, es lo que me hace creer (escribió Fray Marcos de Villasandino), cada vez más firmemente en su madera y condición de santo. Porque ahora empiezo a convencerme de que mucho más que el que pasa la vida en continuos rezos dirigidos a un Ser que tan grande como nos le imaginamos y como seguramente tiene que ser, difícil, muy difícil es que le alcancen o le afecten, merece el que azotado una y otra vez por un destino torpe y brutal, ni jamás se lamenta, ni jamás se le ocurre, al levantar los ojos, preguntar a través de sus lágrimas: ¿Por qué? ¿Qué he hecho para merecer este castigo? Al contrario —seguía Fray Marcos—, como al acabar de referirme con tanto esfuerzo y dificultad como mansedumbre sus últimas desdichas allá en Indias, yo, revolviéndome indignado ante tanto revés injusto, le dijese que me extrañaba que no hubiese hecho como se contaba de Diágoras de Melos, filósofo que habiendo sido desposeído por unos bribones de todo cuanto poseía, al ver cómo gozaban tranquilamente de lo que le pertenecía mientras él pasaba hambre, dijo que no volvería a creer en los dioses que seguramente no existían, pues de existir y ser buenos y poderosos, jamás hubieran consentido ni en su desgracia ni en las que se veía por todas partes. Pues bien, oyéndome, me dijo dulcemente tratando de sonreír al hacerlo:
"Porque aquellos dioses, Fray Marcos, amigo mío, eran, como usted sabe muy bien, falsos dioses, dioses imaginados; mientras que a mí el nuestro, el verdadero, si tantas veces ha parecido castigarme, seguramente ha sido para, como a Job, concederme al fin mucho más de lo que parecía quítame."
Luego calló, entornó los ojos hasta casi cerrarlos, y así quedó sin que desapareciese de su rostro el gesto que había intentado que fuese una sonrisa, mientras yo, desconcertado, me preguntaba cómo tales ideas que en aquel momento me sublevaban habían podido ser las mías durante tantos años. Y revolviéndome contra mi mismo, maldije de haber sido y haberme creído teólogo. Y con doble motivo por haber sido inquisidor y haber juzgado y condenado, por parecerme que habían ofendido a Dios, hombres que cuanto habían hecho había sido tener una idea de Él distinta de la mía, y seguramente superior por imperfecta que fuese, puesto que yo hasta entonces había creído en un Dios capaz de permitir, pudiendo evitarlo, que muchos de sus hijos, que no lo merecían, sufriesen un calvario como el que había sufrido aquella pobrecita criatura tan buena, que empezaba a acabar ante mí.» Pero sobre esto volveré, seguía Ahora vayan los primeros detalles sobre esta vida ejemplar. Tan ejemplar como mal recompensada.

Don Alonso de Barros nació en Segovia el 4 de enero de 1567. Era hijo de don Martín de Barros y de doña Elvira Cantueso, dama que llevó como dote, al casarse, cuantiosos bienes raíces. Esta señora, seguramente de carácter grave y dulce como su hijo, murió, para desdicha de éste (su primera gran desdicha), teniendo él no cumplidos aún ¡os dos años. Su padre no tardó en volver a contraer matrimonio con otra mujer tampoco pobre, doña Remigia Hidalgo, mujer tal vez no mala, si puede dejar de serlo quien, demasiado dada a la frivolidad y al parloteo, abandonaba, por figurar y comadrear, obligaciones que de otro modo no hubiera olvidado. Y a causa de lo cual, y bajo tutela tan descuidada y poco grata, pasó don Alonso sus primeros años. Esos años que muchas veces son la brújula de la vida. Porque el señor de Barros, su padre, no se ocupaba de otra cosa, sí que ello con todo celo y asiduidad, que de administrar los bienes que una y otra vez habían llegado a sus manos por obra de sacramento. El propósito de padre y madrastra (en este segundo matrimonio no hubo hijos) fue dedicar a don Alonso a la Iglesia. Y, en efecto, don Alonso cursó con provecho los estudios necesarios, interno en un seminario donde hubiera sido feliz de no haberle perseguido implacablemente el odio callado pero continuo del rector del mismo, padre Andrés Correguela, que mediano músico, tan mediano como orgulloso de su arte, no pudo perdonar, ni quiso, que don Alonso tocase el órgano con el alma y destreza con que lo hacía. No obstante, y soportando callado siempre aquel odio, hubiera llegado a ordenarse y ser un sacerdote modelo, si poco antes de que ocurriera no se hubiese enamorado ciegamente de doña Lucía Soldevilla, niña encantadora, diez años más joven que él, y con la que fue dichoso los cuatro primeros de matrimonio, únicos tal vez venturosos de su vida. Durante ellos tuvieron, primero, un hijo, y tres años después, una niña. Y tenía esta niña muy pocos meses, y daba don Alonso gracias al Cielo continuamente por hacerle tan feliz, cuando de pronto doña Lucía Soldevilla, la tan amada esposa, se marchó con un bribón con el que mantenía relaciones adulterinas (que todo el mundo sabía menos, claro, el burlado marido). ¿Adónde fueron? Nunca más se supo. En todo caso, el disgusto fue para don Alonso tan inesperado y tremendo que le costó una grave enfermedad. Repuesto al fin, y como para distraer las largas horas de convalecencia leyese varios libros que le prestó un amigo, de Juan Luis Vives, del padre Juan de Mariana, autor de *De Rege et Regis institutione*, de Pedro de Valencia, de González de Cellorigo y otros; todos relativos a los verdaderos derechos sobre la tierra, al enterarse, por ejemplo, leyendo al primero, «que el estado primitivo de la sociedad humana era la comunidad de bienes, pero que al entrar en el ánimo de algunos el deseo de oprimir a los demás para gozar en el regalo y el ocio el fruto del sudor ajeno nació la propiedad» y que «sólo posee los bienes de la Naturaleza con derecho y por voluntad, intento y disposición de la Naturaleza misma, quien hace partícipes de ellos a su hermano necesitado, pues el que no, es un ladrón y robador convicto, condenado por la ley natural, porque ocupa y retiene lo que no crió la Naturaleza para él solo». Leyendo estas cosas y otras semejantes inspiradas en el más puro colectivismo agrario, don Alonso, que jamás había sospechado que se pudiera pensar de tal modo, y de acuerdo con ello, apenas estuvo repuesto, convocó a todos los que trabajaban sus cuantiosos dominios, y con gran escándalo de cuantos hasta entonces como él vivían a costa del sudor ajeno, les cedió cuanto poseía sin otro gravamen que pagarle una pequeñísima renta que, pidiéndoles aún perdón, retuvo pensando en sus hijos y para poder educarlos. Y tales odios levantó su decisión contra él, empezando por los de su padre y su madrastra, que tuvo que huir de Segovia y establecerse en Madrid, donde, como sus méritos y su saber eran tantos como su bondad, no tardó en obtener un puesto en la Segunda Audiencia, de la que pronto sería auditor, y en la que se hizo notar tanto por su asiduidad como por la honradez e integridad de su carácter. Apreciado y respetado por cuantos le trataban, transcurría al fin su vida al parecer en paz, cuando de pronto, un nuevo y terrible contratiempo volvió a llenarle de amargura: Su hija adorada, aquella niña que con tanto trabajo y desvelos había tenido que criar al escapar su madre, y que buena y dulce como él y siendo su alegría, alcanzaba ya los doce años, una mañana se ahogó en el Henares, donde se bañaba con otra niña amiga. Tratando de salvar a ésta, que había perdido pie, se ahogaron las dos. Había ido a pasar unos días en su casa. Su padre era muy amigo de don Alonso. La pena estuvo a punto de acabar con él. Si no ocurrió fue a causa de su hijo, único bien que ya le quedaba, y cuya educación ya había empezado a costarle serios desvelos y hasta contrariedades, a medida que crecía y se hacía hombre. Porque tan hermoso y atrayente como su madre, pero con su mismo carácter indiferente, despreocupado y con tendencias punto menos que incontenibles hacia la alegre desvergüenza y muchas veces a un libertinaje ni siquiera solapado, era su constante preocupación. Por fortuna para don Alonso, le quería tanto, que no llegaba a verle como le veían los demás, es decir, como realmente era. Hasta que un día aquel mancebo tan desvergonzado como seductor, tras meterse en una porción de líos poco limpios, algunos de ellos sucios del todo, en el último, sólo el nombre y justo prestigio de su atribulado padre le salvó de ser encarcelado. Escapó al castigo que merecía con la condición de poner tierra de por medio: se le propuso o alistarse para Flandes o marchar a Indias. Era condición imprescindible salir de España. Y no volver hasta merecer que se le levantase el destierro. Él prefirió poner de por medio no tan sólo tierra, sino agua, y a Indias marchó.

La falta del hijo adorado (aquel hombre había nacido para amar y ser amado), y la causa que había motivado su ausencia, le causaron otra larga y penosa enfermedad, de la que tardó mucho en reponerse. Pero como su gran dolor, callado pero no por ello menos grande, al contrario, pues muchas penas hondas sólo se alivian comunicándolas, era la ausencia del hijo, al que condenaba como juez pero perdonaba como padre, es más, le remordía la loca ilusión de que tal vez hubiera podido enmendarle de no haber surgido lo inevitable; Fray Marcos de Villasandino, su gran amigo y confesor, que lo era también, como creo haber dicho, de Felipe IV, decidido a aliviar su dolor por medio de la esperanza, obtuvo que el Rey le nombrara oidor general de las Audiencias de Indias, cargo por el que suspiraba, no por el cargo en sí, por importante que fuese, pues llevaba aparejado el de administrador de la Cámara Apostólica en las lejanas tierras, sino por la loca pero disculpable esperanza de encontrar a la oveja descarriada y poder traerla al paternal redil. Y a Indias fue en busca de una alegría que no había de encontrar, sino todo lo contrario, pues aquel hombre tan bueno había nacido, como otros muchos, sin razón ni culpa, bajo el implacable sino de un destino adverso. Doy en extracto una relación de lo que don Alonso contó angustiosamente a Fray Marcos de Villasandino cuando se encontraron en Sevilla al correr éste a su encuentro sabiendo que había regresado de Indias malparado y enfermo.

Que el viaje de ida había sido muy duro, esto ya lo sabía Fray Marcos por la primera carta de don Alonso, recibida muchos meses después de su partida de Sevilla. Aquellas carabelas de entonces, verdaderos cascarones de nuez a merced siempre de vientos y tempestades, desviada de su ruta por una de ellas y muy traqueteada y averiada, fue a dar, en vez de a La Habana, a donde se dirigía, a Cartagena de Indias, de donde tras varias semanas empleadas en una reparación provisional, hicieron vela hacia La Habana, pero viéndose obligados a detenerse para nuevas reparaciones en Portobelo y en Honduras; paradas que aprovechó don Alonso, sobre todo en Portobelo, para otras reparaciones, éstas por su cuenta, que hacían mucha falta, en lo que afectaba a la solidez jurídica y social. Pues entre las cosas que correspondían a su nuevo cargo estaba la de efectuar una seria investigación de las costumbres, y muy especialmente la reglamentación de las mancebías, que, particularmente en los puertos de más tráfico, alcanzaban un escandaloso desorden.

Llegado al fin a La Habana, y luego de tomar posesión oficialmente de su nuevo cargo, empezó, con la discreción que el caso requería pero al mismo tiempo con el interés y urgencia a que su angustiosa impaciencia le empujaba, a tratar de averiguar, como había realizado en Cartagena, Honduras y Portobelo, noticias de su hijo. Pero por más averiguaciones que hizo, allí tampoco había oído alguien hablar de él. La primera vez que por aquellas tierras había sonado el nombre de un Barros era entonces, gracias a su presencia. Pero como nada le garantizaba que en vez de a Fernandina no hubiese ido a parar a La Española, o a Santiago, a Jamaica, o a San Juan de Puerto Rico, y aún más probablemente a Méjico, fue visitando oficialmente todos estos lugares sucesivamente, no obstante lo que ello representaba como molestias, incomodidades y tiempo, antes de desembarcar en Campeche, camino hacia Veracruz, decidido, como he dicho, a inquirir bien en Méjico, donde algo como una corazonada le decía que iba a tener más suerte en alguna de sus ciudades principales: la citada Veracruz, primero de los puertos de aquel país, y luego la capital, y si no en Panuco, San Blas, Acapulco y otros poblados de importancia. Porque ni pensar quería que de Acapulco hubiera pasado a Sonsonate, a Panamá por aquella parte occidental y de allí a Tumaco, o a Guayaquil, o a Paito, o a Trujillo. Quizá al propio Callao. ¡Dios no lo quisiera! O que su desatinado proceder le hubiese empujado hasta Valparaíso. Por supuesto, ni pensar quería que hubiese tenido la desdichada idea (desdichada sobre todo para él, claro esta), o que las circunstancias le hubiesen obligado a navegar por el otro lado hasta Buenos Aires.

Como hasta en la desgracia puede haber fortuna, del mismo modo que lo malo es preferible a lo peor, el nuevo oidor general tuvo la suerte de conocer en Veracruz a un tal don Gaspar de las Navas, veedor principal (los veedores eran los funcionarios del rey encargados de administrar sus fondos en Indias), hombre serio y honrado a carta cabal, hacia el que al instante se sintió atraído, lo mismo que don Gaspar hacia él, y al que no tardó en decir, pues nada consuela tanto a un alma apenada como confiar a otra amiga sus tribulaciones, el verdadero fin de sus andanzas y viajes. Don Gaspar, luego de escucharle atentamente, le dijo algo que, por supuesto, él ya sospechaba: que convenía que se armase de paciencia en cuanto a encontrar a su hijo, pues nada menos seguro que, sobre todo llegado como habría llegado huido de España, se hubiese dado a conocer por su verdadero nombre. Era muy posible, además, que al desembarcar en La Habana, suponiendo que allí hubiese desembarcado, que no se hubiera detenido mucho en ella, donde fatalmente se tenía que sentir como vigilado y en cierto modo perseguido. Y que dado lo que debía de ser, pues don Alonso le habló con tanta amargura como sinceridad de su conducta, conducta propia de un desaprensivo, de un audaz y de un buscavidas, que una vez orientado un poco, lo que no le habría costado gran trabajo, se hubiese dirigido a otra población más segura para él, e incluso adecuada a sus tretas y manejos. Y que pensando así, como muy probablemente habría pensado, ninguna tan apropiada, luego de La Habana, como Portobelo, y todavía mejor allí, Veracruz, que a causa de ser también puerto, la propia afluencia y trasiego de gentes favorecía la vida de aquéllos, a los que por importarles poco todo, a todo estaban dispuestos. Y al punto le propuso un plan diciéndole: «Puesto que una de sus competencias, don Alonso, según me ha dicho, es la reglamentación, que buena falta hace, de las mancebías, lo primero que podríamos hacer es visitarlas todas, empezando por las más importantes. Visita, naturalmente, oficial. Y obligar a las dueñas, nada para desatar lenguas como o una bolsa o el miedo, a que nos ayuden a encontrar lo que buscamos, ¿no le parece a usted, don Alonso?» «Perfectamente.» «Pues entonces eso vamos a hacer. Pero ahora que pienso...» «¿Qué?» «Que quien además de su cargo, don Alonso, y tal vez mejor que él podría servirnos no solamente de introductor, sino de guía en este recorrido, podría ser un buen amigo mío al que ahora mismo vamos a llamar. Se trata del mejor médico que hay aquí y en todas las Indias seguramente. Se llama Pedro Sepúlveda Niño. Tendrá cincuenta años, aunque no los representa, y a causa de su profesión es no solamente bien recibido, sino respetado, en todas las mancebías. Bien recibido a causa de la utilidad de sus conocimientos. Respetado, pues, de una seriedad total, es de esos hombres con los que no se juega ni hay medio de hacerle que se preste a componendas. Le gustará a usted en cuanto le conozca un poco, don Alonso. La primera impresión que produce no es muy favorable, pues es feo, recio, duro de facciones y de expresión; pero tratándole y como amigo, ¡oro puro! Viste además, ya le verá usted, sin mucho aliño, aunque siempre limpio, y jamás se le ve con espada ni otra arma, si tal puede decirse, que un curioso bastón que le acompaña a todas partes, cuyo palo, muy sólido sin ser grueso, va en aumento desde el puño a la contera dorada en que termina. Este puño es de cuero y en él ha hecho grabar una inscripción que dice: "Este ave nació sin par." Como la culebrina de oro macizo que, según cuentan, regaló Hernán Cortés al emperador Carlos V, en la que por lo visto se leía: "Este ave nació sin par. Yo en serviros, sin segundo. Vos sin igual en el mundo." Sepúlveda no lleva su "ave sin par" para apoyarse en ella, pues no lo necesita, sino seguramente por capricho. A veces nos ocurre aficionarnos a algo que acaba por ser como parte de nosotros mismos. Él suele llevar su bastón colgado del antebrazo izquierdo mediante una correa también de cuero, que forma parte del mango.» Don Gaspar envió a un propio en busca del médico, encargándole: «Dile a don Pedro que le espero para que coma conmigo y con un amigo que tiene muchos deseos de conocerle. Que no nos falte.» No habría transcurrido una hora cuando el enviado volvió diciendo que no había encontrado a don Pedro en su casa porque diez minutos antes de que él llegase había salido con urgencia en dirección a la casa-palacio de doña Magdalena de Fonseca. «Entonces yo he encargado a un galopín que conozco bien —siguió— para que fuese en nombre de vuestra merced a decirle que viniera en cuanto le fuese posible.» «Pues no nos queda sino esperarle —añadió don Gaspar haciendo una seña a su criado para que saliese, y luego añadió—: Lo que decíamos. Precisamente esta doña Magdalena de Fonseca es la dueña de la principal mancebía de aquí. Alguna pupila que se la habrá indispuesto. En cuanto a ella, ya la verá usted, don Alonso, es una mujer madura ya, pero aún muy atrayente y ¡muy hermosa! Una de esas mujeres que dan la razón al poeta francés, que aseguraba que "Una rosa de otoño es más exquisita que cualquiera otra." Es, además, mujer de mucha fuerza aquí, pues aunque con un amante fijo, por decirlo así, éste, por imperativos de su corazón o de su carne o lo que sea, no vacila en recibir íntimamente a los que llegan con mucho oro o pueden prestarle ayuda, si la necesita.»

Y, en efecto, aunque haciéndose esperar bastante, don Pedro Sepúlveda Niño estuvo allí a tiempo para poder sentarse a la mesa con ellos. Nada más llegar, y antes de que mediase otra palabra entre ellos, se excusó con don Gaspar, que al verle salió a su encuentro: «Me ha sido imposible, don Gaspar, venir antes. Llamado con urgencia para que fuese a casa de doña Magdalena, con tanta urgencia que el enviado venía en su propio coche con objeto de que acudiera antes, al llegar me he encontrado con algo que si en verdad no descartaba que pudiese ocurrir, no como ha ocurrido.» «¿Pues? ¿Cómo ha encontrado usted a la hermosísima, simpática e inteligente doña Magdalena?» «¡Muerta!», replicó el recién llegado.

Pasado el estupor que esta afirmación causó en don Gaspar, éste tras decir: «Se asegura que los pitagóricos todas las noches antes de dormir hacían una especie de examen de conciencia preguntándose: «¿He hecho hoy daño a alguien o cometido alguna acción de la que tenga que arrepentirme mañana?» Y que sólo tras ello consentían en descansar. Pues así nosotros deberíamos preguntarnos cada mañana: ¿Veré ponerse el Sol? Porque verdaderamente de lo único que está seguro todo el que nace es de que tiene que morir.» «Gran verdad —replicó el médico—; pero como no sabemos cuándo, esta ignorancia nos permite vivir tranquilos.» «Cierto. En fin, le voy a presentar a este caballero, de quien seguramente ha oído ya usted hablar. Es el nuevo Oidor General de Indias don Alonso de Barros.» Don Pedro Sepúlveda, que avanzaba dispuesto a estrechar la mano que don Alonso le tendía, se paró en seco, exclamando mucho más asombrado que don Gaspar poco antes: «¡Don Alonso de Barros!» «¿Por qué se sorprende usted de este modo, amigo don Pedro? ¿Acaso no sabía usted que había llegado? No es posible. Lleva ya algo más de ocho días aquí.» «Quince hace que salí yo en un viaje rápido, a caballo, hacia Méjico, y hasta anoche no había vuelto.» «¡Ah! Entonces claro.» «¡Don Alonso de Barros!», volvió a exclamar el médico como si no quisiera e incluso le doliese oír este nombre. Luego avanzó y cogió con ambas manos suyas, dos manos muy fuertes y muy velludas, la por el contrario diferente que le ofrecía don Alonso, diciendo a renglón seguido: «Entonces vamos a ver, porque ello es de la mayor importancia en este momento: ¿Es vuestra merced o no es el maestro Alonso de Barros, natural de Segovia, autor de la *Filosofía cristiana moralizadora?*» «El mismo, en efecto.» «Por consiguiente...—siguió Pedro Sepúlveda inclinando un poco la cabeza hacia el pecho, cogiéndose la bien poblada barbilla con la mano izquierda y como si hablase consigo mismo—: Luego si es así... Porque en este caso... Mas, ¿sería posible que una fatalidad tan estúpida como adversa se hubiese abatido sobre nosotros de este modo?» «¿Qué quiere usted decir, maese Pedro?», le preguntó don Gaspar extrañado de su perplejidad e incertidumbre. «Pues quiero decir, y aún me lo repito a mí mismo al tiempo que me lamento de no haber reconocido al maestro don Alonso... Mas por otra parte, cómo reconocerle si sólo le vi una vez, de lejos y apenas, y de esto hace ya seguramente más de veinte años.» «¿Y dónde, si puede saberse, y con qué motivo? —dijo don Alonso—. Porque yo por más que os miro no recuerdo haberos visto en mi vida.» «Su merced a mí no, evidentemente, maestro Alonso, porque entonces era aún menos que ahora, no obstante ser ahora tan poco; pero vos empezabais ya a ser bien conocido, y claro...» «Entonces, y puesto que me conocéis, ¿queréis decirme algo de vos para que yo os conozca a mi vez? Porque don Gaspar me ha asegurado, cosa que no dudo y es sumamente estimable, que sois el médico más famoso de Indias; pero si me dijerais algo más os quedaría muy agradecido.» «¡Bah! Poco os podría decir, maestro Alonso. A no ser que soy uno de tantos y que llegué hace ya bastantes años, a poco de haberos entrevisto en Segovia, buscando aquí, a falta de saber y sin méritos particulares, una vida más fácil que la que España me ofrecía. Uno de los muchos que llegaron y siguen llegando, cuando las tormentas no se lo impiden, en una de esas carabelas, para la mar simples pavesas cuando se enfurece, no obstante estar tan orgullosos de ellas sus constructores allá en Sevilla o en otras partes, cada vez que botan, como las llaman, una "carabela redonda", de esas de velas rectangulares en el palo mayor y en el trinquete, y otra latina, es decir, triangular, en el palo de mesana. Y hasta una "cebadera" si la nave dispone de botalón de proa. Barcos cuyos cascos de roble de primera calidad, traído de los bosques de Vizcaya, parece que nada puede romper, pero que las olas encuentran de paja cuando se enfurecen. Pues bien, en una de ellas vine yo hace, sí, muchos años, en calidad de cirujano, con objeto de no tener que pagar la travesía, lo que no hubiera podido entonces. Pues como vuestras mercedes saben, todas suelen traer entre su personal un médico que hace a la vez, y con más frecuencia, de barbero. Una vez aquí, como tenía que comer y era poco amigo de la vida aventurera, hice de todo, hasta de cartógrafo; acabando por especializarme como médico, profesión en la que he llegado a tener cierta fama.» «No tengáis inconveniente, maese Pedro —dijo don Gaspar—, en afirmar que sois un verdadero maestro.» «Muchas veces, como me ocurre a mí, la maestría estriba no en la abundancia y superioridad de conocimientos, sino en que los que practican el mismo arte u oficio no pasan de oficiales e incluso de aprendices. Porque con ustedes, que se debe ser sincero, no tengo inconveniente alguno en declarar que aparte de cierta habilidad natural que tengo para volver a su posición normal huesos desarreglados y articulaciones violentadas por golpes o accidentes, el resto de mi ciencia como curandero no va más allá de ayudar, de no entorpecer a la "vix medicatrix" de la Naturaleza. Empezando por obligar a hacer a los que se ponen en mis manos lo que hacen los animales que enferman por lesiones u otros accidentes: ¡ayunar! Ello y un gran consejo de Don Quijote a Sancho: «Come poco y cena más poco, que la salud de todo el cuerpo se fragua en la oficina del estómago», es toda mi ciencia.» «Y a mí, maese Pedro Sepúlveda, ¿cómo fue el verme aquella vez en Segovia? ¿Vivía usted acaso allí?» «No, señor. Cuando estaba en España vivía donde podía y como podía. Falto totalmente de recursos y de ayuda, como tantos otros, y no teniendo condición de pícaro, que me hubiese salvado, pues allí no suele haber mejor medio de vivir y hasta de prosperar que la picardía; o de hidalgo, es decir, aparentar de día para que mi criado pidiera para los dos por la noche, lo pasaba mal. Y como para no pasarlo peor hacía falta saber y para saber estar enterado, con este objeto yo abría bien ojos y oídos tratando de llenarme de noticias que luego pudieran tener precio. Muchas, claro, inútiles; otras me servían si con ellas servía a otros. Lo que supe de usted, don Alonso, pasando cierta vez por Segovia de espolique de un segundón que me había alquilado; ahora, ¡después de tantos años!, cuando menos lo esperaba, parece haberme servido aún. Esta vez a mí. Y seguramente tal vez incluso a usted y a la propia doña Magdalena, ¡y al que estaba con ella! —siguió en voz más baja y como si esto se lo dijera tan sólo a sí mismo—, si la Casualidad, esa sirvienta del Destino que metiéndose por la vida de los hombres unas veces los favorece y otras les perjudica, esta vez se hubiera metido más oportunamente en la mía.» «Ahora tampoco le comprendo, maese Pedro Sepúlveda», dijo don Alonso dulcemente. «Ni yo», aseguró don Gaspar. «Pues vuesas mercedes lo van a entender perfectamente, porque me parece inútil que dé más vueltas a un asunto que no tiene otra salida que la normal, ¡por triste que sea! Pero antes de llegar a la explicación que fatalmente tendré que dar, permítame una pregunta, maestro don Alonso, cuya respuesta barrunto, pero que la quisiera de su boca: Su llegada aquí, a Indias, ¿ha sido tan sólo a causa de su nombramiento de Oidor General o le ha traído, en verdad, otro motivo particular?» «Otro motivo particular —replicó don Alonso tristemente—.

Ver si podía hallar a mi hijo, que tuvo que escapar de España, pues de otro modo, ¡a prisión hubiera tenido que ser llevado! Y como el mejor sitio para encontrar referencias de él, dolor y angustia siento teniendo que decirlo, era una mancebía, don Gaspar me había hablado precisamente de usted, que, dada su calidad de médico, tenía entrada en todas ellas, y que precisamente por ello íbamos a rogarle que, en primer lugar, nos llevase a la de esta doña Magdalena de Fonseca, que desdichadamente ha muerto.» «Desdichadamente tal vez más para nosotros que para ella», dijo sentenciosamente maese Pedro. «¿Qué le pasa a usted hoy, amigo Sepúlveda —dijo don Gaspar—, que habla casi lodo el tiempo de modo sibilino? Con frecuencia no entiendo lo que dice usted y creo que don Alonso tampoco.» «En primer lugar, ahora quería decir que no habiendo considerado jamás la muerte como un mal, bien que no la haya buscado por no haber sido, a pesar de todo, la vida una carga insoportable para mí, la de doña Magdalena, si bien la ha arrebatado una vida placentera, ya, ¡la paz para siempre! Mientras que si tras descubrir lo que descubrió, ahora estoy seguro de lo que antes no lo estaba aún, el corazón no la falla y sigue viviendo, ¡lo que la hubiese quedado de vida hubiera sido para ella el peor de los infiernos! ¿Sibilino otra vez piensan vuestras mercedes? En todo caso por muy poco tiempo ya. Voy a decir, por triste que sea, lo que comprendo que no tengo más remedio que decir. Si es verdad que la duda es muchas veces peor que la certidumbre por dura que ésta sea, ¿tengo yo derecho, dígamelo usted mismo, don Gaspar, a permitir que don Alonso siga en la angustiosa duda de si encontrará o no encontrará a su hijo o vale más que yo le dé la certeza de lo que le aguarda por terrible, terribilísimo que ello sea? Porque ¿acaso no buscaba con dudas, inquietudes y angustias, que sólo él es capaz de medir, a quien pudiera darle noticias de su hijo? Pues bien, ¡yo se las puedo dar!» «¿De veras? ¿No lo dice usted sólo por consolarme?», le preguntó don Alonso encendiéndose de pronto. «De veras. Y si dudaba era precisamente por no poder darle, anunciándoselo, ¡ningún consuelo!» «Pero usted le ha visto? ¿Le ha conocido? ¿Sabe dónde está?» «Le he visto, le he conocido y sé dónde está.» Don Alonso al oírle juntó sus manos en ademán de súplica para que siguiese hablando. «Lo voy a hacer, sí —dijo maese Pedro—. Pero no sin rogarle encarecidamente, maestro Alonso de Barros, que, cual si fuésemos a emprender una caminata por un desfiladero lleno de peligros, nos dispusiéramos, usted escuchando y yo refiriendo, ¡a lo peor! Es decir, a que pudiéramos fatalmente caer, ¡de tal modo es peligroso!» «¡Ay! Tan duros han sido siempre los desfiladeros que me ha deparado la vida, sin duda no merecía otra cosa, aunque jamás hice daño a nadie ni tuve siquiera intención de ello, que si hemos de caer, ¡suelte usted mi mano, maese Pedro Sepúlveda, y sea yo solo el que me despeñe! De modo que sea lo que sea lo que tenga que decirme..., ¡hable con tal de que lo haga de mi hijo!» «Pues lo voy a hacer. La Casualidad, a la que nombraba hace un momento, quiso que el día que su hijo llegase aquí, yo estuviera en el fondeadero (don Alonso, oyendo esto, tuvo durante un instante como un gesto de alegría y aún quedó más pendiente de sus labios). La víspera a última hora habían arribado casi al mismo tiempo dos naves: una carabela, de España, y un barco negrero, de África. Como los desembarcos no se autorizan sino en pleno día, tuvieron que aguardar en la rada hasta el siguiente. Yo, como siempre, estaba allí en mi calidad de médico, pues lo primero que se hace es reconocer a todo el que desembarca para caso de estar enfermo apartarle. Los que no, precedidos del capitán, del piloto y demás hombres a sus órdenes, pasan a la barraca de filiación antes de quedar en libertad. Y ocurrió que al desembarcar los de la carabela, que fueron los primeros en hacerlo, no había hecho sino pisar suelo firme uno de ellos, un buen mozo de aire entre despreocupado y altanero, ropa buena pero ya muy usada, sombrero de anchas alas con pluma mejor puesta que compuesta, lo mismo que su jubón y su chupa, y tizona mucho más cumplida que el menguado equipaje que, envuelto en una tela, colgaba de uno de sus brazos; avanzaba, como digo, mirando a un tiempo con atención e indiferencia, cuando del grupo de curiosos desocupados, que nunca faltan en cada ocasión en que se puede ver algo sin pagar por ello, surgió otro mozo poco más o menos de su temple y calaña, que corrió hacia él con los brazos abiertos, al tiempo que decía jubilosamente: "¡Eh, Martín! ¡Voto al chápiro! ¿Tú aquí, Martín de Barros? Si de algo estaba yo ajeno era de que tú desembarcarías, ¡gran bribón!" Y se abrazaron con verdadero cariño no una, sino media docena de veces. Pues nunca se estima y quiere tanto lo que se ha conocido en la Patria como cuando se está fuera de ella.» «¿Quién era?», preguntó con un hilo de voz don Alonso de Barros. «Dispuesto como estoy a decir toda la verdad, don Alonso, y puesto que él había calificado por amistosamente que lo hiciese, de bribón a su hijo, pues otro no menos bribón que él. Pasada la breve inspección, salieron muy del brazo. ¡Ah!, un detalle que se me había pasado: tras el fraternal abrazo primero, su hijo dijo al compadre: «Yo para ti, Matías, soy y seré siempre el mismo. Para los demás he decidido ser Juan Hernández de Sosa.» «Entendido y bien pensado. A mí también me conocen no por mi verdadero nombre, sino por Ángel Fermín de Porres." Y Ángel Fermín de Porres fue quien llevó a Juan Hernández de Sosa, antes que a otro lugar alguno, a la mancebía de doña Magdalena de Fonseca, con una de cuyas pupilas estaba amancebado. Luego ya no se separaron. Cualquiera que se hubiese interesado por ellos, como me sucedía a mí desde que supe quién era el recién desembarcado, hubiera podido verles siempre juntos. Así las cosas, empezó a transcurrir el tiempo y...» «Perdone, maese Pedro, mi hijo, ¿se ocupó de algo? ¿Empezó a trabajar en algo?» «En ese trabajo, si trabajo es y creo que no mucho ni fatigoso o desagradable a sus años, de enamorar mujeres y vivir a su costa. (Don Alonso inclinó, abrumado, la cabeza sobre el pecho.) Él a costa de doña Magdalena de Fonseca, que desde el primer momento le encontró muy de su gusto. Con la particularidad en este caso de que si a ella le gustaba el mozo, él estaba aún más enamorado de ella. Me consta. Suele ocurrir, además, que una mujer como Magdalena de Fonseca, joven aún, hermosa e inteligente, más las artes de seducir que sólo da la experiencia, cautive fácilmente a un hombre dieciocho o veinte años más joven que ella, como en este caso. Y abrevio porque llegamos al desfiladero, y cuanto antes nos precipitemos, puesto que tenemos que caer, mejor.»

«Ayer regresé de Méjico. Entre las llamadas que tenía encontré una particularmente urgente, sin contar que se trataba de una familia a la que tengo particular afecto. Son unos conocidos míos, amigos ya, moriscos por cierto, y únicos de esta clase, que yo sepa, que han caído por aquí. Un matrimonio con tres hijos y dos hijas. Buenos y trabajadores si los hay. Salieron de España cuando la expulsión de los de su raza, que tanto daño ha causado a la agricultura de nuestro país. Tras un viaje, ¡increíble!, en una pequeña barca de cabotaje que tenían y empleaban en España para llevar frutas y verduras que ellos mismos cultivaban, desde Albada, en Murcia, a Cartagena, Alicante, Valencia o Castellón, y tan sólo con la ayuda de una brújula, al cabo de cuatro meses llegaron aquí.» «¿Y qué comieron por el camino?», preguntó don Gaspar. «Al principio frutas, raíces, zanahorias, nabos, remolachas, todo crudo. El último mes, un puñado, unos cuantos dátiles cada uno al día. Debe usted conocerlos, don Gaspar; son los del figón *Albada,* de la calle Estrecha.» «No. Pero no importa. Siga.» «Yo suelo ir cuando tengo ganas de comer un buen arroz, si tienen, o una buena ensalada, que nunca falta, y esta mañana como acabado lo que querían de mí (el padre que se había dislocado una muñeca: tiene ochenta años y trabaja como si tuviese cuarenta), me estaba regalando, desayunando esto, una buena ensalada que me habían preparado las hijas mientras apañaba a su padre, cuando entraron los dos amigos: el Juan Hernández de Sosa y el Ángel Fermín de Porres, en compañía de tres más de su calaña. Y en una mesa no lejos de la mía se sentaron y pidieron pescado seco, es decir, salado, y vino. Y a poco, y ya calientes, pues el pescado sólo era un pretexto para beber, a uno de ellos le pareció jocoso que yo, en vez de vino como ellos, bebiese agua. Y echando la cosa a chacota, me dijo con insolencia. Con tanta insolencia como poca gracia: "¡Eh, amigo! El de la lechuga y las aceitunas. Comprendo que con comida tan sustanciosa no vaya mal el agua, que, por supuesto, es buena, salvo para beber, para todo. Pero si bebiese vino, ¿le entraría carraspera?" Yo, naturalmente, no hice caso. Pero él, por mejor decir el vino, no se dio por vencido e insistió al acabar de reír los otros: "¿No me ha oído el hidalgo?" "Come y bebe, Andrés, y deja tranquilo a Galeno», dijo, don Alonso, su hijo. "¡Ah! ¿Se llama Galeno?" "No es que se llame Galeno —dijo el Ángel Fermín, que también me conocía, aunque no fuese sino por haberme visto alguna vez en la mancebía de doña Magdalena—; es que es galeno." "¿Y qué es ser galeno?" "Eso que él te lo explique." "Pero dejadle tranquilo", volvió a decir su hijo. "Calla, hombre, que seguramente me lo va a decir con mucho gusto —y volviendo a dirigirse a mí, añadió—: ¿Verdad, hidalgo, que estáis deseando decirme lo que es ser galeno?" "Pues, no —dije al fin harto de oírle—; pero lo haré, piltrafa de hidalgo, por si ello tiene la virtud de que cierres al fin la boca. Ser galeno es algo más que ser un estúpido y tal vez un mal nacido." "¡Ay! —exclamó él levantándose y echándose mano a un costado. Al costado en que llevaba la espada—. ¡Qué dolor aquí!" "Pues entonces, gran ocasión —dijo interviniendo otra vez el Ángel Fermín— para que te pongas en sus manos. Porque ser galeno es ser médico." "Es lo que voy a hacer", dijo el necio, esta vez ya con acento duro, al tiempo que desenvainaba y avanzaba hacia mí. "¡Que él no va nunca armado, Andrés!", le dijo, don Alonso, su hijo: "¡Blas! —gritó el Andrés a otro de los compinches—, ¡préstale tu espada! O se traga las palabras que ha dicho o se las haré tragar yo." "No necesito espada —dije harto, levantándome—. Me basta con mi bastón. Con este trozo de lo que un día fue raíz de olivo, para entendérmelas con este necio." Y cogiéndole con la izquierda, soy ambidextro, le crucé con su espada. Tras un par de fintas, en una acometida llegamos al cuerpo a cuerpo. Y al tenerle junto a mí e inmovilizado, le di un puñetazo en plena boca que le hizo caer escupiendo varios dientes. Porque yo no llevo espada, amigos míos, pero no la llevo precisamente por saberla manejar bastante bien. Yo aprendí a esgrimir, estando a su servicio, con el maestro Luis Pacheco de Narváez, uno de los dos grandes maestros de armas que había en Madrid. El otro era Antonio Ruiz de Alabarta, con el que por cierto aprendió a su vez don Francisco de Quevedo. Un día, en casa del conde de Miranda empezaron a discutir don Francisco y Pacheco a causa de un libro recién publicado por éste llamado *Los cien acometimientos*. Y queriendo demostrar uno y otro su razón, se les hizo sitio, cruzaron los hierros, y don Francisco quitó a mi maestro el sombrero de un botonazo. Yo también tuve el honor de cruzar, amistosamente, mi espada contra la de don Francisco. A mí jamás pudo tocarme. Yo sí hubiera podido tocarle a él. Pero nunca lo hice. Su agudo ingenio, su gran cultura y su arte incomparable para versificar y escribir me produjeron siempre tanta admiración como respeto. En todo caso, llegué a ser tan hábil con la espada, que seguro de que si la cruzaba enconado, contra alguien, le mataría, renuncié a usarla. Y desde entonces llevo este bastón que me fabriqué, no sin trabajo, yo mismo, y con el que siempre he salido airoso en lances como el que ahora refiero. Pues además de cierta habilidad para componer huesos, la Naturaleza se ha complacido sin duda dándome, si de luces y buen sentido, un par de adarmes, de fuerza física una cantidad verdaderamente poco normal. Mas perdónenme este inciso y vuelvo a lo que estaba contando. Al verle en el suelo y tan aturdido por el puñetazo que no acertaba a incorporarse, sus cuatro amigos se levantaron indignados echando mano a sus espadas, al tiempo que me llamaban villano, mal nacido y qué sé yo cuántas cosas más. Y me aprestaba a hacerles frente, cuando ocurrió lo que menos podíamos esperar: que los tres hijos de Bernabé viniesen en mi ayuda armándose simplemente con las banquetas que había allí mismo. Fue cosa vista y no vista. Mientras yo derribaba apenas cruzó su espada con mi bastón al que había saltado contra mí, dándole un golpe en plena frente con la contera de bronce, dos de los otros eran derribados también, el uno de un banquetazo en la cabeza y el otro, el Ángel Fermín, en la cara, al volverse vivamente al darse cuenta de que tenía enemigos detrás. En cuanto a su hijo, don Alonso, cogido por el tercero de los de Bernabé contra la pared con la propia mesa a la que estaban sentados, a la que empujó violentamente cuando se levantaba tratando de desenvainar, allí quedó sin poder siquiera hacerlo. "A los caídos —dije entonces—, cubos de agua hasta que cese la sangre. Y luego, ¡a la calle! Las espadas ya se las devolveremos más tarde. A éste me le llevo yo. Se acabó —seguí—, al menos conmigo. lo de Juan Hernández de Sosa. ¡Vamos, Martín de Barros! Y conste —le dije aún mientras salíamos— que mientras viva tu padre harás bien en seguir llamándote Hernández de Sosa o como te dé la gana menos Martín de Barros, nombre que no mereces. Pero, ¿acaso vive tu padre siquiera?" "No lo sé", me respondió muy sumiso, de tal modo estaba sorprendido. Me detuve y se detuvo. Le cogí bruscamente por los hombros, le puse frente a mí, y añadí, clavándole los ojos: "Escucha bien lo que voy a decirte y grábalo de modo imborrable en tu mente: Cualquier tiempo es bueno para enmendar el malo. Ni hay mal, por grande que sea, que no pueda ser olvidado si sigue un bien mayor. Vete a tu casa, es decir, a la de Magdalena de Fonseca, y dile exactamente lo que te voy a decir: Mujer, ¿crees que dos que bien se quieren se deben engañar? Porque yo te he engañado y sigo engañándote haciéndote creer que soy quien no soy tras haberte contado una vida que no ha sido mi vida. Y tú, Magdalena de Fonseca, que no eres Magdalena de Fonseca, has hecho lo mismo conmigo ocultándome no sólo tu verdadero nombre, sino que estuviste casada, pero no con el hombre que te trajo aquí, sino con otro que no era él. Y exígela que te diga no sólo su nombre, sino el de su verdadero marido. Luego haces acto de contrición y obras como creas que debes obrar." Tras esto nos separamos. Apenas sólo empecé a ser perseguido por la duda y a torturarme: ¿Había hecho bien haciendo lo que había hecho? Por una parte me parecía que sí. Que si había algún medio de enmendarle era aquél. Por otra... Total, que muy despacio, muy despacio, cavilando siempre, llegué al fin a mi casa. Y apenas lo había hecho vinieron a buscarme con toda urgencia. Era uno de los esclavos negros de doña Magdalena. Su cochero. Su cochero, que cayendo de rodillas me suplicó más con gestos que con palabras, pues a penas podía hablar, que le siguiera. "¿Pues qué pasa?" "¡El ama..., la amita, que se muere, maese Sepúlveda!" En el propio coche en el que había venido corrimos cuanto correr podían los caballos, y al llegar...» «¿Estaba muerta?», preguntaron a un tiempo don Alonso y don Cristóbal. «¡Estaba muerta!» «¿Y mi hijo?... Por favor, maese Sepúlveda, amigo Sepúlveda, ¿y mi hijo?» Maese Sepúlveda dijo a media voz dando como respuesta algo que más bien trataba de ser una evocación: «Al separarse de mí debió marchar todo preocupado en busca de doña Magdalena, a la que tanto quería. Esto debí tenerlo en cuenta. Eran dos almas, claro, gemelas, y del mismo modo que la diferencia de sexo atrae a los cuerpos, realizada la atracción, nada contribuye tanto a mantenerla, a la unión de los espíritus, como la semejanza de gustos y opiniones... Y una vez frente a ella la diría: Magdalena, ¿por qué me has tenido engañado hasta hoy? Empezando porque ni siquiera eras Magdalena de Fonseca, ni tu marido el que me contaste que fue tu marido. Ni nada de tu vida la que como tu vida me has contado. Dime, pues, pero ya sin mentir, quién verdaderamente eres y quién fue el que te desposó. Y ella, viendo que era inútil seguir ocultando la verdad, además, qué la importaba decirle que en vez de Magdalena se llamaba como la habían puesto en la pila y quien en verdad había sido su marido, le diría... Sí, seguramente le dijo: Mi verdadero nombre es Lucía Solde-villa. Y mi marido, con el que me unieron siendo una niña, un hombre rico, un tal Alonso de Barros...» «¡Lucía Solde-villa! —exclamó apenas con un hilo de voz don Alonso—. ¡Pero usted sabía!... ¿Y cómo lo podía usted saber?» «Porque un día, don Alonso, meses después de haber llegado aquí, el hombre que se la quitó a usted y al que todos creíamos, además de un perfecto rufián (la obligaba a venderse y luego se jugaba el dinero que ella obtenía), su marido, acosado precisamente por las deudas que había contraído en los garlitos, se metió, en compañía de otros dos de su misma calaña, en un asunto muy feo. Tan feo que sabiendo lo que le esperaba vino ella a pedirme de rodillas, sabiendo que el entonces capitán general de Méjico y gobernador, don Pascual Martínez de Ovando, me distinguía con su amistad, y que precisamente estaba aquí en viaje de inspección, que intercediese por él. Yo, al verla tan apurada, traté de consolarla del mejor modo posible, empezando por decirla, pues sospechaba por el modo de tratarla que no era su marido, bien que hubiese maridos sólo buenos, como él, para lo que le esperaba y ella quería evitar, que por qué se preocupaba tanto de un hombre que además de tratarla como la trataba no era nada de ella. Que si lo que necesitaba era un protector, a docenas los tendría con su cara, su cuerpo, su alegría y su encanto. Y, en fin, que si lo que quería intercediendo por él era tan sólo calmar una conciencia que extraviada la decía que hiciese algo por aquel mal hombre, que entonces accedería a interesarme para que don Pascual Martínez de Ovando la recibiese. Pero que cumplido el equivocado deber de conciencia, que no se volviese a ocupar más de él. Que había nacido no para oruga, sino para mariposa, ¡y que echase a volar con sus alas de oro, segura de que lejos de aquel canalla sólo flores, y oro también, encontraría por todas partes! Y entonces, como si despertase, en un arranque de sinceridad, me dijo cómo se llamaba verdaderamente, quién era, y hasta quién era también su verdadero marido.» Oyendo esto, don Alonso intentó decir algo, pero no pudo, de tal modo estaba emocionado y abatido. «¿Y fue usted a ver al gobernador?», preguntó don Gaspar haciendo una seña a maese Pedro para que continuase y ver si ello distraía un poco a don Alonso. «Fui y le dije la verdad: que iba a ir a verle una de las mujeres más hermosas y más encantadoras que había tenido delante, para pedirle gracia para un hombre que no la merecía. Que si le decía que era su marido, que no lo creyese. Y que si le inspiraba caridad, que la despidiese con buenas palabras. Pues siempre hay medio de decir lo que sin faltar luego a lo dicho, no por ello deje de hacerse lo que deba ser hecho. Y, en efecto, don Pascual la recibió. Y maravillado quedó viéndola. Y su caridad hacia ella fue tanta, que no tardaron en volverse a ver. Y así muchas veces. En cuanto a prometerla, la prometió que para que allí no corriese el peligro que corría el hombre que la explotaba, le mandaría al Perú. Con lo que ella se quedó contenta y su conciencia acallada. Y más cuando comprendió, pues era mujer inteligente, que las bondades y solicitudes de don Pascual podían serla tan útiles.» «¿Y don Pascual cumplió su palabra?» «No faltaba más. Era un gran señor. Le sacó de aquí, como a los otros dos, bien atados, y al Perú fueron. Y con ellos, y en manos del que mandaba a los que les condujeron, una carta para don Tomás Gómez Yáñez, gobernador de aquel país, en la que le decía que por razones particulares no había mandado ahorcar a los tres pájaros que le enviaba. Pero que lo hiciese él sin demora.» «Estaba usted —dijo don Alonso al cabo de un rato de silencio, que habían respetado sus amigos al verle tan abatido— en que ella diría a mi hijo quién era verdaderamente... y quién, asimismo, era su padre.» «Sí, señor. Y que entonces tuvo que ocurrir lo ¡que ocurrió! Su hijo de usted, ¡nuevo Edipo!, al saber que aquella mujer a la que de tal modo había querido carnalmente ¡era su madre!, en un arranque de desesperación, y tras confesarla quién era él, no tuvo más remedio que suceder así, sacó su espada...» «¿Y la mató?», preguntó aterrado don Gaspar. «¡Se mató él, dejándose caer sobre ella!... Que fue cuando a doña Magdalena o a doña Lucía la falló el corazón y cayó junto a él, como yo me los encontré.»

Don Alonso de Barros, tras aquel nuevo golpe de su adverso destino, no volvió a levantar cabeza. Habiendo dicho que no quería morir en Indias, le trasladaron a España. Llegado a Sevilla, reuniendo sus últimas y escasas fuerzas, escribió a Fray Marcos de Villasandino, que al recibir la carta corrió a buscarle y a reunirse con él. Aún tuvo tiempo de oír de su boca todo lo anterior. Luego cayó en aquel estado letal que varios días después, y sin que recobrase el conocimiento, le hizo pasar a mejor vida (nunca se empleará esta expresión con mayor propiedad), el 24 de junio de 1627.

La relación de Fray Marcos de Villasandino acababa con estas palabras u otras muy parecidas: «Así fue la vida y tal la muerte de don Alonso de Barros, uno de los hombres, mejor haría en decir simplemente el hombre más bueno, más justo y más recto que he conocido. Considerando serenamente lo que constituyó la trama de su existencia, no puedo menos de preguntarme, pregunta que hago asimismo a cuantos gustan de contestar a aquellos que les interrogan: ¿Por qué a tanto hombre indigno de ventura el Destino les da una vida y hasta una muerte venturosa y por qué a otros, que sólo lo mejor merecen, les priva injustamente de ello? Incapaz de responderme, me dirijo a quienes sean capaces de hacerlo. Si en vez de Destino quieren poner otra palabra, que la pongan. Allá ellos. Yo cuanto busco, si la hay, es la razón de tan tremenda sinrazón. Si no la hay, si todo depende del azar, si todo es fortuito y somos como hojas secas que el viento de la casualidad lleva de un lado para otro sin saber adónde y sin por qué ni causa, entonces que callen los que hablan sin saber de lo que hablan y mienten por el gusto de mentir, y echémonos con los ojos cerrados en los locos brazos de la ciega Fortuna.»

Tal fue, en efecto, sin merecerla, la triste vida y no menos triste y angustiosa muerte del maestro Alonso de Barros, para quien, a juzgar por ella, diríase hecho el refrán que reza: *Unos nacen con estrella y otros estrellados.*

JUAN BAUTISTA BERGUA

PROVERBIOS MORALES
de
ALONSO DE BARROS

Al reverendísimo señor don García de Loaysa Girón, Arzobispo de Toledo, Primado de las Españas y del Consejo de Estado del Rey nuestro señor.

Todos los animales terrestres, los peces y las aves, por instinto natural (poco después de haber nacido), saben lo que les basta para dar entero cumplimiento a su apetito, y de tal manera le alcanzan, que en teniendo compañía y el sustento necesario, ni quieren más ni tienen más que desear; sólo el hombre, con ser señor de todo lo creado, parece que es de peor condición que el más bajo de todos ellos, pues por mucho que viva, por mucho que estudie, inquiriendo la verdad y encadenando deseos, procurando saber dónde está esta suma felicidad que pretende, nunca en esta vida la alcanza; no puede (que no están libradas nuestras esperanzas sino donde no tiene poder la fortuna de mudar el suceso de las cosas). Para esto hay tantos libros como vemos, y tantos opositores, que los unos son casi confusión de los otros; y no todos los hombres tratan de este estudio, porque a unos las muchas ocupaciones precisas o voluntarias que tienen para conservar la vida les estorban, y otros, por su natural y mudable condición, perdiendo con el miedo del trabajo la esperanza de alcanzarle, no le procuran; y cuando los unos y los otros siempre trabajen, y siempre estudien, es tan corta la vida y tanto lo que hay que saber, que al mejor tiempo le falta. Ésta es, Señor Reverendísimo, la causa que ha movido a muchas personas de buen celo a hacer sumas de largos progresos, y escritos de varios autores, recogiendo en poco volumen lo que en muy grandes estaba dilatado; y la que yo he tenido de atreverme a reducir sentencias de gravísimos filósofos a pocas palabras, continuadas en este género de compostura, con que con más facilidad se puedan encomendar a la memoria, y con ella gocen unos sin trabajo, de lo que a otros costó mucho, y todos nos ayudemos en las ocasiones que se ofrecen, que para todos hay consuelo y consejo. La materia es grave, y el estilo humilde, y poca la autoridad de su dueño; por lo cual forzosamente ha de faltar a la obra, y habiendo yo de buscar quien se la dé, de ninguno como de Vuestra Señoría Reverendísima me puedo favorecer; que por linaje, es de los calificados del Reino; y por oficio, maestro del mayor y mejor príncipe de la tierra, y de su Consejo de Estado; y por dignidad, Primado de las Españas; y por letras y virtud, dignísimo de los títulos que tiene. Suplico a Vuestra Señoría Reverendísima, con la humildad que debo, la admita debajo de su protección y amparo, para que con su favor sea estimado y recibido éste mi trabajo, con la voluntad que a Vuestra Señoría le ofrezco, a quien guarde nuestro Señor muchos años, con el aumento de estado y felicidad de vida que sus criados deseamos.

ALONSO DE BARROS

PROVERBIOS MORALES

Cuanto más lo considero,
más me lastima y congoja
ver que no se muda hoja
que no me cause algún daño;
aunque, si yo no me engaño,
todos jugamos un juego
y un mismo desasosiego
padecemos sin reposo;
pues no tengo por dichoso
al que el vulgo se lo llama,
ni por verdadera fama
la voz de solos amigos.
Ni por fieles testigos
los que son apasionados.
Ni tampoco por honrados
los que no son virtuosos.
Ni a los que son envidiosos
por vecinos de codicia.
Ni pienso que hará justicia
el que no tiene conciencia.
Ni al que le falte experiencia
tendré por buen consejero.
Ni al caviloso y artero
llamaré buen abogado.
Ni diré que vi privado
sin esperanza y temor.
Ni demasiado sudor
sino por cosas de viento.
Ni tristeza ni contento
que en un ser permaneciese.
Ni tan gran bien, que no fuese,
si se mira, gran miseria.
Ni quien hable de la feria
mejor que en ella le ha ido.
Ni conozco hombre perdido
que no diga es desdichado.
Ni el que es bien afortunado
que lo atribuya a ventura.
Ni tan perfecta pintura,
que no tenga impropiedad.

Ni estimada calidad
de noble que degenera.
Ni tan doméstica nuera,
que guste de estar sujeta.
Ni he conocido poeta
señor de mucho dinero.
Ni judiciario agorero
que con su ciencia no engañe.
Ni hay hombre que desengañe,
que no venga a ser malquisto.
Ni daño, cuando es previsto,
que no ayude a moderarse.
Ni descuido que enmendarse
pueda del todo en la guerra.
Ni tan abastada tierra,
que un cerco no la consuma.
Ni capitán que presuma
de serlo, que no esté alerta.
Ni el cobarde hallará puerta
segura para escaparse.
Ni acertará a disculparse
el que hiciere cosa fea.
Ni, aunque ninguno lo vea,
deja de estar Dios presente.
Ni hay razón más elocuente
que el hablar lo necesario.
Ni habrá envidia de adversario
que no nos cause virtud.
Ni vergüenza en juventud
que no ayude a deprender.
Ni se puede reprender
todas veces al menor.
Ni tiene cebo el amor
como amar y ser amado.
Ni más infeliz estado
que es el falto de esperanza.
Ni segura confianza
en fuerzas, ni en poca edad.
Ni tal prueba de amistad
como cárcel o pobreza.
Ni vi fama con firmeza
en vida del propio dueño.

Ni más envidiado sueño
que el falto de obligación.
Ni gran bien en posesión,
que se iguale al merecerle.
Ni oficio que el desprenderle
no tenga dificultad.
Ni fuerza o necesidad
que no turben el juicio.
Ni agradece el beneficio
el que al segundo aguardó.
Ni el consejo despreció
sino el que es del suyo pobre.
Ni hay hombre ni flor que cobre
a la tarde su color.
Ni tiránico furor
como belleza y poder.
Ni se debe agradecer
al que es con favor gracioso.
Ni el perfecto religioso
teme a la fortuna y hado.
Ni es cuerdo el que está enfadado
de que cualquiera le niegue.
Ni es justo que nadie juegue
asegurado en su engaño.
Ni el que con ira hace daño
teme el que venirle puede.
Ni es razón que siempre quede
en gente común la carga.
Ni hay quien tenga vida larga
que no tenga larga pena.
Ni es sabio el que se condena
por culpa que otro merece.
Ni el que por miedo agradece,
diremos dél que fue grato.
Ni es menester mucho rato
para saber hacer mal.
Ni demasiado caudal
para el socorro de un bajo.
Ni el excesivo trabajo
deja al paciente llorar.
Ni puede un engaño estar
por mucho tiempo ocultado.

Ni hay hombre muy descuidado
que también no sea perdido.
Ni el que ha sido preferido
a otros, debe estar triste.
Ni el que su vicio resiste
le dejará de vencer.
Ni hay quien sepa qué es saber,
que en saber no se desvele.
Ni cosa que más consuele
en el mal, que la esperanza.
Ni coge nadie ni alcanza
otro fruto del que siembra.
Ni se ha de dar a la hembra
tanta mano cuanta toma.
Ni hay carcoma que así coma
como mala compañía.
Ni el que hace demasía
puede vivir con reposo.
Ni habrá ningún todo hermoso
con partes sin proporción.
Ni dar ser a las que son
sin valor, sino el provecho.
Ni hay descendiente derecho,
que a su natural no torne.
Ni juez que se soborne
a pleito determinado.
Ni puede haber trato honrado
con palabras de dos haces.
Ni se logran los secuaces
de la vana profesión.
Ni sin favor de razón,
se usa bien del albedrío.
Ni es loable el señorío
que todo su fin es vano.
Ni hay franco que no esté ufano
de dar, que es acto gustoso.
Ni más cierto y deleitoso
amigo que el libro bueno.
Ni sabio que en vicio ajeno,
para el suyo no escarmiente.
Ni hay estado preeminente,
de fortuna asegurado.

Ni soberbio bien criado,
ni avaro que no esté hambriento.
Ni como el bueno hay sediento
en el hacer beneficio.
Ni aquel que es flojo en su oficio
tendrá vejez sosegada.
Ni planta que esté arraigada
se arranca con azadón.
Ni da el mundo galardón
más que oprimir al mundano.
Ni hay quien no tenga en su mano
su tormento o su quietud.
Ni hay claridad de virtud
que soberbia no oscurezca.
Ni fama que así perezca
como el buen nombre en el malo.
Ni abundancia con regalo
en casa desconcertada.
Ni habrá ira represada,
que al cabo no engendre odio.
Ni son Pasquín y Marfodio
poco freno a poderosos.
Ni hay pobres facinerosos
que no busquen novedades.
Ni más dañosas maldades
que con fingida inocencia.
Ni demasiada licencia
que no cause algún desorden.
Ni congregación con orden,
si en su gasto no se prueba.
Ni hoy apruebo al que reprueba
la lectura de la Historia.
Ni por tener gran memoria,
el hombre de sí se acuerda.
Ni es previsto el que recuerda
después de venido el daño.
Ni es bueno conocer de engaño
cuanto excusar no se puede.
Ni vana ambición concede
recíproca cortesía.
Ni tiene en la medianía
fortuna mucho poder.

Ni falta jamás qué hacer
al que bien quiere ocuparse.
Ni puede alguno librarse
de envidia o de menosprecio.
Ni hay escudo para un necio
como el yerro del honrado.
Ni el que no sigue al pasado
le hereda en lo que es nobleza.
Ni hay socorro con pereza,
que sea prueba de amistad.
Ni común conformidad
a quien no tema al vecino.
Ni más loco desatino
que hablar u obrar con jactancia.
Ni hay daños con abundancia,
que no se puedan llevar.
Ni hay provecho cual gastar
bien el tiempo antes que acabe.
Ni sabe poco el que sabe
vencer su dificultad.
Ni hay viciosa ociosidad,
que mil males no acarree.
Ni lo que el hombre posee
ha de ser para sí solo.
Ni hay del uno al otro polo
lugar sin ingratitud.
Ni consuelo en senectud,
que se iguale al de la ciencia.
Ni es del malo la elocuencia
más que una falsa agudeza.
Ni luce antigua nobleza
con la moderna mancilla.
Ni es menester gran vajilla
para mitigar el hambre.
Ni más que un hilo de estambre
para enfrenar al que es bueno.
Ni en república hay veneno
como un repúblico escaso.
Ni haciendo de Mida o Creso,
que sufra el gasto del uso.
Ni del tímido y confuso
se espere aumento de hacienda.

Ni hay libertad que no penda
de un hilo flaco y delgado.
Ni puede el bien que es pasado
dar gozo en el mal presente.
Ni hay cosa que más contente
que un deseo conseguido.
Ni enfado al que es resabido,
como alcanzarle su intento.
Ni sufre un gran pensamiento
medianía en sus efectos.
Ni habrá tan rudos sujetos,
que el arte no le mejore.
Ni aunque el avaro atesore
pondrá fin a su deseo.
Ni suele dañar rodeo
a lo que razón no pudo.
Ni habrá viejo tan sesudo,
que caduco no sea un niño.
Ni hermosa con desaliño,
que se estime su hermosura.
Ni hora que esté segura,
siendo contraria la suerte.
Ni hay dulzura cual la muerte
para el que la está llamando.
Ni vida que en comenzando
no esté cerca del extremo.
Ni forzado que ande al remo,
que no pueda ser dichoso.
Ni hay ladrón para el reposo
como una afición secreta.
Ni tan ligera saeta
como el pensamiento humano.
Ni más bárbaro tirano
que el que con muerte castiga.
Ni hace fe cosa que diga
quien tiene poco poder.
Ni debe nadie escoger
cosa que luego deseche.
Ni hay consejo que aproveche
a la loca juventud.
Ni por qué buscar salud
entre vejez y cuidado.

Ni hay Milon tan esforzado,
a quien no venza un mosquito.
Ni término más finito
ni infinito que el del hombre.
Ni fama, por más que asombre,
que no sea corruptible.
Ni vista más apacible
que virtud en cuerpo hermoso.
Ni es mal estorbo al vicioso
debilidad o accidente.
Ni hay caudal tan suficiente,
que baste al gasto de un loco.
Ni quien suba poco a poco,
que no descienda rodando.
Ni al que su gusto es mandando,
que se le puede negar.
Ni fuera malo olvidar
mil cosas por la quietud.
Ni donde falta virtud,
la elocuencia es provechosa.
Ni vi más áspera cosa
ni más blanda que la lengua.
Ni quien note ajena mengua
que tenga limpio su seno.
Ni es consuelo el mal ajeno
que remedia el propio mal.
Ni sirve más que de sal
el alma en cuerpo vicioso.
Ni he visto quien dé en gracioso,
que no tenga mil rencillas.
Ni el que no sufre cosquillas
puede usar de libertad.
Ni se puede una verdad,
si es cruda, dar a comer.
Ni hay quien se pueda valer
contra su propio deseo.
Ni quien sepa sin rodeo
dar satisfacción a un necio.
Ni quien sufra un menos precio
si no es santo o pretensor.
Ni es verdadero valor
del ingenio la agudeza.

Ni da desdicha tristeza,
cuanto alegra gloria falsa.
Ni el pobre que busca salsa
merece ser socorrido.
Ni el que es loco y atrevido
vive con seguridad.
Ni puede haber calidad
de que el hombre no sea dino.
Ni más bravo desatino
que el desprecio de la vida.
Ni habrá hombre que se mida,
que no asegure su estado.
Ni tan soberbio elevado,
que pobreza no le mude.
Ni quien sepa, aunque más sude,
en qué está el daño o provecho.
Ni ofensa que si haya hecho
que a tiempos no resucite.
Ni habrá contento que quite
tan solamente una cana.
Ni vanidad cortesana,
que deje al dueño que duerma.
Ni habrá fama que, si enferma,
no tenga difícil cura.
Ni se gana sin ventura,
ni se conserva sin arte.
Ni por perder una parte se
ha de aventurar el todo.
Ni hay hombre que por su modo
no sea un loco perenal.
Ni con falta de caudal
es bueno levantar obra.
Ni pienso que a nadie sobra
dinero para mal uso.
Ni tiempo al hombre confuso
para bien ni mal obrar.
Ni quien sepa moderar
el hambre del apetito.
Ni hay manjar tan exquisito,
que siendo mucho no enfande
Ni vicio, por más que agrade,
que no remuerda o condene.

Ni el que pocas fuerzas tiene,
las probará, si no es necio.
Ni hay cosa de mayor precio
que un socorro en ocasión.
Ni más discreta razón
que acertarse a defender.
Ni plebeyo ni mujer
que del fausto no se admire.
Ni quien por derecho tire,
que no lo estime en muy poco.
Ni hay medicina de un loco,
cual memorar el morir.
Ni quien sepa bien medir a
sí y a su sepultura.
Ni sirve, do no hay ventura,
grandeza de corazón.
Ni es cosa puesta en razón
buscar sin virtud gran fama.
Ni pensar que está en la cama
sueño del ocupado.
Ni hay sueño, si es demasiado,
que no apague la memoria.
Ni virtud de cuya gloria
no se alcance algún provecho.
Ni el bueno cuida en lo hecho,
sino en buscar qué ha de hacer.
Ni aflige mucho el perder
aquello que poco cuesta.
Ni el que da mala respuesta
criará nuevos amigos.
Ni aprobaré los testigos
que vienen sin ser llamados.
Ni escapan de ser culpados
los que culpas favorecen.
Ni de los que mucho ofrecen
habrá promesa segura,
Ni vi silencio y cordura
juntos en fiesta o convite.
Ni prudente que no quite
las ocasiones de ira.
Ni más acepta mentira
que engañando al enemigo.

Ni quien tenga paz consigo,
si con otros es culpado.
Ni loco y desenfrenado
como el ignorante y rico.
Ni grande que no sea chico,
si carece de virtud.
Ni afición en juventud, que
a lo que es honesto mire.
Ni hombre que se retire,
que falte quien le condene.
Ni quien por algún bien pene,
que no tuvo noticia,
Ni hay virtud que con codicia
no se aniquile o deshaga,
Ni el peligro tiene paga
que con el honor se iguale.
Ni se estima en lo que vale
de los pobres el consejo.
Ni hay grande que no sea espejo
de las obras del pequeño.
Ni casado que sea dueño
de su libertad amada.
Ni honra más estimada
que la ganada en la guerra.
Ni chica ni grande tierra
donde el sabio no aproveche.
Ni quien el triunfo deseche
que tenga poco valor.
Ni atrevimiento peor
que el muchas veces usado.
Ni es bien que se muestre airado
el que pocas fuerzas tiene.
Ni será amigo el que viene
a serlo a más no poder.
Ni se pueden bien hacer
juntamente muchas cosas.
Ni son igualmente honrosas
las hazañas militares.
Ni son todos los telares
castos como el de la griega.
Ni es sinrazón que al que niega,
se niegue lo que él negó.

Ni puede el que mal pagó
una obra, otra pedir.
Ni es grande ofensa partir
con el que es más poderoso.
Ni siente bien el dichoso el
daño del desdichado.
Ni mejora el desterrado
si con sus vicios se muda.
Ni hay quien ponga la fe en duda,
que alguna vez no la niegue.
Ni cosa que así nos ciegue
como un falso adulador.
Ni la certeza de amor
se alcanza sin gran rodeo.
Ni satisface al deseo
lo que nos puede faltar.
Ni el cuerdo ha de comenzar
cosa que no sea loable.
Ni hay esperanza mudable
como es la del afligido.
Ni tiene el que fue rendido
gana de nueva pendencia.
Ni hay estado a quien la ciencia
no le honre o le mejore.
Ni pleito que se empeore
si el escribano es amigo.
Ni hay peligro en el castigo
como una secreta ira.
Ni se encubre la mentira
en el rostro con temor.
Ni hay hombre de gran valor
 que el peligro le acobarde.
Ni obra que más se tarde
que aquélla que no se empieza.
Ni acompañan a pobreza
respeto ni adulación.
Ni siguen a la razón
necesidad ni abundancia.
Ni tiene poca jactancia,
quien no halla otro su igual.
Ni hay quien guste de su mal
como el enfermo de amor.

Ni toma buen defensor el
que en su fortuna fía.
Ni hay juez de una porfía
tan bueno como el suceso.
Ni quien ame con exceso,
que repare en el trabajo.
Ni siente la falta el bajo
como el que próspero ha sido.
Ni habrá caso acontecido,
que no finja el que lo cuenta.
Ni vi más notoria afrenta
que honrarse con yerro ajeno.
Ni pienso que al hombre bueno
le puede faltar ventura.
Ni al que pierde coyuntura
tendré por buen negociante.
Ni hay cosa más inconstante
que la honra de un soldado.
Ni hombre más engañado
que el que a los otros engaña.
Ni en porfía donde hay saña
se averigua la verdad.
Ni hay obra de autoridad,
si le falta al que la hace.
Ni el prometer satisface
como el dar, aunque sea poco.
Ni es justo se den a un loco
armas para lastimarse.
Ni pueden bien acertarse
las cosas do no hay consejo.
Ni faltará sobrecejo
al honrado y oprimido.
Ni hay consuelo al afligido,
como su propia inocencia.
Ni perfecta diligencia,
si no la mueve afición.
Ni aprovecha un buen varón
tanto como daña un malo.
Ni es menester gran regalo
para conservar la vida.
Ni hay discreto que no mida
su gusto con su poder.

Ni quien acierte a correr
alcanzando como huyendo.
Ni puede el que está temiendo
acertar cosa que haga.
Ni hay precio que satisfaga
al hombre que es codicioso.
Ni se alegra el envidioso
no estando el vecino triste.
Ni todo el vivir consiste
sino en una buena muerte.
Ni hay cosa que en todo acierte
ser a otra semejante.
Ni condición inconstante,
que a los amigos conserve.
Ni pueblo que se reserve de
un doméstico tirano.
Ni dará consejo sano
el que su interés procura.
Ni puede una gran ventura,
si no hay otra, conservarse.
Ni es dificultoso hallarse
lo necesario a la vida.
Ni es de raíz entendida
la ciencia sin experiencia.
Ni es menester poca ciencia
para fingir ignorancia.
Ni al que no ensalza abundancia
le abate tribulación.
Ni hay quien no ponga afición
en su propio beneficio.
Ni quien acierte un oficio,
si en él primero no ha errado.
Ni teme ser salteado
quien no tiene qué guardar.
Ni la virtud puede estar
por mucho tiempo encubierta.
Ni la esperanza que es muerta
hace alegre al que la tiene.
Ni hay hacienda, cuando viene
sin trabajo, que se estime.
Ni vicio que no encamine
nuevo vicioso deseo.

Ni tengo por buen trofeo
la estatua no merecida.
Ni acorta tanto la vida
vejez como mal vivir.
Ni hay enfado cual sufrir
una mujer melindrosa.
Ni obra dificultosa
que con el uso lo sea.
Ni quien mal su tiempo emplea
que el tiempo no le castigue.
Ni hay hombre que no mitigue
su apetito con temor.
Ni entre los malos peor
que el que de serlo se precia.
Ni mujer, si no es muy necia,
que no tema algún malsín.
Ni hay donde se acerque el fin
como a la cosa madura.
Ni más triste desventura
que la que es sobre alegría.
Ni dádiva muy tardía,
que se estime por lo que es.
Ni amistad por interés,
que pueda mucho durar.
Ni quien guste de tratar
con amigo que empobrece.
Ni tengo del que aborrece
el vivir, buena opinión.
Ni habrá tan fuerte afición
que con otra no se quite.
Ni vicio, si se permite,
que no venga a ser peor.
Ni sufrimiento mejor
que el que excusar no se puede.
Ni amistad, si se concede,
que no pida otra amistad.
Ni hay simpleza y claridad
como el lenguaje del justo.
Ni puede vivir con gusto
quien tiene mala intención.
Ni hay flacas fuerzas, si son
ayudadas de la ira.

Ni quien tema a quien le mira,
que no viva con recato.
Ni deleite más barato
que el que es fundado en virtud.
Ni se estima la salud
hasta el tiempo que se pierde.
Ni puede el viejo que es verde
reñir al mozo liviano.
Ni hay cosa que al trato humano
ofenda como el mentir.
Ni se saben encubrir
amor, riqueza y regalo.
Ni hay remedio para un malo
como acortarle el poder.
Ni se puede prometer
en la vida cosa cierta.
Ni hay Circe que nos convierta
en bestias, como el pecado.
Ni espíritu afeminado
como el rendido al deleite.
Ni vi más donoso afeite
que el que es para encubrir canas.
Ni pláticas muy profanas,
que no ofendan al oído.
Ni es bien que al arrepentido
le neguemos el perdón,
Ni que tenga la opinión
mano contra la verdad.
Ni que halle la maldad
en la justicia descargo.
Ni que el súbdito haga cargo
que pudo, y no fue traidor.
Ni que apriete al labrador
quien come de su trabajo.
Ni que se piense del bajo
que no ha de cortar su espada.
Ni creo que hay más pesada,
compañía que del necio.
Ni que fue sólo Boecio
sin razón el afligido.
Ni hay alguno tan sabido,
que sepa lo que le basta.

Ni es justo que por ser casta
la mujer, se haga insufrible.
Ni hay cosa que sea imposible
al hombre trabajador.
Ni manjar con su sabor,
si se come a mesa ajena.
Ni cautelosa sirena
como mujer ofendida.
Ni arte bien aprendida,
que fácilmente se olvide.
Ni hombre que en lo que pide
su razón no justifique.
Ni quien haga, aunque predique,
tanto efecto como obrando.
Ni ganará (como honrando)
honra el que a otro la dio.
Ni el que es prudente emprendió
obra sin causa probable.
Ni habrá ley que sea agradable
igualmente al bueno y malo.
Ni falta un Sardanapalo,
a cuya sombra se peque.
Ni el sabio quien le derrueque,
por encubrir la ignorancia.
Ni hay camino de importancia
sin algún fin señalado.
Ni beneficio estimado
como aquel que no se debe.
Ni quien apruebe o repruebe
sino según su afición.
Ni mucha conversación
que conserve gravedad.
Ni muestra tener piedad
el que injuria al inocente.
Ni, si el miedo es eminente,
habrá respeto que baste.
Ni caudal que no se gaste
en la guerra, cuando empieza.
Ni más dañosa flaqueza
que adelantar el temor.
Ni virtud de más valor
que hacer bien por sólo hacerle.

Ni más bien que el merecerle,
pues que no hay mejor caudal,
Ni al que ha sido desleal
hay por qué guardarle fe.
Ni faltará un no sé qué
al cuento del malicioso.
Ni es el hombre venturoso
hasta que excusa a fortuna
Ni se hizo cosa alguna
sin algún fin por su modo.
Ni castillo, en parte o todo f
alta al delito que es grave.
Ni habrá cerradura o llave
que asegure lo estimado.
Ni desorden más usado
que aquel que encubrirse puede.
Ni vicio de que nos quede
más que vergüenza confusa.
Ni hace poco el que excusa
que su daño no le crezca.
Ni hay arroyo que enriquezca
su corriente de agua clara.
Ni oscura noche, si aclara,
que no ofenda al malhechor.
Ni hay quien encubra su humor,
si se mira en su lenguaje.
Ni quien perdone su ultraje,
como el viejo enamorado.
Ni al bien hacer que es forzado
se debe igual recompensa.
Ni hay ninguno que no piensa
merece cuanto desea.
Ni deseo que no sea
muy mayor que su esperanza.
Ni en vicios do no hay mudanza
se puede esperar enmienda.
Ni he visto quien de su hacienda
se muestre muy liberal.
Ni tiene el pez o animal
paz, no estando el hombre ahíto.
Ni hay ramillete marchito
como el bueno y perseguido.

Ni debe ser reprendido
el que a los otros corrige.
Ni es muy fuerte el que se aflige
en el peligro dudoso.
Ni es del bien común celoso
el que atiende a su interés.
Ni será recto juez
el que para sí no sabe.
Ni habrá medicina grave
si nos promete salud.
Ni se adquiere la virtud
sin gran trabajo y sudor.
Ni hay quien estime el amor
del hombre necesitado.
Ni caballo desbocado,
como vulgar condición.
Ni tan áspera prisión,
que un cantar no la consuele.
Ni cosa que así desvele
como un triste pensamiento.
Ni nuevo acaecimiento
que no admire a la ignorancia.
Ni ciencia, si es de importancia
sin su madre, la experiencia.
Ni hay antigua dependencia
sin algún arcaduz roto.
Ni debe juzgarse un doto
por voto del que no sabe.
Ni hay hombre que no se alabe
de lo que es o pudo ser.
Ni el árbol puede crecer
si es muchas veces traspuesto.
Ni mira a lo que es honesto
el hombre necesitado.
Ni el glotón desconcertado
entra sano en la vejez.
Ni puede haber buen juez
en los casos de ventura.
Ni tristeza o desventura
como falta de justicia.
Ni el valedor con codicia
suele ser muy verdadero.

Ni el amigo lisonjero
lo será en fortuna adversa.
Ni conversación diversa
le viene a pelo al que es vano.
Ni se ha de dar al liviano
mucha mano en el gastar.
Ni el arte de aconsejar
cuadra a todos los juicios.
Ni podrá el que es dado a vicios
negar que no está cautivo.
Ni hay quien diga que un can vivo
vale menos que un león muerto.
Ni que el derecho es muy cierto
cuando está puesto en contienda,
Ni hay pleito que bien se entienda,
si es sofista el abogado.
Ni es malo que haya mercado,
porque al fin todo se vende.
Ni puede en lo que no entiende
ningún hombre dar su voto.
Ni habrá sabio, pobre o roto,
que sepa dónde va tabla.
Ni lo que acaso se habla
por el rico, que no admire.
Ni mayordomo que mire
por la hacienda como el dueño.
Ni el que obedece con ceño
da muestras de mucho amor.
Ni el que manda con rigor
obliga a ser muy querido.
Ni fía de su partido
el que gran partido ofrece.
Ni todo lo que parece
oro es más que la apariencia.
Ni quien de ajena prudencia
no tenga necesidad.
Ni tan baja enemistad,
que no cause algún temor.
Ni pacífico señor
sin obediente vasallo.
Ni gusto que al intentallo
represente inconvenientes.

Ni bienhechores parientes
como un amigo, si es bueno.
Ni más dañoso veneno
que el malo con agudeza.
Ni hay remedio a la pobreza,
como acortar el deseo.
Ni más claro devaneo
que el que no se determina.
Ni hay bestia falsa, mohína,
que al cabo no dé su coz.
Ni vale nada la hoz
que toda yerba no siega.
Ni el que de pasión se ciega,
puede juzgar con verdad.
Ni en las leyes de amistad
es buena la medianía.
Ni dicen bien cobardía
y profesión de milicia.
Ni hay donde crezca codicia
como do está la riqueza.
Ni quien sienta la pobreza
como el que rico se vio.
Ni vimos que escarmentó
el ladrón ni la hechicera.
Ni se halló bestia fiera
que no fuese agradecida.
Ni a cólera embravecida
hay inconveniente grave.
Ni hay mal que al fin no se acabe
con sufrimiento y paciencia.
Ni remuerde la conciencia
al pecar como el dar cuenta.
Ni el que ha recibido afrenta
jamás puede estarse quieto.
Ni el que agradece en secreto
da muestras de agradecido.
Ni deroga el que es vencido
los pactos del vencedor.
Ni es bueno se use rigor
con el delito de muchos.
Ni con los hombres machuchos
se ha de vivir sin recato.

Ni falta jamás un gato
entre gente descuidada.
Ni lo que a muchos agrada
puede de todos guardarse.
Ni debe propio llamarse
lo que se puede perder.
Ni sabrá darse a entender
el hombre que poco sabe.
Ni hay convite en que acabe
se la comenzada razón.
Ni a quien falte obligación
de amar o sufrir su padre.
Ni muy amorosa madre
si a su hijo no da leche.
Ni hay quien menos se aproveche
del tiempo que el inconstante.
Ni medrará el ignorante,
según orden natural.
Ni se debe hacer caudal
del hombre que es mentiroso.
Ni hay soberbio malicioso
como el blando en el hablar.
Ni freno contra el pecar,
como la honra o temor.
Ni desconsuelo mayor
que hambre en la casa vacía.
Ni poder y lozanía
que moderen el deseo.
Ni se da por caso feo
sino el que el vulgo condena.
Ni hay crueldad que en dar pena
sea mayor que el dilatarla.
Ni arte, que el imitarla
iguale con su invención.
Ni primera información
que no disponga a creer.
Ni quien le sobre el poder,
sino al que no le desea.
Ni hay guerra que buena sea
sin gran causa y gran caudal.
Ni atormenta tanto el mal
como cuando es perezoso.

Ni hay prueba de un virtuoso
como aborrecer el vicio.
Ni hay injuria o beneficio
que no esté en la mano ajena.
Ni tiene el justo por pena
la que acaba con la vida.
Ni habrá nueva muy temida,
que se dude de creer.
Ni más famosa mujer
que la que no tuvo fama.
Ni del hombre que se infama
se puede nada fiar.
Ni es buen modo de juzgar
las cosas por el suceso.
Ni hay costumbre, aun sin exceso,
que fácilmente se quite.
Ni vicio que resucite,
que no vuelva más dañado.
Ni mentir disimulado
si no se tiene memoria.
Ni habrá tan cierta victoria,
como una segura paz.
Ni razón más eficaz
que el ejemplo y la experiencia
Ni favorable sentencia
como cualquiera concierto.
Ni tan abrigado puerto,
que algún viento no le ofenda.
Ni hay quien sus faltas entienda
como las de su vecino.
Ni vi mayor desatino
que pensar que nadie sabe.
Ni hay gran hecho que se acabe
sin propio valor y ayuda.
Ni a fortuna que se muda
basta humana resistencia.
Ni suele tener paciencia
el ingenio confiado.
Ni vi hombre apasionado,
que con la razón se mida.
Ni puede dar gran caída
aquel que poco subió.

Ni al que por fuerza sufrió
juzgaré por inconstante.
Ni hay vicio que más espante
que hablar mal de los ausentes.
Ni ejemplos más evidentes
que los de fortuna adversa.
Ni condición tan perversa,
que amor no la trueque y mude.
Ni merece el que no acude
a su negocio, se haga.
Ni hay trabajo de más paga
que el que algún peligro excusa.
Ni honra para el que acusa,
aunque sea a su enemigo.
Ni nos alegra el amigo,
como al tiempo que se hace.
Ni a gran honra satisface
moderado pensamiento.
Ni hay pilar de tal sustento
como el premio y el castigo.
Ni será durable amigo
el que sin causa se inflama.
Ni hay hierro contra el que ama,
que le tome a mala parte.
Ni el que no sabe su arte
debe por él ser honrado.
Ni sé cuál da más cuidado:
la ventura o desventura.
Ni vi hombre con cordura
cuando ve el fin de su mal.
Ni al que es casto o liberal
se le nota otra flaqueza.
Ni basta sangre o riqueza
para dilatar la vida.
Ni el que sufre su caída
deja de mostrar valor.
Ni puede estar sin temor
el que es de muchos temido.
Ni el que se da por vencido
de fortuna es valeroso.
Ni permanece el dichoso
mucho en su prosperidad.

Ni es la virtud de humildad
de ninguno aborrecida.
Ni hay hombre que en esta vida
ponga fin a su deseo.
Ni animalejo tan feo,
que no pueda conseguille.
Ni traidor que el reducille
se haga sin grande maña.
Ni provincia tan extraña,
que para el sabio lo sea.
Ni destierro en ruin aldea,
que alguno no lo apetezca.
Ni población que carezca
de lo que al vivir le basta.
Ni hacienda para el que gasta
como pródigo su hacienda.
Ni sabio que en su contienda
de la razón no se ampare.
Ni imprudente que repare
en que no hay de quién fiar.
Ni puede jamás faltar
consuelo en ajeno daño.
Ni vive con poco engaño
quien piensa vivir sin pena.
Ni será la causa buena
si ha de obrar piedad notoria.
Ni hay lastimosa memoria
como al padre el hijo muerto.
Ni el que vive sin concierto
cosa intenta sin perder.
Ni suele permanecer
la honra en ocio ganada.
Ni es arte muy acertada
cuando no es útil su efeto.
Ni del ánimo inquieto
se espera conformidad.
Ni puede haber gravedad
donde está amor declarado.
Ni hay vicio más disfrazado
que el que parece virtud.
Ni agradable senetud,
sino sola la del sabio.

Ni habrá ningún astrolabio
que mida el humano pecho.
Ni tengo por de provecho
al que a otros no aprovecha.
Ni hay tormenta tan deshecha
que al marinero escarmiente.
Ni es razón que el que es regente
deje de guardar la ley.
Ni puede en ajena grey
ninguno hacer ordenanzas.
Ni son justas las balanzas,
si carga la que es dorada.
Ni cosa muy bien mirada,
que no se juzgue de nuevo.
Ni quiero decir que apruebo
al que presto determina.
Ni será una medicina
para todos los humores.
Ni jamás vi dos señores
que quieran juntos mandar.
Ni habrá para qué estimar
al temerario, aunque acierte.
Ni se puede huir la muerte,
que es más que el hombre ligera.
Ni habrá amistad verdadera
con diversas calidades.
Ni son todas las edades
dispuestas a un ejercicio.
Ni tiene más propio vicio
el viejo, que la codicia.
Ni más loable avaricia
que la del tiempo que corre.
Ni hay amigo que se ahorre
con otro en lo que es honor.
Ni falta jamás dolor
de la herida del agravio.
Ni comienza el hombre sabio,
sin gran consejo, gran cosa.
Ni puede ser provechosa
reprehensión con menosprecio.
Ni se conoce el que es necio,
siendo sufrido y callado.

Ni hay caballo desbocado
como libertad de pobre.
Ni hay caudal que tanto sobre
en todos, como es locura,
Ni se muestra la cordura
del hombre como en casarse.
Ni hay quien quiera adelantarse,
que obrando no se aconseje.
Ni rico glotón que deje
por el precio el buen bocado.
Ni tiene en lo que es pasado
fortuna ningún poder.
Ni puede dejar de ser
lo que ya una vez se hizo.
Ni lo que más satisfizo
deja luego de cansar.
Ni hay quien más se obligue a dar
que aquel que a dar comenzó.
Ni el que mucho se encerró
carece de vanagloria.
Ni hay solícita memoria
como del pasado bien.
Ni hacienda que de un vaivén
de fortuna no se acabe,
Ni ataja el que mucho sabe
la palabra al que la dice.
Ni el que a todos contradice
deja de ser enfadoso.
Ni merece el mentiroso
se le crea su verdad.
Ni hay guarda de antigüedad
como escritura o mojón,
Ni obra con perfección,
de hombre inconsiderado.
Ni acierta el que es desdichado
en cosa que determina.
Ni falta jamás mohína
a los que gustan de dalla.
Ni hay honra puesta en batalla,
que no sea del vencedor.
Ni consuelo en el dolor
cual ser justo el que padece.

Ni se mira al que merece,
cuando algo quieren dar.
Ni está lejos de negar
el que duda en responder.
Ni hay cosa que a la mujer
sea más propia que el adorno.
Ni maldad como el soborno,
pues da al justo injusta muerte.
Ni tengo por buena suerte
ser del mayor despreciado.
Ni por mal considerado,
quiero me tema el menor.
Ni podrá el que es hablador,
de ningún arte callar.
Ni hay por qué desesperar
de nada mientras se vive.
Ni vicio que al que lo sigue
le falte alguna disculpa.
Ni es malo que a grave culpa
haya blanda reprensión.
Ni hace poco el que a razón
sujeta su atrevimiento.
Ni hay hombre que el sufrimiento
le sea muy necesario.
Ni el peligro voluntario
hace la vida segura.
Ni con quien no se aventura
es fortuna liberal.
Ni si el daño es general,
toca llorarle al más chico.
Ni hay pobre que no sea rico
si lo que tiene le basta.
Ni se cobra, ni se gasta,
la vergüenza ni la fama.
Ni al que espera ni al que ama
se debe en todo creer.
Ni puede permanecer
el hombre de mal vivir.
Ni es poco saber sufrir
lo que excusar no se puede
Ni hay miedo de que no quede
en el rostro alteración.

Ni es bien que la ejecución
sea primero que el consejo.
Ni es fácil al que es ya viejo
aprender nuevo lenguaje.
Ni el demasiado coraje
deja a la razón obrar.
Ni se puede bien hablar
sin conjugación secreta.
Ni hay mujer que, si es sujeta,
no se haga muy amable.
Ni puede ser muy durable
la forzada posesión.
Ni hace buena la opinión
al que de sí no lo es.
Ni se vence el interés
sino huyéndole la cara.
Ni suele mostrarse avara
fortuna al que es diligente.
Ni la virtud del presente
se aborrece ni se precia.
Ni falta quien a Lucrecia
la arguya que no fue casta.
Ni el que habla en pro de su casta
sabe cuándo ha de callar.
Ni hay estorbo para el dar,
como pedir con temor.
Ni juez ejecutor,
como el alma de cada uno.
Ni he visto que esté ninguno
contento si está cautivo.
Ni es tan malo ser esquivo,
cuanto común y vulgar.
Ni ofende mucho el negar,
si en la disculpa se acierta.
Ni hay edad más descubierta
que aquella que más se encubre.
Ni el que su pecho descubre
dejará de arrepentirse.
Ni habrá quien sepa medirse
con afición y cordura.
Ni difiere la locura
de la ira, sino en nombre.

Ni hay cosa más propia al hombre,
que es inquirir la verdad.
Ni amistad ni enemistad
con firmeza en verdes años.
Ni estratagemas ni engaños,
sin ventura, es renta cierta.
Ni habrá hombre a cuya puerta
fortuna no haya llamado.
Ni consejo acelerado
que todas veces acierte.
Ni quien siga hasta la muerte
a su dueño como el perro.
Ni el que no conoce el yerro
puede sufrir reprensión.
Ni suele ser la opinión
todas veces verdadera.
Ni es el día que se espera,
forzosamente mejor.
Ni amor, fuerzas ni valor
se muestran do no hay contraste.
Ni es razón que nadie gaste
su hacienda con poquedad.
Ni con prodigalidad
la derrame y desperdicie.
Ni que ninguno codicie
sin moderación y tasa.
Ni piensa el que labra casa
que ha de ser su vida corta.
Ni mira cuánto le importa
cada cual saber vivir.
Ni se deben diferir
las cosas para mañana.
Ni aunque es sabrosa, muy sana
la salsa de murmurar.
Ni el que es fácil en llorar
tendrá difícil consuelo.
Ni es malo tener recelo
para no ser salteado.
Ni puede el que no es usado
en la obra ser muy diestro.
Ni salir grande maestro
quien se da al vicio y olvido.

Ni lo que mucho ha subido
me espantaré si cayere.
Ni el que buena obra zahiere
está lejos de pedirla.
Ni hay razón que el repetirla
sin causa grave se pueda.
Ni que ninguno conceda
lo que no piensa cumplir.
Ni he visto restituir
lo que se usurpa, si es grande.
Ni quien con perdidos ande,
que al fin perdido no sea
Ni se estima la presea,
si no hay pocas como ella.
Ni hay caudal que a la doncella
iguale a ser vergonzosa.
Ni hay vida más deleitosa
que el estudio en cosas varias.
Ni con costumbres contrarias
la amistad se conserva.
Ni hace poco el que reserva
su mal vivir de testigo.
Ni se muestra el cierto amigo
sino en el negocio incierto.
Ni el gastador sin concierto
se tiene por liberal.
Ni el crédito es mal caudal
para engañar y mentir.
Ni es tardo en el acudir
el vulgo con la opinión.
Ni tiene en su defensión
el viejo sino la lengua.
Ni suele ser poca mengua
dar crédito al novelero.
Ni el descuidado guerrero
puede ganar grande empresa.
Ni hay verdad, aunque esté opresa,
que en su opresión no respire.
Ni bien común que se mire
ni como el propio se cele.
Ni quien mucho se recele
que haya limpieza en su vida.

Ni hay cosa tan bien fingida
que el tiempo no la descubra.
Ni es razón que nadie encubra
ajena bellaquería.
Ni el que vive aceptaría
la vida, si la entendiese.
Ni hurtaría, si supiese
cuán poco luce lo ajeno.
Ni el que estriba en lo terreno
carece de grande mengua.
Ni es todas veces la lengua
capaz de darse a entender.
Ni basta humano poder
contra un odio general.
Ni es todas veces el mal
malo para nuestro aviso.
Ni se puede de un Narciso
cualquier negocio fiar.
Ni es conveniente trocar
freno ni a bestias de carga.
Ni se descarga el que carga
en hombro de otro su cargo.
Ni es justo el cargo o descargo
que es sólo por la opinión.
Ni hay buena conversación
que no deleite el sentido.
Ni plazo menos sabido
ni más cierto que la muerte.
Ni mujer ni plaza fuerte
si se puede combatir.
Ni es poco saber huir
del amigo sospechoso.
Ni hay quien se llame dichoso,
que no llame a la desdicha.
Ni es gracia la más bien dicha
si de novedad carece.
Ni la honra permanece
si se gana por mal medio.
Ni hay trabajo sin remedio
al que le espera o procura.
Ni asiste mucha ventura
en la casa del que es necio.

Ni la virtud tiene precio,
si de ella propia no sale.
Ni es bien que digan que vale
tanto el hombre cuanto tiene.
Ni que ninguno condene
por mísero al concertado.
Ni hay hombre tan recatado
cual conviene en el hablar.
Ni puede mucho ganar
ninguno sin que otro pierda.
Ni he visto mujer tan cuerda,
que le ofenda el ser querida.
Ni hay materia tan sabida,
que no se pueda argüir.
Ni acredita el diferir
las pagas al mercader.
Ni tanto se ha de comer,
que las fuerzas nos ahogue.
Ni obligar a que desfogue
el colérico ofendido.
Ni el que se ve perseguido
está lejos de ser loco.
Ni sufre mucho ni poco
el ánimo apasionado.
Ni hay mozo desvergonzado,
que en el hablar mucho dude.
Ni habrá engerto que no mude
en algo su natural.
Ni abrazo más desleal
que del pulpo o salteador.
Ni es de los daños menor
la condición maliciosa.
Ni hay cosa más poderosa
que interés y autoridad.
Ni detestable maldad
como vencer al amigo.
Ni del que ha sido enemigo
se fíe cosa que importe.
Ni del puro hombre de corte
asegurar lo que dice.
Ni será el que contradice
acepto en conversación.

Ni hay ley con ejecución
cuando la guerra es trabada.
Ni puede fortuna nada
contra fuerza virtuosa.
Ni entre gente sospechosa,
tengo por bueno el vivir.
Ni es difícil de sufrir,
el trabajo que es honroso.
Ni tiene el que es más dichoso
bien seguro, mientras vive.
Ni es justo que nadie estribe
en el dicho de un testigo.
Ni en la prueba del amigo
cuando fortuna es igual.
Ni se siente tanto el mal
que primero se temió.
Ni el que de sí mucho habló
deja de ser ignorante.
Ni el que es vano y arrogante
sabe de sí qué se hacer.
Ni un recíproco querer
se debe a nadie negar.
Ni puede en todo imitar
el arte a naturaleza.
Ni es discreción y agudeza
igual en todos sujetos.
Ni hay quien dome sus afectos
sin virtud muy confirmada.
Ni vi carga más pesada
que aquella que trae el ruego.
Ni puede estar el sosiego
con la felice memoria.
Ni gozar bien de su gloria
ninguno con soledad.
Ni la mucha calidad
luce donde no hay hacienda.
Ni se comienza la enmienda
sin conocer el error.
Ni hay salsa que dé sabor
al manjar como la hambre.
Ni la artificiosa enjambre
puede sin flor sacar fruto.

Ni librarse el más astuto,
en este tiempo, de engaños.
Ni sabe nadie los daños
que encubre una alegre boda.
Ni hace mal quien se acomoda
según que corre la era.
Ni el hacerse hombre de cera
es poca curiosidad.
Ni hay fin propio de amistad
como el hacer de dos uno.
Ni labrador importuno
que no negocie o convenza.
Ni cosa que no la venza
el hombre tarde o temprano.
Ni es bien se ayude al tirano
porque se suele pagar.
Ni puede el rico pasar
sin ser del pobre envidiado.
Ni hay quien sea desdichado
hasta el fin de la jornada.
Ni despensa asegurada
tanto como lo es la plaza.
Ni ejercicio cual la caza
para el arte militar.
Ni hay razón como callar
entre gente maliciosa.
Ni mujer que dé en graciosa,
que lo sea cual conviene.
Ni pienso que a nadie viene
daño que sufrir no pueda.
Ni fortuna que esté queda
 cuando llega a estar muy alta.
Ni puede haber cosa falta
donde hay dicha y diligencia.
Ni hombre con experiencia,
que el peligro no recele.
Ni es mucho que al que le duele,
pida el dudoso favor.
Ni es menester gran primor
para aprender a matar.
Ni hay deseo de acertar,
que no busque a la razón.

Ni quien haga admiración
de todo, que sea discreto.
Ni el bueno busca el secreto,
sino aquello que es más justo.
Ni hay hombre que tenga el gusto
a todas horas templado.
Ni vi cobarde arriscado,
sino con fuerza de amor.
Ni el demasiado rigor
conserva al rey ni al tirano.
Ni el alzarse hombre a su mano
es pequeña habilidad.
Ni aprueba mal su bondad
el que al malo desagrada.
Ni sirve el consejo nada
contra una fortuna loca.
Ni es discreto el que se apoca
delante el que ha menester.
Ni es malo saber hacer,
cuando importa el juego, maña.
Ni hay provincia tan extraña,
donde el sabio no se halle.
Ni pecado que en la calle
no sea más escandaloso.
Ni vi hombre venturoso
despúes de llegado a viejo.
Ni quien destruya un consejo
como la priesa y la ira.
Ni el que sustenta mentira
puede en ella reprender.
Ni el maestro ha de tener
vicios, ni menos sufrillos.
Ni hay cuidados más sencillos
que son los del hombre justo.
Ni puede vivir con gusto
quien tiene ruin compañía.
Ni hay prenda de más valía
que el amigo, si es perfeto.
Ni gusto para el discreto
como el propio imaginar.
Ni quien se excuse de errar
si no huye la ocasión.

Ni dura ciega afición
en hombre muy ocupado.
Ni se estima lo heredado
tanto como lo adquirido.
Ni hay casa de hombre perdido
donde el vicio no aposente.
Ni faltará inconveniente
en cualquier mudanza de uso.
Ni ocasión de estar confuso
el que a su dueño ha ofendido.
Ni al que no ha de ser creído
le está bien querer hablar.
Ni hay quien pueda exagerar
lo que es una gran desdicha.
Ni puede haber mayor dicha
que tener buena opinión.
Ni falta engaño y ficción
sino sólo en el morir.
Ni para honesto vivir
es menester gran estado.
Ni hay fruta de árbol vedado,
que no digan que es sabrosa.
Ni tan aprobada cosa,
que de todos sea admitida.
Ni es poco acabar la vida
antes que el vivir se acabe.
Ni amistad que no destrabe
un interés o pendencia.
Ni hay más importante herencia
que la virtud del mayor.
Ni dio ser al que es señor
la sangre, sino ventura.
Ni aquel que no se aventura
puede perder ni ganar.
Ni al que se escapa del mar
alegra poco la tierra.
Ni es bien se comience guerra
sin gran caudal y ocasión.
Ni hay lágrimas sin razón,
que no se aumenten con ella.
Ni peligrosa centella
como la guerra trabada.

Ni cosa más estimada
que la que trabajo cuesta.
Ni estorba blanda respuesta
que se ejecute el rigor.
Ni muestra tener valor
quien desmaya en lo que empieza.
Ni nos dio naturaleza
muerte o nacer desigual
Ni en el vivir hay más mal
que la cargada conciencia.
Ni hay honra en una pendencia
si no la tiene el contrario.
Ni indignar al adversario,
cuando él puede, es acertado.
Ni hay temor del mal pasado,
sino que otro no se ofrezca.
Ni quien ame o aborrezca
sin medio, si no es mujer.
Ni es a todos el leer
igualmente provechoso.
Ni habrá cuidado enfadoso
que otros no llamen a cortes.
Ni hay espadas de dos cortes,
que obre como la prudencia.
Ni más antigua pendencia
que la del pobre y el rico.
Ni grande que no sea chico
si el chico no le socorre.
Ni el rico que mucho ahorre,
que no sea aborrecido.
Ni beneficio perdido,
que el gran fiador no lo pague.
Ni habrá sirena que halague
si no es para más dañar.
Ni es tan malo el resbalar
del pie como de la lengua.
Ni hay mayor falta ni mengua
que de quien trate verdad.
Ni viene una tempestad
sin que primero amenace.
Ni es todo lo que se hace
acepto al vulgo envidioso.

Ni acaba, el que es temeroso,
de poner nada en efecto.
Ni hay hombre tan sin defecto
que su censor no le halle.
Ni el ofendido, aunque calle,
es visto haber perdonado.
Ni es insufrible el cuidado,
cuando se admite consuelo.
Ni acomete sin recelo,
sino el hombre muy perdido.
Ni del que es aborrecido
se puede decir más mal.
Ni hay vida de hombre mortal
que no encierre vanagloria.
Ni más loable memoria
que la del bien recibido.
Ni más apacible olvido
que el del bien que habernos hecho.
Ni hombre muy satisfecho,
que las más veces no yerre.
Ni habrá áncora que afierre,
como un necio en su porfía.
Ni está la sabiduría
en apariencia o vestido.
Ni hay pobre, si está afligido,
que no crea fácilmente.
Ni se espanta el que es prudente,
de ver ajena simpleza.
Ni hay desdicha, cuando empieza,
que en todo no se empeore.
Ni vano que se mejore
con poder y ser rogado.
Ni más infelice estado
que el que no le envidia alguno.
Ni beneficio ninguno
con que se obligue a un traidor.
Ni se ejecuta un furor
sin confuso arrepentir.
Ni siente tanto el morir
el que muere muerte honrosa.
Ni hay cosa más ingeniosa
que el apasionado amor.

Ni para el que es hablador
habrá freno que le enfrene.
Ni faltará quien condene
el miedo de qué dirán.
Ni el que el otro sea truhán
por sólo ser convidado.
Ni que esté el rico y honrado
de la fortuna quejoso.
Ni que digan que hay reposo
en quien busca de comer.
Ni es visto ningún placer
que dure siquiera un hora.
Ni hay tristeza que a deshora
no le venga algún consuelo.
Ni cosa firme en el suelo,
en que fundar la esperanza.
Ni lo que cuesta y se alcanza
se debe tener en poco.
Ni hay cuerdo que no sea loco
a juicio del que mira.
Ni quien puede y se retira,
que luego no se arrepienta.
Ni más acertada cuenta
que aquella do no hay alcance.
Ni se puede echar buen lance
sin ejercicio y memoria.
Ni da el vencer mayor gloria
que perdonar al vencido.
Ni es malo darse a partido
el que no puede escaparse.
Ni hay prudencia cual mostrarse
necio con el que lo es.
Ni aventajado interés
cual premiar a un coronista.
Ni habrá fuerza que resista
a la industria repetida.
Ni paciencia que, ofendida,
no turbe cualquier juicio.
Ni más liviano edificio
que la máquina del hombre.
Ni podrá alcanzar renombre
el que no osa aventurarse.

Ni el premio puede negarse
a la invención de la cosa.
Ni hay mujer tan vedriosa
como la mal confiada.
Ni puede ser bien casada
la que no tiene paciencia.
Ni la poca diligencia
fuerza ajena voluntad.
Ni tiene necesidad
lo natural de fortuna.
Ni cuando vienen a una
dos males pueden sufrirse.
Ni bien pueden avenirse
soberbia, fausto y pobreza.
Ni suele ser la riqueza
de la virtud compañera.
Ni hay amistad verdadera
entre el rico y el que es pobre.
Ni hay cuento que vuelo cobre
como el que es menos creído.
Ni se despeña el sentido
como con ira y furor.
Ni hace bueno el honor
al que el miedo no hace bueno.
Ni basta el trabajo ajeno
para hacer al hombre sabio.
Ni al que tuvo algún resabio
le vi del todo enmendarse.
Ni puede disimularse
el enfado de esperar.
Ni se iguala el refrenar
al prevenir de la ira.
Ni hay más dañosa mentira
que la aparente verdad.
Ni al que tiene voluntad
le falta della ejercicio.
Ni se cae el edificio
sin avisar la caída.
Ni hay más repentina herida
que del hombre para el hombre.
Ni se puede ganar nombre,
si no es en guerra o en corte.

Ni hay ingrato que no acorte
la largueza al liberal.
Ni es más ni menos el mal,
de como es el que lo siente.
Ni es muy santo el que a la gente
se alaba que santifica.
Ni el próspero sacrifica,
como el que está atribulado.
Ni hay tan ligero pecado,
que de su pena carezca.
Ni es buena, aunque lo parezca,
hacienda de muchos dueños.
Ni hay depósito de empeños
como el juego y la lujuria.
Ni se acomete con furia,
peligro con experiencia.
Ni se puede alcanzar ciencia
sin un continuo estudiar.
Ni se debe de rogar,
por lo que es fácil de haber
Ni es poco saber vencer,
un ignorante parlero.
Ni he visto gran caballero,
que no sea bien criado.
Ni sé cuál es más culpado,
quien no enseña o quien no aprende.
Ni acierta quien algo aprende,
si ejercitando es confuso.
Ni he visto letras sin uso,
que valgan como experiencia.
Ni será mala elocuencia
la que al enemigo agrada
Ni hay memoria ejercitada
que en algo no se mejore.
Ni estorbo que no empeore
al obrar sin voluntad.
Ni gloria con vanidad,
cual las armas sin varón.
Ni nueva constitución,
que a la antigua no deshaga.
Ni privado que no haga
de sus favores alarde.

Ni quien lo público guarde,
que su hacienda no asegure.
Ni edad que poco no dure,
para lo que hay que saber.
Ni puede satisfacer
lo que debe el hijo al padre.
Ni hay bien que tanto nos cuadre
como guardarnos del mal.
Ni cosa más natural
que el ingenio ser curioso.
Ni hay artificio engañoso,
que el tiempo no lo descubra.
Ni es poco mal que se encubra
un vicio con otro vicio.
Ni hay instrumento de oficio,
que para el dueño sea caro.
Ni deudos pobres de avaro,
que él no los llame prolijos.
Ni hombre rico sin hijos,
que su poder no le pene.
Ni justo que no condene
en sí mismo el mal que hace.
Ni el que debe satisface,
si con ventaja no paga.
Ni hay avariento que haga
mejor cosa que morirse.
Ni pueden bien prevenirse
peligros accidentales.
Ni excusa de sufrir males
el que a otros los ha hecho.
Ni hay hombre tan satisfecho
que no se pueda engañar.
Ni puede mucho ganar
ninguno sin que otro pierda.
Ni entiendo cómo concuerda
la mujer, la risa y lloro.
Ni tiene el mundo tesoro
que le iguale a la salud.
Ni hay loor de gran virtud,
que no ofenda, si es pequeño.
Ni habrá tiránico dueño,
que lo que promete haga.

Ni permanece sin paga
fama de hazañas honrosas.
Ni hay quien busque grandes cosas,
 que no tope con alguna.
Ni el que sin tiempo importuna,
se puede negar que es necio.
Ni es la cosa de gran precio,
cuando virtud no la halla.
Ni falta jamás batalla
entre justicia y conciencia.
Ni hay arte de mayor ciencia
que el tiempo y naturaleza.
Ni la mucha sutileza
deja obrar a la razón.
Ni hay buena conversación,
si no es alguno elocuente.
Ni el arte en que es eminente
le tiene ninguno en poco.
Ni hay fausto que baste a un loco
con soberbia enriquecida.
Ni cosa más bien sabida
que la que en niñez se aprende.
Ni hace mal el que defiende
que no hay bien que mucho dure.
Ni adulador que no cure
nuestra herida sobre sano.
Ni será buen hortelano
el que no escarda en su era.
Ni hay culpa, aunque sea ligera,
que no disponga a otro error.
Ni tan inhábil rector,
que no se juzgue capaz.
Ni hay quien goce larga paz,
que no busque nueva guerra.
Ni es discreto el que destierra
el consejo reprensible.
Ni hay gracia más apacible
que el responder de repente.
Ni dormirá el delincuente
jamás seguro de pena.
Ni habrá tan fuerte cadena,
que un favor no la quebrante.

Ni viejo que no se espante
de hallar amigo en ausencia.
Ni más provechosa ciencia
que la que enseña a morir.
Ni más penoso sufrir
que el dolor del oprimido.
Ni hay hombre mal recibido
que acierte en cosa que hable.
Ni veleta más mudable
que voluntad juvenil.
Ni sumisión más servil
que el trato del pretender.
Ni quien se pueda valer
con un necio confiado.
Ni habrá hombre desechado,
si saben acomodarle.
Ni tan sabio, que encargarle
se pueda lo que no ha visto.
Ni quien quiera ser bien quisto,
que no ayude y dé la mano.
Ni muy viejo cortesano,
que no sea coronista.
Ni mancebo que resista
las ocasiones de gusto.
Ni tan valiente y robusto,
que no le rinda un dolor.
Ni vida de jugador,
que no sea muy confusa.
Ni más excusada
excusa que decir: «¿Quién tal pensara?»
Ni habrá tan derecha vara,
que alguna vez no se tuerza.
Ni más necesaria fuerza
que vencerse hombre a sí mismo.
Ni más extendido abismo
que tratar del hecho ajeno.
Ni corazón tan sereno,
que no mude parecer.
Ni hacienda de mercader
que del todo sea segura.
Ni más dudosa ventura
que la de aquel que navega.

Ni adulador, si se pega,
que no acabe cualquier cosa.
Ni corónica famosa
que no tenga algún desmán.
Ni perfecto capitán,
si al caso no es prevenido.
Ni vano y descomedido
que no pague en lo que peca.
Ni voluntad si se trueca,
que llegue a su ser primero.
Ni cobarde caballero
que le cuadre bien el nombre.
Ni nombre que cuadre al hombre,
como decir que es de bien.
Ni pretensor que un desdén
no le entibie su esperanza.
Ni muy segura mudanza,
aunque prometa sosiego.
Ni consume tanto el fuego
como el juego y la mujer.
Ni son seguras centellas,
cuando hay materia dispuesta.
Ni hay de oráculo respuesta
sin alguna oculta ciencia.
Ni presteza y providencia
a quien fortuna no asista.
Ni hay fuerza que se resista
contra el poder de verdad.
Ni mayor cautividad que estar a vicios sujeto.
Ni pone nada en efeto
el hombre que sigue extremos.
Ni son las cosas que vemos
tan ciertas como parecen.
Ni honras que mucho crecen
aseguran a su dueño.
Ni difieren con el sueño
el próspero o miserable.
Ni hay consejo razonable
que buen suceso no espere.
Ni hombre que desespere,
sino el poco exprimentado.

Ni hay demasiado cuidado
cuando fortuna está queda.
Ni consejo que no pueda
mucho con autoridad.
Ni hay riqueza y libertad
que a la virtud no empobrezca.
Ni males que no padezca
el que es viejo, y más si es pobre.
Ni hay opinión que no cobre
del vulgo algún gran error.
Ni siervo que a su señor
no pueda tener cautivo.
Ni pienso que hay incentivo
de virtud como vergüenza.
Ni vicio, cuando comienza,
difícil de remediar.
Ni hay camino de agradar
a Dios, como la paciencia.
Ni tan honrada prudencia
como no tener ninguna.
Ni vida más importuna
que el obedecer a necios.
Ni más desiguales precios
que son los de la mujer.
Ni donde sirva el poder
menos que en el avariento.
Ni hay hombre tan opulento,
que infinito no le falte.
Ni muy provechoso esmalte,
si no hincha algún vacío.
Ni basta ningún desvío
a cansar al que confía.
Ni con femenil porfía
habrá hombre victorioso.
Ni confirmado reposo
del que ve su luna llena.
Ni Argos de honra ajena,
que en la suya no vea poco.
Ni quien vuelva al hombre loco,
como la nueva riqueza.
Ni bien usada largueza,
que no robe corazones.

Ni hay quien halle más razones
para negar que el avaro.
Ni necesario reparo,
como en gran prosperidad.
Ni fingida santidad
sin algún secreto engaño.
Ni más conocido daño
que la maldad del mayor.
Ni quien fíe del traidor,
que no le suceda mal.
Ni mísero liberal,
hasta que hace testamento.
Ni más falso sentimiento
que lágrimas de heredero.
Ni alquimista verdadero,
sino el que ahorra su hacienda.
Ni buen ministro de tienda,
si alguna falta no encubre.
Ni por sabio al que descubre
al más amigo su falta.
Ni por honrado al que falta
lo que una vez prometió.
Ni por falto a quien faltó
de cumplir con su apetito.
Ni hay hipócrita marchito
que no sea un Lucifer.
Ni pienso que puede ser
pobre el que a ninguno pide.
Ni piadoso el que despide
al que le pide socorro.
Ni hay esclavo menos horro
que el obligado al amigo.
Ni más dañoso testigo
que la propia confesión.
Ni aseguro la intención
del que se burla con diente.
Ni conozco hombre valiente
difícil de perdonar.
Ni cobarde en castigar,
que no sea muy cruel.
Ni hay cosa tan por nivel,
que no tenga imperfecciones.

Ni pienso que hay fanfarrones,
sino los que son gallinas.
Ni tan discretas vecinas,
que se encubren los secretos.
Ni hombres menos sujetos
que los muy favorecidos.
Ni daños más conocidos
que los de lengua mordaz.
Ni menos segura paz
que el beso del agraviado.
Ni peligro no pensado
que al más bravo no le espante.
Ni necio más arrogante
que un bajo de dignidad.
Ni quien tenga libertad
contra aquel que algo le dio.
Ni quien diga negoció
bien sin dinero o lisonja.
Ni más bebedora esponja
que la sed del usurero.
Ni más perdido dinero
que el del recién heredado.
Ni valeroso soldado,
si no es ambicioso de honra.
Ni verdadera deshonra
sin la culpa del paciente.
Ni santo entre mucha gente,
que vuelva tal como vino.
Ni más discreto adivino
que un discurso por razón.
Ni avariento en su rincón,
que no se queje de ingratos.
Ni más apacibles ratos
que los gastados con buenos.
Ni hombres por demás amenos,
que no sean ocasionados.
Ni tan sublimes estados,
que el tiempo no los deshaga.
Ni más incurable llaga
que es el mal de la vejez.
Ni justos que alguna vez
descompuestos no estuviesen.

Ni animosos que no fuesen
ayudados por fortuna.
Ni he visto mujer alguna
muy hermosa y muy humilde.
Ni escritura que una tilde
no le trueque su sentido.
Ni hay hombre tan abatido
que levantar no se pueda.
Ni quien encubra en su rueda
Fortuna, que esté seguro.
Ni habrá tan rebelde muro
que no lo rinda interés.
Ni cólera que después
no traiga arrepentimiento.
Ni vi hombre tan contento,
que no envidie ajena suerte.
Ni quien desee la muerte,
que más no aumente la vida.
Ni muerte más conocida
que el vivir del mal casado.
Ni más venturoso estado
que la buena compañía.
Ni más aguda alegría
que la que los hijos dan.
Ni casamiento sin pan
que tenga paz confirmada.
Ni más penetrante espada
que un pensamiento celoso.
Ni cuidado más penoso
que tener honra y pobreza.
Ni imagino que es grandeza
dar por la honra la vida.
Ni sin pena es homicida
sino el médico o letrado.
Ni el manjar, cuando es templado,
al alma o cuerpo le ofende.
Ni el juez recto pretende
no respetar la persona.
Ni poco en juzgar se abona
quien el gran favor desdeña.
Ni la mujer halagüeña
deja de vaciar la casa.

Ni al que con buena se casa
le faltará en ella ayuda.
Ni el qué en arar pone duda
tendrá para su sustento.
Ni quien aguarda agua o viento,
siembra ni coge en verano.
Ni el mancebo al cuerdo anciano
dejará de estar sujeto.
Ni el que es amador perfeto,
se muestra en el dar mezquino.
Ni honra que de amor no vino
no es sino adulación.
Ni al adúltero ladrón
le agrada la luz del día.
Ni la casada sería
honrada, sin su recato.
Ni es menos que mentecato
quien va a cualquiera mujer.
Ni el que gobierna ha de ser
necio, porque es mona en banco.
Ni al que vuelve negro en blanco
tengo por buen tintorero.
Ni es bien creer de ligero
que hay sobre negro tintura.
Ni ayuda mal la escritura
ni el docto a pasar la vida.
Ni el labrador se despida
de consolar su tristeza.
Ni es pequeña su riqueza,
si el tal conocerla sabe.
Ni aunque parece suave
la ambición, es leve pena.
Ni el necio que se desfrena
menos que saeta hiere.
Ni el bien, cuando se perdiere,
dejará de echarse menos.
Ni son discretos ni buenos
los que aguardan a perderle.
Ni al forastero ofenderle
es de cortés ni cristiano.
Ni es blasón humilde y llano
favorecer al caído.

Ni por la fe y por su nido,
ponerse a morir contento.
Ni el amor del nacimiento
jamás se puede olvidar.
Ni el amor sabe guardar
ley, sino su mismo fuero.
Ni sana de su mal fiero
sino el que sano se finge.
Ni aflige menos que esfinge,
despeñando cuerpo y alma.
Ni intenta perder la palma
el que primero se prueba.
Ni pequeña ayuda lleva
quien tiene oficio y camina.
Ni en la lengua peregrina
quien no entiende, tiene oídos.
Ni en los palacios subidos
deja de haber mil engaños.
Ni tantos ni tales daños
hubiera, a no haber doblones.
Ni hay elocuentes razones
adonde habla su alteza.
Ni triste como el que empieza
a servir cuando ya es viejo.
Ni más seguro consejo
que mirar siempre a la fin.
Y pues llega el San Martín
del mayor y del menor,
cada uno en su dolor
se consuele; que no hay mal
a quien le falte su igual,
y serán sus duelos menos,
medidos con los ajenos.

REFRANERO ESPAÑOL

COLECCIÓN DE OCHO MIL REFRANES VULGARES,
DISPUESTOS POR ORDEN ALFABÉTICO,
CONCORDADOS Y EXPLICADOS DEBIDAMENTE PARA SU MEJOR
COMPRENSIÓN Y CONOCIMIENTO POR

JUAN BAUTISTA BERGUA

A

Abad avariento, por un bodigo pierde ciento.—«Bodigo» es la limosna que se da para la misa.

Abad (El) canta donde yanta.—Dice que el trabajo debe ser retribuido. Donde no hay pago no hay trabajo.

Abad de aldea, mucho canta y poco medra.—Se refiere a la miseria de las retribuciones en los pueblos.

Abad (El) de Wamba, *lo que no puede comer, dalo por su alma.*—Se dice de los egoístas, que sólo dan lo que no quieren.

Abad de zarzuela, comisteis la olla, pedís la cazuela.—Se dice por los excesivamente pedigüeños.

Abad, judío y madona, jamás perdonan.—Los tacha de rencorosos.

Abad (El) que no tiene hijos, es que le faltan los argamandijos.—Por la mala fama que tienen los clérigos. «Argamandijos», en sentido figurado por redaños, es decir, por carecer de brío y cualidades varoniles.

Abad (El) y el gorrión, dos malas aves son.—Lo dice por ser voraces y astutos.

Abaja acá, gallo, que estás encaramado.—Se dice del que suele mentir o exagerar.

Abájanse las adarves y álzanse los muladares.—Se dice cuando un noble se humilla y un villano se encumbra.

Abájanse los estrados y álzanse los establos.—Es lo mismo que el anterior.

A barba muerta, obligación cubierta.—Cuando se desentienden de obligaciones los hijos y las viudas.

A barba, ni tapia ni zarpa.—Al hombre decidido nada se le opone que no lo venza.

Abeja (La) y la oveja, en abril dejan la pelleja.

Abeja y oveja y parte en la igreja, desea a su hijo la vieja. «Igreja» por Iglesia. Dice el refrán que son tres buenos veneros de riqueza los panales, los ganados y la iglesia.

A bien te salgan, hija, estos arremangos.—Critica irónicamente la desenvoltura de las mozas

A bestia comedora, piedras en la cebada.—Indica que debe refrenarse la demasía.

Ablano (El) y el carbón, en mayo tienen sazón.—«Ablano» es avellano en bable.

A bocado harón, espolada de vino.—«Harón» significa perezoso.

A bodas y o niño bautizado, no vayas sin ser llamado.— Recomienda no acudir a ningún ágape sin ser especialmente invitado.

A braga rota, compañón sano.—«Compañón» por testículo. Dice que, por regla general, los desdichados de fortuna son ricos en salud.

Abrazos y besos no hacen chiquillos, pero tocan a vísperas.—Dice que es peligroso el excesivo trato y confianza entre la gente joven de ambos sexos.

Abre el ojo, que asan carne.—Aviso para aprovecharse de la buena ocasión.

Abre las ventanas al cierzo y al oriente y ciérralas al mediodía y poniente.

Abril, aguas mil, cernidas por un mandil.—Porque son blandas y frecuentes.

Abriles y condes, los más traidores.—Se dice porque abril es tiempo inseguro, cuyo rigor a veces suele estropear las cosechas. El refrán se refiere a los condes, porque siendo éstos los dueños y defensores de las fortalezas fronterizas durante la larga guerra de Reconquista, frecuentemente se pasaban de una a otra bandería, siguiendo su conveniencia, por lo que no se podía contar con ellos.

Abril frío, mucho pan y poco vino.

Abril, sácalo de cubil; y dijo la buena vieja: lo mío al cenojil.—Se dice por el trigo.

Abril y moyo, la llave de todo el año.—Porque siendo la época en que cuajan los frutos, de su bonanza depende la cosecha.

Abrir al hombre, y dar lugar por donde le entren al melonar, sería necedad.—Dícese de los que se exponen a sufrir peligros por cometer imprudencias.

A buen adquiridor, buen expendedor.—Dice que al que mucho reúne síguele por lo común, de heredero el que mucho gasta. Semejante a: «Hijo de comerciante, caballero; nieto, pordiosero».

A buen año y malo, molinero u hortelano.—Dice que son buenos oficios y que siempre dejan provecho.

A buen año y malo, no dejes la harina en el salvado.— Recomienda siempre el ahorro y el orden.

A buen bocado, buen grito.—Lo dice por las malas consecuencias de la gula.

A buen entendedor, pocas palabras bastan.—Se dice cuando estando dos personas en la misma intención, se comprenden con una indicación leve.

A buen hambre no hay pan duro.—Semejante a: «La mejor salsa, la del cazador», que es el hambre. Dice que cuando hay mucha voluntad o afición a alguna cosa, no hay inconveniente que se oponga a ella.

A buen salvo está el que repica.—Dice que el que aconseja, aconseja bien porque no padece el daño del aconsejado.

A buen servicio, mal galardón.—Se aplica en son de queja por desagradecimiento.

A buen barón, poco le presta el aguijón.—Dice que contra los haraganes es inútil todo.

A buen viejo, cencerro nuevo.—En sentido irónico; condenando los matrimonios de edad desproporcionada.

A buey viejo, no le cates abrigo.—«Catar» por buscar o procurar. Dice el refrán que los viejos se saben bien las mañas y lo que les conviene.

A burra vieja, albarda nueva.—Como «A buey viejo, cencerro nuevo».

A caballero nuevo, caballo viejo.—Porque le enseñe.

A caballo corredor, cabestro corto.—Dice que debe ponerse freno a las pasiones.

A caballo muerto, la cebada al rabo.—Acudir a las cosas cuando ya no hay remedio. Es como: «Al burro muerto, la cebada al rabo».

A caballo regalado no hay que mirarle el diente.—Dice que no debe ponerse peros a las cosas dadas.

A cabo de cien años, soy zorro o calvo.—Se refiere a que la muerte hace a todos iguales.

A cabo de cien años, todos seremos salvos (o calvos).— Por muertos.

A cabo de rato, Andújar.—Como «A caballo muerto, la cebada al rabo», porque los de Andújar llegaron a la batalla de los moros de Granada cuando ya había terminado.

A cada cabeza, su seso.—Porque cada uno piensa a su modo.

A cada cien años los reyes son villanos, y al cabo de ciento diez, los villanos son reyes.—Dice que todo lo acaba e iguala la muerte.

A cada cual se le levantan los pajarillas en su muladar. Que cada uno tiene sus faltas.

A cada pajarillo parécete bien su nido.—Porque siempre se reputa como el mejor el propio hogar.

A cada puerco le viene (o llega) su San Martín.—Cada cual tiene su castigo.

A cada puerta, su dueña.—Estese cada uno en su obligación.

A cada uno le huele bien el pedo de su culo.—A cada cual le parecen bien sus obras.

A canas honradas no hay puertas cerradas.—Recomienda el hacer buena vida para, cuando se llegue a la vejez, tener fácil acogimiento en todas partes.

A can que lame ceniza, no fiarle harina.—Lo dice por no fiar a los pobres que no podrán pagar.

Acaba con vino puro si tienes indigestión y duerme con el jubón.

Acá no me vean pasar mal, que en el infierno no me verán pernear.— Se dice de los que reúnen ganancias ilícitas.

A casa del amigo rico, irás siendo requerido, y a casa del necesitado, irás sin ser llamado.

A casa del cura, ni por lumbre vas segura.—Porque hasta lo menos suelen negar.

A casa de tu tía, mas no cada día.—Semejante a: «Al amigo y al caballo, no cansarlo» .

A casa de tu hermano no irás cada serano.—«Serano» es la tarde; indica que no se debe ir muy a menudo.

A caso nuevo, consejero nuevo.—Es como: «A nuevo mal, nuevo remedio». Da a entender que cuando se nos proponen problemas desconocidos, deben resolverse con soluciones apropiadas a ellos y, por tanto, distintas de las que hasta entonces ha recomendado la costumbre.

A caso repentino, el consejo de la mujer, y al de pensado, el del más barbado.—Porque la mujer suele aconsejar apasionadamente, aunque tenga malicia que la haga acertar, y el varón sesudo se funda más en la experiencia.

A catarro gallego, tajada de vino.—Semejante a: «Al catarro, con el jarro».

A cautelas, cautelas mayores.—Dice que en los negocios con personas muy meticulosas se debe redoblar la prudencia.

Aceite de oliva, todo mal quita.—Tal es su sanidad y beneficio tanto en medicina exterior que como alimento. *Aceite, vino y amigo, en lo antiguo.*

Aceituna, una es oro, dos plata y la tercera mata.—Dice que es alimento que debe tomarse en poca cantidad, por ser muy alimenticio, pero indigesto. *Aceituna, una, y si es buena, una docena. A celada de bellacos, más vale por los pies que por las manos.*—Que contra gente vil, más vale huir que defenderse.

Acertó a mear el buey en la calabaza.—Se dice cuando un necio hace bien una cosa.

A cinco de abril, el cuco debe venir, y si no viene a los siete o a los ocho, o él preso o morto.

A clérigo hecho fraile, no le fíes tu comadre.—Por ser gente que tienen fama de mujeriegos.

Acogí al ratón en mi agujero y tornóseme heredero.— Dícese de los protegidos que se hacen los amos.

Acometa quien quiera, el fuerte espera.—El que tiene seguridad en sí mismo no suele agredir, sino resistir las injurias del enemigo.

Acometer hace vencer.—Semejante a: «El que da primero, da dos veces».

A consejo ruin, campana de madera—Dice que los malos consejos no deben escucharse, y menos aún propalarse.

A cualquiera dolencia, es remedio la paciencia.

A cuentas viejas, barajas nuevas.—Es igual que: «Borrón y cuenta nueva».

Acuéstate sin cena, amanecerás sin deuda.—Dice que es preferible privarse de lo necesario que contraer deudas.

A chica cama, echarse en medio.—Semejante a: «Ya que se quema la casa, calentémonos en ella». Dice que cuando las cosas son fatales debe procurarse sacar de ellas el mejor partido.

A chico caudal, mala ganancia.—Semejante a: «Más caga un buey que cien golondrinas». Dice que cuando se negocia con poco, el beneficio es casi nulo.

A chico pajarillo, chico nidillo.—Semejante al anterior.

A dineros dados, brazos quebrados.—Porque no se paguen las deudas.

A Dios rogando y con el mazo dando.—Como «Ayúdate y te ayudaré».

Admiración (La) es hija de la ignorancia.—Esto unas veces es verdad y otras no.

Administrador que administra y enfermo que se enjuaga, algo traga.—Semejante a. «El que anda entre la miel, algo se le pega», y «El que anda con aceite, se pringa».

Administradorcillos, comer en plata y morir en grillos.— Dice que los administradores que se aprovechan de los bienes ajenos suelen gozarlos algún tiempo, para terminar en la cárcel.

Adoba tu paño y pasarás tu año.—Recomienda el arreglo y administración propios.

¿A dó irá el buey que no are?—Quiere decir que el pobre siempre tiene que trabajar.

Adonde el corazón camina, el pie se inclina.—Dice que siempre nos llevan los pasos al lugar que nos es querido.

Adonde no está su dueño, allí está su duelo.—Se dice de la hacienda que no está vigilada, porque estando en poder de personas que no tienen interés por ella, la dilapidan y malgastan.

Adonde se cree que hay chorizos, no hay clavos donde colgarlos.—Dice que tanta es la presunción y mentira del mundo, que los que más ostentan suelen carecer de lo más necesario.

Adonde se piensa que hay tocinos, no hay estacas.—Semejante a: «Adonde se cree que hay chorizos, no hay clavos donde colgarlos».

Adonde te quieren mucho no vayas a menudo.—Porque la frecuencia de las visitas es causa de desafecto.

¿A dónde vas, mal? Adonde hay más.—Tiene su contrario, que dice: «Dinero busca dinero». Y es que parece que el mal, como la fortuna, va adonde hay más.

A do sacan y no pon, presto llegan al hondón.—Que cuando se gasta y no se gana, se va a la miseria.

¿A do vas, bien? A do más se tien.—Como «Dinero llama a dinero».

¿A do vas, duelo? A do suelo.—Dice que el mal suele ir al que padece otros.

A falta de hombres buenos, a mi padre hicieron alcalde. Reprende que recaigan honores en personas que no lo merecen.

A falta de pan, buenas son tortas.—Dice que careciendo de lo mejor se debe uno conformar con lo que haya.

A falta de polla, pan y cebolla.—Lo mismo que el anterior.

Afanar, afanar y nunca medrar.—Es queja contra la mala fortuna.

Afeita un cepo y parecerá mancebo.—Como «Palo vestido, no parece palo»; cepo es tronco sin desbastar.

Afición ciega razón.—Como «Pasión ciega razón».

A fraile no hagas cama; de tu mujer no hagas ama.— Por desconfianza a los votos de castidad.

A fuer de Aragón, a buen servicio mal galardón.—Alude a la tiranía de los reyes de aquel reino.

A fuer de Toledo, que pierde la dama y paga el caballero. Se refiere a la cortesía de los caballeros castellanos.

A galgo viejo echadle liebre, no conejo.—Dice que cuando se trata con una persona astuta y de experiencia, deben dársele a resolver los casos arduos, no los sencillos y fáciles.

A gallego pedidor, castellano tenedor.—Dice que las cosas deben compensarse en sus extremos.

Agora que tengo oveja y borregos, todos me dicen: en hora buena estéis, Pedro.—Porque suele honrarse a los que medran.

Agosto, frío en rostro.—Lo dice porque por esta época empieza a ceder el rigor del verano.

Agosto tiene la culpa y septiembre lleva la pulpa.—Porque la fruta que se cría en agosto madura en septiembre.

Agosto y vendimia no cada día, y sí cada año; unos con ganancia y otros con daño.—Advierte a los labradores que deben vivir con economía.

Agosto y septiembre no duran siempre.—Porque suelen ser meses de abundancia, ya que son de cosecha.

A gran arroyo, pasar postrero.—En los casos difíciles, tomar ejemplo de los que anteriormente los han sufrido.

A grandes males, grandes remedios. —Dice que cuando la desgracia es muy honda, debe oponérsela un ánimo muy esforzado y un remedio proporcionado a su magnitud.

A gran hambre no hay pan malo, ni duro, ni bazo.— Como: «A buen hambre no hay pan duro».

A gran salto, gran quebranto.—Es como: «A gran subida, gran caída». Dice que la caída de los grandes es proporcionada a la altura en que se encuentran.

A gran seca, gran mojada.—Dice de la compensación de las cosas humanas. Es semejante a: «Tras de la tempestad viene la calma».

A gran subida, gran caída.—Es como: «A gran salto, gran quebranto».

Agua al higo y a la pera vino.—Porque el uno es ardiente y lenitiva la otra.

Agua blanda en piedra dura, tanto da que hace cervadura.—Como: «La gota de agua horada la piedra».

Agua buena, sin olor, color, ni sabor, y que la vea el sol. No es sana ningún agua que no tenga estas condiciones.

Agua coge con harnero, quien se cree de ligero.—Que no debe tomarse consejo de persona vana.

Agua (El) como buey, y el vino como rey.—Del agua puede usarse en abundancia, pero del vino parcamente.

Agua (El) cuesta arriba, dura poco, y menos el amor de niño y loco.

Agua de agosto, azafrán, miel y mosto.

Agua de Duero, caldo de pollos.—Porque es buena para beber. *Agua de enero, todo el año tiene tempero.*

Agua de febrero, mata al onzonero.

Agua de marzo, peor que la mancha en el sayo.

Agua de mayo, pan para todo el año.

Agua de mayo, vale un caballo.

Agua de San Juan, quita vino y no da pan.

Agua de sierra y sombra de piedra (o de peña).—Porque son las mejores.

Agua de turbión, en una parte pan y en otra non.

Agua en cesto, y amor de niño, y viento de culo, todo es uno.—Como: «El agua cuesta arriba, dura poco, y menos el amor de niño y loco».

Agua fría y pan caliente, nunca hicieron buen vientre.— Juntos son muy dañinos. *Agua, ni quiebra hueso, ni descalabra. Agua no enferma, ni embeoda, ni adeuda. Agua pasada, no muele molino.*—Que lo acaecido debe dejarse estar.

Agua por San Juan, quita vino y no dan pan; por agosto, ni pan ni mosto.

Agua que no has de beber, déjala correr.—Aconseja no entrometerse en cosas que no incumben directamente.

Agua (El) sobre la miel, sabe mal y hace bien. Agua vertida, no toda cogida.—Suele referirse al mal rastro que deja la calumnia.

Agua, viento y cuchilladas, desde la cama.—Se sobreentiende oírlas desde allí.

Agua y sol, tiempo de requesón; sol y agua, tiempo de cuajada.—Por abril y mayo.

A hija casada, los yernos a la puerta.—A propósito de cuando se llega tarde a un asunto.

A hijo malo, pan y palo.—Que debe dársele de comer, pero también educarle severamente.

Ahora lo veredes, dijo Agrajes.—Es frase que se dice cuando va a ponerse en ejecución un intento.

A hora mala, no ladran canes.—En la desgracia no se tienen envidiosos. *Ahora me vezo, sonar de recio.*—«Vezar» por acostumbrar. Lo dice el que sufre las amonestaciones de otro y no hace caso de ellas. Es semejante a: «Por un oído me entra y por otro me sale».

A idos de mi casa y ¿qué queréis con mi mujer? No hay que responder.—Indica este refrán que cuando se manda autoritariamente y sobre todo se reprende en cosas de innegable razón, nadie puede resistirse a obedecer.

A ira de Dios no hay cosa fuerte.—Dice que contra lo que no es humano no se puede luchar.

Aire (El cierzo es bueno al sano y malo al enfermo.

Aire solano el agua en la mano, para menos bien que daño .

Aire solano, malo de invierno, peor de verano.

Ajo pío y vino puro, pasan el puerto seguro.—«Pío» por crudo. Dice que son dos alimentos muy fuertes y que producen tal cantidad de energía y calor que sirven al hombre para ayudarle en las fatigas.

Ajo, ¿por qué no fuiste bueno? Porque no me halló San Martín puesto.

Ajos (Los) por Navidad, ni nacidos ni por sembrar.

Ajo y vino puro, y luego veréis quién es cada uno.— Porque producen pedos de muy mal olor; y porque dan mucha fortaleza.

Ajuar (El) de la tiñosa, todo albanegas y tocas.—«Albanega» es cofia. Dice que las mujeres poco hacendosas todo lo echan en adornos y superfluidades.

Ajuntar oro con lodo, es hacello lodo todo.—Dice que una mala cualidad o vicio es capaz de eclipsar todas las virtudes que adornan a un individuo.

Alabaos, coles, que hay nabos en la olla.—Se dice de los que se jactan de poco y se comparan con los más humildes.

Alábate, mierda, que el río te lleva.—Se dice de los que nada valen y se alaban de cosas fútiles.

Alábate, polla, que has puesto un huevo y ése huero.— Lo mismo que el anterior.

A la bestia cargada, el sobornal la mata.—«Sobornal» es sobrecarga.

A la borrica arrodillada, doblarle la carga.—Critica a los que añaden obligaciones a los que no pueden soportar las que tienen.

A la bota, darla el beso después del queso.—Porque el vino sabe muy bien tras el queso.

A la burla, dejarla cuando más agrada.—No es bueno insistir demasiado en las bromas.

A la cabeza, el comer la endereza.—Recomienda comer cuando duele la cabeza.

A la corta o a la larga, el galgo a la liebre alcanza.— Dice que el más fuerte es el que vence siempre.

A la corta o a la larga, el tiempo todo lo alcanza.

Al afligido corazón, no se ha de dar aflicción.

A la galga y la mujer, no la des la carne a ver.—Dice que no se halague el instinto de la mujer ni se la ponga en trance de caer, porque peligra su honra.

A la gallina, apriétala el puño, y apretarte ha el culo.— Indica que si se la escasea lar comida, ella escaseará la puesta.

A la garganta del perro, échale un hueso si le quieres amansar presto.—Quiere decir que la dádiva acalla las agresiones.

Alagón, cuatro casas y un ladrón.

Al agradecido, más de lo pedido.—Porque es virtud que se halla muy pocas veces entre los hombres y debe recompensarse.

A la hembra desamorada, a la adelfa le sepa el agua.— Contra las mujeres adustas. «Desamorada» por desabrida.

A la hija casada, sálennos yernos.—Se dice cuando se acude tarde con el remedio.

A la hija mala, dineros y casarla.—Porque la sujete y enmiende el marido.

A la hija, tápala la rendija.—Que debe ocultársele lo que ella por curiosidad quiere ver aunque no la convenga.

A la iglesia se ha de ir de voluntad; a la guerra, de necesidad, y al convite, ni de necesidad ni de voluntad, porque de ordinario se saca de él qué confesar.

A la larga, el galgo a la liebre mata.—Dice que, aunque por un momento se altere la lógica de las cosas, siempre suceden aquéllas de un modo natural.

Al alba de la duquesa, que la daba el sol a media pierna. Se dice a los perezosos que se levantan tarde.

Al alba de puerco, que da el sol a medio cuerpo.—Como:

«Al alba de la duquesa, que la daba el sol a media pierna».

Al albañil, no le pongas la mesa hasta que le veas venir.

Al albéitar, no le duele la carne de la bestia.—Se dice de los que tratan con desprecio o descuido a los demás o a la cosas.

Al alcaide y a la doncella, no les diga nadie: Si yo quisiera.—Porque ha de ser sin aviso o porque no han de dar ellos ocasión a que así se advierta.

Al alcornoque no hay palo que le toque, sino la encina, que le quiebra la costilla.—Dice que cada cosa tiene otra superior que la vence.

A la lumbre y al fraile, no hurgarles.—A la lumbre, porque se apaga, y al fraile, por prevenirse de su condición mala.

A la luna, el lobo a asno espulga.—Dice que la noche es a propósito para que medren los malos.

A la luz de la candela, toda rústica parece bella.—Porque con luz artificial se ven menos los defectos. Es semejante a: «De noche, todos los gatos son pardos».

Al alzar de los manteles, haremos cuenta y pagaredes.— Semejante a: «Al freír será el reír». Dice que se tenga prudencia en los gastos y en los excesos para poder cumplir a la hora de satisfacerlos. *A la madrastra, el nombre le basta.*

A la madrina, tras la puerta la arrima, y a la comadre, donde la hallare.—Dice que debe guardárselas protección y afecto.

A la mala costumbre, quebrarle la pierna.—Advierte que las malas costumbres deben abandonarse.

A la mala hilandera, la rueca le hace dentera.—Dice que el holgazán siempre encuentra pretextos para no cumplir con su trabajo.

A la mal casada, dela Dios placer, que la bien casada no lo ha menester.

A la mal casada, miradla a la cara.—Porque luego se conoce en el rostro la pasión de ánimo.

A la mañana el blanco y el tinto al serano.—Se refiere a los vinos. «Serano» es la tarde. *A la mañana los montes, y a la tarde las fontes.*— «Fonte» por fuente. Recomienda pasear por la mañana por sitios altos y despejados, y a la tarde, por los recogidos y más abrigados.

A la mañana pura y a la tarde sin agua.

A la miel, golosas, y al aceite, hermosas.

Al amigo, con su vicio. Se le debe querer y atender.

Al amigo y al caballo, no cansallo.—Dice que, con objeto de poderse servir del que puede favorecernos, no debemos menudear nuestras peticiones porque no llegue a hastiarse.

Al amo, comerle y no verle.—Lo dicen los mozos o criados; comer de su casa y no verle, porque el criado que está bajo la mirada del amo ha de tener más diligencia y cuidado.

A la moza andadera, quebrarle la pierna y que haga gorguera.—Como: «La casada, la pierna quebrada».

A la moza, con el mozo, y al mozo con el bozo.—Indica que se les ha de casar jóvenes.

A la moza mala, la campana la llama, que a la buena, en casa la halla.—Dice que la mujer hacendosa se está en casa, en tanto que la andariega para poco en ella.

A la moza que mal lava, siete veces la hierve el agua.— Es aviso contra holgazanes.

A la moza que ser buena, y al mozo que el oficio, no les puede dar mayor beneficio. — Recomienda la bondad para la mujer y el ser trabajador al hombre como las mejores cualidades.

A la moza y a la parra, alzalla la falda.—Porque debajo de las hojas de las cepas y parras se halla el fruto.

A la muela se ha de sufrir lo que a la suegra.—Dice que conviene echarla fuera cuando produce molestias.

A la muerte, no hay cosa fuerte.

A la mujer bailar y al asno andar y rebuznar; faltando quién, el diablo se lo ha de enseñar.—Dice que el saber bailar es casi connatural en la mujer.

A la mujer barbuda, de lejos se la saluda, con dos piedras mejor que con una.—Dice que las mujeres peludas suelen ser bravas y ariscas.

A la mujer brava, la soga larga.—Es como «A la mujer y a la cabra, cuerda larga».

A la mujer casada, no la des de la barba.—Dice que por mucha confianza o cariño que se tenga con una mujer casada, deben guardarse ciertos límites.

A la mujer casada y casta, el marido la basta.—Se dice para afear a la casadas que tienen amistad con otros hombres.

A la mujer casera, el marido se la muera.—Quiere decir que algunas casadas que pasan por hacendosas y administradas, no son tales, pues hace estos oficios el marido. Han, pues, de verse viudas estas mujeres para demostrar que, en efecto, son útiles.

A la mujer casta, Dios le basta.

A la mujer loca, más le agrada el pandero que la toca.— Toca, en sentido de prenda de cubrir la cabeza para ir a la iglesia.

A la mujer mala, poco aprovecha guardarla.—Por aquello de «No puede ser el guardar a una mujer», porque si ella no se guarda con su honestidad, es inútil toda prevención.

A la mujer parida y tela urdida, nunca le falta guarida. A aquélla, por compasión, y a ésta, por su utilidad.

A la mujer, preñarla y besarla y lo demás hasta que para. Porque es general creencia del vulgo que la preñada que tiene ayuntamiento con varón, pare más fácilmente.

A la mujer primeriza, primero se la aparece la preñez en el pecho que en la barriga.—Porque se le abultan mucho los pechos al golpe de la leche, en tanto que en el vientre no se les conoce tanto como a las multíparas, que lo tienen ya dilatado y descendido de otros embarazos.

A la mujer ventanera, tuércela el cuello si la quieres buena.—Dice que la mujer fisgona y parlanchína no tiene remedio ni enmienda.

A la mujer y a la cabra, soga larga.—Dice que a las mujeres debe dárselas una conveniente libertad para que se muevan y vivan sin empacho, pero debidamente limitada para que sean prudentes.

A la mujer y a la gallina, tuércela el cuello y darte ha la vida.—Dice que la mujer debe estar sujeta, y que por el castigo se hace sumisa y cariñosa; la gallina da su mejor provecho comiéndola.

A la mujer y a la muía, por el morro la entra la hermosura.—Dice que parecen más bellas estando gruesas o lustrosas.

A la mujer y a la mula, vara dura.—Porque ambas obedecen castigándolas.

A la mujer y a la picaza, lo que dirías en la plaza.—O sea que no se le debe dar secreto a guardar.

A la mujer y a la viña, el hombre la hace garrida.— Con su trabajo, asiduidad y educación.

A la mula, freno en gula.—Porque son propensas a entriparse.

Al andaluz muéstrale la cruz; al cordobés, hacelle tres; al sevillano, con toda la mano; al burgalés, con el envés.

Al andaluz, muéstrale la cruz; al extremeño, el leño.— Son matracas de unas regiones con otras.

A la necesidad no hay ley.—Porque obligando contra voluntad, al hambre exime.

A la noche, arreboles; a la mañana habrá soles.—Dice que cuando al ocaso se encienden de color rojo las nubes, al otro día buen tiempo.

A la noche convida, a la mañana porfía.—Se dice de la persona inconstante.

A la noche putas y a la mañana comadres.—Se dice de las mujeres que hacen a todo.

Al año tuerto, el huerto; al tuerto tuerto, cabra y huerto; al tuerto retuerto, la cabra y el huerto y el puerco.—Indica que de estas tres cosas saca el mayor beneficio el labrador.

A la oveja flaca, nunca le falta roña y sarna.—Como: «A perro flaco, todo se le vuelven pulgas».

A la pared mea quien te amansará.—Dícese de la soltera brava que en casándose, el marido la ha de amansar.

A la par es negar y tarde dar.—Dice que cuando se llega tarde con una dádiva es igual que si se hubiera llegado del todo.

A la plaza, el mejor mozo de la casa.—Dice que ha de procurarse enviar como intermediario a la persona mejor portada y dispuesta, pues son ventajas que predisponen al éxito.

A la preñada, hasta que para, y a la parida, cada día.—

Como «A la mujer, preñarla y besarla y lo demás hasta que para». Dice que es saludable que la mujer tenga ayuntamiento carnal hasta el parto.

A la preñada se le ha de dar hasta que para, y a la parida, cada día, y a la que no pare, hasta hacerla concebir para que venga a parir.

A la prueba, buen amar; a la vista, buen amor.—Dice que en los hechos se conoce el cariño y que el amor no se puede ocultar.

A la puerta del rezador, no tiendas tu trigo al sol.— Tacha a los beatos de ladrones. A este refrán suele añadírsele: «porque rezando, rezando, se lo van llevando».

A la puta, el hijo la saca de duda.—Se dice porque la mujer corrida, cuando tiene un hijo, se enmienda definitivamente o demuestra su verdadera calidad de tal.

A la puta y al rufián, a las veces les viene el mal.—Es decir, que les llega al mismo tiempo.

A la que quiere ser mala, poco aprovecha guardarla.— Es como: «No puede ser el guardar a una mujer».

A la que uno no contenta, no bastan dos ni cincuenta.— Contra caprichosas y antojadizas.

A la ramera y a la lechuga, una temporada les dura.— Porque la mujer se gasta en seguida con el oficio del burdel.

A la ramera y al juglar, a la vejez les viene el mal.— Por la vida desordenada de ambos.

A la res vieja, alíviale la reja.—Dice que al anciano se le ahorren trabajos en consideración a sus años.

A las barbas con dineros, honra hacen los caballeros.— Por aquello de «Poderoso caballero es don Dinero».

A las burlas así ve a ellas, que no te salgan de veras.— Avisa que debe tenerse especial cuidado en no cargar la burla hasta hacerla insoportable.

A las cosas deseadas, todo tiempo es prolijo, como a las odiosas breve.—Dice que cuando se desea algo parece que tarda mucho en llegar, y al revés, parece no pasar el tiempo cuando se soporta algo desagradable.

A las diez, deja la calle para quien es.—Dice que los trasnochadores son gente de índole poco a propósito con el orden y moderación.

A las diez, durmiendo estés.—Consejo para la salud y moralidad públicas.

A las diez, en la cama estés; si puede ser antes, mejor que después.— También se dice: «A las diez, deja la casa de quien es y si en la tuya estás, te acostarás».

A las dos de misa, mujer, y el manto arrugado, no viene bien.—Se dice cuando se presume que la mujer deja de cumplir con sus deberes.

A las fuerzas del amor, el que huye es vencedor.

A la sierra, ni dueña ni cigüeña.—Por lo riguroso del clima.

A la sierra se sube la buena mujer.—Se dice porque se aparta a lugar donde no la vea nadie.

Al asno y al mulo, la carga al culo.

A las nueve, alza el rabo o la perra y bebe.

A las nueve, desataca la perra y bebe; a las diez, desatácala otra vez.

A las nueve, échate y duerme, que a las diez ya dormiréis.

A las que sabes mueras y él sabía hacer saetas.—Es una maldición burlona.

A las romerías y a las bodas, van las locas todas.—Se dice por las mujeres que les gusta mucho la juerga y el divertimiento.

Alas que tenga yo para volar, que cebo no me ha de faltar.—Dice que habiendo libertad, lo demás es secundario.

Al asturiano, vino puro y lanza en mano.—Porque es aficionado a la bebida y belicoso.

A las veces, con tuerto hace el hombre derecho.—Semejante a «Donde menos se piensa salta la liebre».

A las veces do cazar pensamos, cazados quedamos.—Semejante a «Ir por lana y salir trasquilado».

A las veces, la cabra bala por el cuchillo que la mata.— Dice que muchas veces deseamos ardientemente aquello que ha de ser nuestra perdición.

A las veces lleva el hombre a su casa con que llore.— Porque nunca se sabe por qué camino ha de venir el mal. Se dice cuando se ve a una persona contenta con algo que nos parece que ha de perjudicarle.

A la una, que bien que mal, en cada casa comido han.

Al avaro, es tristeza hablarle de largueza.

A la vasija nueva, dura el resabio de lo que se echó en ella.—Quiere decir que toma el gusto del primer líquido que contiene.

Al ave de paso, cañazo.—Dice que hay que aprovecharse de la ganancia que pueden dejar los forasteros.

A la vejez, cuernos de pez.—Dícese porque antes se untaban los aladares los viejos con pez para disimular la falta de pelo.

A la vejez, viruelas.—Se dice de los viejos presumidos o enamorados y, en general, de cuando una cosa ocurre a destiempo.

A la vieja que no puede andar, metella en el arenal.— Es añadir dificultades a dificultades. También se dice: «La vieja que no puede andar, llevarla por el arenal».

Alazán tostado, antes muerto que cansado.

A la zarza aguda, nunca le falta mala ventura.—Dice que el que zahiere, encuentra su pago.

Alba de Tormes, llena de putas, más de ladrones; mira tu capa dónde la pones.

Albandera (La), los disantos, hilandera.—«Albandera» por dormilona. «Disanto» por día festivo. Dice que las personas holgazanas cuando trabajan es a destiempo, en ocasión en que los demás, por su laboriosidad, descansan.

Al bien, bien, y al mal, yesca y pedernal.—Dice que a lo bueno debe recibírselo con amor y a lo malo ahuyentarlo.

Al bien, buscarlo, y al mal, esperarlo.

Al bien se llega quien bien se aconseja.—Semejante a «Al que a buen árbol se arrima, buena sombra le cobija».

Al bobo, múdale el juego.—Dice que el que no sabe más que una cosa, en tratando con él de otra luego se echa de ver su ignorancia y bobería.

Al buen amigo, con tu pan y con tu vino, y al malo, con tu can y tu palo.

Al buen amigo no le encubras secreto, que das causa a perderlo.

Al buen callar llaman Sancho; al bueno, bueno, Sancho *Martínez.*—A este propósito dice el maestro Correas: «Es de advertir que algunos nombres los tiene recibidos y calificados el vulgo en buena o mala parte y significación, por alguna semejanza que tienen con otros por los cuales se toman. Sancho, por santo, sano y bueno; Martín, por firme y entero; Beatriz, por buena y hermosa; Pedro, por taimado, bellaco y matrero; Juan, por bonazo, bobo y descuidado; Marina, por maligna y ruin; Rodrigo, por el que es porfiado y duro negando. De manera que Sancho se toma aquí por sabio, sagaz, cauto y prudente, y aun por santo, sano y modesto.»

Al buen consejo, no le hallo precio.

Al buen consolador no le duele la cabeza, ni al buen negociador las piernas.

Al buen día ábrele la puerta, y para el malo te apareja.— Dice que se aprovechen las buenas ocasiones y se prevenga uno para las malas.

Al buen día, métele en casa.—Como el anterior.

Al bueno darás y del malo te apartarás.

Al bueno por amor y al malo por temor.—Dice que ha de sujetárseles.

Al bueno, por que te honre, y al malo por que no te deshonre.—A ambos se les debe tratar bien.

Al buen pagador no le duelen prendas.

Al buen varón, tierras ajenas su patria le son.—Porque en ellas sabe vivir y hacerse amar.

Al buey dejarle mear y hartarle de arar.

Al buey maldito el pelo le reluce.—Dice que las maldiciones son inútiles.

Al buey por el cuerno y al hombre por el verbo.—Se les conoce su calidad.

Al buey que trilla no se le ponga bozal.—Dice que al que trabaja y ayuda no hay que privarle de lo que por ello le corresponde.

Al buey viejo, múdale el pajar y darte ha el pellejo.— Dice que a los ancianos no deben variárseles las costumbres.

Al burro muerto, la cebada al rabo.—Se dice cuando se llega tarde a remediar algo.

Al burro viejo, la mayor carga y el peor aparejo.—Es como: «La vieja que no puede andar, llevarla por el arenal».

Al caballo has de mirar, que a la yegua no has de catar. Se refiere a la sucesión de hidalguía.

Al cabo de cien años todos seremos calvos.—Lo dice por la muerte.

Al cabo del año tiene el mozo las mañas de su amo.— Por aquello de que: «Dime con quién andas y te diré quién eres», y «No con quien naces, sino con quien paces».

Al cabo de los años mil, vuelven las aguas por do solían ir.—Dice que al fin de todas las mudanzas las cosas vuelven a su ser.

Alcalá de Henares, mucho te precias y poco vales; si no por una calle que hay en ti, no valieras un maravedí.

Alcalde de aldea, el que lo quiere, ése lo seo.—Porque da más quebrantos que honra y provecho.

Alcalde de vara en cinta y mujer de poco importa, no hay que fiar de ellos cosa.—Porque los alcaldes de aldea ceden a las presiones de sus convecinos y las mujeres desaprensivas no son de fiar.

Al campo y al señor, cómprale cuando le hayas menester, y antes no.

Alcanza quien no cansa.—Va contra los excesivamente pedigüeños.

Al capón que se hace gallo, azotallo.—Se dice del que se arroga derechos que no le corresponden, y especialmente por los clérigos.

Alcaraván zancudo: para otros consejo; para ti, ninguno. Dícese de los que aconsejan y no guardan advertencia para sí mismos.

Al catarro, dalle con el jarro.—Es decir, curarle con el vino.

Al clérigo y a la trucha, por San Juan le busca.—Porque era por esta época cuando los clérigos cobraban los diezmos, y a la trucha, porque los ríos llevan entonces poca agua.

Al comer, comamos, y al pagar, a ti suspiramos.

Al comer de las morcillas, ríen la madre y las hijas, y al pagar, todos a llorar.—Es como: «Al freír será el reír».

Al comer y al cagar, el hombre se debe espaciar.—Es decir, que las dos cosas deben hacerse sin premura.

Al conejo y al villano, despedazarle con la mano.—El conejo es mejor destazado; el consejo contra el villano era concerniente a los antiguos hidalgos.

Al cuco no cuques y al ladrón no hurtes.—Porque mala cosecha para el que lo intente.

Al cuerdo y al hábil, todo le es fácil.

Al cuero y al queso, cómpralo por peso.

Al cuñado, acuñarle, y al hermano, ayudarle.

Aldeana es la gallina y cómela el de Sevilla.—Se dice contra los que desprecian las cosas rústicas.

Aldeano (El) darte ha una taza de vino y beberse ha cuatro.—Los moteja de egoístas.

Aldea por aldea, Fregenal de la Sierra.

Aldea por aldea, Jaraíz de la Vera.

Al delicado, poco mal y bien atado.—Es como: «Mal de rico, poco mal y mucho trapito».

Al descalabrado nunca le falta un trapo, que roto, que sano.—Dice que siempre hay remedio en los males.

Al desdichado hace consuelo tener compañía en su suerte y duelo.

Al desdichado, las puercas le paren perros.—Es como: «A perro flaco, no le faltan pulgas».

Al desdichado, poco le vale ser esforzado.—Dice que el que tiene mala suerte poco le vale ayudarse.

Al diablo y a la mujer nunca les falta qué hacer.—Maldades.

Al diente, pino y vino y lino.—Se sobreentiende que es para limpiarle.

Al dolor de cabeza, el comer le endereza.

Alegría secreta, candela muerta.—Dice que el mayor placer de la alegría está en comunicarlo.

Al enemigo, comerle el pan y beberle el vino.

Al enemigo que huye, puente de plata.—Cuando alguien que nos perjudica se va, debemos darle toda clase de facilidades.

Al enfermo que es de vida, el agua le es la medicina.— Dice que cuando las cosas han de suceder, todo parece favorecerlas.

Al enhornar, se tuerce el pan.—Advierte que se deben hacer las cosas bien desde su principio para evitar que fracasen.

Al envidioso, afílasele el gesto y crécele el ojo.—Lo dice porque los individuos envidiosos andan siempre atentos a caza de rumores o maledicencias.

Al erizo Dios le hizo.—Dícese para descargo de la gente hosca.

Al escarabajo sus hijos le parecen granos de oro fino.— Porque a ningún padre le parecen mal los suyos.

Al espantado, la sombra le espanta.—Es como «El gato escaldado, del agua fría huye». Dice que el que ha sufrido un escarmiento está siempre temeroso de volverlo a padecer.

Alfaya por alfaya, más quiero pandero que no saya.— «Alfaya» es alhaja. Y dice que suele preferirse lo superfluo a lo necesario.

Alfayate (El) de la encrucijada, que ponía al hilo de su casa.— «Alfayate» es sastre. Como «El sastre del Campillo (o Cantillo), que cosía de balde y ponía el hilo».

Alfayate que no hurta, poco medra con el aguja.

Alfayate sin dedal, cose poco, y eso mal.

Al final, servir a Dios y no hacer mal.

Al fin loa la vida y a la tarde loa el día.—Dice que hasta lo último no se puede dar cuenta de la calidad de una persona o cosa.

Al flato, con el plato.—Semejante a «A la cabeza, el comer la endereza».

Al fraile, como te faz faile.—«Faile» por hazle; el vulgo tiene a los frailes por gente de poco fiar.

Al fraile en la horca le menee el aire.—Se dice como mal deseo contra la gente de iglesia.

Al fraile mesurado. mírale de lejos y habíale de lado.— Dice, como los anteriores, que se tenga desconfianza en el trato con las personas eclesiásticas.

Al freír será el reír.—Advierte que se sea parco en los gastos si no se quiere al cabo dejar de cumplir los compromisos.

Al gallo que canta, le aprietan la garganta.—Es dicho de pícaro intimidando a los reos que confiesan con el temor de la horca.

Algarabía de allende, que el que la habla no la entiende. Se dice por lo que no se comprende bien.

Al gato goloso y a la moza ventanera, tapallos la gatera.

Al gato, por ser ladrón, no le eches de tu mansión.— Porque nota que es cazador y cumple con su oficio.

Al gato viejo, ponle la mano en el cerro y levantarle ha el rabo.— Porque cada uno responde a su intención, a pesar de que quiera ocultarla.

Algo ajeno, no hace heredero.—Taxativamente, es principio de derecho. En sentido figurado dice que no aprovecha lo mal adquirido.

Algo es cuando todos dicen: al lobo, al lobo. — Como: «Cuando el río suena, agua lleva».

Algo es queso, pues se da por peso.—Dice que todas las cosas tienen un valor, aunque en algunas de ellas sea muy humilde.

Algo hemos de haber para blancas ser.—Excusa las ayudas que toda persona hace en beneficio propio.

Al gorrino gordo, untarle el rabo.—Dícese cuando al poderoso se le procuran negocios o asuntos que lo enriquezcan. En general se aplica para todos aquellos casos en que se aumenta la abundancia.

Algo se da por algo.—Dice que las dádivas son casi siempre interesadas.

Algo tendrá el agua cuando la bendicen.—Justifica el porqué de las murmuraciones, y sobre todo de las alabanzas. Es semejante a: «Cuando el río suena, agua lleva».

Algo va de Pedro a Pedro.—Dice que todos los hombres son distintos. Se usa frecuentemente para demostrar el valor de uno sobre otro.

Alguacil en andar y molino en moler, ganan de comer.— Recomienda que cada uno atienda con diligencia sus menesteres.

Alguacil descuidado, ladrones en cada mercado.—Avisa que cuando el que dirige no vigila debidamente, la hacienda sufre menoscabo.

Alguillo le falta al rico si no tiene amigo.—Porque un verdadero amigo vale más que todas las riquezas.

Algún día comerá la zorra cabrito.—Como: «A cada puerco le llega su San Martín».

Alguno está en el escaño, que a sí no aprovecha y a otro hace daño.—Se queja de la persona que manda, cuya autoridad no es provechosa para nadie.

Algún puto crió sarna, que a mí pegáronmela.—Achacando el origen de un daño a otro.

Al gusto estragado lo dulce le es amargo.—Tal es el poder de la habituación en el hombre, que le hace aceptar lo malo como bueno.

Alhaja que tiene boca, ninguno la toca.—Que no se apetece lo que consigo trae gasto y molestia.

Al herrero con barbas y a las letras con babas.—Quiere decir que ha de acudirse a los que practican los oficios con experiencia y que el estudio debe comenzar siendo niño.

Al hierro, el orín, y la envidia al ruin.—Les son inseparables.

Al higo, vino, y al agua higa.—Higa al agua por ofensa para rechazarla. Hacer una «higa» es levantar el puño cerrado con el dedo pulgar hacia arriba.

Al hijo de la hija, métele en la vedija; al de la nuera, dale del pan y échale fuera.—Denota el mayor afecto que se siente por unos y otros nietos.

Al hijo del herrero, de balde le machacan el hierro.— Nota la ventaja que, por su posición, tienen ciertas personas sobre otras.

Al hijo del rico, no le toques el vestido.—Porque, criado con mimo, cualquier cosa le ofende; o que, protegido por su posición, se hace intangible.

Al hijo de tu vecina, quítale el moco y cásale con tu hija. Porque le conoce durante toda su vida y de ella sabe por ser vecina. Se dice también: «Al hijo de tu vecina, límpiale las narices y métele en tu casa».

Al hijo gastador, barro en la mano.—Para que trabaje.

Al hijo, Juan Martín, y al padre, viejo ruin.—Dícese de los que honran al mozo y vituperan al padre, que fue quien le enriqueció.

Al hijo querido, el mayor regalo es el castigo.—Dice el beneficio que produce la buena educación de los jóvenes.

Al hombre, braga de hierro; a la mujer, de carne.

Al hombre de más saber, una mujer sola le echa a perder.—Lo dice por el gran ascendiente que son capaces de alcanzar las mujeres sobre los hombres.

Al hombre, en el brazo del escudo, y a la mujer en el del huso.—Que en el costado de ese lado les acude el dolor.

Al hombre harto, las cerezas le amargan.—Dice que el que todo lo tiene, nada halla de su gusto.

Al hombre inocente, Dios le endereza la simiente.—Dice que el bueno siempre encuentra ayuda.

Al hombre mezquino, bástale un racimo.—Dice que al miserable todo le parece demasiado.

Al hombre osado, la fortuna le da la mano.—Dice que la audacia es parte importante en todos los triunfos.

Al hombre pobre, el sol se le come.—Semejante a: «A perro flaco todo se le vuelven pulgas».

Al hombre pobre no le salen ladrones.

Al hombre por la palabra y al buey por el cuerno ata.

Al hombre venturero, la hija le nace primero.—Porque sirve de ayuda a la madre para el gobierno de la casa y crianza de los demás hijos.

Al hombre vergonzoso, el diablo le trajo a palacio.— Nota cómo desaprovecha el hombre tímido las ocasiones que tiene de medrar.

Al invierno lluvioso, verano abundoso.

Alivia la pena, llorar la causa de ella.—Dice que siempre es consuelo pensar que ha desaparecido el motivo que originó nuestro daño.

Al juego hazle un yerro y te traerá ciento.—Porque el que comienza con el juego no acaba nunca.

Al ladrón no hurtes, ni al puto no putes.—Porque saben más que tú y saldrás malparado. Es como: «Al cuco no cuques y al ladrón no hurtes».

Al latín con babas y a la ciencia con barbas.—Es como: «Al herrero con barbas y a las letras con babas».

Al lavar los cestos se hará cuenta de ellos.—Es como: «Al freir será el reír».

Al liberal nunca le falta que dar.—Porque tiene voluntad de ello, que es lo principal.

Al loco y al aire, darles calle.—Porque el oponerles obstáculos puede ser causa de estrago.

Al llamado del que presta, viene el buey a la melena.— Nota la presteza con que se acude a los mandatos de los que benefician o protegen.

Al, madrina, que eso ya me lo sabía— Avisa que ya se conoce la noticia que se está contando o que se rehúye el consejo no pedido.

Al mal harinero, los pelos del culo le hacen embarazo.— Dice que el que es poco trabajador, en cualquier cosa halla pretexto para no hacer.

Al marido, ámale como amigo y témele como enemigo.— Es decir, ámale con respeto.

Al marido malo, ceballo con gallinas de a par del gallo. Reprende los halagos que se ponen en personas que no se lo merecen.

Al más ruin puerco, la mejor bellota.—Dice que a veces se le da al bueno la peor parte y al malo la mejor.

Al matar de los puercos, placeres y juegos; al comer de las morcillas, placeres y risas; al pagar de los dineros, pesares y duelos.—Vitupera la conducta de las personas desahogadas y poco serias.

Al médico, confesor y letrado, hablarle claro.

Al mentiroso, cuando dice la verdad, no le dan autoridad.

Al molinero y a la esposa siempre falta alguna cosa.

Al molinero y a la mujer, andar sobre él.—Dice que conviene no abandonar a ambos para mayor provecho y seguridad.

Al moro negro, capirote colorado.—Se dice por lo agradable que es beber vino tras la morcilla. Y también se dice porque el color rojo favorece a las personas excesivamente morenas.

Almorzar sin beber, merendar sin comer.—Dice que es buena costumbre para el buen régimen del estómago.

Al mozo alcucero, amo roncero.—Dice que a mozo entrometido le conviene amo severo.

Al mozo amañado, la mujer al Iodo.—Porque le cuide, atienda y medren.

Al mozo malo, ponerle la mesa y enviarle al mandado.— Por que vuelva pronto, hostigado por su interés. Dice que el premio invita hasta a los haraganes.

Al mozo nuevo, pan y huevo, y andando el año, pan y palo.—Porque siempre a los criados nuevos se les trata con más mimo y afecto.

Al muerto dicen: ¿queréis?—Es como: «Después del burro muerto, la cebada al rabo».

Almuerzo de rufianes, comida de abades, cena de gañanes.—Dice que para la salud es conveniente almorzar lo que se pueda, comer lo que se quiera y cenar lo que se tenga.

Al mulo y al asno, la carga al rabo, y al rocín, a la crin.

Al músico viejo le queda el compás.—Dice que las personas avezadas durante mucho tiempo a una cosa conservan siempre la afición a ella, aunque haya pasado la oportunidad.

Al necio, del diestro; al loco, con cabestro.—Dice que al necio se le conduzca y enseñe y al loco se le fuerce.

Al niño, mientras crece, y al enfermo, mientras adolece. Se les ha de sufrir y cuidar.

Al niño, su madre castíguele, límpiele, hártele y haláguele; y si no quiere callar, déjele llorar.—Dice que al niño sólo debe ocurrirle la madre.

Al niño y al mulo, en el culo.—El castigo.

Al no ducho de bragas, las costuras le hacen llagas.— Dice que al desacostumbrado, todo uso se le hace cuesta arriba.

A lo caro, añadir dinero o dejarlo.

A lo hecho no hay remedio, y lo por hacer, consejo.— Dice que antes de decidirse a obrar se reflexione, y después se afronten las consecuencias.

A lo hecho, pecho.—Dice que a lo ya sucedido no hay sino aguantarlo y remediarlo.

Al ojo, con el codo.—Quiere decir que a los ojos no debe tocárseles.

A lo más oscuro, amanece Dios.—Semejante a «Dios aprieta, pero no ahoga». Dice que no se debe perder la esperanza ni en los momentos más apurados de la vida.

A lo que puedas solo, no esperes a otro.—Porque siempre es más lucida y conveniente la obra individual que lo hecho en colaboración. Semejante a «Las medias, para las piernas».

A lo que se quiere bien, se castiga.—Es como «Quien bien te quiere, te hará llorar».

A los audaces la fortuna les ayuda.

A los bobos se les aparece la Madre de Dios.—Dice que a los simples los suele ayudar la fortuna.

A los desdichados se les hielan las migas entre la boca y la mano.—Los moteja de inútiles y bobos.

A los niños, los locos y los beodos, Dios los guarda a todos.

A los sordos, peerlos.—Dice que al que no quiere hacer caso debe hacerse algo que le obligue a interesarse, aunque sea a la fuerza.

Al pajarillo que se ha de perder, aúllas le han de nacer. Dice que cuando un individuo está en la prosperidad, no todo debe ser alegría, puesto que muchas veces ésta es causa de perdición.

Al pan, pan, y al vino, vino.—Frase proverbial que indica que las cosas deben decirse con sinceridad y claramente.

Al peligro, con tiempo, y al remedio, con tiento.—Advierte que las cosas peligrosas no pueden solucionarse de pronto y hay que remediarlas con mesura y cuidado.

Al peligro, con tiento, y al remedio, con tiempo.—Lo mismo que el anterior.

Al perro y al parlero, dejallos en el sendero.—Porque los dos estorban dentro de la casa.

Al pie de la cama, ni el vino ni el agua.—Que no se deben beber al acostarse.

Al pie de la sierra o a cien leguas de ella.—Porque en las cercanías de ellas es mayor la frialdad que en la sierra misma.

Al pobre no es provechoso acompañarse con el poderoso. Porque no pudiendo alternar con él, o se excede en demasía en los gastos o tiene que quedar en ridículo.

Al poderoso y al porfiado, déjale en el campo, que te será más sano.—Semejante a «Al perro y al parlero, dejallos en el sendero».

Al postrero muerde el perro.—Advierte que nunca es provechoso ser el último.

Al potro y al mozo, el ataharre flojo y apretado el bozo. «Ataharre» es la retranca de la albarda. Dice que debe dárseles una cierta libertad, pero no completa.

Al primer tapón, zurrapas.—Cuando se equivoca uno ai primer intento.

Al principio y al fin, abril suele ser ruin.

Al puerco dale de comer y no le cuentes el tiempo.

Al puerco gordo, untarle el rabo.—Se dice comúnmente cuando se allega más dinero al que ya tiene. Es como: «Al gorrino gordo, etc.).

Al puerco y al fraile, mostradle una vez la casa, que él se vendrá luego.

Al puerco y al yerno, enseñadle la puerta, que él subirá la escalera.

Al que a buen árbol se arrima, buena sombra le cobija. Dice que es conveniente acercarse a los buenos y a los poderosos, porque a su lado se medra.

Al que al cielo escupe, en la cara le cae.—Dice que el que se rebela contra los buenos principios, en ello halla luego su castigo. Va también contra los arrogantes.

Al que come bien el pan, es pecado darle ajo.—Dice que el que está conforme con lo que tiene no hay por qué querer mejorarle.

Al que de ajeno se viste, en la calle le desnudan.—Lo dice por los vanidosos que se atribuyen méritos que no les pertenecen y que fácilmente quedan en ridículo al descubrirse la falsedad.

Al que de costa huye, costa le cubre.—Es semejante a: «Al que no quiere caldo, taza y media».

Al que de miedo se muere, enterradle en mierda y hacedle de cagajones la huesa.—Es escarnio de cobardes y pusilánimes.

Al que Dios ha de ayudar, sábele bien hallar.—Dice que cuando la fortuna distingue a una persona, encuentra beneficio allí dondequiera que esté.

Al que Dios no le da hijos, el diablo le da sobrinos.— Dice que el que no se crea obligaciones, se encargan los demás de endosarle las suyas.

Al que es de muerte, el agua le es fuerte.—Dice que a los delicados todo les hace daño.

Al que es de vida, el agua le es medicina; y si es de muerte, no ha de menester ungüente.

Al que es pobre y menguado nunca le falta quien le haga más necesitado.—Porque si es bueno, ayuda a los demás que lo han menester.

Al que hace un yerro y pudiendo no hace más, por bueno lo tendrás.

Al que le falta ventura, la vida le sobra.

Al que madruga, Dios le ayuda.—Recomienda la actividad y el trabajo para medrar.

Al que mal hace, nunca le falta achaque.—Semejante a: «El que siembra vientos, recoge tempestades».

Al que mal vive, el miedo le sigue.—Porque anda siempre temeroso del castigo de sus faltas.

Al que mucho se agacha se le ve el culo.—Dice que el que se muestra demasiado obsequioso acaba por aparecer servil.

Al que muerde la salamanquesa, al tercer día le hacen la huesa.

Al que nació señalado, no le traigas a tu lado.—Es superstición contra los tullidos o lisiados. También se usa en sentido figurado para decir que no es conveniente el trato con personas indignas y deshonradas.

Al que no quiere caldo, taza y media.—Se dice cuando nos vemos obligados a hacer repetidas veces algo que no es de nuestro agrado.

Al que no tiene, el rey le hace franco.—Dice que el que no tiene no puede pagar. En sentido figurado significa que el pobre es libre. También se dice: «A quien nada tiene, el rey le hace libre».

Al que quiere saber, mentiras en él.—Va contra los preguntones y curiosos. Se dice también: «El que quiera aprender, que vaya a Salamanca».

Al que te da el capón, dale la pierna y el alón.—Recomienda el agradecimiento.

Al que te puede tomar lo que tienes, dale lo que te pidiere.—Recomienda que se procure estar en agrado con los poderosos.

Al que te quiere comer, almuérzale primero. — Como «Quien da primero, da dos veces».

Al que te quiere mal, cómele el pan, y al que bien, también.—Es burla, como «De enero a enero no pagues al casero», etc.

Al que tiene mujer hermosa, o castillo en frontera o viña en carretera, nunca le falta guerra.

Al que una vez me engaña, mal le haga Dios, y ayúdele si dos.—Porque se lo merece por listo.

Al que va a la bodega, por vez se le cuenta, beba o no beba.—Avisa al que frecuenta lugares sospechosos que aunque se porte bien en ellos, los demás pueden motejarle de aquel vicio.

Al que yerra, perdónale una vez, mas no después.—Porque o es malo o es tonto si insiste.

Al que yo bien quiera, la mujer se le muera, la mala, no la buena.

Alquimia probada, tener la lengua refrenada.—Es conducta de sabio.

Alquimia probada, tener renta y no gastar nada.—Es el medio de hacer dinero.

Alquimista certero, del hierro pensó hacer oro e hizo del oro hierro.—Se dice cuando alguno se pasa de listo.

Al quinto día verás qué mes habrás.—Dice que suelen ser los meses como comienzan.

Al ratón que no se sabe más que un agujero, el gato le coge presto.—Por aquellos que usan siempre la misma argucia.

Al revés me la vestí, más ándese así.—Por los desaliñados e incapaces de corregirse.

Al rey mozo y gallo, pelallo.—Por los arrivistas que suelen rodear la minoridad de los tronos; tómese «gallo» por enamorado.

Al rey y al río, nunca le tengas muy vecino; porque si se enoja, todo lo deja barrido.

Al romero que se le seca el pan en el zurrón, no le tengas duelo.—Dice de los que dejan perder las cosas y luego fingen necesidad.

Al ruin de Roma, que en mentándole luego asoma.—Se dice cuando aparece una persona de quien se está hablando.

Al ruin y al pobre le cuesta doble.—Porque como compra poco y malo, compra dos veces.

Al sentar, ¡ay!; al levantar, ¡upa!; no medrare si no fuere puta.—Se dice de la casada con un hombre achacoso y de las holgazanas.

Al sirviente que es lisonjero, el amo debe ser sabio y matrero.—«Matrero» es astuto.

Al tahur nunca le falta qué jugar, ni al putañero qué gastar.—Dice que la fuerza de los vicios es tanta, que se procura para ellos por sobre las necesidades.

Al tañer de las trompetas es el cagar camorretas.—Dice que cuando llega el momento decisivo es cuando aparece el miedo.

Altas o bajas, en abril caen las Pascuas.—Ordinariamente, que no siempre.

Al tiempo del higo, no hay amigo.—Dice que cuando hay de qué aprovecharse se suelen olvidar los favores.

Al tío sin hijos, hacelle mimos y regocijos.—Para procurar haredarle.

Al toro y al loco, de lejos.

A traidor, traidor y medio.—Semejante a: «El que roba a un ladrón tiene cien años de perdón».

A luengas vías, luengas mentiras.—Dice que el que cuenta cosas de países lejanos y poco visitados puede mentir impunemente.

Al verano, tabernera, y al invierno, panadera.—Se dice del que cambia los oficios por comodidad.

Al viejo, múdale el aire y darte ha el pellejo.—Dice que es malo mudarte de tierra o de costumbres.

Al viejo nunca le falta qué contar, ni al sol ni al hogar.

Al viejo, la hogaza, y al muerto, la mortaja.—Como «El muerto, al hoyo, y el vivo, al bollo».

Allá va la lengua do duele la muela.—Dice que cada uno habla de lo que le interesa.

Allá van leyes do quieren reyes.—El origen de este refrán es que, prefiriendo el pueblo el rito mozárabe al romano, Alfonso VI, bajo la presión de su esposa doña Constanza, influida por los cluniacenses, en contra de los deseos populares, instruyó como nacional dicho rito romano, por cuya causa nació el refrán. Se usa para indicar que el deseo de los poderosos vence a la justicia y a la razón.

Allá vaya el mal do comen los huevos sin sal.—Dice que no se desee el mal a nadie.

Allá vaya el mal do majan los ajos sin sal.—Al machacar los ajos mondados saltan fuera del mortero si no se les echan unos granos de sal. Dice que el mal se pierda.

Allá vayas, casada, donde no halles suegra ni cuñada.— Porque son parentescos malos de conllevar.

Allegador de la ceniza y *derramador de la harina.*—Por los que ahorran lo poco y gastan lo mucho.

Allegándose el loco, finge negocio.—Para procurar dejarle presto.

Allégate a los buenos y serás uno de ellos.—Porque «Todo se pega, menos la hermosura», y no hay nada tan eficaz como el buen ejemplo.

Allí haz a tu hijo heredero, donde anda la niebla en el mes de enero.—Por ser tierra húmeda y a propósito para el cultivo.

Allí perdió la dueña su honor, donde habló mal y oyó peor.—Recomienda que las mujeres huyan de las reuniones donde se habla descaradamente y se critica sin piedad.

Allí tiene la gallina los ojos, donde tiene los huevos y los pollos.—Dice que cada uno pone su pensamiento en aquello que le interesa o ama.

Ama a quien no te ama, responde a quien no te llama, andarás carrera vana.

Ama (El) brava, es llave de su casa.—Recomienda severidad y entereza a las mujeres casadas.

Ama con amigo, ni la tengas en tu casa ni la des a tu vecino.—Dice que las amas de cría con amante suelen ser disolutas y ladronas.

Ama hermano a hermana y marido a mujer sana y braciarremangada, y mujer a marido que gana.

A mala cama, colchón de vino.—Porque el que se acuesta borracho no se da cuenta de la incomodidad.

A malas cenas y a malos almuerzos, angóstanse las tripas y alárganse los pescuezos.

A mala suerte, envidar fuerte.—Recomienda no darse por vencido ante las contrariedades, sino luchar hasta vencerlas.

A mala venta, mala cuenta.—Dice que cuando el servicio es malo, toda remuneración parece excesiva. O bien que malvender es peor que regalar.

A mal Cristo, mucha sangre.—Se dice cuando, para ocultar la mezquindad de una obra, se la reviste con recursos de mucho efecto, pero sin valor.

A mal decir, no hay casa fuerte.—Porque el descrédito todo lo arruina.

A mal hecho, ruego y pecho.—Dice que se procure remediarlo y que se soporte con valor.

A mal pie, vicario de pierna.—Entiéndase que dice «vicario de pierna» al bordón.

A mal tiempo, buena cara.—Aconseja ánimo alegre en las contrariedades para ayudar a vencerlas.

Amando las cosas, de ajenas se hacen propias.—Porque se mira por ellas como si fuesen propias.

A mancha grande no hay jabón que le baste.—Dice que cuando la deshonra es grande, no es fácil redimirse.

A manos lavadas, Dios las da que coman.—Dice que nunca le falta remedio al honrado.

Amanse su saña quien por sí mismo se engaña.

Amar es bueno; ser amado, mejor; lo uno es servir; lo otro, ser señor.

A marido malo, ceballo con las gallinas de par del gallo. Recomienda que al malo se le paguen sus actos reprobables con bondad y cariño, para estimularle con el ejemplo.

Amar y saber, todo junto no puede ser.—Lo dice porque el que ama no conoce los defectos de la cosa amada.

Ama sois, ama, mientras el niño mama; desde que no mama, ni ama ni nada.—Dice de la estima que se siente, por lo común, hacia las personas de las cuales necesitamos; estima que desaparece cuando ya no nos son útiles.

A más priesa, más vagar.—Como: «Cuanto más de prisa, más despacio».

A más servir, menos valer.—Es queja contra desagradecidos.

Ama y serás amado; teme a Dios y serás honrado; trabaja y no pedirás necesitado.

A meaja vale la vaca, ¿y do lo meaja?—Dice que no importa la baratura de las cosas al que no tiene dinero.

Amén, amén, al cielo llega.—Es como: «Muchos amenes, al cielo llegan», y «Pobre porfiado saca mendrugo».

A mengua de pan, buenas son tortas de Zaratán.—Zaratán es pueblo de Valladolid, donde hacen pan excelente. Como: «A falta de pan, buenas son tortas».

Amigo del buen tiempo, múdese con el viento.—Dice que los amigos que nacen con la fortuna no suelen ser los verdaderos.

Amigo de montaña, quien le pierde gana.—Tacha a los montañeses de veleidosos e informales.

Amigo de muchos, amigo de ninguno.

Amigo Pedro, amigo Juan; pero más amiga la verdad.— Recomienda que sobre todas las conveniencias y afectos se coloque la verdad.

Amigo por amigo, el buen pan y el buen vino.

Amigo por su provecho, la golondrina en el techo.—Es decir, cada uno en su casa.

Amigo que no presta y cuchillo que no corta, que se pierda poco importa.

Amigo reconciliado, enemigo redoblado.—Dice que cuando la amistad se quiebra una vez, es muy difícil reanudarla.

Amigos (Los) ciertos son los probados en hechos.

Amigo, viejo; tocino y vino, añejo.

Amigo (El) y el caballo, no hay que cansallo.

Amigo (El) y el diente, aunque duelan, sufrirlos hasta la muerte.

Amigo (El) y el yerno, no se halla en todo invierno.— Busca la consonante. Dice que no se hallan muy a menudo.

A mí no puedo y a mis compadres hilo.—Cuando van a pedir ayuda a alguno que apenas puede valerse a si mismo.

A mi padre llaman hogaza y yo me muero de hambre.— Va contra los que blasonan de parientes ricos siendo ellos pobres.

Amistad de nuevo trabada es como llaga mal curada.— Es semejante a: «Amigo reconciliado, enemigo redoblado».

Amistad de yerno, sol de invierno.—Que pasa pronto y es poco eficaz.

Amistades (Las) hanse de descoser, mas no de romper. Por lo que se dijo en: «Amigo reconcialiado, enemigo redoblado».

A mocedad ociosa, vejez trabajosa.—Porque «El que de joven no corre, de viejo trota». Dice que cuando se pasa la juventud en holganza, la vejez es miserable. . *A mocedad sin vicio y de buena pasada, larga vejez y descansada.*—Es como: «Si quieres llegar a viejo, guarda el aceite en el pellejo».

Amo (El) imprudente hace al mozo negligente.—Porque el dar órdenes necias o imposibles de cumplir hace perder la autoridad y engendran desobediencia.

Amontona el avaro y no sabe para quién ni para cuándo.

Amor, amor, palabra dada; el hecho, malo; el fin, peor.

Amor (El) a ninguno da honor y a todos da dolor.

Amor comprado, dale por vendido.—Porque nunca se está en posesión de él.

Amor con amor se paga.—Dice que a la dádiva se debe corresponder en la misma proporción.

Amor de asno, coz y bocado.—Dice que de las personas brutas no pueden esperarse finezas.

Amor (El) de la mujer y el amor del can no valen nada si no decís: tomad.

Amor de madre, que lo al es aire.—Dice que el amor de madre es solamente el verdadero. «Al» por demás.

Amor de monja, fuego de estopa y zumo de culo, todo es uno.

Amor de monja y pedo de fraile, todo es aire.

Amor de niña, agua en cestilla.—Porque los niños no tienen el suficiente raciocinio para fundar un amor verdadero.

Amor de puta y convite de mesonero, siempre cuesta dinero.

Amor de ramera y vino de frasco, a la mañana dulce y a la tarde amargo.

Amor (El) desasna las gentes y ciega las mentes.—Porque por conseguir lo deseado se aguza el ingenio, y porque también el amor es causa de que el enamorado obre ciegamente.

Amor de señor, amor de hurón.—Dice que siempre es brusco y agresivo.

Amor de suegra, halagos de gata.

Amor, dinero y cuidado, no puede estar disimulado.

Amores, dolores y gana de cagar, muchas agujetas y lejos de corral.—Lo dice porque son tres cosas que quieren urgente remedio y no suelen faltarles impedimentos.

Amores (Los) entran riendo y salen llorando y gimiendo. Dice de la facilidad del principio del afecto amoroso y de los inconvenientes y pesares que trae luego consigo.

Amor (El) es gala en el mancebo y crimen en el viejo.

Amores, por un placer mil dolores.

Amor loco, yo por vos y vos por otro.—Se dice cuando el amor no es correspondido.

Amor (El) primero, jamás se olvida; pepita le queda para toda la vida.

Amor sin conversación es bachiller sin repetidor.

Amor, tos, humo y dinero no se pueden encubrir mucho tiempo.

Amor trompero, cuantas veo, tantas quiero.—Se dice de los mujeriegos.

Amor y calentura, en la boca se asegura.—El uno porque se declara con las palabras y la otra porque produce pupas en los labios.

Amor y fortuna, no tienen defensa alguna.—Porque lo mismo juntos que separados lo atropellan todo.

Amor (El) y la fe, en las obras se ve.—Como: «Obras son amores y no buenas razones».

A mozo galano, hija de mano.—Que debe cuidarse y reservarse a la hija del mozo que la enamora por su belleza y atavío.

A mucha abundancia, mucha falta.—Como: «Días de mucho, vísperas de nada».

A mucho hablar, mucho errar.

A muertos y a idos, pocos amigos.—Porque la amistad se entibia rápidamente con la ausencia.

A mujer afeitada, tuércela la cara.—Dice que no se la mire. Como: «A mujer barbuda, de lejos se la saluda».

A mujer artera, la hija primera.—«Artera» por hacendosa; la hija para que la ayude a trabajar.

A mujer brava, soga larga.

A mujer de mercader que fía, y a escribano que pregunta por el día, y a oficial que va a caza, no hay merced que Dios les haga.

Añade, mujer y cabra, mala cosa siendo magra.

A nadie hace injuria quien honestamente dice su razón.

A nadie le pese que le digan ruin; pésele de serlo.

A nave rota, todo tiempo es contrario.—Semejante a: «A perro flaco todo se le vuelven pulgas».

Anda abrigado, come poco y duerme en alto si quieres vivir sano.

Anda o tu amo a sabor si quieres ser servidor y venir a ser señor.—*Dice* que se complazca a quien se sirve, como buen criado y por el provecho que ello trae consigo.

Anda el almohaza y toca en la matadura.—Dice que se debe tener cuidado con las conversaciones, procurando no rozar los puntos inconvenientes.

Anda el fraile con mesura, cada noche con la suya.

Anda el hombre al trote por ganar su capote.—Se dice de los trabajos que son necesarios para subvenir a las necesidades.

Anda el majadero de otero en otero, y viene a quebrar en el hombre bueno.—Semejante a: «Pagar justos por pecadores».

Anda, mozo, anda, de Burgos a Aranda; que de Aranda a Extremadura yo te llevaré en mi mula.—Porque Aranda está al borde del Duero y a la otra orilla del Duero comenzaba el terreno que llamaban Extremadura.

Andando gana la aceña, que no estándose queda.—Recomienda diligencia.

Andando por esas matas enseñé a mi culo a malas mañas; cuando fui a hablar en concejo, habló mi culo primero. Reprende la mala costumbre de tirarse pedos cuando se encuentra uno solo y que hace difícil contenerse delante de los demás. También puede aplicarse a todas las malas costumbres.

Andaos a decir verdades y moriréis en los hospitales.— Porque el que quiere medrar *no* puede ser siempre verdadero.

Andaos a reinas y moriréis virgen.—Se dice de los que hacen muchos escrúpulos para escoger pareja.

Anda, perro, tras tu dueño.—Va contra los entrometidos.

Andar al provecho y no al contento, gánase contento y provecho.

Ande yo caliente y ríase la gente.—Se dice del que sólo atiende a su comodidad.

A necesidad, no hay ley.

Anguila empanada y lamprea escabechada.

Anillo en dedo, honra sin provecho.—Censura emplear el dinero en cosas vanidosas.

Anillo en dedo, u obispo o majadero.

Anillo libre, no tiene cuerpo sujeto.

Animo vence en guerra, que no arma luenga.—Recomienda el valor y la audacia para triunfar.

Ansar (El) de Cantimpalos, que salió al lobo al camino. Se dice por los que innecesariamente se exponen a un peligro.

Antaño me mordió el sapo, y hogaño se me hinchó el papo.—Se dice para negar la relación de la causa con el efecto.

Antes barba blanca para tu hija que muchacho de crencha partida.— Que a la mujer es preferible casarla con un hombre viejo antes que excesivamente joven.

Antes cabeza de ratón que cola de león.—Dice que es preferible ser independiente, aunque humilde, que el último en casa del poderoso.

Antes con buenos hurtar que con malos orar.—Por aquello de: «Cría buena fama y échate a dormir». Recomienda siempre la compañía de los buenos.

Antes cuez que hiervas.—Moteja la anticipación de las determinaciones.

Antes de contar, escribe, y antes de firmar, recibe.— Dice que no es conveniente fiarse, sino acabar los negocios y contratos» por sus pasos contados.

Antes de hornar se ven los panes.—Recomienda que antes de emprender un negocio se tengan presentes elementos con que se cuenta para su éxito.

Antes de la hora, gran denuedo; venidos al punto, mucho miedo.—Va contra los perdonavidas.

Antes de entrar en el lugar, mear y cagar.

Antes de mil años, todos seremos calvos.

Antes di que digan.—Semejante a: «Quien da primero, da dos veces».

Antes doblar que quebrar.—Recomienda suavidad en los tratos y negocios.

Antes el golpe que el grito.—Dice que se debe obrar rápidamente, antes de que se propale la acción.

Antes el mar por vecino que caballero mezquino.—Porque si es mala la vecindad del mar, por sus furias, peor es la del avaro, que siempre saca y nunca da.

Antes es la obligación que la devoción.—Dice que primero es lo necesario que lo caprichoso.

Antes faltará la madre al hijo que el hielo al granizo.— También se dice: «Faltará la madre al hijo y no la niebla al granizo», y «Miente el padre al hijo y no el hielo al granizo». Da a entender que después de una granizada baja tanto la temperatura que por la noche suele helar.

Antes falte la palabra en la plaza, que el estiércol en la haza.

Antes horno por vecino, que escudero mezquino.—Como: «Antes el mar por vecino, que caballero mezquino».

Antes la muerte, que quien la haya de hartar, halla la mujer carnal.

Antes mártir que confesor.—Dice que antes se debe morir que confesar. Se refiere a cuando aplicaban la pena de tomento.

Antes moral que almendro.—Porque el uno da el fruto tarde y el otro muy temprano. Recomienda que las determinaciones se tomen con reposo.

Antes muerte que vergüenza.

Antes pan que vino, y antes vino que tocino, y antes tocino que lino.

Antes que acabes, no te alabes.

Antes quebrar, que doblar.—Delante va el contrario; éste recomienda entereza en los juicios.

Antes que casar, tener casa en que morar y tierras en que labrar y viñas que podar.—Recomienda que antes de contraer una obligación, se procure con qué sustentarla.

Antes que conozcas, ni alabes ni cohondas.—«Cohondar» por vituperar. Dice que no se debe formar juicio de una cosa sin conocerla bien.

Antes que mohatres, no te alabes.—«Mohatra» es engaño o superchería.

Antes que te cases, mira lo que haces.—Porque «Quien en el casar acierta, en nada yerra».

Antes se coge al mentiroso que al cojo.—Dice que es muy difícil que el que miente mucho recuerde todas sus invenciones y por ello fácil es pillarle en contradicción.

Antes son mis dientes que mis parientes.—Semejante a: «La caridad bien entendida empieza por uno mismo».

Antruejo, buen santo; pascua, no tanto.—Lo dice por el comer.

A nuevos hechos, nuevos consejos.—Refrán que se refiere a la variación que experimentan las sociedades humanas.

Año (El) bueno el grano es heno; en año malo, la paja es grano.—Porque la abundancia hace bajar el precio, y la escasez, por el contrario, encarece.

Año de almendro, nunca bueno.—Se refiere al año en que el invierno es bonancible y se anticipa mucho la primavera, dando lugar a que broten demasiado pronto las plantas que se perjudican luego con los hielos tardíos.

Año de bellotas, año de palomas.

Año de brevas, nunca le veas.—Porque suele ser contrario a la maduración de los cereales.

Año de gamones, el trigo a montones.—«Gamón» es una planta medicinal, silvestre, de flores blancas o moradas, cuyo ciclo fisiológico es paralelo al desarrollo de los cereales, por cuya causa cuando hay de éstos en abundancia, la cosecha es buena.

Año de heladas, año de parvas.

Año (El) de la sierra no le traiga Dios a la tierra.—Sobreentiéndese a la tierra llana; da a entender que lo que es bueno para las montañas no lo es para las llanuras.

Año de muchas endrinas, pocas hacinas.

Año de neblinas, año de harinas.

Año de nieves, año de bienes.

Año de nones, son los mejores.—Es creencia vulgar, como la del año de siete.

Año de ovejas, año de abejas.

Año de pares, o bisiesto, nunca bueno.—Es creencia aceptada por el vulgo, sin razón ninguna que lo justifique.

Año derecho, de la era al barbecho.

Año (El) derecho, el besugo al sol y el hornazo al fuego.—

Dice que para que el año sea bueno ha de solear en invierno y llover y refrescar en abril.

Año de seca, año de seda.—Lo dice porque la humedad es muy perjudicial para los gusanos de seda.

Año de siete, deja a España y vete.—Viene esta superstición de los hebreos, que no sembraban un año cada siete, según su ley. De ahí ha nacido la creencia de que cada siete años, uno es estéril; de que el séptimo día de enfermedad es decisivo; de la eficacia de siete baños, etc.

Año hortelano, más paja que grano.—Se refiere al año muy húmedo.

Año lluvioso, échate de codo.—Porque la lluvia impide las faenas del campo.

Año malo, panadera en todo cabo.—Porque la escasez del trigo hace buen negocio entender en el pan.

Año seco, año bueno.

Año (El) seco, tras el mojado, guarda la lana y vende el hilado.—Dice que no se debe vender la lana cuando, habiéndose lavado el vellón con las lluvias, antes de la esquila, pesa menos, y que, en cambio, en tiempo seco no debe guardarse la lana hilada, porque se apolilla y quiebra con facilidad.

A olla bien guisada, ¿quién le hará mala cara?

A olla que hierve, ninguna mosca se *atreve.*—Da a entender que todo el mundo huye del peligro cierto.

A oreja de amiga, tres largos de viga.—Dice que lo que se quiera tener secreto, no se ha de contar a las mujeres.

A otro perro con ese hueso.—Se dice para rechazar un ofrecimiento o proposición que no conviene.

A padre guardador, hijo gastador.

Apagose el tizón y pareció quien lo encendió.—Dícese cuando se averigua la causa de un hecho que ya no interesa.

A palabras locas, orejas sordas.—Dice que a vanidades y simplezas, no se debe prestar atención.

A paloma harta, la arveja la amarga.—Dice que el que todo lo tiene, todo le cansa.

A pan de quince días, hambre de tres semanas.—Dice que cuando hay necesidad todo viene bien.

A pan duro, diente agudo.—Dice que para llevar a término las cosas arduas hace falta mucho ánimo y energía.

A pon y cebolleta, no es menester trompeta.—Porque se hacen muchos pedos.

Apaña, suegro, para quien te herede, manto de luto y corazón alegre.

A par de río, ni compra viña, ni olivar, ni caserío.—Por temor a las avenidas y derrumbamientos.

Apártate de mí, daré por mí y por ti.—Aconseja que los árboles no se planten demasiado juntos, para que puedan desarrollarse bien. Y asimismo que no se les toque.

A perro flaco todo se le vuelven pulgas.—Dice que al desdichado le van todos los males.

A perro viejo, no tus tus.—Porque la experiencia conoce los engaños y no se rinde al halago.

A picada de mosca, pieza de sábana.—Se dice de aquellas personas que para remediar un pequeño daño piden un gran beneficio.

A pies de puerco y cabeza de barbo, ¿quién tendrá quietas las manos?—Porque los huesos de los unos y las espinas del otro necesitan de la ayuda de las manos.

A placeres acelerados, dones acrecentados.—Se dice porque el que se apresura a traer buenas noticias suele hallar la oportuna recompensa.

A pobreza, no hay vergüenza.—Porque la necesidad obliga al hombre a actos a que ninguna otra fuerza podría empujarle.

A poca barba, poca vergüenza.—Dice que la juventud, por su irreflexión e inexperiencia, es osada.

A poco caudal, poca ganancia.—Dice que los provechos de la pobreza son escasos.

A poco dinero, poca salud.—Es como el anterior, e indica que el pobre no puede gozar de muchas satisfacciones.

A poco pan, tomar primero.—Aconseja diligencia y sagacidad para alcanzar la mejor parte en los asuntos de escaso rendimiento.

Aprended o bien callar, para que sepáis bien hablar.— Dice que antes de hablar conviene escuchar las razones que se oponen a las nuestras.

Aprended llorando y reirás ganando.—Hace notar el valor de una buena educación que, contrariando los deseos y las pasiones, forma el verdadero espíritu del hombre. Es como: «El aprender es amargura; el fruto es dulzura.»

Aprender (El) es amargura; el fruto es dulzura.

A presurosa demanda, espaciosa respuesta.—Recomienda que a la impaciencia de los demás opongamos la reflexión y madurez en los juicios.

Aprieta las piernas y afloja las riendas; atente a las crines y no caerás de rocines.

Aprovéchate del viejo, valdrá tu voto en concejo.—Recomienda el consejo de las personas expertas antes de emitir un juicio definitivo.

A puerca parida, no se dé harina.—No sólo se aplica este refrán a las puercas, sino a las mujeres.

A puerco fresco y berenjenas, ¿quién tendrá las manos quedas?—Dice lo difícil que es contener las pasiones ante las cosas que las despiertan.

A puerta cerrada, el diablo se vuelve.—Dice que deben evitarse con cuidado las malas ocasiones.

A puerta cerrada, labor mejorada.—Dice que el trabajo con soledad y quietud es más perfecto.

A puerta de cazador, nunca gran muladar.—Porque la distracción de la caza no es propia de un buen labrador, que le quita tiempo y ocasión.

Apurar mucho *el testigo, más es obra de enemigo que de amigo.*

A putas y ladrones nunca *faltan devociones.*—Por ser gente supersticiosa y fanática.

Aquel es buen día, cuando la sartén chía.—Porque cuando hay mucho que guisar, hay mucho que comer.

Aquel es rey, que nunca vio al rey.—Se dice por el que se rige por su autoridad, sin que le haya tenido que llamar la atención nadie.

Aquél es rico, que está a bien con Dios.—Dice del valor que tiene la virtud.

Aquélla es bien casada, que no tiene suegra ni cuñada.

Aquélla es honrada y fina, que no es combatida; y si es honrada sin combate, no se ensalce.—Dice que la mujer verdaderamente honrada es aquella que, aun teniendo ocasión, no ha dejado de serlo.

Aquélla es mi nuera, la de los pabilones en la rueca; y aquélla es mi hija, la que bonito lo hila.—Dice que siempre nos parecen mejores las cosas de las personas queridas.

Aquellos polvos traen estos lodos.—Dícese cuando se tocan las consecuencias de una acción pasada.

Aquél sabe que se salva; que el otro no sabe nada.— Nota que más vale una vida virtuosa y limpia, que el conocimiento de todas las ciencias humanas.

Aquél va más sano, que anda por el llano.—Recomienda la vida tranquila y sencilla.

A quien amasa y cuece, muchas le acontece.—Dice que el que mucho ha vivido, muchas cosas ha visto, buenas y malas.

A quien buena mujer tiene, ningún mal le puede venir que no sea de sufrir.—Porque siendo la mujer buena la mejor compañía del hombre, ella sabe ayudarle a conllevar las penas y las alegrías.

A quien cuece y amasa, no hurtes hogaza.—Dice que es muy difícil engañar al que es experimentado en determinado asunto.

A quien dan en qué escoger, le dan en qué entender.— Nota la dificultad de escoger bien.

A quien dan, no escoge.—Semejante a: «A caballo regalado no le mires el diente».

A quien dices tu secreto, das tu libertad y estás sujeto.

A quien Dios bien quiere, la hormiga a buscarle viene.— Porque le dan el pan. Dice en sentido figurado que alcanza los bienes que desea.

A quien Dios quiere bien, en Sevilla le dio de comer; y a quien Dios quiere mal, en Córdoba le dio un lugar.

A quien Dios quiere bien, la casa le sabe (o le sube).— Semejante a: «A quien Dios bien quiere, la hormiga a buscarle viene» .

A quien Dios se la diere, San Pedro se la bendiga.— Dice que al que le tocare un trabajo, procure conllevarlo lo mejor posible.

A quien duerme, duérmele la hacienda.—Reprocha a los holgazanes que, no interesándose por sus bienes, no pueden alcanzar de ellos provecho.

A quien está en su tienda, no le achacan que se halló en la contienda.—Dice que al que está en su obligación no se le pueden imputar delitos.

A quien feo ama, bonito le parece.—Dice que la ilusión y el deseo engañan, trocando unas cosas en otras.

A quien has de acallar, has de halagar.—Se dice también: A quien has de acallar, no le hagas llorar».

A quien has de dar la cena, no le quites la merienda.— Dice que a quien se le ha de dar lo mayor, no se le escatime lo menos.

A quien le duele la buba, ése la estruja.—Dice que al que le interesa una cosa, éste es el que se preocupa por ella.

A quien le quiere celeste, que le cueste.—Semejante a: «Quien quiera peces, que se moje el culo». Dice que los caprichos deben hacerse pagar.

A quien mala fama tiene, ni acompañes ni quieras bien.— Recomienda que con las personas que no tienen buena fama no se debe ir, porque desacredita su compañía.

A quien mal quieras, pleito le veas; y a quien más mal, pleito y orinal.—Orinal va en sentido figurado, por enfermedad.

A quien mal vive, su miedo le sigue.—Es como «Quien la hace, la teme».

A quien matare el padre, no le críes el hijo.—Advierte que a las personas malas y desagradecidas no se les debe ayudar.

A quien miedo han, lo suyo le dan.—Recomienda lo beneficioso que es hacerse respetar.

A quien miel menea, miel se le pega.—Suele decirse por los que manejan los bienes ajenos.

A quien no habla, no le oye Dios.—Como «El que no llora, no mama».

A quien no le sobra pan, no críe can.—Dice que los necesitados no deben contraer obligaciones que no puedan sostener.

A quien no mata puerco, no le dan morcilla.—Dice que al que no puede corresponder no se le hacen dádivas.

A quien su mujer le ayuda, camino va de fortuna.—Porque unido el esfuerzo de los dos, el beneficio es mucho mayor. Ocurre que cuando la mujer trabaja, no gasta, y por ello la casa prospera más rápidamente.

A quien te da el capón, dale la pierna y el alón.—Dice que hay que ser agradecidos con quien nos favorece.

A quien te pide la capa por justicia, dale la media en paz. Recomienda que cedas de tu derecho antes de meterte en pleitos.

A quien tiene ropa y duerme en el suelo, no le tengo duelo.—Va contra los avaros.

Aquí morirá Sansón y cuantos con él son.—Se dice aludiendo a la terminación desastrosa de un asunto o negocio.

A quince de marzo, da el sol en la sombría y canta la golondrina.

Ara con buey, y guarda la ley, y sirve a tu rey, y está seguro y no tendrás pleito ninguno.

Arado (El), rabudo, y el arador, barbudo.—Dice que se debe arar muy profundo y por persona experta y forzuda.

Aragonés, ¡ay de la casa en que está un mes, y si está un año, ése con daño!

Ara por blando y duro, si no quieres besar a tu suegro en el culo.— Recomienda a los casados que trabajen para hacerse independientes. También se dice: «Ara por enjuto o por mojado; no besarás a tu vecino el rabo».

A raposo durmiente no le amanece la gallina en el vientre. Dice que el perezoso no medra nunca.

Ara bien hondo y cocerás pan en abondo.—Recomienda lo beneficioso que es trabajar bien las tierras.

Ara con helada, matarás la grama.

Ara con niños, segarás cardillos.—Dice que los negocios que se llevan con personas jóvenes o informales, no producen nunca lo que debieran.

Aramos, dijo la mosca al buey.—Se dice cuando alguien se vanagloria achacándose el trabajo de otro.

Árbol nacido, toma un palmo y paga cinco.—Dice que los árboles ocupan poco terreno y producen mucho beneficio.

Arcaduz de noria, el que lleno viene, vacío torna.—Se refiere a la constante mudanza y variación de las cosas del mundo y de las situaciones de los hombres.

Arco al poniente, deja el arado y vente.—Que cuando aparece el arco iris por esa dirección, va a llover.

A rey muerto, rey puesto.

A rico no debas, y *a pobre no prometas.*

A río revuelto, ganancia de pescadores.—Dice que del desorden de las cosas o negocios siempre se aprovechan los desaprensivos.

Armas y dineros buenas manos quieren.—Dice que las armas hay que saber manejarlas y el dinero hay que saberlo gastar.

A rocín viejo, cabezadas nuevas.—Se dice de los viejos compuestos o cuando por aparentar se engalana una cosa de poca apariencia.

Arreboles al oriente, agua amaneciente.

Arreboles de la tarde, a la mañana aire.

Arreboles en todos cabos, tiempo de los diablos.

Arremangose mi nuera y volcó en el fuego la caldera. Se dice de los que, acostumbrados a no hacer nada, cuando hacen algo lo hacen mal. Semejante a: «Para una vez que me arremangué, todo el culo se me vio».

Arrendadorcillos, comer con plata y morir con grillos.— Se dice de los administradores ladrones.

Arrieritos somos y en el camino nos encontraremos.— Dice que siempre hay ocasión de corresponder a una mala acción.

Arroz (El), el pez y el pepino, nacen en agua y mueren en vino.—Recomienda el vino con estos alimentos.

A San Simón y Judas, dulces son las uvas.

A San Vicente, alza la mano de simiente.

A seguro llevan preso.—Dice de la conveniencia de redoblar las precauciones.

Asiéntate en duro, romperás las bragas y dolerte ha el culo.—Advierte el cuidado que se debe tener en escoger bien. Es semejante a: «Con la cuchara que escojas, con ella comerás».

Asna con pollino, no va derecha al molino.—Se suele decir de las mozas enamoradas, pero se aplica también a toda persona que, obligada por una pasión, se entretiene demasiado con ella.

Asno con oro, alcánzalo todo.—Nota el poder de los ricos aunque no tengan inteligencia.

Asno de muchos, lobos le comen.—Dice que lo que es de muchos, por no estar bien guardado, se pierde luego.

Asno lerdo, arriero loco.—Dice que cuando alguien quiere hacerse pasar por torpe, el mejor remedio es el castigo.

Asno lerdo, tú dirás lo tuyo y después lo ajeno.—Dice que los tontos no saben callar nada.

Asno malo cabe casa, aguija sin palo.—Se dice de los holgazanes.

Asno mohíno, o muy malo o muy fino.

Asno para polvo, caballo para lodo, mucho para todo.

Asno que entre en dehesa ajena, volverá cargado de leña. Advierte el peligro a que se expone el que se mete en lo que no le importa.

Asno (El) que no está hecho o *la albarda, muerde de la ataharra.*—«Ataharra» por ataharre o cincha que se echa por bajo de la cola de la caballería; también se llama retranca o baticola. Este refrán es semejante a: «El que no está acostumbrado a bragas, las costuras le hacen llagas». Dice que el que tiene que sufrir alguna incomodidad a la que no está acostumbrado, la conlleva muy mal.

Asno sea quien asno bajea.—Que no merece mejor suerte el que busca por medios ruines.

Asno (El) y la mujer, a palos se han de vencer.

A son de parientes, busca que meriendes.—Dice que no debe uno fiar en la ayuda ajena, sino en el propio esfuerzo.

Ásperas piernas tenéis, Elvira; ásperas piernas y áspera vida.

Asturiano ni mulo, ninguno.

Asturiano, loco, vano y mal cristiano.

Astutos (Los) viven la mitad del año con arte y engaño, y la otra parte con engaño y arte.

A su tiempo se cogen las uvas, cuando están maduras. Es como: «Cada cosa a su tiempo y los nabos en adviento». Recomienda aguardar la oportunidad para obrar con certeza.

Ata corto, piensa largo, hierra somero si quieres andar caballero.—Son consejos para el buen trato y cuidado de las monturas.

A tal puta, tal rufián.—Es como: «Tal para cual».

A ti lo digo, hijuela; entiéndelo, mi nuera.—Cuando se dice algo de algún modo encubierto.

A todo han maña, sino a la muerte.—Maña por arreglo.

A tres azadonadas, sacar agua,—Se dice de los que aciertan o con poco trabajo consiguen lo que desean.

A tres de abril, el cuco ha de venir, y si a los ocho no es cierto, o él es preso o muerto.

A tres de pelea, enséñales la suela.—Recomienda la huida.

A tres días buenos, cabo de mal extremo.—Es como: «Día de mucho, víspera de nada», y «No hay mal ni bien que cien años dure».

A tres veces bebido, envaina tu cuchillo.—Avisa el peligro a que expone al hombre el vicio del vino.

A tu amigo gánale un juego y vuelve luego.—Dice que no siga jugando.

A tu criado hártale bien y verle has callado.

A tuerto o a derecho, nuestra casa hasta el techo.—Dice que por buenas o malas maneras, el egoísta siempre procura para sí.

A tu hija muda, véasla viuda.—Dice Correas de este refrán: «Si tu hija es callada y no se queja, como las viudas o mal casadas, múdese el marido en perdido o enviude». Creemos nosotros interpretar este refrán diciendo que la casada que calla ante sus deudos es porque no puede contar cosa buena o teme decir las malas, por lo que no se destapa hasta la viudez.

A tu hijo, buen nombre y oficio.—Que no sólo basta la hidalguía, sino que se valga de su trabajo.

A tu marido muéstrale el culo, mas no del todo.—Recomienda que no sea la mujer deshonesta ni aun en su vida conyugal.

A tu mesa ni a la ajena, no te sientes con la vejiga llena. Porque es malo retener la orina, y especialmente cuando se va a comer y beber más.

A tu tierra, grulla, aunque sea con un pie.—Dice que aunque sea con dificultades, se está mejor entre las personas adictas que entre ajenas.

A una boca, una sopa.—Se dice a los que piden más de lo que les corresponde.

A un diestro, un presto.—Dice que muchas veces vale más la prontitud que la habilidad.

Aún está la pelota en el tejado.—Semejante a: «Aún está el rabo por desollar».

Aún está el rabo por desollar.—Cuando en un negocio queda por hacer lo más enojoso. Como: «Aún está la pelota en el tejado».

Aún está el sol en las bardas.—Como: «Aún está la pelota en el tejado».

Aún la cabra no ha parido, y salta el cabrito.—Lo dice por el que se hace ilusiones antes de que se cumplan las realidades.

A un loco, otro.

Aún no asamos, y ya pringamos.—Va contra los precipitados que recurren a las cosas antes de tiempo. Se dice también: «Aun no ensillamos y ya cabalgamos».

Aún no ha salido del cascarón y ya tiene espolón.—Contra los jóvenes sabihondos. Se dice también: «Aun no ha salido del cascarón y ya tiene presunción».

Aún no me han dado la carne y ya me pides los huesos.— Como advertencia (dirigiéndose a una tercera persona) de que se han olvidado de darle algo.

Aún para ser pobre es menester caudal.—Encarece el gran aprecio que se hace del dinero.

A unos da Dios ovejas; a otros, orejas.—Dice que unos vienen al mundo con hacienda y otros sin ella, pero con los medios para procurársela.

Aunque callo, irse han los huéspedes y comeremos el gallo. Se dice del que se reserva para mejor oportunidad.

Aunque compuesta, la mentira siempre es vencida.—Porque, al cabo, la verdad reluce siempre.

Aunque con tu mujer tengas barajas, no metas en tu casa las pajas.— «Barajas» por disputas; «pajas», por motivos, inconvenientes, rencillas. Dice que el hombre, a trueque de los regaños de la mujer, debe conservar la autoridad en el hogar y evitar toda causa de discordia que pudiera introducir en él los caprichos o monadas de la mujer.

Aunque el águila vuela muy alta, el halcón la mata.— Como: «Torres más altas cayeron», o «No hay enemigo pequeño».

Aunque el bien más se dilate, como se alcance no es tarde. Como: «Nunca es tarde si la dicha es buena».

Aunque la mona se vista de seda, mona se queda.—Dice que lo natural en cada individuo sale a través de todas las ficciones y composturas.

Aunque las calzo, no las ensucio.—Dice este refrán el que se justifica de usar o hacer alguna cosa por su gusto, pero sin caer en demasía o represión.

Aunque la traición aplace, el traidor se aborrece.—«Aplace» por agrade. Es como: «La traición contenta, pero el traidor enfada» y «Cometida la traición, el traidor no es menester», etc.

Aunque malicia oscurezca la verdad, no la puede apagar. Semejante a: «Aunque compuesta la mentira, siempre es vencida».

Aunque manso tu sabueso, no le muerdas en el befo.— Es semejante a: «Del agua mansa me libre Dios...» Dice lo conveniencia de no irritar al que muestra carácter quieto y apacible.

Aunque más me diga, diga, quien bien ama, tarde olvidada.—Dice do lo difícil que son de desarraigar las pasiones verdaderas.

Aunque me río y aunque me huelgo, no se me olvida lo que tengo al fuego.

Aunque mi suegro sea bueno, no quiero perro con cencerro.—Dice que es preferible renunciar a aquellas cosas que, aun buenas, llevan en sí inconvenientes grandes.

Aunque muda el pelo la raposa, su natural no despoja.— Dice que los cambios de fortuna en los hombres no son. suficiente a borrar su carácter y personalidad.

Aunque no por amador, siquiera por cortesano.—Dice que lo que no haga por cariño lo haga por cortesía.

Aunque soy grande, soy estambre.—Moteja a los mozos grandullones y blandos.

Aunque soy tosca, bien veo la mosca.—Cuando a una persona se la tiene por más rústica de lo que es.

Aunque soy viejo y cansado, tres vececicas bien me las hago; cuando me acuesto, meo; a la medianoche, peo, y a la mañana, cago.

Aunque tengo malas piernas, bien visito las tabernas.— Como: «No voy a misa porque estoy cojo, y voy a la taberna poquito a poco».

Aunque te veas en alto, no te empines, porque es condición de ruines.— Aconseja llaneza y naturalidad a los que la fortuna encumbra.

Aunque todo sea añil, poco puede teñir.—Dice que con escasos medios no se puede nunca lograr gran cosa.

Aunque visto de lana, no soy oveja.—Lo dice el que por ir mal ataviado le creen de inferior condición a la de que en realidad es. También lo dice el que no se quiere someter a las condiciones que le imponen.

A un traidor, dos alevosos.

Aurora rubia, o viento o lluvia.

Ausencia enemiga de amor, tan lejos de ojos cuan lejos de corazón.— Semejante a «Ojos que no ven, corazón que no siente». Dice que con la ausencia se apaga la pasión amorosa.

Ausencia (La) es madrastra del amor y bien querencia.— Es como el anterior.

A uso de iglesia catedral, cual fueron los padres los hijos serán.—Dice cómo se perpetúan a través de la familia los usos y costumbres.

Avaricia (La) es suma pobreza en el que codicia.—Porque siempre el avaro es el más pobre entre los pobres.

Avaricia (La) rompe el saco.—Dice que el deseo codicioso suele frustrar lo que moderadamente se podría conseguir.

Avariento (El) do tiene el tesoro tiene el entendimiento. Dice que las personas que sufren una profunda pasión no piensan en otra cosa que en ella.

Avariento (El), ni pobre ni rico está contento.—Porque siempre desea tener más.

Avariento (El) rico, no tiene pariente ni amigo.—Porque ni los conoce como tales y además huye de ellos por temor a que le pidan.

Avaro (El), cuanto más tiene está más menguado.—Lo mismo que el anterior.

Avaro (El), por no dar, tal vez no quiere tomar.

A veces caza quien no amenaza.—Advierte que los aprovechados suelen ser los que ocultan su propósito con mayor disimulo. Tiene el mismo propósito que: «Perro ladrador, poco mordedor».

Ave con cuchar, nunca en mi corral.—«Cuchar» por cuchara; se refiere a las que tienen el pico en esta forma, como ánsares, ocas, etc., y lo dice porque comen mucho y producen poco.

Ave de albarda, señal de tierra que nunca yerra.—Se dice del que en una discusión o conversación salta con una perogrullada.

Ave muda, no hace agüero.—Porque callando no hay motivo ni consecuencia.

Averígüelo Vargas.—Frase proverbial que significa la dificultad de conocer una cosa. Su origen está en las anotaciones que Isabel la Católica escribía en los informes, haciendo referencia con la fórmula «Averígüelo Vargas», a don Francisco de Vargas, su alcalde de Corte.

A vendimia mojada, la cuba presto aliviada.—Aconseja que el vino de uva mojada se consuma pronto porque se agria.

Ave por ave, el carnero si volare.—En encomio de su excelente carne.

A viña vieja, amo nuevo.—Porque ha de darla más cuidado y trabajo.

A virgo perdido, nunca le falta marido.—Como «No hay puta que no se case, etc.».

Avisado (El) y discreto, sabe más Que las mujeres, que sin maestro saben llorar, mentir y bailar.

¿A vos vezo yo, que nacisteis vezado?—«Vezar» por enseñar. Se dice cuando se trata con personas que ya saben lo que se va a explicar.

Ayer, putas; hoy, comadres.—Dice de las personas que riñen y luego hacen gran amistad.

Ayer, vaquero, y hoy, caballero.—Nota la inestabilidad de las cosas humanas.

¡Ay, putas, y cómo sois muchos!—Se dice para vituperar la abundancia de lo malo.

Ayúdate y te ayudaré.—Semejante a: «A Dios rogando y con el mazo dando». Dice que no se debe fiar todo en el favor ajeno, puesto que la mejor parte está en el esfuerzo propio.

Ayude Dios con lo suyo a cada uno.—Recomienda que cada cual se contente con lo que tiene, sin codiciar lo ajeno.

Ayunar o comer trucha.—Dice que o nada o todo. Semejante a: «O César, o nada».

B

Badajoz, tierra de Dios, Que andan las putas de dos en dos.

Bailo bien y echaisme del corro.—Se dice por queja del que es repudiado aun cumpliendo con su obligación.

Baje la novia la cabeza y cabrá por la puerta de la iglesia.—Contra las que tienen demasiadas pretensiones para casarse.

Ballesta de amigo, recia de armar y floja de tiro.—Que con el achaque de la amistad se vende lo malo por bueno.

Ballestero (El) malo, a los suyos tira.—Se dice de los necios, que con sus acciones se perjudican.

Barba a barba, vergüenza se cata.—«Cata» por tiene. Se dice por resaltar la diferencia de respeto que produce una persona en ausencia o en presencia.

Barba de tres colores, no la traen sino traidores.

Barba hundida, hermosura cumplida.—Se refiere al hoyuelo del mentón en las mujeres, que les hace gracia y embellece.

Barba, pone mesa, que no brazo ni pierna.—Se dice también: «Barba pone mesa, que no pierna tiesa». Dice que el trabajo y la inteligencia sustentan al hombre.

Barba remojada, medio afeitada.

Barba roja, mucho viento porta.—Se refiere a los ocasos muy rojos.

Barbas mayores quintan menores.—Dice que siempre debe ser oída y respetada la mayor autoridad.

Barbechar de mayo y binar de junio, buenos barbechones, pero pan, ninguno.

Barbero, o loco o parlero.

Barre la nuera lo que ve la suegra.

Barriga caliente, pie durmiente.—Dice que cuando el hombre está harto apetece dormir.

Barro y cal encubre mucho mal.—Dice que las casas viejas, arregladas, parecen nuevas.

Beatas con devoción, las tocas bajas y el rabo ladrón.— Se dice aludiendo a personas hipócritas.

Beba la picota de lo puro, que el tabernero medirá seguro.—Dice y encarece la rectitud de la justicia para que todos cumplan con su deber.

Bebe del río por turbio que vaya; come carnero por caro que valga; casa con doncella por años que haya.

Bebe poco y come asaz; duerme en alto y vivirás.— «Asaz» por suficiente

Beber, de codo, y cabalgar, de poyo.—Dice que se hagan las cosas con comodidad y reposo.

Beber en cada fuente, desvanece el vientre.—Porque es malo cambiar de aguas.

Becerrilla mansa, a su madre y a la ajena mama.—Dice que con dulzura se consigue provecho de todo el mundo. Es como: «Oveja duenda, mama a su madre y a la ajena».

Beldad y hermosura, poco dura; más vale la virtud y cordura.—Antepone el valor de los dones espirituales a los corporales.

Benavente, buena tierra y mala gente.

Bendita la muerte cuando viene después de bien vivir.

Bendito sea el mal que a los tres meses se ha de quitar. Se dice de la preñez, que pasada esa época no suele causar molestias.

Beneficios son cadenas de obligación.—Dice que en las dádivas no sólo debe considerarse el provecho que nos hacen, sino a lo que por agradecimiento nos obligan.

Berza, ¿por qué no cociste?; cochina, porque no me revolviste.—Dice que la berza se ablanda y suaviza removiéndola al cocer.

Berzas en enero, saben como carnero.—Porque es su época de sazón.

Berzas y nabos, para en uno son entrambos.—Se dice de la conformidad que se manifiestan entre sí las personas de poco valer.

Seso *de mudo, no le dé Dios a ninguno.*—Lo dice como zumba de los encontronazos que se reciben yendo a oscuras.

Besos *a menudo, mensajeros son del culo.*—Como: «Besos no hacen chicos, pero tocan a vísperas».

Besos no hacen chicos, pero tocan a vísperas.—Se refiere a las consecuencias que suelen traer los retozos de la gente joven.

Besos y abrazos, no han muchachos.—Va como excusa del refrán anterior.

Bésote, bode, porque has de ser odre.—«Bode» es el cabrón. Se dice como lástima del que le auguran un mal porvenir.

Bestia alegre, echada pace.

Bestia del puto, vas vacía y caes.

Bestia (La) en el llano tropieza.—*Se* dice porque, a veces, en lo que se tiene más confianza, en aquello se yerra.

Besugo de enero, vale un carnero.—Por ser la época de sazón de este pescado.

Bien, ¿adónde vas? A do tienen más.—Como: «Dinero busca dinero».

Bien canta Marta después de harta.—Se dice de la alegría que manifiesta el individuo que ha satisfecho su propósito.

Bien cuenta la madre, mejor cuenta el infante.—Se refiere a las cuentas de las preñadas, por los días que han de parir.

Bienes de campana, dalos Dios y el diablo los derrama.—Lo dice por el dinero de los clérigos.

Bien está cada piedra en su agujero.—Recomienda que las personas y las cosas deben permanecer en el lugar que les corresponde.

Bienes (Los) vuelan y vanse y los malos quedan y estanse.

Bien gobernar y no mucho bailar.—Aconseja a los llamados a regir los destinos de los demás, poca diversión y mucho seso.

Bien me quieren mis vecinas porque les digo las mentiras. Se dice a las personas que para congraciarse con los demás les halagan y siguen el gusto. Al contrario: «Mal me quieren mis comadres porque les digo las verdades».

Bien me quieres, bien te quiero: no me toques al dinero.
Porque el dinero suele ser piedra de discordia aun entre los amigos.

Bien (El) no es conocido hasta que es perdido.—Lo mismo pasa con la salud y con otras muchas cosas, que es preciso que la adversidad las arrebate para darnos cuenta de su valor.

Bien (El) o el mal a la cara sal.—«Sal» por sale. Dice que es muy difícil disimular las emociones que nos embargan.

Bien parece la moza galana debajo de la barba cana.— Nota la conveniencia de que a las mujeres jóvenes las asesore, atienda y acompañe una persona de experiencia y respeto. También lo dice por la conveniencia de que en el matrimonio el marido sea de más edad que la mujer.

Bien predica quien bien vive.—Este refrán tiene dos sentidos: dice que el mejor sermón es el ejemplo; o bien que el que vive holgadamente no se explica las faltas a que obliga la necesidad.

Bien sabe el asno en qué casa rebuzna.—Se dice de los que se exceden abusando de la benignidad de los demás.

Bien se está San Pedro en Roma.—Se dice aconsejando la no mudanza de una cosa, para mayor seguridad o respeto.

Bien se lava el gato después de harto.—Indica la satisfacción con que se conducen los individuos después de cumplido su gusto.

Bien (El) suena, y el mal vuela.—Dice que si bien las alegrías parecen mayores por la algazara con que son recibidas, el mal se expande más rápidamente.

Bien te quiero, bien te quiero, mas no te doy mi dinero.— Se dice de los que prometen y halagan, pero no conceden jamás. Semejante a «Obras son amores y no buenas razones».

Bien vengas, mal, si vienes solo.—Se dice como consuelo de una desgracia.

Bien, y no muy bien, tener la mujer preñada y no saber de quién; mal, y no muy mal, tenerla muerta de hambre y no tenerla qué dar.

Bina cuando otro alza, si quieres henchir tu casa.

Bina en mayo y cubre en agosto; ni trigo ni mosto.

Blanca a blanco, hizo la vieja, de oro una teja.—Encarece el ahorro.

Blanco hielo es de lluvia mensajero.

Blancura (La) de la nieve hace al cisne negro.—Da a entender que lo mejor es superior a lo bueno.

Blanda (La) respuesta, la ira quiebra; la dura, la despierta.

Bobo (El), si es callado, por sesudo es reputado.—Encarece el valor de la discreción.

Bobos van al mercado cada cual con su asno.—Semejante a: «Cada loco con su tema». Dícese de los que insisten y persisten aún en el error.

Boca besada, no pierde ventura; antes renueva su faz como la Luna.

Boca bozosa, cría mujer hermosa.—Dice Correas: «Es la señalada con motas de hilado; la vieja con esto anima a la moza a ser hacendosa, esperando ser hermosa; si dijera boca bozosa, era claro, porque un poco de bozo da gracia al rostro de la moza». También se dice: «Boca pajosa, cría cara hermosa».

Boca cerrada, más fuerte es que muralla.—Va declarado en: «El bobo, si es callado, por sesudo es reputado».

Boca cerrada y ojo abierto, no hizo jamás un desconcierto. Dice de la conveniencia de observar en silencio.

Boca con duelo, no dice bueno.—Por los que teniendo agravio con alguna persona, dicen mal de ella.

Boca con rodilla, y al rincón con la almohadilla.—Encarece el retiro y aplicación que deben observar las jóvenes.

Boca de miel y manos de hiel.—Denuncia la falsedad de los que con buenas palabras cometen malas obras.

Bocado de mal pan, no lo comas ni lo des a tu can.— Dice que no debe hacerse nada punible ni dejárselo hacer a los que se quiere.

Boca que se abre, o quiere dormir o está muerta de hambre.

Boca (La) y la bolsa abierta para hacer cosa cierta.— Dice que gracias a las buenas palabras y a la liberalidad se consigue pronto lo que se desea.

Boda buena, boda mala, el martes en tu casa.—Por la prevención que el vulgo tiene a hacer los actos trascendentales en ese día, que dicen de mal agüero.

Boda (La) de los pobres, toda es voces.—Porque a falta de otra cosa, suele haber alegría.

Bodas buenas y magistrado, del cielo es dado.—Como «Boda y mortaja, del cielo baja».

Bodas largas, barajas nuevas.—Dice que los noviazgos excesivamente largos no suelen terminar en boda.

Boda y cofradía, no es para cada día.

Boda y mortaja, del cielo baja.—Dice que es difícil acertar una buena boda y que hay que dejarlo las más de las veces en la mano de Dios, como ocurre con la muerte. También se dice: «Matrimonio y mortaja», etc., y «Casamiento y mortaja», etc.

Bofetón amagado, nunca bien dado.—Porque da lugar a que el amagado se rehaga y defienda.

Bolsa (La) del miserable, viene el diablo y la abre.— Dice que el dinero que los avaros reúnen a fuerza de trabajos y privaciones, al fin vienen a dar en manos que lo dilapidan, o se gasta en cosas de poco provecho.

Bollo crudo, engorda el culo.

Bondad (La), quien la tiene la da.

Bonete y almete hacen casas de copete.—Dice que la iglesia y las armas dan lustre al nombre.

Boñiga de abril, tira muchas mil.—Se refiere a la conveniencia de estercolar en dicho mes.

Borrachez de agua, nunca se acaba.—Llama borrachez o borrachera de agua a la necedad y a la locura.

Botas y gabán esconden mucho mal.—Dice que a veces bajo la buena apariencia se encubre la maldad.

Brasa trae en su seno la que cría hijo ajeno.—Como «Quien da pan a perro ajeno, pierde pan y pierde perro». Dice que los hijos que no son propios suelen ser un semillero de discordias.

Breva (La) dura, a muchas pulgaradas madura.—Semejante a «Perro porfiado, saca mendrugo». Dice que la perseverancia consigue lo que se propone.

Buena (La) cara es carta de recomendación.—Parecido al refrán alemán «Con el sombrero en la mano se conquista al Mundo».

Buena cautela, iguala buen consejo.—Semejante a: «Hombre prevenido, vale por dos».

Buena (La) conversación es manjar del alma y lleva caballeros a los de a pie.

Buena es el agua, que cuesta poco y no embriaga.

Buena es la nieve que en su tiempo viene.—Semejante a: «Año de nieves, año de bienes».

Buena es la tardanza que hace la carrera segura.—Dice que es preferible hacer las cosas despacio, pero bien.

Buena es la vida de aldea por un rato, mas no por un año.—Se refiere a que la vida en los pueblos trae consigo habladurías y rencillas.

Buena fama, hurto encubre.—Dice que la buena opinión disimula los defectos y aun los vicios. Semejante a «Cría buena fama y échate a dormir».

Buena (La) fama, es como el ciprés, que si una vez quiebra no reverdece después.

Buena gorra y buena boca, hacen más que buena bolsa. Como «La buena cara es carta de recomendación». Encarece el valor de la cortesía y de las buenas palabras.

Buen (El) amigo es espejo del hombre.—Porque el verdadero amigo nos pone de manifiesto los defectos y faltas.

Buena (La) hija, dos veces viene a casa.—Lo dice por la viuda que vuelve a casa de sus padres, si no es aficionada a la demasiada libertad.

Buena (La) hilandera, con el rabo del asno hila su tela. Dice que la que desea aprovechar y ser hacendosa con cualquier cosa se vale.

Buen alzado pone en su seno quien escarmienta en mal ajeno.—Dice que es conducta de varón prudente aprender en el ejemplo de los demás.

Buena (La) madre no dice quieres.—Ese refrán puede interpretarse en dos sentidos a cual más hermosos: No dice quieres la buena madre, porque sabe mandar a sus hijos y no tiene por qué consultar su voluntad; o bien no dice quieres porque da a sus hijos cuanto tiene.

Buena mano, de rocín hace caballo; y la ruin, de caballo hace rocín.— No lo dice sólo por los caballeros, sino por todos los demás que vuelven los negocios como ellos son.

Buena (La) moza es como la pera zumosa, que comiéndola da gana de otra.

Buena (La) mula en el establo se vende.—Es como: «El buen paño en el arca se vende».

Buena (La) obra, al maestro honra.

Buena olla y mal testamento.—Se dice de los que sólo se preocupan de sí mismos, despreciando el interés de los demás.

Buena orina y buen color y tres higas al doctor.—Porque el color de la cara y la transparencia de la orina denotan salud.

Buena pata y buena oreja, señal de buena bestia.

Buena romería haz quien a su casa pone en paz.

Buenas (Las) palabras untan; las malas, punzan.

Buenas van de leche, pinariegas son.—Y eran cabrones. (Dicho y comentario de Correas.) Me parece que la explicación es ésta: Uno que veía pasar unas cabras, mirándolas hacia las ubres, dijo el dicho, llamándolas pinariegas, por ser las cabras que pastan a umbría de los pinos las más lecheras. La gracia está en que resultó después que eran machos.

Buenas son mangas después de Pascua.—Dice que lo útil en cualquier tiempo es oportuno.

Buena tela hila la que a su hijo cría.—Porque el bien criar y educar a sus hijos es la mejor obra que puede hacer una madre.

Buena (La) tierra negra, buen pan lleva; la blanca, como alcanza.

Buena va la danza y da el granizo en la albarda.—Se dice de los que se ocupan de diversiones abandonando sus deberes.

Buena vida, arrugas tiene.—Pues suele acortarla.

Buena vida, padre y madre olvida.—Porque el que está a gusto no se acuerda de los demás.

Buen comer trae mal comer.—Porque luego se acaba y viene la miseria; y también porque el que padece gula al cabo enferma y tiene que abstenerse.

Buen corazón, quebranta mala ventura.—Semejante a: «A mal tiempo, buena cara». Recomienda entereza en las horas de la desdicha.

Buen (El) hombre goza el hurto.—Porque teniendo crédito, nadie duda de él.

Buen (El) pagador, heredero es de lo ajeno, señor y dueño.—Porque el que toma y paga cría fama de bueno y nadie le niega lo que solicita. También se dice: «El buen pagador es señor de lo ajeno».

Buen (El) paño en el arca se vende, mas el malo verse quiere.—Dice que las cosas buenas son solicitadas por su propio valor.

Buen (El) saber es callar hasta ser tiempo de hablar.—

Buen (El) traje encubre el mal linaje.—Dice que la buena presencia ayuda muchas veces a ocultar los defectos.

Buen (El) vecino hace tener al hombre mal aliño.—Porque acostumbrándose a servirse de lo prestado, no se lo procura con su trabajo.

Buey (El) bravo, en tierra ajena se hace manso.—Dice que los hombres alejados de su patria o de los suyos se vuelven más cautelosos y comedidos.

Buey (El) harto no es comedor.—Dice cuánto cansa el exceso. También se dice: «El caballo harto no es comedor».

Buey (El) que me encornó, en buen lugar me echó.— Semejante a: «No hay mal que por bien no venga». Dice que muchas veces lo que creemos desgracia resulta beneficioso.

Buey (El) sin cencerro, piérdese presto.—Dice que la demasiada libertad es ocasión de cometer actos reprensibles, especialmente en la gente joven.

Buey (El) suelto, bien se lame.—Dice que el que tiene libertad e independencia hace las cosas a su gusto.

Buey (El) traba el arado, mas no de su grado.—Dice que el trabajo suele cumplirse siempre por obligación, más que por agrado.

Buey (El) viejo, arranca la gatuña del barbecho.—«Gatuña» es una hierba que produce multitud de raíces y que se reproduce con extremada abundancia y facilidad. Dice el refrán que las personas de edad hacen las cosas con experiencia y, por tanto, bien.

Buey viejo, lleva el surco derecho.—Porque tiene experiencia.

Burla burlando, vase el lobo al asno.—Dice que cada uno sigue siempre su inclinación y deseo.

Burla con daño no cumple el año.—Dice que no puede durar mucho una burla perjudicial.

Burlaos con el loco en casa, burlará con vos en la plaza. Dice que con personas de poco juicio no se deben tener chanzas, porque pueden devolverlas con exceso e inoportunidad. También se dice: «Burlaos con el asno; daros ha en la barba con el rabo».

Burlas (Las) se vuelven veras.—Dice que no es bueno abusar de las burlas, porque suelen acabar tomándose en serio.

Busca arrepentimiento el que busca casamiento.

Buscáis cinco pies al gato y no tiene más que cuatro; no, que cinco son con el rabo.—Moteja a los demasiadamente solícitos y a los que insisten demasiado.

Busca pan para mayo y leña para abril y échate a dormir.—Lo dice porque en abril suele hacer frío y en mayo es grande la escasez, por haberse agotado ya los mantenimientos de la cosecha anterior.

C

Caballo ajeno, ni come ni se cansa.—Se dice porque a las cosas que no son propias no se las suele dar buen trato.

Caballo grande, ande o nade.—Se dice de los que eligen siempre lo mayor, aunque no sea lo mejor.

Caballo que alcanza, pasar querría.—Dice que los que son iguales a nosotros, si pueden querrían ser superiores.

Cabe la puta y su garzón, no cabe el ladrón.—«Cabe» por cerca de: condena al ladrón sobre todas las cosas.

Cabellos y cantar no cumplen buen ajuar.—Dice que la mujer que es liviana y vanidosa no es a propósito para regentar y sustentar una casa.

Cabellos y virgos, muchos hay postizos.

Cabe señor y cabe igreja, no pongas teja.—Es mala vecindad edificar junto a las iglesias y a los palacios de los señores, por ser dos enemigos poderosos.

Cabeza (La) blanca y el seso por venir.—Se dice de los que, siendo viejos, todavía no tienen formalidad.

Cabeza loca, no quiere toca.—Dice que las personas informales nunca llevan a cabo asuntos importantes, ni son a propósito para el gobierno o mando.

Cabra, cabrón y can, buen cordobán.—Dice que deben estar atados.

Cabra (La) coja, cabe la casa trota.—Da a entender que la inclinación o el vicio tienen tanta fuerza, que a veces parecen superar a la propia naturaleza.

Cabra (La) coja, no quiere siesta, y si la quiere, caro la cuesta.—Dice que las personas de escaso entendimiento deben suplir con su trabajo y voluntad su deficiencia.

Cabra (La) de mi vecina, más leche da que la mío.—Que siempre nos parece mejor lo de los demás.

Cabra (La) mocha, leche es toda.

Cabra (La) va por la viña, como hace la madre hace la hija.—Dice que los hijos imitan los modos y costumbres de sus padres.

Caca (La), callarla.—Que lo que está mal hecho no debe propalarse.

Caca (La) peor es hurgalla.—Como «La mierda, dejarla estar queda». Dice que las cosas malas no deben ni removerse ni renovarse.

Cada buhonero alaba sus agujas.—También se dice: «Cada ollero alaba sus pucheros».

Cada caballo hace su sombra en el suelo.—Como: «No hay enemigo pequeño».

Cada cosa en su tiempo y los nabos en Adviento.—Encarece el valor de la oportunidad.

Cada cual ama a su igual y siente su bien y su mal.— Como «Cada oveja, con su pareja».

Cada cual siente el frío como anda vestido.—Semejante a: «Cada cual habla de la feria según le va en ella».

Cada cual siente sus duelos y pocos los ajenos.

Cada cual huele al vino que tiene.—Dice que el hombre en sus actos demuestra siempre su educación y sus sentimientos.

Cada día gallina, amarga la cocina.—Porque lo bueno todos los días cansa.

Cada gallo canta en su gallinero, y el que es bueno, en el suyo y en el ajeno.—Dice que cada uno manda en su casa y que el bueno, con el consejo, rige las de los demás.

Cada gorrión tiene su corazón.—Que el hombre, por mínimo que sea, tiene su sentimiento.

Cada hombre tiene su nombre.—Por sus intenciones.

Cada hormiga tiene su ira.—Semejante a: «No hay enemigo pequeño».

Cada loco con su tema.—Dice que cada cual habla y hace aquello que le interesa o preocupa.

Cada loco con su tema y cada llaga con su postema.— Dice que todos los individuos tienen una predilección que defienden con tenacidad.

Cada maestrillo tiene su librillo.—Dice que cada individuo tiene su modo peculiar de dar a entender y resolver las cosas.

Cada necio tras su juego, dice mal del bien ajeno.—Semejante a: «Cada uno en su casa al rey hace cabrón».

Cada oveja con su pareja.—Se refiere comúnmente a amistades y matrimonios.

Cada pajarito tiene su higadito.—Es como: «Cada hormiga tiene su ira». Va declarado anteriormente.

Cada puerta anda bien en su quicio y cada uno en su oficio.—Semejante a: «Zapatero, a tus zapatos». Dice que cada cual debe hablar y ocuparse de lo que entienda.

Cada puta hile y devane y el rufián que aspe.—Dice que cada uno atienda a lo suyo y los demás que se las compongan como puedan. También se dice: «Cada puta hile y comamos».

Cada ratón tiene su nido y cada mujer su abrigo.

Cada ruin piensa que es bueno en sí.

Cada santo quiere su candela.—Semejante a: «Al César lo que es del César y a Dios lo que es de Dios». Dice que a cada uno debe dársele y respetársele lo suyo.

Cada semana tiene su disanto.—«Disanto» por festividad. Dice que cada cosa tiene su parte alegre o buena.

Cada sendero tiene su atolladero.—Dice que toda obra tiene su trabajo.

Cada siete años se muda la condición, la costumbre y la complexión.—Hay la creencia general de que de siete en siete años el hombre hace crisis moral y materialmente, renovando a lo largo de cada espacio de éstos toda sus células y con ella modificando sus gustos y aficiones. La realidad es que con la razón y la experiencia van variando aquéllas insensiblemente a lo largo de la existencia.

Cada uno alega en derecho de su dedo.—Nota la inclinación de los individuos a favorecer lo suyo.

Cada uno arrima el ascua a su sardina.—Dice que el interés tira siempre en beneficio propio.

Cada uno dice de la feria como le va en ella.—Dice que cada cual habla de las cosas conforme al menoscabo o beneficio que ellas le han reportado.

Cada uno donde es nacido y bien se está el pájaro en su nido.—Porque se vive mejor en la patria que en la ajena.

Cada uno en lo que se cría, y en la buena crianza la hidalguía.—Dice que las obras de los hombres suelen ser hijas de la educación que han recibido aquéllos, y que con la buena crianza se ennoblecen los sentimientos.

Cada uno en su casa al rey hace cabrón.—Da a entender que en la intimidad del hogar cada cual hace su voluntad sin cortapisas ni trabas.

Cada uno en su casa es rey.—Como el anterior.

Cada uno en su casa y Dios en la de todos.—Recomienda no meterse en los asuntos de los demás.

Cada uno estornuda como Dios le ayuda.—Dice que los individuos hacen sus menesteres conforme a sus medios y costumbres. Semejante a: «Cada maestrillo tiene su librillo».

Cada uno extiende la pierna como tiene la manta.—Es decir, que se arregla a su necesidad.

Cada uno hace de su capa un sayo.—Frase proverbial que significa hacer cada cual lo que le da la gana.

Cada uno quiere justicia y no por su casa.—Se dice cuando se critican los abusos de los demás y se disculpan los propios.

Cada uno quiere llevar el agua a su molino y dejar en seco el de su vecino.—Porque el egoísmo suele regir todos los actos de los hombres.

Cada uno sabe dónde le aprieta el zapato.—Suele responderse a los que obvian los inconvenientes en las obras de los demás.

Cada uno se rasca donde le pica.—Como «Cada uno sabe dónde le aprieta el zapato».

Cada uno tiene su alguacil.—Dice que por grande o encumbrado que se esté, siempre hay alguien que puede enjuiciar sus actos.

Cada uno tiene su modo de matar pulgas.—Como «Cada maestrillo tiene su librillo».

Caga el rey, caga el papa; sin cagar nadie se escapa.

Cagar bien y mear claro, cagajón para el cirujano.—Porque denota salud.

Caldo (El), en caliente; la injuria, en frío.—Recomienda al hombre ofendido tranquilidad y reflexión antes de reparar la ofensa.

Calentura de hogar, no dura más que hasta el umbral.— Se dice de los que en su casa son discutidores y violentos, que suelen ser mansos en la ajena.

Calenturas de mayo, salud para todo el año.

Calenturas otoñales, o muy largas o mortales.

Calidad (La) del tordo: el pico delgado y el culo gordo.— Se dice de las personas gruesas que no lo parecen por tener el rostro delgado.

Caliente la comida y fría la bebida.

Calvo, y no de tina; tuerto, y no de nube, so la piel gran mal encubre.—Porque estas tachas suelen denotar enfermedad crónica.

Cal y ajo, sarna y sabañones, en tus compañones.

Callar y obrar por la tierra y por la mar.—Recomienda hablar poco y trabajar mucho.

Cállate y callemos, que sendas no tenemos.—Se dice al que saca los defectos a los demás, exponiéndose a que le saquen los suyos. Semejante a: «Todos tenemos pelitos en el culo y no nos los vemos».

Calle el que dio y hable el que tomó.—Dice que el que ha recibido una cosa es el que públicamente debe agradecerlo. Semejante a: «Que no sepa tu mano izquierda lo que hace la derecha».

Callen barbas y hablen cartas.—Se dice cuando se da un testimonio de palabra y se quiere por escrito o por obra.

Calles mojadas, cajón seco.—Es refrán de comerciante y dice que cuando llueve, el negocio es escaso porque la gente sale menos a la calle. Los farmacéuticos lo aplican para decir que con la humedad, la salud de los enfermos mejora, al tiempo que empeora su negocio.

Cama (La) caliente y la escudilla reciente.

Cama de novio, dura y sin hoyo.—Porque con la ilusión de la boda próxima no echa de ver las incomodidades presentes. También puede referirse, intencionadamente, a que el lecho duro es afrodisíaco.

Cama (La) es buena cosa, quien no puede dormir reposa. Cama (La) guarda la fama.—De honestidad y recato. *Cama (La) y la cárcel, son prueba de amigos.*—Lo dice porque cuando se está enfermo o prisionero se puede contrastar el afecto de los amigos.

Cambiarás de mesón, pero no de ladrón.—Por la mala fama que tienen todos los de este oficio.

Camino de Roma, ni mula coja ni bolsa floja.—Recomienda intentar las empresas grandes con medios a propósito para ello.

Camisa y toca negra no saca el ánimo de pena.—Va contra los que exageran el luto y duelo de los difuntos.

Campana cascada nunca sana.—Dice que cuando quiebra una cosa es difícil componerla; se refiere especialmente a los sentimientos de amistad, afecto, etc.

Campo (El) fértil, no descansado, tórnase estéril.—Dice, en sentido figurado, que las personas capaces de favorecernos, si las cansamos, nos negarán todo apoyo. Es semejante a: «Al amigo y al caballo, no hay que cansallo». También se aplica a las personas que se someten al trabajo agotador sin prudencia ni medida.

Canas, cuernos y borrachez no vienen por vejez.

Canas son, que no lunares, cuando comienzan por los aladares.—Se dice a los que pretenden disimular lo que los demás ven claramente.

Canas y armas vencen las batallas.—El valor y la experiencia.

Can con rabia, con su dueño traba.—«Trabar» por enzarzarse. Dice que el hombre iracundo hasta contra los suyos se vuelve.

Can (El) de buena raza, siempre ha mientes del pan y la caza.—Dice que el hombre prudente no se olvida del beneficio recibido y procura pagarlo con su trabajo.

Caniculares (Los) entran con abad y salen con abad.— Desde San Bernardo, en julio, a San Benito, en agosto.

Can que mucho ladra, ruin es para casa.—Va contra los habladores e indiscretos.

Can que mucho lame saca sangre.—Este refrán tiene dos sentidos: Dice que no se debe fiar de los excesivamente halagadores que pueden traer una intención dañosa, o bien se refiere a los que a fuerza de halagos alcanzan lo que se proponen.

Cántaro que va mucho a la fuente, alguna vez se rompe.— Dice que el que se expone muchas veces al peligro acaba por sufrir sus consecuencias.

Cañas (Las) se vuelven lanzas—Dícese cuando un asunto que empieza levemente o en broma, acaba de una manera definitiva y grave.

Capón de ocho meses, manjar de reyes.

Caracol de mayo, candela en la mano.—Porque es dañino de comer.

Coro de beato y uñas de gato.—Se dice del que tiene buena cara y malos hechos.

Cardo (El) y el queso, a peso.

Carga que con gusto se lleva no pesa.—Como «Sarna con gusto no pica».

Caridad (La) bien entendida empieza por uno mismo.— Dice que es muy humano interesarse antes por lo propio que por lo ajeno.

Carne a carne amor se hace.—Como «Carne, carne cría; y peces, agua fría». Nota la carne como alimento superior a los demás.

Carne de pluma, quita arruga.—Lo dice porque la carne de aves es muy sana.

Carne (La) en calceta, para quien la meta.—Dice que los embutidos no pueden comerse con confianza sino por aquel que los ha visto fabricar, por ser alimento que está expuesto a muchas adulteraciones.

Carne mal asada, buen tozuelo para.—«Tozuelo» por cerviz o cogote; «parar» por criar o procurar. Dice que la carne semicruda engorda.

Carne puta no envejece—Lo dice porque vense algunas rameras muy lozanas a pesar de su edad, y eso lo da la vida sedentaria y regalada del lupanar. También lo dice por zumba de los que se conservan bien.

Carne que crece, no puede estar si no mece.—Dícese de los muchachos, que constantemente están jugando y moviéndose. Este refrán tiene otro sentido picaresco y pornográfico.

Carnero, comer de caballero.—Por la excelencia de esta clase de carne, antaño más cara que ninguna.

Carnero (El) encantado, que fue por lana y volvió trasquilado.—Se dice de la persona que no sólo no logró el objeto que se proponía, sino que le resultó el negocio al contrario.

Carnero, hijo de oveja, no yerra quien a los suyos semeja.

Carne (La) sobre el hueso, relumbra como espejo.—Dice que las personas más bien gruesas, parecen mejor que las delgadas.

Carne vieja hace buen caldo.—Como: «Gallina vieja hace buen caldo».

Carro que canta, a su dueño avanza.—Dice que trafica y, por lo tanto, que gana.

Casa a tu hijo con tu igual y no dirán de ti mal.—Es como: «Casar y compadrar, cada uno con su igual» y «Cada oveja con su pareja», etc.

Casa con azotea, ladrón le saltea.

Casa con dos puertas, mala es de guardar.—Por extensión, no se aplica solamente a las casas, sino que se dice también de los asuntos o negocios que presentan variados aspectos.

Casa convidada, pobre y denostada—Porque teniendo muchos huéspedes se gasta mucho y siempre se queja algún desagradecido.

Casada (La) en tierra ajena, ella se desdeña.—Porque por la falta de compañía de amigos y deudos, suele volverse melancólica y descontentadiza.

Casa (La) de Celestina, todos la saben y nadie la atina.— Porque todos, aun conociéndola bien, disimulan no saberla.

Casa de esquina, ni la compres ni la vivas.—Lo dice porque une a otros inconvenientes el tener más fachada y por estar más expuesta a deterioros.

Casa de padre, olivar de abuelo y viña de bisabuelo.— Mejor parece debiera decir: «Viña de abuelo y olivar de bisabuelo», porque hace más producción el olivar a la edad que puede darle un bisabuelo que la viña. Lo inserto como lo da Correas.

Casa de tierra, caballo de hierba, amigo de verba, todo es mierda.— Porque la casa es endeble, el caballo flojo y el amigo de «verba» o palabrerío, no suele ser sincero.

Casadica, de vos dicen mal; digan, digan, que ellos casarán.

Casado (El) casa quiere.—Porque al fundar una familia se requiere vida propia e independiente.

Casado (El) descontento, siempre vive con tormento.

Casado por amores, casado con dolores.—Porque el enamorado va a ciegas y no sabe lo que le conviene hacer.

Casa en cabo y viña en pago.—Dice que son las mejores.

Casa en cantón y viña en rincón.—Como el anterior:

Casa en que vivas, vino el que bebas, tierras cuantas veas. Dice que la mejor propiedad es la de las tierras.

Casa (La) envinada, medio empeñada.—Dice que la hacienda del borracho siempre va de capa caída.

Casa hecha, bolsa deshecha.—Porque la casa se lo lleva todo.

Casa hecha, sepultura abierta.—Es como: «Jaula nueva, pájaro muerto». También se dice: «La casa hecha y el hueco a la puerta».

Casa hecha y viña puesta, ninguno sabe lo que cuesta.

Casa hospedada, comida denostada.—Como: «Casa convidada, pobre y denostada».

Casa negra, candela accensa.—«Accensar» por pagar censo. Dice que las casas oscuras obligan a costear luz artificial.

Casa labrada y viña, plantada y heredada.—Porque hacerlas cuesta mucho dinero.

Cásame en hora mala, que más vale algo que nada.—Semejante a: «Más vale hija mal casada que bien abarraganada» y «Casar, casar, que bien que mal», etc.

Casa mía, casa mía, por pequeña que tú seas me pareces una abadía— Porque el cariño que se tiene al hogar propio hace que parezca mejor que ninguno.

Casamiento (El) es bueno de hacer; más quien le ha de mantener, mucho ha de saber.—Porque se necesita mucha cordura, y tacto para regir la vida matrimonial.

Casamiento malo, luego es concertado.—«Luego» por pronto.

Casamientos y cuchilladas, de presto hecho y de presto dadas.—Que no se debe pensar mucho, porque si no, no se hace.

Casamiento (El) y el caldo, pelando.—En caliente.

Casamiento (El) y el melón, por ventura son.—A lo que salga.

Casamiento y mando, del cielo es dado.—Como: «Boda y mortaja del cielo baja».

Casa no hará, quien hijos no ha.—Porque siendo los hijos la perpetuación del nombre y la continuación de la hacienda, sin ellos nada de esto es posible.

Casa (La) quemada, acudir con el agua.—Es como: «Después del burro muerto, la cebada al rabo». Se dice cuando se acude tarde a remediar una cosa.

Casarás en mal hora y comerás cabeza de olla.—Dice que aun mal casado puede disfrutar de la autoridad que le da el ser cabeza de familia. También se dice: «Casarme quiero; comeré cabeza de olla y sentarme he primero»

Casarás y amansarás.—Porque el matrimonio trae consigo tolerancia y reflexión.

Casar, casar, bueno es de mentar y malo de llevar.

Casa reñida, casa regida.—Lo dice porque el que la rige debe hacer sentir oportunamente su autoridad.

Casa revuelta, huéspedes espera.—Porque cuando se ha de recibir a alguien, de antemano se revuelve el ajuar para limpiarlo y prepararlo.

Casar y compadrar, cada cual con su igual.—Semejante a: «Casa a tu hijo con tu igual y no dirán de ti mal».

Casa sin moradores, nido de ratones.

Cásate, así gozarás de los tres meses primeros y después desearás la vida de los solteros.

Casa, viña y potro, hágalo otro.—Por el mucho trabajo y dinero que cuesta hacerlas dice que es preferible comprarlas hechas.

Castígame mi madre, y yo trompójelas.—Se dice de los que reinciden en la misma falta sin hacer caso de la advertencia o castigo.

Castigar al perro, cuando tiene el rabo tieso.—Es decir, después de muerto. Semejante a: «Después del burro muerto, la cebada al rabo».

Castigar vieja y espurgar vellón, dos devaneos son.— Se dice ante la inutilidad de conseguir un fin práctico.

Castillo apercibido, no es sorprendido.—Semejante a: «Hombre prevenido vale por dos»

Castra tardío, enjambra temprano, harás colmenar lozano.

Caudal (El) de la labranza, siempre es rico de esperanza. Porque el labrador siempre aguarda el resultado de su esfuerzo con la ayuda de los elementos.

Caudal (El) de tu enemigo, en dineros lo veas.—Tenía explicación este refrán antiguamente cuando los bienes reducidos a dinero no producían renta alguna; aun en la actualidad los bienes así conservados están más expuestos a pérdida.

Cávame en polvo y bíname en lodo y darte he el vino hermoso.—La viña.

Cáveme quien quiera, pódeme quien sepa, cúbrame mi amo.— Encarece el cuidado con que debe hacerse cada labor a la viña.

Cebada granada a ocho días segada.

Cebada (La) en lodo y el trigo en polvo.—Indica que la cebada debe sembrarse con tiempo húmedo, al contrario que el trigo.

Cebada para marzo, leña para abril y trigo para mayo.

Cebada sobre estiércol, espérala cierto, y si el año es mojado, pierde cuidado.

Cebo (El) es el que engaña, que no el pescador ni la caña. Dice que para engañar o conseguir no hay mejor procedimiento que la dádiva. Semejante a: «Dádivas ablandan peñas» y «Cebo haya en el palomar, que las palomas ellas se vendrán».

Cebo haya en el palomar, que las palomas ellas se vendrán.—Queda explicado en el refrán anterior.

Cadacico nuevo, tres días en estaca.—Nota el cuidado que se tiene con las cosas recién adquiridas. Por extensión suele aplicarse a la minuciosidad y cuidado con que se cumple en los cargos recientes.

Celo (El) demasiado, a las veces despierta a quien está descuidado.— Dice que la excesiva prevención ocasiona a veces sospecha.

Celos (Los) a veces despiertan a quien duerme.—Y siendo siempre impertinentes, lo son doblemente si son infundados.

Celoso (El) de suyo es cornudo.—Porque en su imaginación da por hecho lo que no ha sucedido.

Celo y enseño, de mal hijo hace bueno.—Que se debe educar al hijo enseñándole y haciéndole respetuoso. Se dice también: «Ceño y enseño de mal hijo hace bueno».

Cena poco y come más, duerme en alto y vivirás.—Come más poco. Encarece la parquedad en la mesa y la salubridad del lecho ventilado y seco.

Cenas, soles y Magdalenas, tienen las sepulturas llenas.— Dice que el cenar demasiado y tomar mucho sol, son perjudiciales a la salud; Magdalena, por antonomasia, puede aplicarse aquí como mujer pecadora.

Cepa de madroño, espotrica y quema el c...—«Espotricar» por despotricar, usado en sentido figurado por chisporrotear.

Cerca le anda, el humo tras la llama.—Como: «Siempre va la soga tras el caldero». Se dice de las personas que se quieren bien y van siempre juntas.

Cerco de sol, moja pastor; cerco de luna, pastor enjuga.

Cereza (La) hermosa y la guinda asquerosa.—Dice que la cereza ha de comerse entera y tiesa y la guinda muy madura.

Ciego (El) y sabio, yerran en un paso.

Cielo aguado, hierba en prado.

Cielo empedrado, suelo mojado.—También se dice: «El cielo aborregado, antes de tres días bañado». Se dice que cuando el aspecto de las nubes es apelotonado y grumoso es señal de lluvia próxima.

Cien años de guerra y no un día de batalla.—Dice que vivir mucho tiempo enemistados es preferible a provocar una trágica escisión.

Ciencia (La) es locura si buen seso no la cura.—Dice que la sabiduría del hombre no consiste sólo en el acoplo de conocimientos, sino en saber regir bien su vida por ellos. Es como: «La ciencia quiere prudencia y experiencia».

Ciencia (La) quiere prudencia y experiencia.—Va explicado en el anterior.

Cien en campo y uno en cabo.—Se refiere a que debe haber siempre uno que dirija a los demás.

Ciento de un vientre, y cada uno de su miente.—Se refiere al variado carácter y pensamiento de los hermanos.

Cierra con vino, y si hay indigestión, acuéstate con jubón. Porque entre el calor del vino y el abrigo se disuelve el entorpecimiento del estómago.

Cierra la boca y abre el culo, y verás a todo el mundo.— Se usa como zumba.

Cierra tu puerta y alaba a tus vecinos.—Dice que no se dé a nadie participación en la vida íntima y para evitar enemistades es conveniente hablar bien del prójimo.

Ciertas son las trazas, después de las desgracias.—Dice que después de ocurrido un suceso, todo el mundo conjetura que ya se preveía.

Cinco dedos en una mano, a las veces hacen provecho a las veces hacen daño.—Dice que la misma causa unas veces es perjudicial y otras beneficiosa.

Cítola (La), es por demás cuando el molinero es sordo.— «Cítola» es la tranquilla que golpea mientras anda la rueda. Dice el refrán que las prevenciones son inútiles cuando el sujeto es incapaz de comprenderlas o guardarlas.

Clara luna es la de agosto, si la de enero la diese en rostro.—Dice que es clara, pero la de enero lo es más.

Clérigo, fraile o judío, no le tengas por amigo.

Clérigos, frailes y pardales, son malas aves.—Es como: «Gorriones y frailes, son malas aves».

Clérigo viajero, ni mísero ni mísero.—Dice que la persona nómada gasta mucho por fuerza y no atiende solícitamente a sus asuntos.

Clérigo (El) y el fraile, al que han menester llámante compadre.—Lo dice por ser gente fingida y halagadora cuando lo necesita.

Cobra buena fama y échate a dormir; cóbrala mala y échate a morir.—Dice que es muy difícil criar buena fama, pero que una vez conseguida se conserva fácilmente; y, por el contrario, cuando se pierde es casi imposible de recuperar.

Cobra buena fama y échate a dormir; y mira no te duermas porque no la pierdas.—Como el anterior.

Cobre gana cobre, que no huesos de hombre.—Semejante a: «Dinero llama a dinero». Dice que para negociar vale más tener con qué, que trabajar mucho.

Coces de yegua, amor es para el rocín.—Dice que al que ama, los ex abruptos de la persona amada le parecen halagos.

Cochinillo de febrero, con su padre al humero.—Dice que en un año se hace tan grande y lucido que puede compararse con su padre.

Cochinillo de marzo, con su padre viene al año.—Porque les da lugar a crecer y hacerse hermosos.

Cochino fiado, buen invierno y mal verano.—Porque en invierno es el comer y en el verano el pagar.

Cochino fiado, gruñe todo el año.—Dice que el bien fiado es una preocupación constante hasta que se paga.

Cochino (El) que mama y come, dos cuerpos pone.—Porque engorda muy rápidamente.

Cochinos (Los) y la puerca, todos andan a la vuelta.—Se dice por matraca de los mozalbetes que cortejan a las mozas.

Cochino (El) y el suegro, quisiérale muerto.—Porque es cuando se coge la utilidad de ambos.

Codicia desordenada, trae pérdida doblada.—Semejante a: «La avaricia rompe el saco».

Codicia (La) rompe el saco, o quizá le romperá donde no está.—Semejante al anterior.

Cojo, y no de espina; calvo, y no de tiña; ciego, y no de nube, todo mal encubre.—Dice que los lisiados suelen ser ruines de espíritu.

Cojo, y no de espina, no hay ruindad que no imagina.—Como el anterior.

Coles y nabos, para en uno son entrambos.—Queda explicado en el que dice: «Berzas y nabos, para uno son entrambos».

Comadreja (La) pare por la boca y empréñase por la oreja.— Comadreja, usado aquí como diminutivo de comadre: que oye las cosas por la oreja y las suelta por la boca.

Comamos y triunfemos, que esto nos ganaremos.—Se dice por los que no se preocupan sino de las cosas banales.

Come con él y guárdate de él.—Consejo a la mujer casada para con su marido.

Come, duerme y engorda, y si te llamaren, hazte sorda.

Come leche y bebe vino y hacerte has de viejo niño.

Come por vivir y bebe por comer.—Dice que de ambas cosas sólo lo necesario.

Comer arena antes que hacer vileza.—Dice que se debe ser honrado aun en la mayor necesidad.

Comer bien y cagar fuerte y no haber miedo a la muerte.

Comer, dormir y cagar, de vagar—Despacio.

Comeréis puerco y mudaréis acuerdo.—Dice que el que llega al bienestar piensa de manera muy distinta de cuando se hallaba en la escasez.

Comer en bodegón y j... en putería.—Es consejo de pícaro; porque se puede escoger entre varios manjares y varias mujeres.

Comer fruta, hablar puta y leer carta, bien se puede hacer en la plaza.

Comer hasta enfermar y ayunar hasta sanar.

Comer para vivir, y no vivir para comer.

Comer poco y beber menos, a lujuria ponen freno.

Comer y beber, echa la casa a perder; dormir y holgar, no la puede ganar.—Recomienda la sobriedad y la diligencia para medrar.

Comer (El) y el cagar, con reposo se han de tomar.—Es como: «Comer, dormir y cagar, de vagar».

Comer (El) y el casar, a gusto; el vestir y el calzar, al uso.

Comer (El), el rascar y el hablar, todo es comenzar.—Se suele decir este refrán cuando alguien se resiste a empezar.

Come y calla, vete al sol y salla.—«Salla» es escardar.

Come y huelga y tendrás vida buena.

Comida hecha, compañía deshecha.—Censura a los que cultivan la amistad solamente mientras les produce algún provecho.

Comida fría y bebida caliente, nunca hicieron buen diente.—Porque para ser sanas deben ser precisamente al contrario.

Comida (La) reposada y la cena paseada.

Comida y cama y capote, que sustente y abrigue al niño y no le sobre.—Encarece que los niños deben ser criados con modestia y sobriedad.

Como al aire la vela, así la moza suelta.—Se dice que la moza debe estar muy sujeta.

Como caldo de zorra, que está frío y quema.—Se dice de las frases al parecer sin intención y que zahieren a quien van dirigidas.

Como canta el abad, así responde el sacristán.—Dice que los subordinados suelen participar del modo de pensar de sus superiores e imitarlos.

Como come el mulo, caga el culo.—Dice que las consecuencias son siempre relativas a la causa.

Como el gazapo, que huyendo del perro dio en el lazo.— Se dice cuando un individuo por salir de un mal cae en otro peor.

Como el perro del hortelano, que ni come las berzas ni las deja comer a nadie.—Se dice de las personas que no hacen nada de provecho y estorban lo que quieren hacer los demás.

Como el perro de muchas bodas, que en ninguna come por comer en todas.—Semejante a: «El que mucho abarca, poco aprieta». Dice que no es bueno atender a muchas cosas a la vez, porque al fin se desatienden todas.

Como la manzana, de dentro podrida, de fuera sana.— Se dice de lo que bajo una buena apariencia oculta maldad.

Como la moza del abad, que no cuece y tiene pan.—Se dice de los que se mantienen con el trabajo de otros.

Como me crecieron los favores, me crecieron los dolores. Da a entender que la vida sencilla es la más tranquila y cómoda.

Como pedrada en ojo de boticario.—Se dice cuando una cosa viene bien a otra.

Como sembrares, cogerás.—Dice que el premio corresponde al esfuerzo, en calidad y cantidad.

Como se vive se muere.—Es como: «Genio y figura, hasta la sepultura». También dice que con arreglo a la clase de vida que se lleva, así se alcanza la muerte.

¡Cómo subo, subo, de pregonero a verdugo!—Se dice de los que vanagloriándose de su posición, vienen cada vez a menos.

Como te curas, duras.—Dice que conforme se trata el individuo, así prolonga su vida. Semejante a: «Si quieres llegar a viejo guarda tu aceite en el pellejo».

Como tordo viejo en campanario, que de badajadas no hace caso.—Se dice de los que teniendo experiencia en alguna cosa, no hacen caso de alardes vanos.

Como un huevo a una castaña.—Se dice de lo que no se parece en nada.

Como uña y carne.—Se dice de los que son muy amigos.

Compañero de casa, campana de nublados.—Lo dice porque suelen surgir continuos disgustos.

Compañía de dos, hízola Dios—Se refiere al casamiento.

Compañía de tres, buena es; de cuatro, dadla al diablo.

Compañía de uno, compañía de ninguno; de dos, compañía de Dios; de tres, mala res.

Compañía (La) por honor, antes con tu igual que con otro mayor.—Semejante a «Cada oveja con su pareja».

Compón el sapillo, parecerá bonillo.—Es como: «Afeita un cepo, parecerá mancebo» y «Un palo vestido no parece palo», etc. Dice la importancia que tiene el presentarse compuesto y arreglado.

Compostelana (La) rica, hermosa la leonina y fuerte la salmantina.—Se refiere a las catedrales.

Compra cosa hecha y viña do nazca hierba.

Compra de quien heredó, no compres de quien compró, que sabe lo que costó.

Compra en casa, vende en casa y harás casa.—Resalta la diferencia que hay entre comprar lo que ofrecen a solicitar lo que se desea adquirir; y lo mismo sucede con la venta.

Compra lo que no has menester y venderás lo que no necesites.—compre donde hay abundancia y se venda a los que lo solicitan.

Comprar lo que has menester y venderás lo que no necesites.—Recomienda que se compre únicamente lo necesario y se eviten los gastos superfluos.

Comprar a alforjas y vender a onzas.—Porque comprando en cantidad se compra barato y vendiendo poco a poco se saca provecho.

Comprar de ahorcado y vender a desposado.—Recomienda comprar al que necesita vender y vender en el momento oportuno.

Compuesta, no hay mujer fea—Encarece el cuidado que la mujer debe poner en su arreglo personal, por aquello de que «mujer compuesta, quita al marido de otra puerta».

Compuesta una palabra, parece dama.—Dice que las cosas galanamente dichas tienen más valor.

Común conviene que sea quien comunidad desea.—Dice que el que se precia mucho del trato y vida entre los hombres es persona vana y mediocre.

Con aire cierzo, el agua es de cierto; en verano, que no en invierno.

Con aire solano, el agua en la mano; de invierno, que no de verano.

Con amor se paga amor y con tales obras las buenas obras.

Con arte y con engaño, se vive la mitad del año, y con engaño y arte se vive la otra parte.

Con ayuda de vecino mató mi padre un tocino.—Se dice por vituperar a los que se vanaglorian de alguna obra que no han hecho ellos solos.

Con azúcar y miel, cagajones saben bien.—Dice que con buenas palabras se hace tolerable hasta lo inconveniente.

Con bestia vieja, ni te cases ni te alhajes.

Con bien vengas mal, si vienes solo.

Con bondad se adquiere autoridad.

Con brevas, vino, y agua con el higo.

Con buena correspondencia, la amistad se conserva.

Con buena escoba bien se barre.—Dice que el que tiene medios a propósito puede hacer las cosas con mayor perfección.

Con buen traje se entra y encubre el ruin linaje.—Dice de la importancia de presentarse bien vestido y alhajado. Tiene cierta analogía con la frase proverbial: «Las apariencias engañan».

Con buen vecino, casarás tu hija y venderás tu vino.— Porque él ha de llevarte la fama y el interés fuera de tu casa.

Concierto claro, amigo caro.—Dice que un buen concierto procura un buen amigo.

Con copete y sin copete, señora, vos sois hermosa, mas el copete es gran cosa.—Dice cuánto se paga el vulgo del lujo y prosapia de los demás.

Con cuál te hallares, con tales te haré.—Como: «Dime con quién andas y te diré quién eres».

Condición de buen amigo, condición de buen vino.— Viejo.

Condición es de mujeres despreciar lo que las dieres y morir por lo que las niegues.

Condición es de mujeres: la mayor, quejarse de pequeña ofensa y ensoberbecerse de pequeño favor.

Con dificultad se guarda lo que a muchos agrada.—Especialmente tratándose de la mujer.

Conejo (El), ido; el consejo, venido.—Es como: «Después del burro muerto, la cebada al rabo».

Conejo (El) y el ruin, donde nace quiere morir.

Conejo (El) y la perdiz, tiene un mismo perejil.—Tiene un mismo guiso.

Con el buen amigo venderás tu vino y cogerás tu trigo.— Aconseja negociar con los buenos amigos para hacer los tratos en paz.

Con el castigo, el bueno se hace mejor y el malo se hace peor.—Dice que el bueno es capaz de mejorar, pero el malo, por naturaleza, es incorregible.

Con el falso no tomes amistad, porque te hará maldad.

Con el favor no te conocerás, sin él no te conocerán.

Con el loco, doman el potro.—Semejante a: «A un loco, otro».

Con el mentiroso, hasta la puerta.—Recomienda no entrar en tratos ni amistad con los embusteros.

Con. el rey me eché, mas puta me quedé.—Dice que los errores no son disculpables por muchos beneficios que produzcan.

Con el tiempo todo se sabe, y con el tiempo todo se olvida y deshace.

Con el viejo te casaste, a la puerta no saldrás, aquí regañarás.—Nota los inconvenientes de casarse con persona de edad desproporcionada, lo cual suele traer celos y disgustos.

Con el viento se limpia el trigo y los vicios con castigo.

Con escobilla el paño y la seda con la mano.—Se han de limpiar. Indica cómo se ha de tratar a cada uno conforme a su calidad.

Con esos polvos se hicieron estos lodos.—Como «Aquellos polvos traen estos lodos».

Confiesa el delito al que huye del juicio.

Con guardas y velas, los cuernos se vedan, y los cuerdos se velan.—Dice que debe guardarse la mujer.

Con la ajena cosa, el hombre mal se honra.—Semejante a: «El que de ajeno se viste, en la calle le desnudan». Se refiere a los que se envanecen con los méritos que no son suyos.

Con la cuchara que elijas, con aquélla comerás.—Recomienda el cuidado en la elección, especialmente tratándose del matrimonio.

Con la mala, yanta, y con la buena ten baraja.—Dice que no se tenga trato ni conversación con personas malas y en cambio con las buenas se intime y se negocie.

Con la moza, ¿qué hace el viejo? Hijos huérfanos.—Porque luego se muere y la deja viuda.

Con la mujer y el dinero, no te burles, compañero.

Con las glorias se olvidan las memorias.—Censura a los que habiéndose elevado olvidan antiguas amistades.

Con las malas comidas y peores cenas, menguan las carnes y crecen las venas.

Con las peras vino bebas, y tanto que naden las peras.

Con la vara que midas te medirán.—Dice que tal como cada uno se comporta con los demás han de comportarse con él.

Con lo peor del aceite darás a tu trigo afeite.—Recomienda a los labradores que unten así el trigo de sembrar para que no le ataquen los gusanos.

Con lo que eres defendido, no lo pongas en poder de tu enemigo.

Con lo que sana el hígado, enferma el bazo.—Dice que lo que es bueno para una cosa suele perjudicar a otras. Se dice también: «Con lo que Sancho sana, Domingo adolece».

Con lo que sana el hígado enferma la bolsa.—Dice lo dispendiosas que son las juergas. Y también lo caro que resulta el médico y las medicinas.

Con mal anda la casa donde la rueca manda a la espada. Dice que en la casa debe tener la autoridad el hombre.

Con mal andan los asnos, cuando el arriero da gracias a Dios.—Nota la necesidad en que se encuentra una persona cuando se ve obligada a hacer cosas que son contrarias a su naturaleza y costumbres.

Con mala persona, el remedio es mucha tierra en medio. Recomienda alejarse de las personas indeseables.

Con mal o con bien, a los tuyos te atén.—Dice que conviene seguir el consejo de las personas que nos quieren.

Con necios y porfiados, labro yo los mis tejados.—Es refrán de procuradores y abogados.

Conocer la culpa y ofensa, es camino de la enmienda.

Conocido el daño, el huirlo es sano.

Con otra idea llegamos a la aldea.—Aconseja la perseverancia para conseguir el triunfo.

Conozco yo bien las uvas de mi majuelo.—Se dice cuando se está seguro de lo que se asevera.

Con pan y vino se anda el camino.

Con pequeña brasa se suele quemar la casa—Las pequeñas causas pueden producir grandes efectos.

Con poco viento cae en el suelo torre sin cimiento.—Dice que los asuntos o negocios que carecen de fundamento al menor inconveniente se deshacen.

Con putas y frailes, ni camines ni andes.

Con quien paces, que no con quien naces.—Que el hombre se hace a las compañías que tiene y así es él como son ellas.

Consejo (El) de la mujer es poco y el que no lo toma es loco.—Porque la mujer suele ser más precavida y desconfiada que el hombre.

Consejo (El) de quien bien te quiere, aunque te parezca mal, escríbele.—Dice que el consejo antes de desecharlo debe reflexionarse bien.

Consejo (El) es como el sello, que imprime en la cera y no en la piedra.—Dice que los consejos aprovechan a los dúctiles y son inútiles con los testarudos y obstinados.

Consejo es de sabios, perdonar injurias y olvidar agravios.

Consejo (El) no es bien recibido donde no es pedido.

Consuelo es a los penados contar sus fatigas y cuidados. Todos los hombres quieren comunicar sus sentimientos, y así como el contar las penas alivia, de la misma manera el comunicar las alegrías satisface, por aquello de que: «Alegría secreta, candela muerta».

Contigo duerme y contigo come, quien te los pone.—Los cuernos.

Contigo me entierren, que me entiendes.—Se dice por el afecto que se profesa a las personas que comprenden nuestros sentimientos.

Contigo, pan y cebolla.—Frase proverbial que indica la voluntad de vivir juntos un hombre y una mujer, aunque por ello tengan que padecer miserias y dificultades.

Continua gotera horada la piedra.—Nota el invencible poder de la perseverancia.

Contradice al vecino y al criado, si en presencia te han loado.—Dice que no se deben consentir las alabanzas de nadie y menos aún las interesadas.

Contra el vicio de pedir hay la virtud de no dar.—Dícese a los pedigüeños, cuando por pedir demasiado hay que negarles lo que solicitan.

Contra fortuna, no vale arte ninguna.—Se dice por los que a pesar de hacer cosas inconvenientes o perjudiciales para ellos mismos, la suerte les favorece.

Contra peón hecho dama, no para pieza en tabla.—En sentido figurado se dice del que alcanza una jerarquía e intenta avasallar a todos.

Con una caldera vieja se compra otra nueva.—Se dice de las personas jóvenes que con miras interesadas se casan con viejos.

Con un clavo se saca otro clavo.—Semejante a: «Mal mayor quita menor». Dice que cuando se suceden cosas de la misma índole, la más reciente borra, casi siempre, los efectos de las anteriores.

Con un mucho y dos poquitos se hacen los hombres ricos.—Dice Correas: «El mucho es la diligencia y recaudo, y los poquitos son la poca vergüenza y poca conciencia».

Con un poco de tuerto, llega el hombre a su derecho.— Tuerto por sinuosidad, disimulo o acaso injusticia.

Con un tiro matar dos pájaros.—Se dice cuando de una sola vez se solucionan dos asuntos.

Con verdad y con mentira casa el bueno su hija—Porque la opinión en que es tenido el hombre bueno tiene siempre más valor que todas las habladurías.

Conversación (La) con persona leída, es media vida; con no leída, desabrida; con ruda, es cosa dura.

Convida a tu yerno a la gallina, que él llevará la lima.—

Recomienda que a el yerno no se le dé ocasión de intervenir en los negocios.

Con viento limpian el trigo y los vicios con castigo.— Encarece la represión de las costumbres viciosas.

Corazón apasionado, no sufre ser aconsejado.—Porque la pasión ciega el entendimiento.

Corazón dudoso, determinase con poco.

Corazón (El) no habla, mas adivina.

Corazón que no tiene placer, cagaos en él.—Dice el desprecio que merecen los individuos de temperamento frío y corazón duro.

Corazón (El) y los ojos, nunca son viejos.—Lo dicen los ancianos a quienes alegra contemplar la belleza de los jóvenes y como justificación de los enamorados de edad provecta.

Corcovado (El) no ve su corcova y ve la otra.—La de otro. Semejante a: «Vemos la paja en el ojo ajeno y no vemos la viga en el nuestro».

Cordero (El) manso mama a su madre y a cualquiera; el bravo ni a la suya ni a la ajena.—Es como: «Oveja duenda mama a su madre y a la ajena». Dice que con dulzura y simpatía se puede conseguir todo y, al contrario, con hosquedad y dureza nada se alcanza.

Cornada de ansarón, uñarada de león.—Dice de los notarios que falsean la ley o cometen error voluntariamente. El refrán dice «cornada de ansarón» por alusión a las antiguas plumas de ánsar que usaban los escribanos.

Corneja de secano, agua en la mano.

Cornudo (El) es el postrero que lo sabe, y la mujer la primera que lo hace.—Por extensión se dice también al que, interesándole, se entera el último de sus asuntos.

Corona (La) rasa, bien está en casa.—Porque la casa en que hay un clérigo con renta de iglesia, medra.

Corre la vaquilla mientras dura la soguilla.—Dice que duran las cosas en tanto son bien administradas.

Corrida de caballo y parada de borrico.—Se dice del que comienza una cosa con gran brío y la termina malamente.

Corta paso, que hay poco paño.—Recomienda la prudencia. «Paso» por despacio.

Corte, puta y puerto, hacen al hombre experto.—La primera, por sus enseñanzas; la segunda, por sus malicias, y el tercero, por la variedad de gentes que en él conviven.

Cortesía de boca, gana mucho a poca costa.—Aconseja ser amable y cortés para medrar en la política mundana.

Cosa bien negada, nunca es bien probada.—Es consejo de pícaros.

Cosa cumplida sólo en la otra vida.—Porque en ésta todo es imperfecto e inacabado.

Cosa fea, ni se haga ni se aprenda.

Cosa hallada, no es hurtada.

Cosa mala, nunca muere.—Como: «Hierba mala nunca muere».

Cosa prometida, es medio debida, y debida enteramente si quien promete no miente.

Cosa que mal no puede hacer, no puede hacer bien.

Cosas (Las) bien pensadas, bien acertadas.—Recomienda la reflexión antes de decidirse a obrar.

Cosas (Las) con voces argüidas, son mal definidas.—Dice que el que discute no debe apasionarse y dar voces, sino mesuradamente exponer los mejores argumentos.

Cosas (Las) hechas con enojo, salen al ojo.—Dice que las cosas hechas de mala gana nunca resultan acabadas y perfectas.

Cosas (Las) no son más de cómo se toman.—Semejante a «En este mundo traidor —nada es verdad ni mentira; — todo es según el color — del cristal con que se mira».

Cosas (Las) nuevas placen y las viejas satisfacen.—Complace siempre lo nuevo por su calidad de tal; pero lo viejo, depurado por la experiencia y definido por el uso, es lo que más conviene y satisface.

Coser y hacer albardas todo es dar puntadas.—Se dice a los que confunden y mezclan unas cosas con otras sin poder distinguir sus calidades y matices.

Costal vacío mal se tiene y costal lleno mal se dobla.— Dice que para obligar a un hombre hace falta interesarle c darle dinero, y que el que está satisfecho y es poderoso es muy difícil de sobornar.

Costal (El) y la talega, lo que le echan eso lleva.—Suele referirse a las preñadas.

Costanza, el culo de fuera, los pedos en danza—Otros dicen «los pechos».

Costumbre buena o costumbre mala, el villano quiere que vala.—«Vala» por valga. Dice lo arraigadas que están en el pueblo las costumbres.

Costumbre (La) de jurar, jugar y bribiar, mala es de dejar.—«Bribiar» es holgar, pedir, picardear.

Costumbre (La) es otra naturaleza.—Dice que la costumbre llega a obligar de tal modo, que no oponiéndose al principio, luego se hace irresistible.

Costumbre (La) hace ley.—Y es su principal fundamento; dice que la repetición de actos de la misma naturaleza llega a crear un derecho en favor de usuario.

Costumbres de mal maestro, sacan hijo siniestro.—Encarece la importancia de la buena educación de los jóvenes.

Costumbres y dineros, hacen hijos caballeros.—«Costumbres» por modos, maneras, educación.

Costurera mala, la hebra de a vara.

Coz (La) de la yegua, no hace mal al potro.—Dice que la grosería no daña al grosero. Y que cada cual está hecho a las costumbres de los suyos.

Crecerá el membrillo y mudará el pelillo.—Dice de cómo se transforman las personas con la experiencia y el tiempo.

Crece el huevo bien batido, como la mujer con buen marido.—Porque la honra defiende y enaltece.

Créote, polla, que de poner vienes.—Se dice porque se confía en las obras y no en las palabras.

Cría cuervos y te sacarán los ojos.—Va contra los desagradecidos.

Criado de abuelo, nunca bueno.—Se refiere a los mimosos y consentidos que crían los abuelos a sus nietos. También puede interpretarse en el sentido de que los viejos criados tienen demasiada autoridad y beligerancia con los amos.

Criar (El), arruga, y el parir, alucia.—Dice que las recién paridas se suelen poner lozanas y lustrosas, pero que después la crianza prolongada las aja y envejece.

Criaste y no castigaste, no criaste.—Se dice a los padres que miman mucho a sus hijos.

Criatura de un año saca la leche del calcaño.

Cruz (La) en los pechos y el diablo en los hechos.—Se dice de los hipócritas.

Cual el amo, tal el criado.—Es como: «Por los criados se conoce a los amos».

Cual el año, tal el jarro.—Dice la necesidad que hay de acomodar los gastos a los ingresos.

Cual el cuervo, tal su huevo.—Como: «De tal palo, tal astilla».

Cual el dueño, tal el perro—Semejante a «Cual el amo, tal el criado».

Cual el rey, tal la grey.—Dice cómo influyen las buenas o malas costumbres del que gobierna en sus súbditos.

Cual el tiempo, tal el tiento.—Como: «Cual el año, tal el jarro».

Cuales barbas, tales trabajos.—Semejante a: «A tal señor, tal honor».

Cual es el ama, tal anda la criada.—Semejante a: «Por los criados se conoce a los amos».

Cual es el don, tal es el que le dio.

Cual es la campana, tal la badajada.—Dice que las acciones son tanto más sonadas cuanto mayor es la jerarquía del que las comete.

Cuál más, cuál menos, toda la lana es pelos.—Se dice cuando no vale la pena escoger entre cosas de mezquina y semejante calidad.

Cualquier tiempo pasado, es mejorado.—Caso típico de refrán procedente de una concepción poética. De Jorge Manrique en las «Coplas a la muerte de su padre»: «Cuán presto se va el placer, — cómo después de acordado — da dolor, — cómo a nuestro parecer — cualquiera tiempo pasado — fue mejor».

Cual tú eres, así medres.—Se dice en son de queja.

Cuando al mozo le nace el bozo, doy yo al diablo tal retozo.—Se dice de las que tratan y juegan con los jóvenes que han conocido niños como si aún lo fuesen.

Cuando al ruin hacen señor, no hay cuchillo de mayor dolor—Como: «Ni sirvas a quien sirvió, ni ames a quien amó».

Cuando amanece, para todo el mundo amanece.—Dice que del bien general pueden participar todos.

Cuando aquí nieva, ¿qué será en la sierra?—Se dice cuando por los indicios presumimos la cualidad total de una cosa. Se usa más frecuentemente refiriéndose a las mujeres que tienen bozo.

Cuando atruena en marzo, apareja las cubas y el mazo. Porque será año de vino, pues hará calor y humedad en ese mes, con lo que no se helarán las viñas.

Cuando a tu hija la viniese su hado, no aguardes que venga su padre del mercado.—Se dice porque se aprovechen las buenas oportunidades y no se dejen pasar la oportunidad por pequeños inconvenientes.

Cuando bebe el gallo, llueve el verano.—Se refiere al gallo de la veleta, que vuelve el pico hacia la parte de donde viene la humedad.

Cuando brota la higuera, requiere a tu compañera, y si no te quiere escuchar, espera a que brote el moral.—Son reglas que determinan la época más favorable para la concepción de los hijos. La primavera, época a que se refiere este refrán, se indica como la mejor, en tanto que el otoño no es tan conveniente, como lo hace saber el refrán que dice: «En octubre no le toques a tu mujer la ubre».

Cuando cae la vaca, aguzar los cuchillos.—Es acudir a un trabajo cuando ya no es menester.

Cuando canta el cuco, una hora llueve y otra hace enjuto.—Porque es por abril.

Cuando canta la abubilla, deja el buey y toma la gavilla. Es por la época de la siega.

Cuando comienzan las uvas a madurar, comienzan las mozas a hilar.

Cuando comieres pan caliente, no bebas de la fuente— Porque el agua fría sobre el pan reciente hace daño.

Cuando como, no conozco; cuando acabo de comer, comienzo a conocer.—Es regla de gente hambrona.

Cuando con solano llueve, todas las piedras mueve.—Porque es la lluvia muy abundante y suele producir torrentes.

Cuando corre la ventura, las aguas son truchas.—Dice que cuando la fortuna viene, todo son beneficios.

Cuándo del pie, cuándo de la oreja, a mi marido nunca le falta queja.—Se dice de los que se lamentan mucho y son quejicones.

Cuando dieres agua a tu señor, no la mires al Sol.—Porque aunque esté muy limpia, por transparencia al sol, no lo parece.

Cuando Dios amanece, para todos amanece.—Dice que del bien general participan todos.

Cuando Dios da la harina, el diablo lleva la quilma.— Dice que cuando se tiene una cosa falta otra. «Quilma» es costalejo.

Cuando Dios quería, allen la barba escupía; ahora que no puedo, escúpome aquí luego.—Lo dice el rico pobre, el criado que fue amo, el viejo que se acuerda de su juventud, etc.

Cuando Dios no quiere, el santo no puede.—Dice que cuando la voluntad mayor no es propicia a nuestro deseo, son inútiles los medianeros.

Cuando Dios quiere, con todos los vientos llueve.—Dice que cuando la fortuna es favorable, lo que parece adverso se vuelve beneficioso.

Cuando dos voluntades están conformes, de poco sirven revolvedores.

Cuando duele la cabeza, duele todo el cuerpo.—Dice que cuando el que gobierna desgobierna, todo está desgobernado.

Cuando el abad lame el cuchillo, malo para el monaguillo.—Dice que cuando los amos hacen economías, los criados las padecen doblemente.

Cuando el amo es juglar, la familia es bailadora.—Dice que si el que gobierna no tiene seriedad ni tino, los que están bajo su férula adolecen en mayor grado de esos defectos.

Cuando el amo llama señor al criado, cerca anda el palo.

Cuando el arroyo suena, agua lleva.—Dice que la murmuración no se levanta sin haber algún motivo, cosa manifiestamente incierta muchas veces.

Cuando el asno puede, la burra no quiere.—Se dice de los matrimonios desavenidos.

Cuando el bazo crece, el cuerpo se enmagrece.

Cuando el buey viejo en la parva no tose, mal va la troje. —Correas lo explica diciendo: «Porque es señal que la paja está liavana y hay poco grano».

Cuando el carro vuelve el rabo, o quiere amanecer o es de día claro.— Se refiere al Carro u Osa Mayor.

Cuando el corsario promete misas y cera, con mal anda la galera.— Dice que cuando uno hace lo que no va a su condición y costumbre es porque a ello le obliga la necesidad. Es como: «Con mal andan los asnos, cuando el arriero da gracias a Dios».

Cuando el diablo no tiene qué hacer, con el rabo mata moscas.—Se dice de los que se entretienen en cosas perjudiciales o molestas.

Cuando el diablo reza, engañarte quiere.—Recomienda no fiarse de los que desacostumbradamente usan razones o palabras atentas.

Cuando el doliente va a las boticas, una persona pobre y dos ricas.—El médico y el boticario.

Cuando el durazno está en flor, la noche y el día están de un tenor.

Cuando el enfermo caga ralo, una higa para el boticario. «Higa» es mueca de desprecio.

Cuando el enfermo dice ¡ay!, el médico dice day.—Pues el uno gana cuando el otro enferma.

Cuando el español canta, o rabia o no tiene blanca.— Dícese de los que disimulan un pesar o un rencor canturreando para fingir alegría.

Cuando el guardián juega a los naipes, ¿qué harán los frailes?—Dice que cuando el criado se relaja, más relajado anda el amo.

Cuando el hierro está encendido, entonces ha de ser batido.—Dice que ha de aprovecharse la ocasión propicia.

Cuando el hombre se mea las botas, no es bueno para las mozas.—Porque es viejo o está impotente.

Cuando el invierno es lluvioso, el verano es abundoso.

Cuando el lobo da en la dula, ¡guay de quien no tiene más que una!—Dice que el que tiene poco, al más mínimo contratiempo suele quedarse sin nada.

Cuando el mortero llama, ¡ay, Dios, qué buena mañana! Porque si suena mucho es señal de que se guisa en abundancia.

Cuando el necio es acordado, el mercado es ya pasado.—
Dice que todos los que son para poco, recurren tarde a las cosas.

Cuando el niño dienta, la muerte le tienta.—Lo dice porque la dentición en los niños, sobre todo en los débiles, suele ser peligrosa.

Cuando el niño sabe decir piedra, entonces se le cierra la mollera.—Se refiere a cuando el niño ya pronuncia bien, es decir, hacia los tres años; entonces los cartílagos del cráneo se han convertido ya en hueso.

Cuando el pelo enrasa y el raso empela, con mal anda la seda.—Dice que cuando las cosas o personas muestran condiciones contrarias a su ser y naturaleza, se debe a la necesidad o a la ruina de ellas.

Cuando el río no hace ruido, o no lleva agua o va muy crecido.—Dice que no dan pábulo a la murmuración las cosas sin importancia, o, por el contrario, cuando son de extremada gravedad o atañen a personas muy importantes, se procura acallarlas por todos los medios.

Cuando el río suena, agua lleva.—Es como: «Cuando el arroyo suena, agua lleva».

Cuando el sol entra en Aries, crecen los días y múdanse los aires.—El día 21 de marzo.

Cuando el sol está en León, buen pollo con pichón y buen vino con melón.—León es el Leo del Zodíaco; es pasado mayo.

Cuando el sol sale, para todos sale.—Es como: «Cuando Dios amanece, para todos amanece».

Cuando el tabernero vende la bota, o sabe a la pez o está rota.—Dice que cuando una persona se deshace de aquello que le es necesario, no siendo por razón de penuria, debe sospecharse que tiene alguna falta.

Cuando el tiempo se muda, la bestia estornuda.

Cuando el trigo está loro, el barbo como un toro.—«Loro» en gallego es tostado.

Cuando el ventero está a la puerta, el diablo está en la venta.—Porque no teniendo que trajinar, no hay ganancia. Citando *el verano es invierno y el invierno verano, nunca buen año.*—Ni para la salud ni para las cosechas.

Cuando el viejo no puede beber, la fosa le pueden hacer.

Cuando el vil enriquece, no conoce hermano ni pariente.

Es como: «Cuando el villano está en el mulo, ni conoce a Dios ni al mundo».

Cuando el villano está en el mulo, ni conoce a Dios ni al mundo.—Dice que los ruines que se enriquecen, orgullosos se apartan de los suyos y de sus amigos. Es como: «Cuando el villano está rico, ni tiene parientes ni amigos».

Cuando en casa engorda la moza, y al cuerpo el bazo, y al Rey la bolsa, mal anda la cosa.

Cuando en invierno vieres tronar, vende los bueyes y échalo en pan.—Porque será año muy malo de trigo.

Cuando en mayo hay lodo, no se pierde todo.—Dice lo beneficiosas que son para el campo las lluvias de este mes.

Cuando entrares en la villa, muéstrame la madre, direte quién es la hija.—Dice que la fama y educación de los padres redunda directamente en perjuicio o beneficio de los hijos.

Cuando es demasiada la cera, quema la iglesia.—Muestra claramente la diferencia que hay entre lo bastante y lo excesivo.

Cuando estamos buenos, damos consejos a los enfermos.—Semejante a: «No es lo mismo predicar que dar trigo». Dice que se aconseja fácilmente, pero que pocas veces el que aconseja practica lo que recomienda.

Cuando estuvieres con él vientre con vientre, no le digas cuanto se te viniene a la mente—Dice que cuando se está entusiasmado con una persona no debe exagerarse la intimidad, que puede perjudicar después.

Cuando febrero no febrerea, marzo marcea.

Cuando fueres a concejo, acuerda en lo tuyo y deja lo ajeno.—Dice que se preocupe de su parecer y no del de los demás.

Cuando fueres a la venta, la ventera sea tu parienta.— Dice que es preferible tener a las mujeres de nuestra parte, porque ellas tienen influencia sobre los hombres.

Cuando fueres al mercado, pan liviano, queso pesado, buey combo, caballo pando.

Cuando fueres por camino, no digas mal de tu enemigo.—Recomienda la discreción al hablar entre personas desconocidas.

Cuando fueres por despoblado, no hagas desaguisado, porque cuando fueres por ¿o poblado, *irte has* a lo vezado. Recomienda no adquirir malas costumbres estando solo, porque luego no salgan a relucir ante los demás.

Cuando guían los ciegos, ¡ay de los que van tras ellos!— Nota la importancia de no dejarse gobernar por personas que no sean aptas para esta función.

Cuando hablares de alguien, mira de quién, adónde y qué, cómo, cuándo y a quién.—Es como: «Cuando fueres por camino, no digas mal de tu enemigo».

Cuando hay uvas e higos, adereza tus vestidos.—Porque se acerca el invierno.

Cuando hicieres limosna, si lo sabe esta mano, no lo sepa la otra.— Recomienda hacer la caridad no por vanidad, sino por bondad de espíritu.

Cuando fueres yunque, sufre como yunque; cuando fueres mazo, hiere como mazo.—Recomienda que se debe cumplir siempre con arreglo al deber que las circunstancias nos imponen.

Cuando Guara quiere capa y Moncayo chapirón, buen año para Castilla *y mejor para Aragón.*—Dice que si la sierra de Guara está nevada y nublado el Moncayo, la cosecha es buena.

Cuando la barba de tu vecino vieres pelar, echa la tuya a remojar.— Dice que se tome aviso de lo que a otro sucede para cuando se esté en igual circunstancia que él.

Cuando la cabra estornuda, el tiempo muda.

Cuando la Candelaria plora, el invierno es fora; si no plora ni hace viento, el invierno es dentro, y cuando ríe, quiere venire.—Que si llueve por la Candelaria (que es el día 2 de febrero), luego suele hacer tiempo claro y bonancible; si así no sucede, ha de llover y hacer frío.

Cuando la cólera sale de madre, no tiene la lengua padre. Dice que los iracundos no saben lo que dicen.

Cuando la culebra canta, señal de agua.

Cuando la higuera hace pie de gallina, pídelo a tu vecina, y cuando hiciere pie de pata, pídelo en cada casa.— Se refiere a los meses de abril y mayo; en el primero brotan las hojitas de la higuera, que semejan un pie de gallina, y en el segundo, ya más grandes, se parecen más a las de los palmípedos. Abril y mayo suelen ser meses de escasez para los trabajadores.

Cuando la hija dijere taita, mete la mano en el arca para sacar pan y darla.—Dice que cuando los niños empiezan a pronunciar sílabas, ya pueden comer.

Cuando la mala ventura duerme, nadie la despierta.— Recomienda no exponerse por osadía al peligro.

Cuando la mujer llorare, no se la ha de tener más duelo que a un ganso que anda en el agua en el mes de enero.— Dice que el llanto de la mujer las más de las veces es fingido.

Cuando la puta está a la puerta y el oficial tiene cerrada la tienda, ten por cierta la fiesta.

Cuando la puta hila y el rufián devana y el escribano pregunta cuántos son del mes, mal andan los tres.—Dice que cuando una persona hace menesteres ajenos a su oficio, es porque en él no puede medrar.

Cuando la sartén chilla, algo hay en la villa—En sentido figurado indica que las habladurías tienen siempre algún fundamento. Es como: «Cuando el río suena, agua lleva».

Cuando las barbas de tu vecino veas pelar, echa las tuyas a remojar.—Dice que cuando veamos lo que va sucediendo a los demás, debemos prevenirnos contra lo que puede ocurrimos a nosotros en semejante caso.

Cuando las cabrillas se ponen a hora de cena, tiempo es tornarse el pastor a su tierra.—Es por abril.

Cuando la sierra está tocada, en la mano tiene el agua.— Está tocada por estar con toca, o nubes que cubren las crestas; y entonces llueve.

Cuando la zorra anda a grillos, no hay para ella ni para sus hijos.—Es como: «Cuando la puta hila y el rufián devana y el escribano pregunta cuántos son del mes, mal andan los tres».

Cuando la zorra predica, no están seguros los pollos.— Dice que no debemos fiarnos de las palabras buenas de los traidores.

Cuando lo sabe el cornudo, ya lo sabe todo el mundo.— Se dice cuando el interesado es el último en enterarse de sus asuntos.

Cuando lloviere en agosto, no eches tu dinero en mosto.— En unas tierras, porque el agua de ese mes estropea la uva, y en otras, porque la favorece tanto, que el vino va luego barato.

Cuando llueve de cierzo, llueve de cierto.

Cuando llueve en agosto, llueve miel y mosto.

Cuando llueve en febrero, todo el año tiene tempero.

Cuando llueve, llueve; cuando nieva, nieva; cuando hace viento, entonces hace mal tiempo.

Cuando llueve y hace sol, coge el caracol.—Porque es cuando salen los caracoles a celar por las tapias y ribazos.

Cuando llueve y hace sol hace la vieja el requesón.— Es por marzo y abril.

Cuando llueve y hace viento, cierra la puerta y estate dentro.

Cuando marzo mayea, mayo marcea.—Dice que al tiempo bueno de marzo corresponde malo en mayo.

Cuando mayor es ventura, es menos segura.—Porque con ella crecen los enemigos.

Cuando nace la escoba, nace el asno que la roya.— «Roya» por roa. Es como: «Nunca falta un roto para un descosido». Dice que nadie es tan insignificante que no halle otro semejante con quien acomodarse.

Cuando no aprovecha la fuerza, sirva la maña y la cautela.

Cuando no lo dan los campos, no lo han los santos.— Dice que en los años de miseria no se pueden hacer muchas caridades.

Cuando no llueve en febrero, no hay buen prado ni buen centeno.

Cuando no tengo solomo, de todo como.—Dice de la necesidad de acomodarse a lo que mandan las circunstancias.

Cuando os pedimos, dueña os decimos; cuando os tenemos, como queremos.—Dice que el que ruega, halaga, y que, una vez satisfecho, olvida toda consideración.

Cuando pasan rábanos, comprarlos.—Es aprovecharse de la ocasión cuando se presenta.

Cuando pienses meter el diente en seguro, toparás en duro—Da a entender las sorpresas que producen las cosas y negocios cuya facilidad no es más que aparente.

Cuando revuelve el solano, ni deja bueyes ni carro.

Cuando seas padre, comerás huevo.—Se dice también: «Cuando seas padre, comerás tocino», «Cuando seas madre, comerás carne», etc. Se dice al que se le niega lo que pide, aduciéndole que no tiene suficiente autoridad o importancia para conseguirlo.

Cuando se enciende el pajar viejo, más arde que el nuevo. Se dice cuando se enamoran los viejos.

Cuando siembres, siembra trigo, que chicharros hacen ruido.— Advierte que se trabaje en cosas útiles.

Cuando te dieren el anillo, pon el dedillo.—Es como: «Si te dieren la vaquilla, corre por la soguilla». Dice que no se dejen perder las oportunidades. Se dice también: «Cuando te dieren el buen dado, échale la mano».

Cuando te dolieren las tripas, hazlo saber al culo.

Cuando tuvieres un pelo más que él, pelo a pelo te pelas con él.—Aconseja que no se tengan pleitos, sobre todo con personas más poderosas.

Cuando una puerta se cierra, otra se abre.—Es como: «Dios aprieta, pero no ahoga». Dice que a las contrariedades e infortunios suele compensarles alguna ventura.

Cuando un mes demedia, a otro asemeja.—Dice que la ultima mitad de cada mes anuncia el tiempo con que empezará el nuevo.

Cuando uno no quiere, dos no regañan.

Cuando viene el bien, métele en tu casa.—Recomienda aprovecharse cuando la fortuna favorece.

Cuando vieres la mujer medinesa, mete tu marido detrás de la artesa.—Nota de hermosas a las mujeres de Medina y su tierra.

Cuando vieres tu casa quemar, llégate a calentar.—Dice que del mal que no tiene remedio debe el hombre aprovecharse lo que pueda. Es como: «Ya que se quema la casa, calentémonos en ella».

Cuando vos ibais ayer, ya venía yo de moler.—Dice que, como más avisado, conoce ya lo que le advierten.

Cuando yo era moza, meaba por un punto; ahora que soy vieja, méolo todo junto.—Dice que la edad trae la experiencia, y con ella el desentenderse de las conveniencias sociales.

Cuan lejos de ojos, tan lejos de corazón.—Como: «Ojos que no ven, corazón que no siente».

Cuanto abasto, tanto agasto.—Se dice de los dispendiosos.

Cuanto el mundo trabaja y procura, todo es locura y basura.—Si no se hace algo por la salvación del alma.

Cuanto la vergüenza es menos, tanto duelen menos los yerros.

Cuanto más la mujer se mira a la cara, tanto más destruye su casa.—Porque las mujeres presumidas y vanidosas suelen ser malas amas de casa.

Cuanto más sucia la cocinera, más gordo el amo.

Cuanto mayor es la fortuna, es menos segura—Porque tiene más enemigos y envidiosos.

Cuanto menos bulto, más claridad.—Se dice irónicamente cuando una persona se retira de algún negocio o situación.

Cuanto sabes no dirás, cuanto ves no juzgarás, si quieres vivir en paz.—Encarece la discreción.

Cuanto se deja de dormir, tanto se acrecienta en vivir.

Cuarto (El) falto, de noche pasa.—Es como: «De noche, todos los gatos son pardos».

Cuatro buenos bocados son; présigo, higo, hongo y melón.

Cuatro cosas hay que en comunicarlas está su valer: el placer, y el saber, y el dinero, y el c... de la mujer.

Cuba (La) de vino, primero apreciada que mostrada.

Cuba (La) huele al vino que tiene.—Dice que a las personas se les distingue por lo que llevan dentro.

Cuba (La) y la hermana, cuando te la piden, dala.— La cuba, porque llena se conserva y vacía se estropea; y la hermana, porque mejor parece casada que soltera en su casa.

Cuchillo malo, corta en el dedo y no en el palo.

Cuchillo pamplonés, zapato de valdés y amigo burgalés, guárdeme Dios de los tres.

Cuenca de cabezas y Valencia de piernas.—Dice que son enfermas. Cuenca por fría y Valencia por húmeda.

Cuenta (La) del trillo, cada canto en su agujero.—Dice que con orden y conocimiento de las cosas se saca de ellas todo el provecho necesario.

Cuentas viejas, barajas nuevas.—Se suele decir especialmente por los noviazgos demasiado largos.

Cuenta tu pena a quien sabe de ella.—No dice a quien sepa que uno pena, sino a quien conoce el dolor que se está sufriendo.

Cuenta y razón sustentan amistad y unión.—Porque lo que más suele desunir son los intereses.

Cuerdo es quien redime su daño con lo que ha de dar al escribano.— Por aquello que dice la maldición gitana: «Pleitos tengas y los ganes».

Cuerdo (El) no ata el saber a estaca.—Dice que el hombre prudente no se rige por la opinión de los demás, sino por su propio conocimiento y experiencia.

Cuerdo (El) nunca se satisface de lo que hace.—Porque tiende a superarse.

Cuerpo, cuerpo, que Dios dará paño.—Dice que para conseguir un fin, lo primero que hay que hacer es poner los medios.

Cuerpo harto, a Dios alaba.—Dice que al que está satisfecho todas las cosas de la vida le parecen razonables y fáciles.

Cuida bien lo que haces, no te fíes de rapaces.—Es como: «El que con niños se acuesta, cagado se levanta». Dice que en las cosas serias y de importancia sólo debe tratarse con personas de experiencia.

Cuida de tus duelos y deja los ajenos.—Recomienda que se preocupe cada cual por lo suyo.

Cuidado ajeno, cuelga de pelo—Porque luego, por una nimiedad, deja de preocupar.

Cuidados ajenos matan al hombre bueno.—También se dice: «Cuidados ajenos matan al asno». Recomienda no preocuparse por los asuntos de los demás.

Culos conocidos, a cien años son amigos.—Dice que cuando se ha hecho vida íntima con una persona, aunque transcurra un gran lapso de ausencia, siempre se la reconoce con gusto.

Culos conocidos, de lejos se dan silbidos.

Culpa (La) del asno echarla a la albarda.—Suele decirse de los que por disculpar sus equivocaciones buscan pretextos para achacarlas a los demás.

Culpa no tiene quien hace lo que debe.—Semejante a: El que hace lo que puede no está obligado a más». Dice que el que cumple con su deber no le alcanza responsabilidad alguna.

Cumple con todos y fía de pocos.

Cumplimientos entre soldados son excusados.—Dice que entre gentes de la misma condición, el tratamiento se hace más llano. Este refrán tiene una variación: «Cumplimientos con soldados, excusados», que da a entender que con personas poco delicadas se pueden evitar las atenciones.

Cuñada y suegra, ni de barro buenas; nuera, ni de barro ni de cera.

Cuñados (Los) son sangre atravesada y desvenada.

Cuñados y hierros de arados, debajo de la tierra son logrados.

Cura (El), como no tiene en casa quien le dé pena, clava y espeta los ojos en la ajena.

Ch

Chica es la punta de la espina, mas a quien le duele no la olvida.

Chimenea nueva, presto humea—Dice que los jóvenes se acaloran pronto.

Chimenea sin fuego, reino sin puerto.

Chocolate (El) excelente, para poderse beber, tres cosas ha menester: espeso, dulce y caliente.

D

Daca el gallo, toma el gallo, quedan las plumas en la mano.—Dice que la duda e indecisión suelen al cabo echar a perder los negocios.

Dad al diablo el amigo que deja la paja y lleva el trigo.— Porque más que amigo verdadero lo es de su egoísmo. *Da Dios alas a la hormiga, para que se pierda más aína.*— «Aína» por de prisa. Dice que muchas veces las facilidades y ocasiones redundan en nuestro perjuicio.

Da Dios almendras a quien no tiene muelas.—Es como: «Da Dios pañuelo al que no tiene narices».

Da Dios barbas a quien no tiene quijadas.—Como el anterior.

Da Dios bragas a quien no tiene zancas.—Como el anterior.

Da Dios el frío conforme al vestido.—Dice que cada uno tiene la resistencia necesaria para soportar sus desdichas.

Da Dios pañuelo al que no tiene narices.—Que la fortuna suele ir al que no sabe emplearla. También se dice: «Dios da mocos al que no tiene pañuelo». Y «Dio Dios babas a quien no tiene quijadas».

Dádiva de ruin a su dueño parece.—Dice que el regalo del avaro es siempre mezquino.

Dádivas quebrantan peñas.—Dice que no hay poder suficiente que resista al dinero.

Dádivas y buenas razones, ablandan piedras y corazones. —Como el anterior.

Dadme madre recatada, daros he hija asegurada.

Dama de monte y caballero de corte.—La mujer es mejor en cuanto ha sido criada con mayor retiro y soledad; el hombre ha de ser más cortesano y entendido.

Dama (La) en la calle, grave y honesta; en la iglesia, devota y compuesta; en casa, escoba, discreta y hacendosa; en el estrado, señora; en el campo, corza; en la cama, graciosa, y será en todo hermosa.

Damas (Las) al desdén, parecen bien.—Dice que las mujeres, cuanto más naturales y sin afectación están, mejor parecen, y también que la verdadera hermosura se aprecia más sin afeites ni adornos.

Damas (Las) quieren ser rogadas, no ensenadas ni enojadas.—Dice que el favor de la mujer se consigue más fácilmente con dulzura y halagos.

Dama (La) y la galga, en la cama o en la manga.

Dame donde me asiente, que yo haré donde me acueste. — Lo dice por los que ofreciéndole un dedo se toman todo el brazo.

Dame gordura, darte he hermosura.—Lo dice porque las personas gruesas suelen ser más lucidas que las enjutas.

Dámela beoda, dártela he puta y ladrona.—Dice que la mujer borracha tiene además todos los vicios.

Dámela espumada y no me la des lavada.—Se dice de la olla.

Dámela golosa, dártela he puta y disoluta.

Dámela gorda, dártela he boba.

Dámela honesta, dártela he compuesta.

Dámela vestida, dártela he garrida.—Porque «Un palo vestido no parece palo».

Dame pega sin mancha y te daré moza sin tacha.—Como: «Dame trébol con cuatro hojas y te daré moza en que escojas». Dice que es casi imposible.

Dame trébol con cuatro hojas y te daré moza en que escojas.

Dame una seta en mayo te daré trigo de mi sobrado.—Porque entonces mayo será húmedo y la cosecha buena.

Dame ventura y échame en la rúa.—Como: «Ventura te dé Dios, hijo, que el saber nada te vale». Dice que con suerte todo es propicio.

Dando gracias por agravio, negocian los hombres sabios.—Recomienda humildad y dulzura para conseguir lo que se quiere.

Dando la gotera, hace señal en la piedra.—Dice que la perseverancia vence los grandes obstáculos.

Dar a Dios lo que es de Dios y al César lo que es del César.—Palabras del Evangelio que denotan el principio de la justicia distributiva.

Dar bien por mal, amigo real y precepto celestial.

Dar del pan y del palo, para hacer buen hijo del malo.— Dice que al hijo malo se le debe educar severamente para corregir sus costumbres perniciosas.

Dar el consejo y el vencejo.—Se dice cuando a más de aconsejar se ayuda a resolver la situación.

Dar en qué escoger es dar en qué entender.—Porque para la buena elección debe conocerse bien las cualidades de lo elegido.

Dar (El) es honor, y el pedir, dolor.

Dar es señorío, recibir es servidumbre.

Daría yo un ojo porque a mi enemigo sacasen otro.— Se dice de los que prefieren sacrificarse con tal de perjudicar a los demás.

Dar (El) limosna nunca amengua la bolsa.—Dice que toda buena acción es recompensada.

Daroca, la loca; la cerca grande, la villa poca.

Dar una en el clavo y ciento en la herradura.—Se dice de los que yerran las más de las veces.

Dar (El) y el tener, seso ha menester.—Dice que tanta cordura se necesita para conservar los bienes como para repartirlos equitativamente.

Date a placer, Miguelejo; morirás de viejo.

Date buena vida; temerás más la caída.—Se refiere al castigo de la Vida Eterna.

Da voces al lobo, responderte ha el eco.—Se dice cuando se aconseja o se advierte a una persona que no hace caso.

Da y ten, y habrás bien.—Aconseja la prudencia en la liberalidad.

De abril son las puestas, y agosto las lleva a cuestas.

De donde no se piensa salta la liebre, y andábala a buscar por los tejados.—Es como: «Donde menos se piensa salta la liebre». Avisa la conveniencia de prevenirse para no ser sorprendido.

De alcalde a verdugo, ved cómo subo.—Es como: «Como subo, de pregonero a verdugo».

De Alentejo el trigo y el queso.

De amigo a amigo, chinilla en el ojo y el culo en remojo. —Este refrán puede tener dos interpretaciones. O que de amigo a amigo deben tenerse pocas bromas, o que no debe confiarse demasiado en los amigos, porque muchas veces no lo son sino de palabra. También se dice: «De amigo a amigo, la china en el ojo».

De amigo reconciliado, de viento colado, y luna por horado, y de hombre que va disimulado, guarda tu lado.

De amigo reconciliado y de fraile colorado, guárdate con cuidado.

De amores y de juegos, las entradas.—Porque si se hacen largos, ambos cansan y aun dañan.

De amos comilones, los servidores y los canes tienen todos los días hambre.

De aquélla me deje Dios comer, que en mayo deja los pollos y comienza a poner.—La polla que se va de sus hermanos y pronto luce como gallina.

De Aragón, ni buen viento ni buen varón.

Debajo de la barba cana, honra se guarda.—Semejante a: «Bien parece la moza galana debajo de la barba cana».

Debajo de la manta, tanto vale la negra como la blanca.

Debajo del buen sayo está el hombre malo.—Y al revés: «Bajo una mala capa se esconde un buen caballero».

Debajo de miel hay hiel.—Es como: «Tras el ángel se esconde el diablo» y «Debajo del sayal hay al». «Al» por algo.

Debajo de mi manto, al rey mato.—Como: «Cada uno en su casa hace al rey cabrón».

Debajo de una mala capa se esconde un buen bebedor.— También se dice: «Debajo de una mala capa se esconde un mal caballero». Dice que a veces se encuentran en los individuos condiciones que no presumíamos en ellos.

De baldón de señor o de marido, nunca zaherido.—Dice que ni el criado debe ofenderse por las palabras de su señor ni la mujer por las de su marido.

De buena casa, buena brasa.—Semejante a: «El que a buen árbol se arrima, buena sombra le cobija». Dice que en las casas ricas hasta los desperdicios son buenos.

De buena mano, buen dado.—Dice que de persona de bien no debe temerse ningún daño.

De buena vid planta la viña, y de buena madre la hija.— Recomienda el cuidado con que deben elegirse las cosas importantes, cuyas consecuencias tanto han de interesarnos después.

De bueno y mejores a mi hija vengan de mandadores.— Dice del deseo que los padres tienen de casar a sus hijos con honra y provecho.

De casa ruin, nunca buen aguinaldo.—Es como: «Dádiva de ruin, a su dueño parece».

De casta le viene al galgo el ser rabilargo.—Semejante a: «De tal palo, tal astilla». Dice que cada cual suele parecerse siempre a los suyos.

De compadre a compadre, sangre en el ojo.—Es como: «De amigo a amigo, chinilla en el ojo».

De cosario a cosario, sólo se pierden los barriles.—Es como: «Lobo a lobo no se muerden».

De costal vacío, nunca buen bodigo.—«Bodigo» es limosna. Dice que del pobre no se puede sacar nunca mucho.

De cuero ajeno, correas largas.—Dice que se suele ser liberal con lo de los demás.

De diestro a diestro, el más presto.—Encarece la importancia de hacer las cosas rápidamente.

De dinero y calidad, la mitad de la mitad.—Advierte la exageración en que frecuentemente se incurre al hablar de fortuna, linaje, bondad, amistad, etc. También se dice: «De dineros y bondad, quita siempre la mitad».

Dedos (Los) de la mano no son iguales—Da a entender la diferencia que hay entre unos y otros individuos, aunque sean de condición muy semejante.

De enero a enero, carnero.—Por la excelencia de su carne.

De enero a enero, el dinero es del banquero.—Porque es el que gana siempre.

De ensalada, dos bocados y dejada.

Definición (La) de la cirugía: sacar de tu bolsa y echar en la mía.

De fuera vendrá quien de casa nos echará.—Se dice por el que manda y dispone en casa ajena.

De gustos no hay nada escrito.—Nota lo personal que es en cada individuo la apreciación de las cualidades de cosas y personas.

De hombre arraigado no te verás vengado.—También se dice: «Del hombre heredado no te verás vengado». Dice cuan difícil es vengarse de las personas poderosas.

De hombres es errar; de bestias es perseverar en el error. — También se dice: «De los hombres es errar y bestial es porfiar». Reprueba la obstinación y terquedad que se oponen a la razón.

De hora en hora, Dios mejora.—Aconseja paciencia y resignación en los infortunios.

De ira de señor y de alboroto de pueblo, nos libre Dios; y de juego de esparteña, queda pena.—Esparteña es alpargata de esparto malo para camino largo.

Deja la carne un mes y ella te dejará tres.—Recomienda la castidad.

Dejar lo usado es cosa fuerte, que mudar costumbre a par de muerte.—Dice de la violencia que causa el dejar un vicio o mudar la manera de vivir.

Del agua mansa me libre Dios, que de la recia me libro yo.—Dice cómo no debemos confiarnos a las personas de genio, al parecer, apacible y dulce.

Del agua vertida, nunca toda cogida.—Se achaca principalmente a la murmuración, de la que dice que es muy difícil anular por completo sus efectos.

Del árbol caído todo el mundo hace leña.—Dice que del que se encuentra en desdichada situación todo el mundo se aprovecha y se mofa.

Del dicho al hecho hay gran trecho.—Dice que al poner por obra las cosas es cuando se advierten las dificultades e inconvenientes que tienen y que al enunciarlas parecían tan fáciles.

Deleitosa (La) vida, padre y madre olvida.—Dice que el que se encuentra satisfecho no suele acordarse de los suyos, especialmente si están necesitados.

De lo ajeno, lo que quisiere su dueño.—Dice que el que recibe una dádiva debe mostrarse conforme y agradecido.

De lo contado lleva el gato.—También se dice: «De lo contado come el lobo». Nota la dificultad que hay en conservar las cosas por mucho que se reserven. También se dice: «De lo contado comía el lobo y andaba gordo».

Del lobo, un pelo, y ése de la frente—Dice que del malo debe tenerse algo, procurando que sea lo menos y lo mejor.

Del mal pagador, aunque sea en paja.

Del mar el mero y de la tierra el carnero.

Del monte sale quien al monte quema.—Semejante a: «No hay peor cuña que la de la misma madera». Dice que no hay peor enemigo que aquel que antes fue el más amigo.

De los cuarenta para arriba no te mojes le barriga.— Dice que en la edad madura se deben tener especiales atenciones y cuidados con la salud.

De los enemigos, los menos.

De los escarmentados nacen los avisados.—Es como: «El gato escaldado del agua fría huye». «El escarmentado bien conoce el vado», etc. Resalta el valor de la experiencia para evitar daños e infortunios.

Del plato a la boca se enfría la sopa.—Va contra los individuos negligentes y despaciosos.

Del pobre la bolsa con poco *dinero rebosa.*—Semejante a: «Más vale rico pobre que pobre rico». Dice que el pobre acostumbrado a poco, se cree poderoso en cuanto tiene algo.

Del viejo el consejo y del rico el remedio.

De mala masa un bollo basta.—Dice que de lo malo, lo menos.

De noche todos los gatos son pardos—Dice que la oscuridad oculta las faltas.

De nuevas no os curedes; que hacerse han viejas y saberlas hedes.— Dice que no debe uno interesarse demasiado por adquirir noticias y conocer novedades, pues en seguida pasan al dominio público y se olvidan.

De paja y de heno, el vientre lleno.—Dice que con tal de comer, no se repare mucho en la calidad de los alimentos.

De persona beoda no fíes tu bolsa.—Recomienda no fiar los intereses a personas que tienen algún vicio muy arraigado.

De puta vieja y de tabernero nuevo, guárdenos Dios.

De quien pone los ojos en el suelo, no fíes tu dinero.— Va contra los hipócritas.

Derecho apurado, tuerto ha tornado.—Dice que no se debe extremar el rigor de la justicia, sino templarla con la prudencia y la benignidad.

De rico a soberbio no hay un palmo entero.—Nota cómo las riquezas con su poder hacen injustos y autoritarios a sus poseedores.

Derramar la harina y allegar la ceniza.—Se dice de los que economizan lo poco y malgastan lo mucho.

De ruin a ruin, quien acomete vence.—Es semejante a: «El que da primero da dos veces». Dice de la ventaja de atacar el primero, especialmente cuando ninguno de los dos contendientes tiene mucha resistencia.

De ruin mano, ruin dado.—Indica que las dádivas de los mezquinos son siempre escasas y malas. También se dice: «De tal mano, tal dado».

De sabios es mudar de opinión.—También se dice: «De sabios es mudar consejo». Dice que el reconocimiento del error o la variación del parecer sobre algo es propio de personas sensatas.

Descalabrar al alguacil y acogerse al corregidor.—Es como: «Salir de Málaga y entrar en Malagón» y «Escapar del charco para caer en el lodazal».

Descubrime a él como amigo y armóseme como testigo.— Recomienda no confiarse a personas en las que no se está absolutamente seguro de su amistad.

Descuido (El) de la corregidora: sacude y levanta la saya, haciéndose la boba.—Dícese del que simulando no darse cuenta de una cosa la hace con determinada intención.

Desdichas y caminos hacen amigos.—Dice que las penas y el trato prolongado unen a los hombres.

Deseo (El) hace hermoso lo feo.—Como: «El que feo ama, bonito le parece».

Desgracias (Las) son como las cerezas, que unas a otras se llevan.— Es como: «¿Dónde vas, mal? Donde hay más» y «Bien vengas, mal, si vienes solo».

Desnudo nací, desnudo me hallo; ni pierdo ni gano.— Se dice para demostrar que se ha pasado por un asunto o situación sin provecho ni detrimento.

Despacio piensa, y obra apriesa.

Después de beber, cada uno da su parecer—Nota que después de las repetidas libaciones el hombre se vuelve hablador e indiscreto.

Después de comer, dormir, y de cenar, pasos mil.

Después de comer, ni un sobre leer.—Recomienda que en tanto dura la digestión no se trabaje intelectualmente.

Después de la liebre ida, palos en cama.—Semejante a «Después del burro muerto, la cebada al rabo».

Después del burro muerto, la cebada al rabo.—Dícese cuando se recurre con el remedio cuando ya no le hay.

Después que te erré, nunca bien te quise.—Dice que cuando se ofende a alguien, después se le pierde todo afecto y aun se le cobra odio, evitando en lo posible su trato y comunicación.

De tales bodas, tales costras.—Se refiere a los malos resultados que dan las cosas que no están bien hechas.

De tal palo, tal astilla.—Dice que los hijos se parecen casi siempre a los padres y sacan sus mismas virtudes y defectos. También se aplica a todo lo que se parece a su origen.

De tejas para abajo, todo el mundo vive de su trabajo.— Recomienda la necesidad de que cada cual se procure el sustento.

Detrás de la cruz está el diablo.—Es como: «Bajo la miel está la hiel». Dice que bajo una buena apariencia algunas veces se oculta la maldad.

De tu mujer y de tu amigo experto, no creas sino lo que supieras de cierto.—Dice que la mayor parte de las veces debe desecharse la opinión pública y creer solamente aquello que es innegable.

Deudor (El) no se muera, que la deuda en pie se queda.— Semejante a: «Arrieritos somos y en el camino nos encontraremos». Envuelve la amenaza de cobrarse tarde o temprano de alguna deuda o agravio.

De yegua poderosa, nunca buena cría.—Lo mismo se dice de las mujeres.

Diablo (El) a los suyos quiere.—Dice que cada uno prefiere a los de su condición.

Diablo (El) harto de carne se metió fraile.—Se dice del que abusando de los placeres, pasada la edad de ellos, reconviene y aconseja en este sentido a los jóvenes.

Día (El) de ayuno, víspera es de santo.—Y al revés: «Días de mucho, vísperas de nada».

Día (El) de calor, éste te arropa mejor.—Dice que en los días sofocantes es cuando se debe tener más cuidado de no enfriarse.

Día (El) del placer, víspera es del pensar.—Como «Día de mucho, víspera de nada».

Día de mucho, víspera de nada.—Dice que la mucha abundancia y despilfarro es causa de una rápida miseria.

Día de nublo, la mañana larga, el día ninguno.

Día (El) de San Bernabé, dijo el sol: aquí estaré.—Porque por esta época suele comenzar el buen tiempo.

Día (El) de San Fernando, huelga el mozo aunque le pese al amo.—A los días muy lluviosos llaman días de San Fernando-*Día (El) de San Lucas, mata tus puercos y atapa tus cubas.*

Día de San Martino, todo mosto es buen vino.

Día de San Mateo, vendimian los sesudos y siembran los sandeos.

Día de San Miguel, quita el riego a tu vergel.

Día de San Nicolás, está la nieve de palo en palo, y si no, está en lo llano.—Semejante a: «Por los Santos, la nieve en los cantos».

Día (El) de San Pedro de Cadera, sale la calor de sol a tierra.

Día de San Simón y Judas, alza tus bueyes de coberturas.

Día de Santa Lucía, mengua la noche y crece el día.

Día (El) nubloso, saca los paños hermosos.—Se entiende lavándolos.

Día (El) que cierno, mal día tengo.—Por ser día de viento. Semejante a: «Cuando llueve, llueve; cuando nieva, nieva; cuando hace viento, entonces hace mal tiempo».

Día (El) que me casé, buena cadena me eché.

Día (El) que no me afeité, vino a mi casa quien no pensé Se dice cuando se sufre una inoportunidad. Y también sirve para recomendar que siempre se debe estar dispuesto y arreglado. Se dice de otro modo este refrán: «El día que no escobé, vino quien no pensé».

Día (El) que te casas, o te sanas o te matas.—Porque: «El que en el casar acierta, en nada yerra». También se dice: «El día que te casas, o te curas o te matas».

Días de mayo, días de desventura; aún no es mañana y ya es noche oscura.—Se dice irónicamente contra los perezosos.

Días y ollas componen cosas.—Dice que el tiempo todo lo acaba.

Días y ollas son menester para convalecer.

Di a tu amigo el secreto y tenerte ha el pie en el pescuezo.

Dice el doliente al sano: Dios te dé salud, hermano.—Se dice irónicamente por el que ofrece lo que no tiene.

Dice el refrán: «Allá van los ojos donde está la voluntad».

Dice el refrán: «Allá van los pies donde el corazón está».

Dice mayo a abril: «Aunque te pese, me he de reír».— Porque aunque en abril haga mal tiempo, en mayo lo hace bueno.

Díceme mi madre que olvide al amor, acábelo ella con el corazón.

Dice mi marido que no hile, sino que me ponga a la puerta y mire.—Irónicamente se dice de los que buscan algún pretexto para no cumplir con su deber.

Dicen en Roma que la dama hile y coma.

Dicen los niños al solejar lo que oyen a sus padres en el hogar.—Por eso importa tanto su buena crianza y no hablar ante ellos cosas que no deben oír los extraños.

Dicen los sinos de San Román que por dar dan.—Quiere decir que el dar siempre suele responder a algún otro beneficio .·

Dicen que el tiempo desengaña a las gentes, mas muchas veces desengaña antes que llegue.—Sabido es que los viejos, por su experiencia, son los desengañados; empero, muchas veces, antes de llegar a la edad provecta, las contrariedades nos hacen alcanzar aquel estoicismo.

Dicen que es bonito el cura, tal sea su ventura.

Dicen que eres bueno, mete la mano en tu seno.—Dice que a pesar de la rectitud de conducta siempre tenemos algo que reprocharnos.

Dice Pedro Urdemalas que quien no tiene ovejas no tiene bragas.—Dice que el que no posee bienes de fortuna medra poco.

Dice Salomón: «Da vino a los que tienen amargo el corazón».

Dices tu pena a quien no le pena, te quejas a madre ajena.—Es decir, inútilmente.

Dicha (La) de la fea, la bonita la desea.—Es como: «La suerte de la fea, la bonita la desea».

Dichosa la casa que no tiene más que uno que gasta.

Dichosa la puerta por donde sale la hija muerta.—Será porque con ella se acabaron las preocupaciones y los sobresaltos.

Dichos de viejas, arrancan las piedras.—Los refranes; de verdaderos que son.

Dichoso el golondrino que habita en su nido.—Loa a la casa propia.

Dichoso el varón que escarmienta en cabeza ajena y en la suya non.

Dichoso mes, que empieza con los Santos y acaba con San Andrés.—Noviembre, por triste y destemplado.

Dichoso Moyano, que entró por mozo y salió por amo.

Dientes, canas y cuernos, no vienen por tiempos.

Diente (El) y el amigo, sufrillo, con su dolor y su vicio.—En cuanto al diente, no parece provechoso del todo este consejo.

Dieta y mangueta y siete nudos a la bragueta.—Si quieres llegar a viejo.

Diferencia hay de lo que se ve al ojo a lo que se ve por antojo.—Porque aquello que nos place siempre nos parece mejor que lo que es.

Difícil es con el aceite tratar y no se amancillar.—Se dice generalmente de los que manejan los bienes de otros, que si no son muy escrupulosos se aprovechan para sí.

Dificultosamente se guarda lo que a muchos agrada.

Dígalo Muñoz, que miente más que yo.—Se dice cuando abona la conducta de un pillo otro más pillo que él.

Diga mi vecina y tenga mi costal harina.— Semejante a: «Ande yo caliente, ríase la gente».

Dígole que se vaya y él descálzase las bragas.

Digo y redigo que la breva no es higo, ni el cagajón membrillo.

Dijo al mortero el pozo: «Quítate allá, que eres hondo».— Se dice cuando una persona reprocha a otra algún defecto que ella tiene más acentuado.

Dijo el asno al mulo: «Arre allá, orejudo».—Se dice del que reprocha a otro defectos que él tiene más acentuados.

Dijo el cazo a la caldera: «Quítate allá, tiznera».—Como el anterior.

Dijo el cuervo a la graja: «Quítate allá, tiznada».—Como el anterior.

Dijo el escarabajo a sus hijos: «Venid acá, mis flores».— Nota cómo el amor y la pasión hacen hermoso lo feo. Es como: «El que feo ama, bonito le parece».

Dijo el gato al unto: «Bien te lo barrunto».—Se dice cuando una persona está muy deseosa de algo.

Dijo el mosquito a la rana: «Más vale morir en el vino que vivir en el agua».

Dijo el tocino al vino: «Bien vengáis, amigo».—Porque a la comida grasienta le va muy bien beber vino.

Dijo la leche al agua: «Noramala vengáis, hermana».

Dijo la leche al vino: «Seas bien venido, amigo, pero no uséis mucho este camino».

Dijo la sartén a la caldera: «Quítate allá, culinegra».—Es como: «Dijo el cazo a la caldera: quítate allá, tiznera».

Díjome mi madre que porfiase, pero que no apostase.— Va contra la grosera y peligrosa costumbre de apostar.

Dila que es hermosa y tornarse ha loca.—No es bueno alabar la hermosura de las mozas en su presencia, porque se vuelven vanidosas.

Di la razón y no digas el autor.

Diligencia (La) aprovecha a veces más que la ciencia.— También se dice: «La diligencia es la madre de la buena ventura». Dan a entender estos refranes que el que está dispuesto y pronto para acometer cualquier asunto, lleva considerable ventaja sobre el despacioso y negligente.

Dime con quién andas y te diré quién eres.—Dice que de las personas con quienes se trata frecuentemente se aprenden sus costumbres y su modo de ser.

Dime cuáles dos venían y direte lo que decían.

Di mentira y sacarás verdad.—Es consejo de pícaro.

Dime pajarito, que estás en el nido: ¿la dama besada pierde marido? No, la mi señora, si fuese escondido.— Dice que el pecado de escándalo es el peor.

Dinero de culo, vase como el humo.—Dinero ganado con la prostitución.

Dinero (El) del mezquino, dos veces anda el camino.— Porque como la primera no es suficiente, ha de volver con el resto que falte.

Dinero (El) del pobre, dos veces se gasta.—Porque como compra lo barato tiene que volver a comprar luego.

Dinero de suegro, dinero de pleito.

Dinero (El) en la bolsa, hasta que se gasta no se goza.— Va contra los avaros.

Dinero (El) es caballero.—Quiere decir que al dinero se le hacen toda clase de honores.

Dinero gana dinero.—Porque con dinero pueden hacerse tratos y negocios.

Dinero (El) hace al hombre entero.—Dice que la riqueza da valor y osadía.

Dinero (El) hace bailar al perro.—Dice que el dinero consigue lo que se propone. Semejante a: «Por el pan baila el can».

Dinero (El) hace lo malo bueno.—Dice que por el provecho se transige con lo malo y aun se disputa como bueno.

Dinero haya en el bolsón, que no faltará quien haga el son.—Dice que con el dinero se alcanza todo.

Dinero llama dinero.—Dice que teniendo caudal es fácil acometer negocios que puedan acrecentarlo y que parece que a los ricos la suerte les ayuda.

Dinero olvidado, ni agradecido ni pagado.—Es como: «Lo olvidado, ni agradecido ni pagado». También se dice: «Dinero olvidado ni hace merced ni grado».

Dinero, seso y fe, no se ve.

Dinero (El) se va al dinero y el holgar al caballero.

Dineros son calidad.—Nota que el dinero da consideración social y honor, aunque las personas que lo poseen no lo merezcan.

Dineros y amores, diablos y locuras, mal se disimulan.— Se dice también: «El dinero y el amor no pueden estar ocultos». Dice que las pasiones y los bienes de fortuna, a más del gusto de ostentarlos, que es propio a todos, muy mal se pueden disimular, las unas por su misma fuerza y el dinero por ser en su naturaleza tan inseparable de lodos los actos humanos.

Dinero tenía el niño cuando molía el molino.—Cuando hay de donde quede o se sise.

Dinero (El) y el amor, trae los hombres al derredor. Dinero (El) y el amor y el cuidado, no puede estar disimulado.—Es como: «Dineros y amores, diablos y locuras, mal se disimulan»

Dinero (El) y la amistad, la mitad de la mitad.—Es como: «De dinero y calidad, la mitad de la mitad».

Diome Dios un huevo y diómelo huero.—Se dice del que se queja de la inutilidad de lo poco que tiene.

Dios aprieta, pero no ahoga.—Dice que en las situaciones difíciles siempre se encuentra una solución.

Dios bendijo la paz y maldijo las riñas.—Va contra las personas iracundas y pendencieras.

Dios castiga sin piedra ni palo.—También se dice: «Dios castiga y no a palos» y «Dios castiga y no da voces». Quieren decir que al malo llega el castigo, al parecer, de un modo providencial.

Dios consiente, mas no para siempre.—Se dice como advertencia para que no se repitan los actos reprochables, que por una vez son disculpados.

Dios da frío conforme a la ropa.—Dice que da las penas en la proporción que pueden soportarse. Es semejante a: «Dios aprieta, pero no ahoga».

Dios desavenga quien nos mantenga.—Es dicho de gente de curia.

Dios es el que sana y el médico lleva la plata.

Dios me dé contienda con quien me entienda.—Se dice cuando se trata con personas que por su poca educación o torpeza no comprenden nuestras razones.

Dios me dé padre y madre en villa, y en mis trojes trigo y harina.—Se dice del que desea una vida regalada y cómoda.

Dios me depare mesón, que la huéspeda me haya algo y el huésped non.—Dice que es preferible vivir en casa en que haya parentesco con la dueña, porque como ella dirige el negocio del hogar, se estará bien atendido.

Dios me guarde del agua mansa, que yo me libraré de la brava.—Lo dice por aquellas personas que tienen aspecto sumiso y gracias a él imponen su voluntad férrea.

Dios mejora las horas.—Dice que no se debe perder nunca la esperanza.

Dios me lleve a España, y estaba beodo en Cazalla.

Dios nos depare quien en la barba nos cague.—Ironía por los padres que desean hijos.

Dios nos dé paz y paciencia y muerte con penitencia.

Dios no se queja, mas lo suyo no lo deja.—Contra los malos, a los que no se les allega un castigo inmediato. Semejante a: «Dios no come ni bebe, mas juzga lo que ve».

Dios nos tenga de su mano, en invierno y en verano y en todo tiempo del año.

Dios no tiene tocas, mas quita de unas y pone en otras.— Lo dice por las veleidades del mundo.

Dios, que da la llaga, da el remedio.—También se dice: Dios, que da la llaga, da la medicina».

Dios sea con todos y el abad con el rollo.

Dios te dé mujer que todos te la codicien y ninguno te la alcance.

Dios sea loado, el pan comido y el corral cagado.—Se dice como consuelo en la desdicha, o para perdonar una afrenta.

Dios sufre a los malos, pero no para siempre.—Se dice cuando una cosa mal hecha no tiene el castigo inmediato que le corresponde.

Dios te dé ovejas e hijos para ellas.—Nota lo apetecible que es tener hacienda y cómo ésta debe ser cuidada por aquellos a quienes les interesa.

Dios te dé poder en villa y en tu casa harina.—Semejante a: «Dios me dé padre y madre en villa y en mis trojes trigo y harina».

Dios te dé que tengas y casa en que lo metas.

Dios te dé salud y gozo y casa con corral y pozo.

Dios te dé viña en Cuenca, y mujer fuerte, y pleito en Huete.—Es como maldición.

Dios te guarde de entenado; es malo de criar, y peor criado.—
«Entenado» por hijastro.

Dios te guarde de la delantera de viuda, y de la trasera de mula, y del lado de un carro, y del fraile, de todos cuatro.

Dios te guarde de ladrón de casa, y de loco de fuera de casa.

Dios te guarde de párrafo de legista, de infra de canonista, y de etcétera de escribano y de récipe de médico.

Dios te guarde de perro atado y de hombre determinado.

Dios te haga bueno, que será como hacerte nuevo.—Se le dice al malo.

Dios te guarde de alcalde nuevo y de escribano viejo.

Dios te libre del mozo cuando le apunta el bozo.—Lo dice a la moza para que se guarde.

Dios todo lo ve y lo oye y da lo que conviene el hombre.—Se dice a los que se quejan por su poca ventura.

Dios y el mundo no pueden andar juntos.—Contra los demasiadamente materialistas.

Discreción es saber disimular lo que no se puede remediar.

Discreto (El) alcánzalo todo, mas no el bobo.

Discreto (El) disimula la injuria con sosiego; el necio, córrese luego.

Díselo tú una vez, que el diablo se lo dirá diez.—El amor, a la mujer.

Di tu razón y no señales autor.—Semejante a: «Se dice el pecado, pero el pecador no».

División (La) y la destrucción, de un parto son.—Por aquello de que «La unión es la fuerza», «Divide y vencerás», etc.

Doblada es la maldad que sucede de amistad.—El daño del amigo es el más oprobioso para él.

Dóblame un rato, y servirte he más de un año.—Encarece el cuidado y buen trato que se debe dar al vestido.

Doblón de dos caras, norabuena estedes, pues con vos no topó Xevres.—«Xevres» fue uno de tantos cortesanos flamencos como trajo a España Carlos I, y a quien colocó en un preeminente cargo público desde el cual esquilmó cuanto pudo la nación. Su mala fama dio origen al refrán.

Doce gallinas y un gallo comen tanto como un caballo.

Do entra beber, sale saber.—Dice que los aficionados al vino no suelen serlo al estudio, y que el hombre borracho se convierte en torpe e ignorante.

Dolencia larga, muerte en zaga.

Dolor de cabeza, quiere manjar; dolor de cuerpo, quiere cagar.

Dolor de esposo, dolor de codo; duele mucho y dura poco.—Lo dice a las viudas.

Dolor de mujer muerta dura hasta la puerta.—Se refiere a la superficialidad de la tristeza de la viudez.

Donas (Las) y las palomas, aunque salgan con gemidos tornan a sus nidos.

Doncella (La) honesta, el hacer algo es su fiesta.—Dice que no debe haber mejor entretenimiento para las muchachas jóvenes que trabajar y ocuparse de las labores que les son propias.

Doncella (La) y el garzón, para en uno son.—Se dice para disculpar y aun alentar las relaciones amorosas de los jóvenes.

Doncella (La) honrada, la pierna quebrada y en casa.— También se dice: «La mujer honrada...», etc., y «La mujer casada...», etc.

Doncella, y dígalo ella.—Que es la única que puede saberlo.

Doncella (La) y el azor, las espaldas hacia el sol.—Este bello refrán indica que así como a los azores y gavilanes de caza había que ponerlos contra la luz del sol para que no se desvistasen al lanzarlos contra la presa, a la doncella conviene no dejarla mostrarse mucho porque parezca y sea más honesta y recatada.

Donde ajos ha, vino habrá.

Donde bien te quieren irás pocas veces; donde mal, nunca irás.

Donde buena olla se quiebra, buena cobertera queda.—Dice que cuando se deshace una casa rica, ricos son los despojos.

Donde comen dos, comerán tres; si más, tocarán a menos.

Donde comen tres, comerán cuatro, salvo que no tocarán a tanto.

Donde comen tres, comerán cuatro, añadiendo más en el plato.—Se usan también sin la última parte, y dice que con buena voluntad, entre unos cuantos puede darse entrada y cobijo a otro más.

Donde el buey viejo no tose, no está buena la troje.— Quiere decir que no anda muy sobrada la comida.

Donde el necio se perdió el cuerdo aviso tomó.—Dice que donde los torpes no ven nada y fracasan, los inteligentes comprenden y toman aviso para su provecho.

Donde entra el sol no entra el médico.—Dice que las casas soleadas son las más sanas.

Donde entra tajada no entra rebanada.—Dice que lo más y mejor quita el puesto a lo menos y peor.

Donde está claro no poder ganar honra, locura es aventurar la persona.

Donde está el grano está el lazo.—Porque no hay buen negocio que no tenga su parte mala.

Donde está el rey, a cien leguas.—Para vivir con tranquilidad y sosiego.

Donde está el dueño, allí está el duelo.

Donde falte el engaño, allí fenece el daño.

Donde fuego no se hace, humo no sale.—Dice que las consecuencias declaran los hechos. También se dice: «Donde fuego se hace, humo sale».

Donde fuerza hay, derecho se pierde.

Donde fuiste paje, no seas escudero.—Recomienda que el hombre conforme va alcanzando categoría no permanezca entre los que con él comenzaron, pues por envidia o por costumbre no alcanza entre ellos el respeto debido.

Donde hay amor hay dolor.—Porque el amor suele alcanzar siempre los dos extremos de felicidad y de desdicha. También puede aplicarse a que las personas que nos son afectas sienten con nosotros nuestras penas.

Donde hay gana hay maña.—Dice que el que quiere una cosa, de una manera u otra intenta procurársela.

Donde hay celos hay amor; donde hay viejos hay dolor.

Donde hay gran amor hay gran dolor.—Es como: «Donde hay amor hay dolor».

Donde hay hijos, ni parientes ni amigos.

Donde hay juncos hay agua junto.—Dice que por los indicios se conoce la causa.

Donde hay abejas, hay la miel de ellas.—Nota que donde hay bienes suele haber también regalo y abundancia.

Donde hay malos, nunca falta un bueno.

Donde hay patrón no manda marinero.—Se dice cuando, a pesar de las iniciativas propias, se tiene que obedecer al que ejerce más autoridad.

Donde hay provecho, pies y manos, oreja y pecho.—Que no debe negarse ningún esfuerzo.

Donde hay prudencia se conserva amistad con buena correspondencia.

Donde hay querer, todo se hace bien.—Semejante a: «Contigo, pan y cebolla». Dice que con amor todos los trabajos resultan agradables.

Donde hay saca y nunca pon, presto se acaba el bolsón.— Se dice por los que no reparan en gastar, pero no reponen su hacienda.

Donde hay yeguas, potros nacen.—Nota la lógica correspondencia que existe entre las causas y los efectos.

Donde hubo fuego siempre queda ceniza.—Se dice especialmente de los noviazgos frustrados, de los cuales siempre queda algún vestigio amoroso.

¿Dónde irá el buey que no are?—Dice que dondequiera que vaya el hombre pobre le sigue su trabajo y agobio.

Donde las dan las toman.—Dice que el que hace una cosa indebida tiene que aguantarse con las consecuencias.

Donde menos se piensa salta la liebre.—Es como: «Cuando menos se piensa salta la liebre».

Donde no está su dueño, está su duelo.—Dice que la hacienda que no está vigilada por el dueño produce más pesares que beneficios.

Donde no hay cabeza raída, no hay cosa cumplida.— Se refiere a los beneficios que se disfrutan en las casas de los eclesiásticos.

Donde no hay ganancia, cerca está la pérdida.

Donde no hay harina, todo es mohína.—Al contrario: «Los duelos con pan son menos». Dice que la miseria es origen de muchos quebrantos y disputas.

Donde no hay olla, el diablo mora.—Porque la necesidad es madre de toda desventura. Semejante al anterior.

Donde no hay pan, vase hasta el can.

Donde no llega la piel del león hay que añadir un poco de la de la zorra.—Dice que lo que el valor no puede lo consigue la astucia.

Donde no me llamaron fui y suspirando me volví.—Porque es mejor: «Cada uno en su casa y Dios en la de todos».

Donde no valen cuñas, aprovechan uñas.—Dice que las cosas que no se pueden conseguir con grandes o rápidos medios, hay que valerse para ello de maña y destreza.

Donde otro mete el pico, mete tú el hocico.—Aconseja que en los asuntos y negocios se emule a los que medran.

Donde parece que hay chorizos, no hay clavos donde colgarlos.— Advierte que muchas veces las apariencias engañan, dando a entender que donde creemos que hay riquezas sólo encontramos miseria disimulada.

¿Dónde perdió la niña su honor? Donde habló mal y oyó peor.— Recomienda a las mujeres jóvenes el recato en sus palabras y el cuidado con que deben elegir las compañías.

Donde perdiste la capa, ahí la cata.—Dice que no se debe desanimar ante las pérdidas de dinero en los asuntos, sino con perseverancia procurar dominarlos y resarcirse.

Donde piensan que hay tocinos, no hay estacas.—Como: «Donde parece que hay chorizos...», etc.

Donde sacan y no echan, buscan y no encuentran.— Avisa contra el mal fin de los despilfarradores.

Donde salió el borrego, entra el carnero.—Dice que las paridas han de comer bien y cuidarse.

Donde tengas el invierno, tengas el verano y tendrás buen año.—Dice que es más provechoso radicar siempre en un mismo lugar que no andar de ceca en meca.

Donde tu padre fue con tinta no vayas tú con quilma.— Dice que donde el antecesor promovió pleito o produjo estrago, es inútil ir a pedir. «Quilma» por costal.

Donde una cabra va, allí quieren ir todas.—Critica la condición gregaria de la Humanidad.

Donde una puerta se cierra, otra se abre.—Es como: «Dios aprieta, pero no ahoga». Dice que tras de un infortunio solemos encontrar el consuelo y la ayuda.

Donde va la mar vayan las arenas.—Dice que adonde fue lo más y lo mejor puede aventurarse lo menos.

Dormiréis sobre ello y tomaréis acuerdo.—Vale tanto como la frase: «Consultar con la almohada». Dice que en los asuntos de importancia, antes de adoptar una decisión deben transcurrir algunas horas o días de reflexión.

Dos adivinos hay en Segura: el uno experiencia, el otro cordura.—Dice que esas dos ayudas son las únicas que no fallan al hombre.

Dos aguas de abril y una de mayo, valen los bueyes y el carro.—Resalta el mucho beneficio que hacen a la campiña las lluvias en esta época.

Dos al saco y el saco en tierra.—Se dice cuando entre muchos se hace cosa de poco o ningún provecho.

Dos amigos de una bolsa, el uno canta y el otro llora.— Nota los inconvenientes que tiene el llevar los negocios a medias. Condena este proceder el refrán que dice: «Las medias, para las piernas».

Dos a uno, tornarme he grullo.—Dice que cuando las fuerzas con que se ha de luchar son desproporcionadamente mayores, es preferible abandonar el asunto.

Dos aves de rapiña no mantienen compañía.—Dice que dos personas avaras y ambiciosas no pueden congeniar ni negociar juntas.

Dos cosas en el caballo: paso de cuervo y pescuezo de gallo.

Dos gorriones en una espiga hacen mala miga.—Es como: «Dos amigos de una bolsa, el uno canta y el otro llora».

Dos hermanos en un concejo, de lo derecho hacen tuerto.—Porque uniendo su interés pueden cometer injusticia.

Dos no riñen cuando uno no quiere.

Dos potros a un can, bien morderán.—Critica el abuso que de su fuerza hacen varios contra uno.

Dos que bien se quieren no cuentan lo que tienen.—Dice que entre los que existe verdadero cariño el interés es muy secundario.

Dos que duermen sobre un colchón se vuelven de la misma opinión.—Dice que entre marido y mujer la intención y determinación suele ser la misma, porque la convivencia Íes acostumbra a opinar de un modo semejante.

Dos testigos matan a un hombre.

Dos focas a uno mesa, a la una o a la otra la pesa.— Dice que dos mujeres que manden en una casa no es buen gobierno.

Dos tocas en un hogar, mal se pueden concertar.—Dice que dos mujeres en una misma casa no deben tener mando por la competencia que se suscita en ellas.

Dote, fiado, y suegra, de contado.—Dícese que los que a cuenta de dudosos beneficios aceptan cargos o responsabilidades de trabajo y agobio.

Do tu padre fue con tinta, no vayas tú con quilma.— «Quilma» es costal; dice que donde el padre promovió pleito no vaya el hijo a buscar ganancia.

Do vino el asno, vendrá la albarda.—Dice que con lo principal suele ir lo accesorio.

Doy al diablo el potro que en viendo la yegua no relincha. — Lo dice por los medio varones

Duelos ajenos matan a los hombres.—Aconseja no ocuparse sino de los asuntos propios.

Duelos (Los) con pan son menos.—Siempre aminora las penas el haber hacienda.

Duelos me hicieron negra, que yo blanca me era.—Denota lo mucho que acaban y consumen las penas.

Dueña que de alto hila, de alto se remira.—Se dice por las mujeres que presumen de ser muy laboriosas.

Dueña que en alto hila, abajo se humilla.—Vale tanto como la frase «Torres más altas cayeron». Denota que el que se encumbra más de lo que le pertenece, o el que usa orgullosamente de su situación, está expuesto a verse humillado.

Dueña que mucho mira, poco hila.—Va contra las mujeres ventaneras.

Duerme a quien duele, y no duerme quien algo debe.—Dice que el hombre honrado y digno mejor vive con un dolor que con una deuda.

Duerme con tu enemigo y no con tu vecino.—Dice que es preferible tener el pensamiento en las cosas que pueden perjudicarnos, para prevenirlas, que en los bienes que nos suceden.

Duerme, Juan, y yace, que tu asno pace.—Lo dice el que cumplido su deber se satisface en la paz que goza.

Duerme quien duerme y no quien algo debe.—Es como: «Duerme a quien duele y no duerme quien algo debe».

Dueños lo dan y siervos lo lloran.—Dice que los verdaderos señores son de por sí liberales, cualidad que contrasta con la ruindad del que no tiene grandeza de alma.

Duerme quien debe y no quien penas tiene.—Recomienda la vida tranquila y sencilla.

Duero tiene la fama y Pisuerga lleva el agua.—Por extensión se usa como: «Unos cardan la lana y otros llevan la fama».

Dormir como lechón de viuda.—Dormir a pierna suelta.

Duro (El) adversario, amansa las furias del contrario.— Recomienda valor y entereza en la resistencia contra los ataques enemigos.

E

Échame pan y llámame tonto.—Lo dice el que con tal de recibir algún beneficio no le importa pasar por el papel de necio o aguantar insultos.

Echar margaritas a puercos.—Frase proverbial que indica la inutilidad de tener una delicadeza con quien es incapaz de comprenderla.

Él, por vía de compadres, quiere hacerme la hija madre.— Se dice del que, so capa de amistad, procura daño.

El que a buen árbol se arrima, buena sombra le cobija.—Dice que siempre debemos allegarnos a los buenos y poderosos, porque de su compañía y trato se saca honra y provecho.

El que a cuarenta no atina y a cincuenta no adivina, a sesenta desatina.—También se dice: «El que a los cuarenta no atura y a los cincuenta no adivina, a sesenta desatina». «Aturas» por resiste; dice que cuando el hombre hecho no es fuerte e inteligente, con la vejez se vuelve más tonto aún.

El que a hierro mata, a hierro muere.—Dice que el que causa un daño se expone a recibir otro semejante.

El que a la bodega va y no bebe, burro va y burro viene.—Reprende al que no sabe aprovechar las oportunidades.

El que a larga vida llega, mucho mol vio y más espera.

El que a la tienda va y viene, dos casas mantiene.—Lo dice porque comprando muy por lo menudo sale más caro.

El que algo debe, no reposa como quiere.

El que a los suyos se parece, honra merece.—Dice que el que saca cualidades de sus antepasados debe tenerlo a orgullo por perpetuar el espíritu de familia.

El que amenaza, pierde la ocasión de la venganza.—Porque da lugar a que el enemigo se prevenga.

El que calla, otorga.

El que come y deja, dos veces pone la mesa.—Porque tiene para ahora y para luego.

El que compra y miente, en su bolsa lo siente.—Dícese de los que simulan haber comprado más barato de lo que les costó en realidad, lo cual no les produce ningún beneficio.

El que con niños se acuesta, cagado se levanta.—Dice que con los niños no se puede contar nunca para una obra seria, pues la echan a perder.

El que corre menos, vuela.—Dice que el que no se precipita y hace las cosas ordenadamente y con cordura gana más tiempo que los atropellados y rápidos.

El que da lo suyo antes de la muerte merece que le den con un canto en los dientes.—Da a entender que no se debe repartir en vida la hacienda, porque luego los beneficiarios no suelen ser agradecidos.

El que da por que le den, engañado debe ser.

El que da primero, da dos veces.—Nota la ventaja de agredir antes de ser agredido.

El que de la culebra está mordido, de la sombra se espanta.—Es como: «El gato escaldado, del agua fría huye».

El que desalaba la yegua, ése la merca.—También se dice: «El que desecha la yegua, ése la lleva» y «Quien dice mal de la pera, ése la lleva». Significa que el que desea comprar una cosa antes la menosprecia y saca faltas con objeto de pagarla lo menos posible.

El que de treinta no sabe y de cuarenta no tiene, no lo aguarde si no es que herede.

El que dice la verdad, ni peca ni miente.—Va en defensa de la verdad.

El que en mentira es cogido, cuando dice verdad no es creído.

El que escucha, su mal oye.—Reprende a los demasiadamente curiosos que por su mala costumbre suelen enterarse de cosas que les dañan o agravian.

El que es enemigo de la novia, ¿cómo dirá bien de la boda?—Advierte que no se debe tomar consejo de las personas apasionadas o interesadas.

El que esperar puede, alcanza lo que quiere.—Semejante al proverbio árabe: «Siéntate a la puerta de tu casa y verás pasar el cadáver de tu enemigo».

El que está a las verdes, está a las maduras.—Se dice del que participando de los beneficios de un negocio tiene asimismo que soportar las pérdidas o inconvenientes.

El que está bien no para hasta que se pone mal.—Lo dice por las personas inquietas y descontentadizas que con frecuencia desean cambiar de situación.

El que está en el lodo querría meter a otro.—Recomienda que se huya de las malas compañías, porque el que está deshonrado tiende a pervertir al bueno.

El que está en la aceña, muele; que el otro va y viene.— Dice que el que atiende con asiduidad sus negocios es el que obtiene la verdadera utilidad de ellos.

El que está en pie, mire no caiga.—Es como: «Torres más altas cayeron». Advierte al que está en la prosperidad que no debe engreírse demasiado, pues las cosas humanas están muy expuestas a mudanza.

El que fía o promete, en deuda se mete.—Semejante a la frase proverbial: «Lo prometido es deuda».

El que fue cocinero antes que fraile sabe lo que pasa en la cocina.—Dice que cuando se ha pasado ya por una situación se tiene experiencia de lo que debe hacerse en otra semejante.

El que fue monaguillo y después abad, sabe lo que hacen los mozos tras el altar.—Como: «El que fue cocinero antes que fraile, sabe lo que pasa en la cocina»

El que fuera se va a casar, o va engañado o va a engañar.—Recomienda matrimoniar con personas conocidas cuya conducta sea una garantía.

El que guarda, halla.—Recomienda ser conservador y ahorrativo.

El que hace lo que no debe, sucédele lo que no cree.— Semejante a: «El que siembra vientos, recoge tempestades». Dice que de las cosas mal hechas no se pueden esperar buenas consecuencias.

El que ha de besar al perro en el culo no ha menester limpiarse mucho.—Se dice cuando los preparativos son desproporcionados con el fin propuesto.

El que ha de ser bachiller, menester ha de aprender.— Dice que el que quiere llegar a ser algo tiene que ser a costa de su trabajo y esfuerzo.

El que ha de ser servido ha de ser sufrido.—Por aquello de que «Criados, enemigos pagados».

El que ha de servir ha de sufrir.

El que hambre tiene, con pan sueña.—Dice que el deseo exagerado de una cosa llega a constituir una obsesión.

El que ha sido cocinero antes que fraile, lo que pasa en la cocina bien lo sabe.

El que ha tenido una mujer, merece una corona de paciencia; el que ha tenido dos, la merece de simpleza.

El que las sabe, las tañe.—Dice que el que entiende de un asunto es el que debe hablar e intervenir en él.

El que ley establece, guardarla debe.—Dice que el que obliga a los demás al cumplimiento de un precepto debe empezar por dar él mismo el ejemplo. Es como: «Procure ser en todo lo posible, el que ha de reprender, irreprensible».

El que lo tiene, lo gasta, y si no, se lame el asta.—Dice que el que no puede alternar o figurar por falta de dinero debe resignarse a su suerte.

El que malas mañas ha, tarde o nunca las perderá.—Avisa lo inconveniente que es acostumbrarse a cosas perjudiciales, pues luego es muy difícil borrar esa costumbre.

El que malicioso fuere, antes de tiempo muere.

El que mal vive, poco vive.

El que más come, menos come.—Porque suele vivir pocos años.

El que más habla es el que más tiene por qué callar.— Se dice porque las personas, cuantas más faltas y defectos tienen, suelen atreverse a criticar y hablar más de los del prójimo.

El que me hace más bien de lo que suele, o engañado me ha o engañarme quiere.

El que mucho corre, pronto para.—Es como: «Quien mucho corre, pronto para».

El que no aprende a sus años sufre amargos desengaños. —Dice que el que no aprende oportunamente, la inexperiencia le causa después muchas amarguras.

El que no cojea, renquea.—Dice que no hay nadie perfecto.

El que no duda, no sabe cosa alguna.—Porque para satisfacer el conocimiento verdadero es precisa la investigación y el estudio.

El que no está acostumbrado a bragas, las costuras le hacen llagas— Se dice de los que no estando hechos a una costumbre en ella encuentran muchos inconvenientes y molestias.

El que no llora, no mama.—Dice que muchas veces es conveniente protestar o pedir, porque si no, no advierten nuestras necesidades o deseos.

El que no mira hacia adelante atrás se queda.—Dice que el que no tiene previsión y acuerdo para ordenar su vida, cuando llega a viejo sufre las consecuencias.

El que no sobe es como *el que no* ve.—Reprende al ignorante, que por su desconocimiento se halla aislado en la vida.

El que no se consuela es porque no quiere.—Se dice contemplando el mal de los demás.

El que no se fía no es de fiar.—Va contra las personas maliciosas, que por regla general no suelen ser honradas.

El que no te ama, burlando te difama.—Dice que a las personas a quienes se quiere ni aun en broma se les debe faltar al respeto.

El que no *tiene alforjas ni barril, todos saben adonde ha de ir.*—A buscar lo de los otros.

El que no tiene amigos, tema a los enemigos.

El que no tiene buey ni cabra, toda la noche ara.—Dice que los pobres nunca salen de trabajos.

El que no tiene cabeza tiene que tener pies.—Se dice cuando por falta de memoria hay que ir a un mismo sitio repetidas veces.

El que no tiene casa, adonde quiera es vecino—Dice que el desheredado cualquier lugar tiene por patria.

El que no tiene mujer, bien la castiga, y el que no tiene hijos, bien los cría.—Se entiende por los consejos que da.

El que no tiene mujer, cada día la mata; mas quien la tiene, bien la guarda.—Dice que el que tiene que guardar una cosa se ocupa de ella, en tanto que el que no la tiene la menosprecia constantemente.

El que no tiene otra cosa, con su madre se acuesta.—Da a entender que muchas veces hay que aceptar las cosas en contra de la voluntad, por no poder tomar otra determinación, y que el hombre se consuela con lo malo a falta de lo mejor.

El que no tiene vergüenza, toda la calle es suya.—Da a entender que para el fresco y sinvergüenza no hay otra norma de conducta que su capricho.

El que paga mal, paga dos veces.—Este refrán es fundamento de derecho. Dice que cuando se paga a quien no se debe hay que volver a remunerar al acreedor efectivo.

El que parte y bien reparte, se queda con la mejor parte.

El que pierde y dice que no lo siente, es un puto, ladrón, cornudo y miente.

El que pone al juego sus dineros no ha de hacer cuenta de ellos.

El que primero se levanta, primero se calza.—Semejante a: «Al que madruga, Dios le ayuda». Dice que el que por su diligencia alcanza primero una cosa lleva todas las ventajas. También se dice: «El que primero llega, ése la calza».

El que puede y no quiere, cuando él querrá no podrá.— Dice que no se deben desaprovechar ni demorar demasiado las ocasiones.

El que quiera honra, que la gane.—Se dice cuando se oye difamar a un ausente.

El que quiere a la col, quiere a las hojas de alrededor.— Dice que cuando se quiere a una persona también se estima a las cosas que le atañen o le son gratas. También puede interpretarse diciendo que el que quiere una cosa tiene que hacerse cargo lo mismo de sus ventajas que de sus inconvenientes.

El que quiere mentir, alarga los testigos.—Dice que el embustero siempre anda buscando testimonios para parecer más verdadero.

El que quiere, va; el que no quiere, envía.—Dice que cuando se tiene interés en un asunto se hace personalmente y no por intermediarios.

El que quita la ocasión quita el peligro.—Dice que muchas veces no se peca por el deseo de pecar, sino porque las circunstancias nos invitan a ello.

El que regala bien vende, si el que recibe lo entiende. —Porque espera, por agradecimiento, algún servicio o dádiva.

El que reparte, lleva la peor parte.—Si es pundonoroso.

El que ríe mucho es tenido por insensato, y el que no ríe es de casta de gato.

El que se casa en tierra ajena, toma la mujer mala y nácela buena.

El que se casa fuera, o la trae o la lleva.—La tacha.

El que se casa, por todo pasa.—Dice de los muchos trabajos, obligaciones y cuidados que trae consigo el matrimonio.

El que se convida, fácil es de hartar.—Dice que el que ruega por necesidad algo no puede tener exigencias.

El que se levanta tarde, ni oye misa ni come carne.— Va contra los perezosos.

El que se mete debajo de hoja, dos veces se moja.—Dice que el que se resguarda de la lluvia debajo de los árboles no consigue sino mojarse más.

El que se pica, ajos come.—Dice que cuando alguien se da por aludido sin serlo, es porque tiene motivo para ello.

El que se traga un hueso, confianza tiene en su pescuezo. —Dícese cuando alguien se mete en un negocio de muy difícil solución.

El que se viere solo y desfavorecido, aconséjese con los refranes antiguos.—Porque ellos son la experiencia de la Humanidad y el compendio de toda sabiduría.

El que siembra alguna virtud, coge fama.

El que siembra y cría, tanto gana de noche como de día.

El que sigue la caza, ése la mata.—Dice que el que tiene perseverancia consigue lo que se propone.

El que solo come su gallo, solo ensilla su caballo.—Dice que al egoísta nadie le ayuda.

El que su nariz acorta, su cara afea.—El que propala los defectos de los suyos se perjudica a sí mismo.

El que tal ha padecido, ése se compadece del doliente y del herido.— Dice que nadie comprende mejor las penas y dolores que aquel que ha pasado por ellos.

El que tarda en dar lo que promete, de lo prometido se arrepiente.

El que tenga hijo varón, no llame a otro ladrón.—Dice que se procure ser condescendiente con las faltas de los demás, ya que nosotros podemos caer en ellas.

El que tiene bien y su mal escoge, de lo que le venga no se enoje.— Semejante a: «El que está bien no para hasta que se pone mal».

El que tiene buba, ése la estruja.—Dice que nadie se interesa por los males como el que los padece.

El que tiene capa, escapa.—Dice que el que tiene quien le ampare y oculte puede zafarse de la acción de los demás.

El que tiene el tejado de vidrio, no tire piedras al de su vecino.—Dice que el que tiene por qué callar no hable mal de los demás.

El que tiene padre alcalde, seguro que va al juicio.—Dice que cuando se tiene de su parte el favor, se va seguro al triunfo.

El que todo lo quiere vender, presto quiere acabar.—Se dice cuando uno echa todas las cosas a barato.

El que toma el nombre de la madre, por ruin deja a su padre.—Suelen hacerlo los hijos bordes y espurios.

El que toma la zorra y la desuella ha de saber más que ella.—Dice que para dominar al hombre astuto hay que ser todavía más sagaz que él.

El que toma parientes más honrados que sí, señores toma a quien servir.

El que tonto va a la guerra, tonto vuelve de ella.—Dice que los torpes y los necios, aunque vean y viajen, no aprenden nunca.

El que tropieza y no cae, adelanta terreno.—Dice que el que yerra, su equivocación suele servirle de enseñanza. Semejante a: «Para aprender, perder» y «Perdiendo se aprende», etc.

El que tuvo y retuvo, guardó para la vejez.—Se refiere especialmente a los que conservan sus cualidades morales y físicas en la edad provecta.

El que va a hacer mal, ya va medio herido, dice el refrán.—Porque el que va a hacer algún daño va temeroso del castigo.

El que va a la bodega y no bebe, buena vez se pierde.—Se dice del que desaprovecha la ocasión.

El que va a las Indias es loco, y el que no va es bobo.—Dice que el vulgo siempre encuentra motivo de criticar.

El que va en carro, ni va a pie ni a caballo.

El que vive en la montaña, piensa que tiene algo y no tiene nada.—Por ser tierra pobre y escasa.

Empréñate del aire, compañero, y parirás viento.—Se dice de los que hablan fantásticamente o con exageración.

Emprestaste, perdiste al amigo.

En abril, aguas mil, coladas por un mandil; en mayo, tres o cuatro, y ésas con buen barro.

En abril poda el ruin; el bueno, en marzo o febrero.

En abril y mayo, haz harina para todo el año.

En agosto trilla el perezoso.

En almoneda, ten la boca queda.—Dice que antes de emitir el juicio propio es conveniente conocer el de los demás.

Enamorado (El) que no es pulido, luego es aborrecido.— Porque la buena presencia influye mucho en el concepto de los otros.

Enamorado (El) y el pez, frescos han de ser.—Entiéndase el doble sentido de la palabra fresco.

En año bueno, el grano es heno, y en año malo, la paja es grano.—Por la baratura y carestía consiguientes.

En año caro, harnero espeso y cedazo claro.—Recomienda que se viva con economía en los años escasos.

En arca abierta, el justo peca.—Es como: «La ocasión hace al ladrón». Dice que la ocasión y la facilidad son causa de cometer actos en los que no se ha pensado. También se dice: «En el arca abierta, el malo peca».

En arca de avariento, el diablo yace dentro.—Porque el tesoro del avaro es la causa de su intranquilidad y sobresalto.

En boca cerrada no entran moscas.—Dice que la discreción evita muchos inconvenientes.

En buen año ni en malo, no dejes la harina en el salvado.—Recomienda que en ninguna ocasión se sea despilfarrador.

En buen año y malo, ten tu vientre regalado.—Recomienda que lo primero que se debe hacer es atender a las necesidades corporales, pese a las veleidades de la fortuna.

En buenas manos está el pandero, que lo sabrá bien tañer. — También se dice: «En manos está el pandero de quien lo sabrá tañer». Dícese cuando un asunto se deja al arbitrio de persona experta y sesuda.

En burlas ni en veras, con tu señor no partas peras; darte ha las duras y comerse ha las maduras.—Dice que con el poderoso no conviene reñir ni enemistarse, porque siempre toca la peor parte al inferior.

En burlas ni en veras, niña, con el hombre no quieras riña; ni en burlas ni en veras, no quieras con él bregas.

En cabeza loca, ni se tiene, ni dura, ni para cosa.

En cada casa cuecen habas, y en la mía, a calderadas.— Dice que en todos los sitios hay algo que lamentar o que callar.

En cada legua hay un pedazo de mal camino.—Dice que no hay cosa, por buena que sea, que no tenga su inconveniente.

En cada pago, su viña, y en cada barrio, su tía.—Que es bueno tener.

En cada tiempo, su tiento.—Dice que el don de la oportunidad es uno de los que más aprovechan al hombre, porque medra aquel que sabe comportarse conforme a las circunstancias.

En cada tierra, su uso, y en cada casa, su costumbre.— Advierte que nadie debe meterse a reformar los modos de cada uno.

Encaja como pedrada en ojo de boticario.—Es decir, a despropósito.

En casa de Gonzalo, más manda la gallina que el gallo.—Se dice criticando a los matrimonios en que la mujer manda más que el marido.

En casa del abad, comer y llevar.—Nota la abundancia que siempre ha habido en la casa de los clérigos.

En casa del ahorcado no se ha de nombrar la soga.— Recomienda no hablar o recordar a las personas lo que se sabe que les es molesto o doloroso.

En casa del alboguero, todos son albogueros.—«Alboguero» es el que toca el albogue, instrumento músico pastoril. Es como: «En casa del gaitero todos son danzantes».

En casa de la mujer rica, ella manda y ella grita.—Dice que las mujeres que han traído al matrimonio bienes de fortuna rara vez son comedidas y humildes con sus maridos pobres.

En casa del bueno, el ruin tras el fuego.—Dice que alrededor de las personas buenas siempre acecha alguien la ocasión de aprovecharse de aquella bondad.

En casa del doliente, quémase la casa y no se siente.— Dice que cuando los pesares son muchos llega un momento en que uno más no se echa de ver.

En casa del gaitero todos son danzantes.—Dice que el que representa un hogar es el que, con su ejemplo, da tono y enseña a vivir a todos los que de él dependen. También se dice: «En casa del tamborilero todos son danzantes».

En casa del herrero, cuchillo de palo.—Se dice cuando se carece de alguna cosa de la que por obligación debiera haber gran copia o abundancia

En casa del mezquino, más manda la mujer que el marido.

En casa *del pobre, todos riñen y todos tienen* razón.— Es semejante a: «Donde no hay harina, todo es mohína».

En casa del ruin, la mujer es alguacil.—Es como: «En casa del mezquino, más manda la mujer que el marido». Afea que los hombres sean débiles y se dejen dominar por sus mujeres.

En casa de Miguel, él es ella y ella es él.—Se dice cuando mandan las mujeres en lugar de los maridos.

En casa de mujer rica, ella manda y él obedece.—También se dice: «En casa de la mujer rica, ella manda y ella grita», dando a entender el poder de su dinero, cosa que no suele suceder cuando el marido es rico.

En casa de tu enemigo, la mujer ten por amigo.—Dice lo que vale que las mujeres sean los abogados de nuestras causas.

En casa llena, presto se hace la cena.—Dice que donde hay abundancia a todo se recurre con facilidad.

En casa mal gobernada, más vale plaza cara que despensa abastada.—Porque la facilidad de tomar de donde hay resulta más onerosa que el adquirir lo necesario, aun a precio superior.

En Castilla, el caballo lleva la silla.—Este refrán se refiere a la herencia de títulos y honores que se transmitían directamente de padres a hijos varones, aunque la madre fuese plebeya.

En caza y en amores, entras cuando quieres y sales cuando puedes.

En Ciudad Rodrigo, damas; en Cáceres, caballeros, y en Plasencia, dineros.

Encogerse como gallina en corral ajeno.—Frase proverbial que indica la situación embarazosa en que se encuentra alguien.

En cojera de perro y en lágrimas de mujer no hay que creer.—Porque duran muy poco.

En consejas, las paredes han orejas.—Recomienda la discreción en aquellas noticias que no es conveniente propalar demasiado.

En consejos, oye a los viejos.

En cosa alguna, pensar muchas y hacer una.—Dice que en cualquier negocio se ha de reflexionar mucho antes de decidirse por su solución.

En cuanto fui nuera, nunca tuve buena suegra, y en cuanto fui suegra, nunca tuve buena nuera.—Se dice de las personas que a todo oponen inconvenientes.

En cuanto hallares al fiar, no te dejes mal pasar.—Recomienda que mientras se pueda alcanzar prestado lo que se desea, no se debe uno privar de ello.

En cuantos linajes son, hay al menos un ladrón; que ha de haber un pobre o puta, nadie lo duda.—Dice que cada cual tiene su tacha, aunque sea de abolengo muy preclaro.

En chica cama y largo camino se conoce al buen amigo. —Porque si no lo es luego se descubre su egoísmo. También se dice: «En luengo camino y en cama angosta se conocen los amigos».

En chica hora, Dios obra y Dios mejora.

En chimenea pequeña cabe poco humo.—Dícese de las personas de baja estatura, que teniendo poco aguante y genio fuerte, suelen enfadarse en seguida.

En dame de tus parientes, a tu bolsa para mientes.— Dice que no se acceda siempre a las peticiones que hacen los parientes, porque abusan.

En dando en que el perro ha de rabiar, rabia—Dice que a fuerza de advertir a alguien sobre una cosa en la que acaso no ha parado mientes, acaba por hacerla.

En diciembre, leña y duerme.—Recomienda resguardarse del frío junto al fuego, o mejor aún, en la cama, especialmente al labrador, por ser época de muy poco o ningún trabajo.

En dinero, sea el caudal de quien quisieres mal.—Porque los bienes raíces rentan más y son más seguros.

Endura, endura y viene quien desboruja.—«Endurar» es escatimar, y «desborujar», despilfarrar. Se dice a las personas avaras.

En el andar y en el vestir serás conocido entre mil.

En el andar y en el beber se conoce la mujer.

En el azogue, quien mal dice, mal oye.—«Azogue» por azoguejo, zoco o plaza pública. Dice que debe evitarse la murmuración con objeto de que se hable lo menos posible de nosotros.

En el campo de arahona, más vale capa que buena azcona.—«Azcona» por jabalina. Dice cuando, por su oportunidad, una cosa insignificante tiene más valor que otra más buena y rica.

Era el buen paño cae la mancha.—Se refiere a la deshonra de las estirpes esclarecidas.

En el cabello y en el mal marido, cuanto se hace en ellos es perdido.

En el escudillar verás quién te quiere bien y quién te quiere mal.—«Escudillar» os repartir a cada uno su ración en su escudilla. Dice el refrán que en la hora de repartir los beneficios se comprende el amor o inclinación en que se nos tiene.

En el mejor vino hay heces.—Dice que no hay cosa ni individuo absolutamente perfectos.

En el mes de mayo, ni yagua ni caballo.—Porque están lomados de celo y son peligrosos.

En el ojo de su vecina ve una paja y en el suyo no ve una tranca.—Es como: «Ver la paja en el ojo ajeno y no ver la viga en el nuestro».

En el país de los ciegos, el tuerto es el rey.—Semejante a: «Del mal, el menos». Dice que entre lo malo, lo mediano se reputa como bueno.

En el peligro se conoce al amigo.—El origen de este refrán es la fábula de «Los dos amigos y el oso», de Samaniego.

Enemigos del placer, sospechar y temer.—Va contra los pusilánimes.

En enero, cásate, compañero, y da vuelta al gallinero.

En enero, el agua se hiela en el puchero y la vieja en el lecho.

En enero y febrero busca la sombra el perro; en marzo, búscala el asno.

Enero mojado, bueno para el tiempo y malo para el ganado.

Enero seco, villano rico.

Enero y febrero, hinchan el granero con su hielo y aguacero.

En este mundo cansado, ni hay bien cumplido ni mal acabado.—Alude a que el término de las cosas no es de este mundo.

En febrero busca la sombra el perro—Lo dice porque en esta época empieza el sol a calentar.

En febrero, la castaña y el besugo no tienen zumo.

En febrero sale el oso del osero.—Porque va cediendo el frío.

En febrero, siete galgos a un lebrero, y en mayo, siete liebres a un galgo.

En febrero, un día malo y otro bueno.

En febrero, un rato al sol y otro al humero.

En febrero, veinte pies salta la libre en el sendero; pero si al galgo le dan pan duro, salta veintiuno.

En fucia del conde, no mates al hombre.—«Fucia» por fiducia o confianza. Dice que no se cometa un acto malo creyendo que los buenos valedores han de servir para su perdón, pues a veces este recurso falla. También se dice: «En hoto del conde, no mates al hombre».

En ganado tratarás y medrarás.

Engáñame en el precio y no en lo que merco.—Porque si es bueno luego resarce la carestía.

En gran peligro, mejor es el hermano que el amigo.

En gran río, gran pez; mas ahógase alguna vez.

Enjambre (El) de abril, para mí; el de mayo, para mi hermano; el de junio, para ninguno.

En la boca del discreto, lo público es secreto.—Recomienda la discreción y mesura en el hablar.

En la boda, quien menos come es la novia.—Dice que en fiestas, saraos, reuniones, etc., el dueño de la casa, que es el que todo lo organiza y dispone, es el que menos disfruta.

En la casa donde no hay pachón, todos riñen y todos tienen razón.— «Pachón» se refiere al carácter enteramente tolerante y sufrido. Dice que en las casas adonde no hay a quien echar siempre las culpas, cuando se promueve un alboroto, todos son a chillar y todos a tener la razón.

En la casa llena, presto se guisa la cena.—Dice que donde hay abundancia se encuentra facilidad para todo.

En la duda, abstente.

En la escalera y en el arca del pan, es mal sentar.—Porque hacen levantarse con frecuencia.

En la guerra de amor, el que huye es vencedor.

En la mesa y en el juego se conoce al caballero.—Dícese, por extensión, que en cualquier acto de la vida el individuo demuestra su origen y educación y especialmente en aquellos que requieren cortesía y mesura.

En la mucha necesidad dice el amigo la verdad.—De si lo es o no.

En las grandes afrentas se conocen los grandes corazones.

En la tierra ajena, las vacas encuernan.—Por las dificultades con que tropieza el forastero.

En la vida, la mujer tres salidas ha de hacer: al bautismo, al casamiento y a la sepultura o monumento.—Dice que la mujer debe hacer vida casera y recogida.

En la vida no me quisiste, en la muerte me plañiste.— Se dice de los que desprecian lo que tienen y abogan por ello cuando les falta.

En lo que no se pierde nada, siempre algo se gana.—Contrario a: «Donde no hay ganancia, cerca está la pérdida».

En lo que se pierde, se gana.—Lo dice por lo que se aprende.

En los meses de erre, en piedras no te sientes.—Lo dice por la frialdad del tiempo.

En los nidos de antaño, no hay pájaros hogaño.—Se dice para rememorar y lamentar lo perdido.

En lugar ventoso, tiempo sin reposo.

En Malagón, en cada casa un ladrón, y en la del alcalde, hijo y padre.—Va dicho por burla.

En mal de muerte no hay médico que acierte.

En marrano y mujer, vale más acertar que escoger.— Dice que en estas cuestiones mejor decide la suerte que la inteligencia.

En martes, ni te cases ni te embarques.—Es superstición.

En marzo, cuanto moje el rabo el gato.—Que conviene poca agua.

En mayo, frío ensancha el silo.

En mayo lodo, espigas en agosto.

En menguante de enero, corta tu madero.

En mentando al ruin de Roma, luego asoma.—Se dice cuando se está hablando de una persona y aparece. También se dice: «En nombrando», etc.

En octubre no pongas a tu mujer la mano en la ubre; que si te lo ayudare a sembrar, no te lo ayudará a encerrar. —Quiere decir que no se tenga ayuntamiento con la mujer en octubre, porque en agosto andará de preñez o recién parida, y a más de no ser bueno dar a luz en este mes, está impedida para trabajar.

En pequeño botijo, poca agua cabe.—Como: «En chimenea pequeña cabe poco humo».

En pleito claro no es menester letrado.—Dice que cuando la verdad se presenta de manera innegable, no se necesita ningún docto para hacer justicia.

En porfías bravas, desquícianse las palabras.—Dice que en las disputas violentas los que intervienen no saben lo que dicen y frecuentemente luego se arrepienten de ello.

En priesa me ves y doncellez me demandas.—Dícese cuando se pide algo imposible de conceder o en momento muy inoportuno.

Ensalada (La) bien salada, poco vinagre y bien aceitada. —También se dice: «La ensalada, salada, aceitada y por mano de loco meneada».

En salvo está el que repica.—Dice que es fácil aconsejar cuando el que lo hace no tiene que pasar por los rigores del consejo. Es semejante a: «Una cosa es predicar y otra dar trigo».

Entender de todo un poco y de albardero dos puntadas.— Se dice de los que queriendo saber de todo no entienden de nada.

En tiempos de higos no hay amigos.—Dícese por los que estando ellos en la abundancia no se acuerdan de los demás.

En tiempo del cuco, a la mañana mojado y a la noche enjuto.—Es por abril y mayo.

En tiempo mojado, vende la lana y deja el hilado.—Porque la lana toma la humedad y pesa más.

En tierra ajena, la vaca al buey encuerna.—Dice que el que se encuentra desvalido y solo, hasta de los más inferiores recibe ultrajes.

En tierra ajena se pasa mal con menos vergüenza.—Por encontrarse entre desconocidos.

En tierra de ciegos, el tuerto es el rey.—Es como: «En el país de los ciegos, el tuerto es el rey». Dice que donde todos son malos, el mediano resulta bueno.

En tierra de señorío, almendro o guindo; en tierra real, noguera o moral.—Este refrán tenía antiguamente aplicación y se decía porque en tierras que pertenecían a señores particulares no era bueno afincarse, pues siempre estaba el colono a merced de la voluntad del amo, y, en cambio, en las tierras de realengo, esta ejecución era muy rara y difícil.

En todas las cosas hay medio sino en la mujer, porque es extremada en querer y aborrecer.

En todas partes cuecen habas, y en mi casa a calderadas. —Dice que en todos sitios hay algo que reprender, pero que deben tenerse antes en cuenta las faltas propias.

En todo tiempo es de temer lo que perdido no se puede haber.—Es aviso para las doncellas.

En Toledo no te cases, compañero, que te darán mujer parida o preñada o con leche para cuando para.

En torcida argolla no entra bola.—Da a entender que en los negocios no muy claros no tiene lugar el que va de buena fe y con la verdad por delante.

En Torrijos, cría tus hijos; en Maqueda, tenia queda.—Porque Torrijos es buena tierra para criarlos y la otra no.

Entrañas (Las) y arquetas, a los amigos abiertas.—Dice que con los verdaderos amigos no se deben tener secretos.

Entra por la manga y sale por el cabezón.—Se dice de los que empezando por poco se toman lo mucho, o por los que abusan de la autoridad que se les concede.

Entre amigos, con verlo basta.—Semejante a «Santo Tomás, ver y creer», denota burlonamente desconfianza en el testimonio ajeno.

Entre casados, luego se hacen las amistades acostados.— Semejante a: «Dos que duermen sobre un colchón se vuelven de la misma opinión».

Entre col y col, lechuga.—El origen de este refrán es el siguiente: Un hortelano sembró un campo de coles, que al crecer cubrieron toda la tierra, y en llegándose allí su mujer, dijo al hortelano: marido, entre col y col, lechuga, y así este campo nos dará el fruto que dos campos nos habían de dar. Se dice cuando se alternan los pesares con las satisfacciones o lo bueno con lo malo.

Entre dos muelas cordales, nunca metas tus pulgares.— Es como: «Entre padres y hermanos, no metas tus manos».

Entre hermano y hermano, dos testigos y un escribano.— Dice que en los tratos y negocios, aunque sea entre amigos y familiares, deben mediar toda clase de formalidades. También se dice: «Entre dos amigos, un notario y dos testigos».

Entre padres y hermanos, no metas tus manos.—Dice que en los asuntos entre los individuos de una familia no es bueno intervenir, pues uniéndolos el cariño luego se conciertan, dejando en mal lugar al extraño.

Entre ruin ganado, poco hay que escoger.—Dice que no vale la pena de elegir entre cosas malas.

Entre San Pedro y San Juan, las hierbas olores dan.

Entre santa y santo, pared de cal y canto.—Dice que entre hombres y mujeres, por muy buenos que sean, toda precaución es poca.

Entre sastres no se pagan hechuras.—Dice que entre personas de una misma condición u oficio se pueden dispensar los beneficios por los servicios prestados mutuamente.

En tres cosas se conoce la cordura de un hombre: en gobernar su casa, en refrenar la ira y en escribir una carta.

Entre seto y seto, no digas tu secreto.—Porque no se puede estar seguro de si alguien escucha. Recomienda que las cosas importantes no se hablen en la calle.

Entretanto que cría, amamos al ama; en pasando el provecho, luego olvidada.—Dice que mientras se necesita a una persona se la mima y tiene en palmitas, pero cuando deja de ser útil no se la vuelve a hacer caso.

Entretanto que el lobo caga, la oveja se escapa.—Dice que de los descuidos y torpezas de los inteligentes y poderosos se aprovechan los infelices.

Entre tesoro escondido y oculta sapiencia no se conoce alguna diferencia.—Porque la sabiduría y la riqueza no comunicadas es como si no existiesen.

Entre todos la mataron y ella sola se murió.—Se dice cuando en un asunto ninguno de los que intervienen en él cumple su obligación, y por esta causa muere o se arruina lánguidamente.

Entre Todos Santos y Navidad, es *invierno de verdad.*

En tristezas y en amor, loquear es lo mejor.

En venta y bodegón paga a discreción.—Dice de lo oneroso que resulta el vivir durante los viajes o fuera del propio hogar.

En verano por calor y en invierno por el frío, nunca le falta achaque al vino.—Entiéndase motivo para beberlo.

Envía al sabio a la embajada y no le digas nada.

Enviar muchachos a vendimia es cosa perdida.

Envidia (La) del amigo, peor es que el odio del enemigo.

Envidia me hayan y no mancilla.—«Mancilla» por lástima.

Envidia me hayas y no piedad y lástima.—Semejante a: «Más vale ser envidiado que envidioso».

Envidioso (El) no medra, ni quien de él vive cerca.

En viniendo el perdigón, pierde la trucha sazón.—Se refiere al verano, que es cuando salen las polladas de la perdiz.

Éramos ciento y parió la abuela.—Se dice cuando habiendo muchos llegan otros además. También se dice: «Éramos pocos y parió mi abuela».

Error es igual: no sabiendo, responder; y sabiendo, preguntar.

Ésa es la derecha y dábale con la zurda.—Dícese cuando una persona toma las cosas por lo contrario de lo que son. Es semejante a: «Tomar el rábano por las hojas.

Ésa es la madre del cordero.—Refrán que indica que se ha descubierto o dado con el origen del asunto de que se trata.

Ésa es madre, la que pare.—Que es mejor criadora y ama que ninguna.

Es bienaventurado quien los peligros ajenos hacen avisado.

Escalón a escalón, se sube la escalera a mejor mansión— Es decir, que poco a poco se llega adonde se desea. Semejante a: «Poco a poco hila la vieja el copo».

Escapolo Dios de piedra y niebla y no de manos de puta vieja.—Se dice cuando el caudal conseguido con ahorro y trabajo cae en manos de quien lo dilapida rápidamente.

Escarba la gallina y halla su pepita.—Dice que muchas veces buscando la felicidad encontramos nuestra desdicha.

Escarbó el gallo y descubrió el cuchillo para matarlo.— Es como el anterior.

Escarcha rebolluda al segundo o tercero día suda.—Dice que tras de una escarcha muy grande suele llover.

Escarmentado (El), bien conoce el vado.—Dice que el que ha tenido un tropiezo se guarda bien de ponerse en ocasión de sufrir otro nuevo por la misma causa.

Escarmentar en cabeza ajena, doctrina buena.—Semejante a: «Es bienaventurado quien los peligros ajenos hacen avisado».

Escobas a la puerta y bragas al humero.—La mujer diligente y el hombre en el gobierno de la casa.

Es como la mierda del pavo, que ni sabe ni huele.—Se dice de las personas ñoñas y que no sirven para nada.

Escribano, puta y barbero pacen en un prado y van por un sendero.— Porque todos pelan y rapan a su modo.

Escribanos, alguaciles y procuradores, todos son ladrones.

Escribano y difunto, todo es uno—Porque son dos cuerpos sin alma.

Escribe antes que des, y recibe antes que escribas.—Dice que se deben tomar las debidas precauciones antes de comprometerse en los asuntos.

Escucha el agujero; oirás de tu mal y del ajeno.—Como: «El que escucha su mal oye».

Escucha a la vieja y ríete de la conseja.

Escudero (El) de Guadalajara, de lo que promete a la noche no hay nada a la mañana.—Se dice de las personas inconstantes y volubles.

Es dar voces al lobo darlas en llamar al que se hace sordo.

Es de Lope.—Lo decía el vulgo por cosa buena; las comedias de Lope de Vega agradaban mucho a la gente; tanto, que quedó el dicho.

Es dichoso el que puede y no el que quiere.—Se dice de las personas que teniendo motivos para serlo no lo son por su propio carácter.

Es echar guindas a la tarasca.—Como: «Echar margaritas a puercos».

Ése es bueno, que no está en mi fuego.—Se dice principalmente por las mujeres, porque siempre suelen encontrar más cabal al de fuera de casa que al marido.

Ése es de llorar, que tuvo bien y vino a mal.—Hace resaltar lo penoso que es pasar de la opulencia a la miseria.

Ése es rey, que nunca vio al rey.—Alaba la vida apartada.

Ése es rico de vero, que con lo suyo está contento.—Dice que la mayor riqueza es conformarse con lo que se tiene.

Ése es tu enemigo, el de tu oficio.—Por la competencia y envidia que suscitan.

Ése loa mulo, que no tuvo ninguno.—Se dice porque cuando se conocen las cosas se padecen sus defectos.

Ese medra, que cual nació tal se emplea.—Porque ejerce oficio que va con su inclinación.

Esencia (La) fina se vende en frasco pequeño.—Da a entender que lo bueno siempre es escaso. También se aplica a las mujeres pequeñas.

Ese niño me alaba, que come y mama.—Dice que las criaturas que comiendo ya maman aún se desarrollan mucho y se ponen muy lozanas.

Ése te hizo rico, que te hizo el pico.—Dice que es fácil ahorrar y conservar cuando se tiene asegurada la manutención.

Ése te quiere bien, que te hace llorar.—También se dice: «Quien bien te quiere te hará llorar». Da a entender que el que se toma interés por una persona la aconseja, contiene y contraría en sus caprichos y extraviadas intenciones.

Esfuerzo (El), en la desesperación, crece y dobla el corazón.

Ése oye sus defectos, que no calla los ajenos.—Es como: «El que dice lo que no debe, escucha lo que no quiere».

Es justa razón engañar al engañador.—Como: «Quien roba a un ladrón tiene cien años de perdón»

Es lavar la cabeza al asno perder la lejía y el trabajo.— Se dice de las personas a quien se hace un beneficio que no saben agradecer.

Es llevar agua a la mar dar adonde hay mucho más.

Es mala señal cuando no se siente el mal.—Porque la casi totalidad de los enfermos parecen aliviarse cuando se van a morir.

Es necedad tropezar, y volverse a mirar, y el tropiezo no quitar.

Eso barre la nuera que no ve la suegra.—Porque la suegra no ve las cosas buenas de su nuera.

Eso da el nieto al abuelo: lo que no es bueno.—Semejante a: «Un padre es para cien hijos y cien hijos no son para un padre».

Espada valenciana y broquel barcelonés; puta toledana y rufián cordobés.—Son los que tienen más fama.

Espada y mujer, ni darlas a ver.

Espaldas de molinero y puercos de panadera no se hallan dondequiera.—Las unas por extraordinariamente grandes y los otros por lucidos y gordos.

Espantajo que no pee, tanto guarda como vee.—Será por esto por lo que en algunas huertas cuelgan en el espantapájaros una lata vacía junto a una piedra, de modo que el viento al moverla la hace sonar.

Espantose la muerta de la degollada cuando la vio tan desgreñada.—Es como: «Dijo la sartén al cazo: quítate allá, que me tiznas».

España oscura, vendaval por natura.

España sola pare los hombres armados.—Dice Correas que éste era dicho del rey Francisco, que lo experimentó muchas veces con su daño.

España vela, norte en vela.—Es de marineros.

Espárrago (El) de abril, para mí; el de mayo, para el amo, y el de junio, para el burro.

Espejo (El) y la mujer, tratados han de ser.

Es peor el remedio que la enfermedad.—Frase proverbial que indica la inconveniencia e inoportunidad de aplicar una ayuda que encierra más perjuicio que ventaja.

Esperando marido caballero, llégame las tetas al braguero. —Dícese de los que aguardando una gran oportunidad se les pasa la ocasión.

Esperanza (La) es el pan de los míseros y cuitados en afán.

Esperanza es fruta de necios. Esperanza larga aflige el corazón y el alma. Esperar salud en muerte ajena es condena. Esperar y no alcanzar, ni venir; estar en la cama, no reposar ni dormir; servir y no medrar, ni subir: son tres males para morir.

Espina (La) cuando nace, la punta lleva delante.—Que desde pequeño muestra cada uno su natural.

Estado (El) puédese aconsejar, mas no obligar.—Miren esto los padres que casan a la fuerza a sus hijos.

Está en medio del río y muérese de sed el mezquino.— Dícese de los que no saben aprovecharse de las circunstancias.

Estase la vieja muriendo y está aprendiendo.

Estas sí que son piernas, que no las de mi mujer; y eran las mesmas.— Se cuenta de uno que se acostó a oscuras con una que no creyó era su mujer. Dice que las cosas ajenas nos parecen mejor que las propias.

Éstas son lentejas; si quieres, las comes, y si no, las dejas. —Se dice cuando no hay lugar a elección, sino obligación de aceptar una sola cosa.

Estella, la bella; Pamplona, la bona; Olite y Tafalla, la flor de Navarra.

Este monte no es para asnos.—Es como: «No se hizo la miel para la boca del asno». Da a entender que lo bueno no sabe apreciarlo cualquiera.

Este mundo es golfo redondo; quien no sabe nadar vase a lo hondo.— Recomienda astucia y cautela para sortear los peligros de la vida.

Este mundo es hecho a manera de zapata; cual se la quita y cual se la calza.—Dice de la continua variedad y mudanza de la vida humana.

Este nuestro hijo don Lope ni es miel, ni hiel, ni vinagre, ni arrope.— Semejante a: «Es como la mierda del pavo, que ni sabe ni huele».

Estercola y escarda, y cogerás buena parva.

Estercola y no pongas mojón, que él se pon.—Porque se diferencia el trigo estercolado del que no lo ha sido en su verdor y frondosidad.

Este tira dardo, que se precia del arado.—Dice que el que es buen labrador es buen soldado.

Estiércol (El) no es santo, mas do cae hace milagro.— Por el mucho bien que hace en los campos.

Esto de mi casamiento es cosa de cuento; cuanto más se trata, más se desbarata.—Dícese de los negocios que, complicándose extraordinariamente, cada vez hallan la solución más difícil.

Es tonto, pero se mete en casa.—Se dice de los que so capa de bobería consiguen lo que quieren.

Es un loco quien su mal achaca a otro.—También se dice: «No hace poco quien su mal echa a otro». Advierte que, la mayor parte de las veces, la causa de las desgracias y perjuicios que nos acaecen y de los que culpamos a los demás está en nosotros mismos.

Experiencia (La) es madre de la ciencia.—Otros dicen «matorrea», de «mater rerum», madre de las cosas.

Explicación no pedida, malicia arguye.—Dice que la persona que sin que nadie se lo pida se justifica es porque se considera culpable.

Extremo es creer a todos y yerro no creer a ninguno.

F

Falso por natura, cabello negro, la barba rubia.—Es superstición sin fundamento.

Falta (La) del amigo hase de conocer, no aborrecer.— Dice que a los amigos debemos aceptarlos y soportarlos con sus inconvenientes.

Febrerillo corto, con sus días veintiocho; si tuvieres más cuatro, no quedara perro ni gato.—Lo dice por lo inseguro y desapacible del tiempo.

Febrero, cebadero.—Dice que las lluvias de este mes son muy favorables a la cosecha de la cebada.

Febrero, corrusquero; marzo, ventoso; abril, lluvioso; mayo, loro, cubierto de oro.—«Loro» es pardo oscuro en gallego.

Febrero el corto, el peor de todos.

Febrero, el mes de los gatos, cayeron en la cuenta y toman todo el año.

Febrero, rato malo y rato bueno.

Febrero, siete capas y un sombrero.

Fiado y bien pagado, no disminuye estado.

Fía mucho, mas no a muchos.

Fíate de la Virgen y no corras.—Frase proverbial que se dice para censurar la demasiada confianza causante de un perjuicio.

Fía y vende bien, que la paga ella se vien.—Recomienda al comerciante que fíe con tal que lo que venda sea bueno, porque así el fiado sentirá la necesidad de volver de nuevo y por ende de pagar.

Fiebre cuartana no hace jamás sonar campana.—Que no mata.

Figa verdal y moza de hostal, palpando se madura,— «Figa» es higo en bable.

Fingir ruido por venir a partido.—Se dice de los que queriendo tener razón a toda costa promueven alboroto o escándalo para obligar a los demás.

Flor de almendro, hermosa y sin provecho.—Se dice de lo bonito y de poca utilidad.

Fortuna y aceituna, a veces mucha y a veces ninguna.— Lo dice porque la cosecha de la aceituna suele ser extremada de abundancia o de escasez, y la fortuna también casi siempre viene en forma semejante.

Fraile convidado echa el paso largo.—Se dice por las personas que se apresuran a recibir las dádivas.

Fraile cucarro, deja la misa y vase al jarro.

Fraile franciscano, el papo abierto y el saco cerrado.— Tilda a los frailes de gente ansiosa y tacaña.

Fraile (El), la horca en el aire.

Fraile ni judío, nunca buen amigo.

Fraile (El) predicaba que no debía hurtar y él tenía en el cepillo el ánsar.—Se dice por extensión de las personas que dicen una cosa y hacen otra.

Fraile que fue soldado, sale más acertado.—Dice que los mejores para regir o entender algún asunto son los que por experiencia conocen las mañas de aquél.

Fraile que pide pan, toma carne si se la dan.—Acaso de todas las clases.

Fraile que pide por Dios, pide para dos.—Lo dice porque para sí pide el beneficio y para el que da pide por la salvación de su alma.

Fraile que su regla guarda, toma de todo y no da nada.

Frailes (Los) comienzan por donde los otros acaban y cesan.—Porque es gente experimentada y de poco escrúpulo.

Fraile (El) se muda, el mozo se casa, el casado se cansa y se va a su casa, el clérigo dura.—Es consejo de vieja a moza enamorada.

Frailes (Los) en jubón, hombres son.—Es aviso para las mujeres.

Francés (El) no es de natura si no prende al que asegura.—Porque es fama que muchas veces traicionan su palabra.

Fray Modesto nunca fue prior.—Refrán que dice que con timidez y modestia no se va a ninguna parte.

Freno dorado no mejora el caballo.—Es semejante a: «Aunque la mona se vista de seda, mona se queda».

Frío (El), de la salud es cuchillo; el calor, el tajón.—Dice que los dos extremos son malos para la salud, pero el del calor es peor.

Frío hace, no me place; pan caliente bien me sabe y a la lumbre bien me huelgo y en la cama bien me extiendo: moza lozana, conmigo en la cama.

Fruta de hoy, pan de ayer, carne de antier.—Es bueno tomarla.

Fruta de locos, míranla muchos y gózanla pocos.—Lo dice por los descotes de las damas.

Fuego guisa olla, que no moza orgullosa.—Dice que más vale una cosa positiva que no la ostentación y la vanidad.

Fuego (El), la cama y el amor no dirán: vete a tu labor.—Porque son tres cosas que emperezan y gusta no dejarlas.

Fuego (El) y la mala garganta, cuanto le echan tanto traga.

Fuego (El) y lo mujer, a coces se han de hacer.—Dice de la constante vigilancia y acicate que merecen ambas cosas.

Fue la negra al baño, y tuvo que contar para todo el año.—Se dice cuando se da importancia a una nimiedad.

Fuente de pastores, en invierno tiene agua, y en verano, cagajones.

Fuerte (El) adversario aplaca las iras del más flaco.

Fuerza (La) de la verdad, las lenguas de los enemigos trae a su mandar.—Porque a la verdad nada es capaz de oponerse.

Fuese mi madre, puta sea quien más hilare.—Hace resaltar la intención aviesa y picara de los que no están sujetos *a* la vigilancia inmediata de un superior.

Fuese por lana y volvió *trasquilado.*—Se dice de la persona que intenta una cosa y le sale lo contrario.

Fui a casa de mi vecino y avergonceme; volvime a mi casa y consolome.—Se dice por burla de los que no atendiendo a sus intereses critican el proceder de los demás.

G

Gaitero (El) de Bujalance, un maravedí por que empiece y diez por que acabe.—Dícese de las personas que se hacen rogar mucho para comenzar algo y que después, por el contrario, no saben dejarlo.

Gala (La) del nadador es saber guardar la ropa.—Dice que lo verdaderamente importante en todos los asuntos es Desenvolverse sin menoscabo de los propios intereses.

Galoncitos (Los) esto tenemos, que adonde no nos quieren, allí queremos.—Porque casi nunca el enamorado es correspondido.

Galán (El) que lo es, en el andar lo veréis.

Galas (Las) excusadas y los hijos a manadas.

Gala (La) y la gentileza, ¿dónde está? Donde está la honestidad.

Galga salida, a liebre parida.—En estas condiciones es fácil la caza.

Galgo (El) a su paso, camina más; el gozque trotando, quédase atrás.—Semejante a: «Más caga un buey que cien golondrinas». Dice que más hace el poderoso en una hora que el menesteroso en toda su vida.

Galgo barcino, o muy malo o muy fino.

Galgo que muchas liebres levanta, ninguna mata.—Se suele decir del galán que tiene muchas novias.

Galgo (El) y gavilán no se quejan de la presa, sino porque es su ralea.—Se dice de las personas que por costumbre encuentran faltas a todo.

Galicia es la huerta y Ponferrada la puerta.

Galisteo, buena vista y mal aseo.

Gallego, vuélvete moro. —No quiero. —Y te daré dos reales. —No queiro. —Darte he dos y medio. —Ora daca, fillos e muller y todo.—Alude a lo interesados que suelen ser.

Gallina (La) bien galleada y la moza bien requebrada.

Gallina (La) de mi vecina siempre es más gorda que la mía.—Dice que siempre parece mejor lo ajeno que lo propio. También se dice: «La gallina de mi vecina más huevos pone que la mía».

Gallina (La) de Monzón, por el pico pon.—Y todas; cuanto más comen, más ponen.

Gallina en casa rica, siempre pica.—Dice que donde hay abundancia, todos medran.

Gallina gorda y con poco dinero no puede ser, compañero.—Semejante a la frase proverbial: «Un pez gordo y que pese poco». Dícese de los que quieren conseguir con poco dinero mucha utilidad.

Gallina (La) no pone del gallo, sino del papo.—Es como: «La gallina de Monzón, por el pico pon».

Gallina (La) que carita el maitín y la mujer que parla latín nunca hicieron buen fin.—Porque no siendo ése su cometido, nunca alcanzan la estima que les corresponde.

Gallinas (Las) así ponen como comen.—Es como: «La gallina no pone del gallo, sino del papo».

Gallina sin dientes, de los muertos hace vivientes.—Sacando pollos de los huevos y comiéndola los enfermos.

Gallina (La) vieja hace buen caldo.

Gallo que no canta, algo tiene en la garganta.—Dice que cuando uno de los interlocutores a quienes atañe la conversación no interviene en ella es por algún motivo oculto.

Gamón (El) barbado mira por el labrador honrado.—El gamón es planta silvestre que crece bien y fácilmente.

Gana (La) del pardal y del gallo la libertad.—Son deseables.

Ganan buenos para ruines herederos.—Dice que lo que unos amontonan con sabiduría y trabajo, otros lo despilfarran con desorden y holganza.

Ganancia (La) de cualquier cosa es bien sabrosa y olorosa.

Ganar amigos es dar dinero a logro y sembrar en regadío. —Dice que es uno de los mejores negocios que puede hacer el hombre. Semejante a: «Es bueno tener amigos hasta en el infierno».

Ganar (El) cría buena sangre; el perder, mala.

Gana tenía de tronchos quien besaba al hortelano.—Semejante a: «Adorar el santo por la peana».

Gato del mes de enero vale un carnero.—Porque se engorda y pone lucido con los desperdicios de las matanzas.

Gato (El) de Marirramos halaga con la cola y araña con las manos.—Va contra los hipócritas.

Gato escaldado, del agua fría huye.—Dice que el que ha pasado por un escarmiento se hace temeroso y precavido.

Gato maullador, nunca buen cazador.—Como: «Perro ladrador, poco mordedor».

Genio y figura, hasta la sepultura.—Dice que los individuos conservan su carácter y modo de ser a través de toda su vida. También se dice: «Natural y figura, etc.».

Génova la bella, mar sin pescado, monte sin leña, hombre sin conciencia, mujer sin vergüenza.—Se aplica también a otras localidades, como Altea, etc.

Gente loca, gente loca, coméis de mi rabo y no de mi boca.—Lo dice como si hablaran los ratones, porque se raspa lo que ellos ratonan con los dientes y se come lo que han paseado con el rabo.

Gentil sazón de requiebro, cuando la viuda sale del entierro.—Se dice a las inoportunidades.

Gloria vana, florece y no grana.—Se refiere a lo poco que duran las satisfacciones humanas.

Golpe de cobre nunca mató hombre.—Dice que cualquier agresión de la que resulta beneficio es buena de sufrir.

Golpe (El) de la sartén, aunque no duela, tizna.—Dice que la ofensa de los viles y malos, aunque no trascienda, molesta.

Gota a gota, la mar se agota.—Semejante a: «Un grano no hace granero, pero ayuda al compañero». Dice que gracias a la perseverancia, en las mayores cosas, poco a poco se llega al fin.

Goza de tu poco mientras busca más el loco.—Dice que la verdadera felicidad está en satisfacerse con lo que se tiene y que es insensato desear siempre más.

Gozo (El), comunicándolo, crece.

Gramático favorecido, no le querría asado ni cocido.

Gran calma, señal de agua.

Grande nao, gran cuidado.—Dice que cuanto mayores son los bienes, proporcionalmente aumentan las preocupaciones.

Gran mal de la viña cuando llega a ser majuelo.—Se dice de los viejos a la edad en que se vuelven niños.

Grano a grano, allega para tu año.—Recomienda la economía.

Grano a grano, hincha la gallina el papo.—Lo mismo que el anterior.

Grano no hace granero, pero ayuda al compañero.—Lo mismo que el anterior.

Gran parte es de la salud conocer la enfermedad.—Dice que el que conoce sus propios defectos puede remediarlos más fácilmente.

Gran parte es de la salud desearla.

Gran persona es la morcilla, comida en nuestro rincón.— Dice que una de las mayores satisfacciones de los hombres es poder disponer cómoda y tranquilamente de lo suyo

Gran placer, no escotar y comer.—De avaros.

Gran tocado y poco recado.—Se dice de los que hacen vana ostentación por aparentar lo que en realidad no existe.

Gran victoria la que sin sangre se toma.—Es decir, el triunfo conseguido por la razón, no por la fuerza.

Grulla trasera pasa a la delantera.—Es como: «Los últimos serán los primeros». Este refrán proviene de la observación de los viajes emigratorios de las grullas, en los cuales vuelan formando la silueta de una flecha, y de cuando en cuando la última pasa al primer puesto, el más fatigoso por tener que avanzar venciendo toda la resistencia del aire.

Grumos de oro llama el escarabajo a sus hijos.—Es como: «Dijo el escarabajo a sus hijos: Venid acá, mis flores».

Guarda del pan para mayo, de la leña para abril, que te ha de cumplir.—Porque en abril hace frío y mayo es mes de escasez, por ser de los anteriores a la recolección de la nueva cosecha.

Guarda el sayo para mayo.—Semejante a: «Hasta el cuarenta de mayo no te quites el sayo». O porque se luce más o por el frío.

Guarda mozo y hallarás viejo.—Semejante a: «Si quieres llegar a viejo, guarda el aceite en el pellejo».

Guarda pan para mayo y leña para todo el año.—Es como «Guarda del pan para mayo, etc.»

Guarda prado y hartarás ganado.—Por extensión es semejante a: «El que guarda, halla».

Guarda qué comas y no guarda qué hagas.—Recomienda el ahorro y la laboriosidad.

Guardar de la risa para otro lloro, que viene aprisa.— Dice que no se aventure todo en un día, porque después nos puede faltar.

Guardar, guardadores, para buenos gastadores.—Buen consejo para los avaros.

Guárdate de hombre que no habla y de can que no ladra. —Porque la experiencia dice que son los peores. El hombre reservado es más peligroso porque se desconocen sus intenciones.

Guárdate del hombre que tiene rincones.—Dice que se desconfíe de las personas que no tienen el carácter franco y abierto.

Guárdate del sol de marzo y estarás hermosa todo el año. —Lo dice porque el tempero y el viento de esta época estropea mucho el cutis.

Guárdate de puta que la bolsa deja enjuta.

Guárdate, moza, de promesa de hombre, que como cangrejo corre.

Guárdate, mozuelo, de la preñada que echa orzuelo.— Dícelo como aviso contra las mujeres muy sensuales.

Guarda tu hacienda de noche y de día, y comerás gallina.— Semejante a: «Hacienda, tu amo te vea, y si no, te venda».

Guardolo Dios de piedra y niebla, mas no de puta vieja.—Es como: «Escapolo Dios de piedra y niebla, etc.»

Guárdete Dios del diablo, y de ojo de puta, y de vuelta de dado.

Guardosa es mi hija, que derrama la harina y allega la ceniza.—Es como: «Allegador de la ceniza y derramador de la harina».

Guardose de la mosca y comiolo la araña.—Es como: «Salió de Málaga y entró en Malagón». Dícese de los que por librarse de una cosa caen en otra peor

Guarniciones y crin dan venta al rocín.—Dice que las cocas cuidadas y adornadas parecen mejores.

Guay del raso cuando empela y del terciopelo cuando enrasa.—Es como: «Cuando el terciopelo enrasa, etc.»

Guerra, caza y amores, por un placer mil dolores.

Guerra (La) hace los ladrones y la paz los ahorca.—Así debiera ser.

Guerras (Las) y las turmas de tierra engéndranse en otoño y paren en primavera.—Esto va bien con el guerrear a lo antiguo.

Guilindón, guilindón, quien no tiene posada que busque mesón.

Guindas (Las) de Toledo, dos torreznos de tocino y uno de carnero.

Gusto (El) dañado juzga lo dulce por amargo.

Gustó la vieja los bledos y lamiose los dedos.

H

Habar (El) de Cabra se secó lloviendo.—Semejante a: «El herrero de Arganda, que machacando se le olvidó el oficio.» Dícese de los que, recibiendo beneficios, están cada vez más miserables.

Hábito (El) no hace al monje.—Dícese cuando no corresponde lo íntimo de las personas a su forma exterior.

Habla (El) del lisonjero siempre es vana y sin provecho.

Habla de la caza y cómprala en la plaza.

Habla de la guerra y no vayas a ella.

Habla Marta, responde Justa; una puta a otra busca.— Dícese de las que son de semejante condición y parecer. Se usa como zumba.

Hablando se entiende la gente.—Se dice cuando se llega a un acuerdo merced a las concertadas explicaciones.

Habla poco, escucha asaz, y no errarás.—Es la conducta del sabio.

Hablar como todos y sentir como los pocos.

Hablar de la mar y en ella no entrar.

Hablar de la virtud es poco, hacer la obra es el todo.— Semejante a: «Obras son amores y no buenas razones».

Hablar sin pensar es tirar sin apuntar.

Hable mi vecina y tenga mi costal harina.—Semejante a: «Ande yo caliente y ríase la gente».

Hablen cartas y callen barbas.—Nota la importancia que tiene lo escrito sobre lo convenido verbalmente.

Habló el buey y dijo mu.—Se dice de las personas necias que sueltan una tontería.

Hace buena harina y no toques bocina.—«Hace» por haz; semejante a «El buen paño en el arca se vende». Dice que el mejor anuncio de las cosas es su propia bondad.

Haced como vaca y cubrir como gata.—Ganar y guardar.

Haced fiesta a la gata y saltaros ha a la cara.—Dice que las personas desagradecidas y hurañas pagan los beneficios con exabruptos.

Hacedme alcalde hogaño y yo os haré a vos otro año.— Se dice de los que piden prometiendo.

Haceos miel y comeos han las moscas.—Se dice porque el que es demasiado bueno abusan de él.

Hacer bien donde no es agradecido es bien *perdido.*

Hacer (El) bien nunca se pierde.—Recomienda al hombre que ponga en sus acciones buena intención, pues muchas veces recibe después la recompensa.

Hacer bien y no mirar a quién.—Por la misma razón que el anterior.

Hacer cada día una y rogar a Dios por otra.—Sin duda se ha de referir a las buenas obras.

Hacer de tripas corazón. — Es sobreponerse al propio temor.

Hacerle cornudo y hacerle bailar no es hecho de alabar.

Hacer orejas de mercader.—Frase proverbial que significa no hacer caso.

Hacerse el sordo.—Lo mismo que el anterior.

Hacer un hoyo para tapar otro.—Se dice de los que por acudir a remediar un mal cometen otro. Semejante a: «Un clavo saca otro clavo».

Hacer un pan como unas hostias.—Se dice cuando se comete un desatino.

Haces mal, espera otro tal.—Dice que así como cuando se favorece a alguien se puede esperar agradecimiento, cuando se le produce un daño también es lógico que lo pague en la misma moneda.

Hacienda de señores, hacienda de menores.—Porque suele estar en manos de mayordomos y administradores, como la otra en las de tutores.

Hacienda de sobrino, quémala el fuego o llévala el río.— Por ser mala cuenta la de las tutorías.

Hacienda en dos aldeas, pan en dos talegas.—Recuerda a: «Casa con dos puertas, mala de guardar».

Hacienda (La) es de quien la goza, y el mundo, de quien se la toma.

Hacienda la de tu enemigo, en dinero o en vino.—Por estar expuesta a mucho quebranto.

Hacienda, tu amo te vea, y si no, te venda.—Dice de la conveniencia de que el dueño vigile sus propios intereses.

Hacientes y conscientes han pena por igual.—Todos estos refranes tienen por origen el derecho consuetudinario que ha formado los primeros cuerpos jurídicos de todas las sociedades. Es indudable que las primeras leyes se condensaron todas en máximas y refranes de inmediata aplicación.

Hacino sodes, Gómez; para eso son los hombres.—«Hacino sodes», por mezquino sois; refrán que irónicamente vitupera a los avaros y miserables.

Hadas malas me hicieron negra, que yo blanca era.—Se refiere a las penas.

Ha de reventar el cuero, no por la boca, sino por el medio.

Ha de salir la corneja al soto.—Como: «De tal palo, tal astilla».

Ha de volver el gato a la ceniza.—Dice que cada uno busca siempre aquello que le complace y agrada.

Hados y lados hacen dichosos o desdichados—«Hado», por sino; dice que la ventura en los hombres y las compañías los hacen felices o infelices.

Hagámonos polvo y hacernos han lodo.—Dice que los demás se aprovechan en su beneficio de las disensiones entre los que debieran estar unidos.

Haga quien hiciere, calle quien lo viere y malhaya quien lo dijere.

Hágase el milagro y hágale Dios o el diablo.—Invita a decidirse a determinada acción y pone de manifiesto que lo necesario es llevar a cabo lo propuesto, sea por quien fuere.

Hágame bobo y como de todo.—Lo dice el que haciendo la vista gorda a las indicaciones de los demás va sólo a su medro.

Hágote porque me hagas, que no eres Dios que me valgas. —Dice que los favores no suelen hacerse por altruismo, sino siempre buscando una compensación.

Halagar con la boca y herir con la cola.—Del engañador.

Hambre (La) despierta el ingenio.

Hambre, frío y cochino hacen grande ruido.—Sin duda este refrán, respecto de los hombres, se refiere a que para acallar al pueblo no hay mejor procedimiento que echarle de comer, pues sabido es que los alborotos y disturbios de las repúblicas se ocasionan casi únicamente cuando la plebe padece hambre y necesidad.

Hambre larga nunca repara en salsas.—Semejante a: «A buen hambre no hay pan duro».

Hambre que espera hartura no se puede llamar hambre.— Invita a llevar con paciencia los males presentes, animándose con la esperanza de un bien mejor.

Hambre, sed y frío meten al hombre por casa de su enemigo.—Dice que todas estas causas conjuntas llevan al hombre a la desesperación e incluso le obligan a claudicaciones que de otro modo no cometiera jamás. También se dice: «Hambre y frío entregan al hombre a su enemigo».

Hambre y esperar, hacen rabiar.—El hambre, la espera y la duda son estados violentos por los que el hombre no puede pasar sin inquietud y desesperación.

Harina abalada no te vea suegra ni cuñada.—Dice lo inconveniente de descubrir uno sus propios defectos ante personas que no sólo no han de callarlos, sino que se gozan en darlos a conocer.

Hártate, comilón, con pasa y media.—Se dice de las dádivas mezquinas.

Hartas riquezas tiene el que más no quiere.—El verdadero rico es el que se contenta con lo que posee. Es máxima de la filosofía antigua.

Harto ayuna quien mal come.—Dice que al pobre no se le deben exigir sacrificios.

Harto da quien da lo que tiene.—Es como: «El que da lo que tiene no está obligado a más».

Harto es de necio el que cría hijo y nieto.—Porque pasando por obligación las penalidades y molestias que cuesta el criar a los hijos, no parece prudente ni sensato encargarse de la crianza de los nietos.

Harto es escaso y necio quien de las palabras tiene duelo. —Se dice por los que se acongojan y preocupan con las habladurías.

Harto es hermosa la que es virtuosa.

Harto es hombre de poco saber el que se mata por lo que no puede haber.—Porque: «Goza de tu poco mientras busca más el loco».

Harto es necio quien a los sesenta años no adivina.—Es decir, el que no ha sabido aprovecharse de la experiencia que le brinda la vida.

Harto fue de malhadada la que nunca la dijeron nada.

Harto presto se hace lo que bien se hace.—Porque aunque tueste trabajo y tiempo, se puede dar por bien empleado en las buenas obras.

Harto sabe quien no sabe, si callar sabe.—Nota como excelente la cualidad de la discreción, que no suele ser frecuente en los ignorantes.

Harto soy ciego si por zaranda no veo.—Se dice a los que quieren disimular, siendo las cosas eminentemente claras.

Has de hacer, no lo que quieres, sino lo que debes.

Hasta el cuarenta de mayo no te quites el sayo.—Porque antes de esta época no se puede fiar de la bonanza del tiempo. Puede añadirse al refrán: «Y si vuelve a llover, vuélvetelo a poner».

Hasta la muerte, pie fuerte.

Hasta los gatos quieren zapatos.—Es como: «Hasta los gatos tienen tos».

Hasta los gatos tienen tos.—Es como: «Hasta los gatos quieren zapatos». Dícese de los que presumen más de lo que les permite su condición.

Hasta muertos y enterrados, no seáis alabados.—Que se debe huir de la adulación.

Hasta Navidad no ha de arroyar; entrando el año hace año.—La lluvia.

Hasta que sea pasado no digas mal del año.—Va contra los juicios anticipados.

Hasta salir de casa es la peor jornada.—Por lo que cuesta vencer la pereza.

Haya cebo en el palomar, que las palomas ellas vendrán.

Hayamos paz y viviremos asaz.

Haya ovejas y no haya orejas.—Se dice de los que van al matrimonio prefiriendo la riqueza al linaje.

Hay gustos que merecen palos.—Semejante a: «Hay ojos que se enamoran de legañas».

Hoy más días que longanizas.—Se dice a los que desean con urgencia una cosa, dándoles a entender que no corre tanta prisa.

Hay más mal en la aldehuela que se suena.—Da a entender que maliciosamente se oculta lo peor de una cuestión.

Hay ojos que se enamoran de legañas.—Se dice por vituperar el mal gusto en la elección.

Hay que quemar la casa sin que se vea el humo.—Semejante a: «La ropa sucia, en casa se lava».

Haza, donde el gallo escarba.—Porque es mejor que la tierra esté junto a la casa, para poderla atender con más comodidad.

Haz aquello que quisieres haber hecho.—Recomienda al hombre que se proponga una línea de conducta y encamine sus actos hacia la consecución de ellos.

Haz a tu hijo heredero, no le hagas tu despensero.—El sentido de este refrán está claro: Dice que al hijo se enseñe a gobernar y conservar los bienes paternos, no a gastarlos. Correas le da una explicación harto extraña diciendo: «Al suyo, de lo tuyo», que mire por tu hacienda, no empobrezcas y enriquezcan tus criados con ella por tu negligencia; puédese decir bien: «Haz a tu hijo heredero, y no le hagas tu despensero».

Haz barato y venderás por cuatro.

Haz bien y no mires a quién.—Lo dice porque la mejor condición de la caridad es hacerla desinteresadamente.

Haz buena harina y no toques bocina.—Es refrán de comerciante que dice que, teniendo buenas cosas, pronto se hace clientela sin necesidad de propaganda.

Haz ciento y no hagas una y como si no hubieras hecho ninguna.— Dice que cuando se niega un favor, aunque a la misma persona se le hayan hecho muchos anteriormente, suele olvidarlos todos.

Haz la noche noche y el día día, y vivirás con alegría.— Dice y recomienda que se ponga orden en la vida y naturaleza de cada uno.

Haz la puerta al solano y vivirás sano.—Porque es conveniente para la salud el calor y la luz de mediodía.

Haz lo que bien digo y no lo que mal hago.—También se dice: «Haz lo que te digo y no lo que yo hago». Da a entender que muchas veces es utilizable el consejo de personas cuya conducta es reprochable.

Haz lo que tu amo te manda y sentáraste con él a la mesa.—Dice que siendo obediente con los superiores se conquista el cariño de ellos.

Haz mal y espera otro tal.—Semejante a: «Quien siembra vientos, recoge tempestades».

Haz por haber y venirte han a ver.—Porque a los ricos todo el mundo los necesita y busca.

Haz primero lo necesario y después lo voluntario.—Semejante a: «Antes es la obligación que la devoción».

Haz que sepas, porque en todas partes quepas; que el que sabe, no hay lugar donde no cabe.

Hazte viejo temprano y vivirás sano.—Dice que se moderen las pasiones. Es como: «Si quieres llegar a viejo, guarda el aceite en el pellejo».

Haz tu senara donde canta la cogujada.—«Senara» por sembradura. Dice que la hacienda debe estar no muy lejos del poblado.

Haz tú y haré yo, y mal para quien lo descubrió.

Haz vivo lo que quieras haber hecho cuando mueras.— Se refiere a la conveniencia de hacer siempre lo mejor.

Hecha la jaula, muerta la picaza.—Es como: «Jaula nueva, pájaro muerto». Es superstición sin fundamento. También se aplica para dar a entender la inutilidad de una obra o propósito recién conseguido.

Hecha la ley, hecha la trampa.—Porque nunca faltan medios para soslayar los deberes.

Hecho malo, al corazón y al cuerpo hacen daño.

Helada barbuda, nieve anuncia.—Dice que cuando el hielo forma carámbanos es señal de próxima nevada.

Helada barbuda tres días anubla.—Es como el anterior.

Helada sobre lama, agua demanda.—«Lama» es el barro blando.

Helada sobre lodo, agua sobre todo.

Heladas de enero, nieves de febrero; mollina de marzo, lluvias de abril; aires de mayo, sacan hermoso el año.— «Mollina» por llovizna.

Hembra (La) abrasa y quema con sólo verla.—Porque despierta la lujuria.

Heno (El) corto o largo, por junio ha de estar segado.

Heredad por heredad, molino de pan, en arroyo que no en caudal.

Heredad por heredad, una hija en la media edad.— Porque sirva de ayuda a los padres en la vejez.

Heredad por heredad, una hija en la vieja edad.—Es como: «La hija y la heredad, para la ancianidad».

Hermana quiere a hermano y guardián a fraile sano.—Es más frecuente el cariño entre hermanos de distintos sexos que entre los del mismo.

Hermano ayuda y cuñado acuña.—Dice que así como los hermanos suelen quererse bien, ocurre lo contrario entre cuñados.

Hermano de por mitad, remiendo en costal.—Dice que no se puede tener la misma confianza y seguridad que con los hermanos de padre y madre.

Hermano (El) para el día malo.—Dice que se debe recurrir a ellos en las desgracias.

Hermano quiere a hermana y marido a mujer sana y braciarremangada, y mujer, a marido que gana.—Respecto de los cariños de hermanos a hermanas, y viceversa, ya se ha hecho popular la teoría del «libido» por Freud.

Hermosa (La) abrasa con sólo mirarla.—Porque es cualidad la hermosura que en seguida apasiona.

Hermosa (La) al desdén, parece bien.—Que la hermosa no ha de darse tono de ello, pues pierde su mérito.

Hermosa es la buena mujer.—De alma.

Hermosa es, por cierto, la que es buena de su cuerpo.— Se refiere a la virtuosa y honesta.

Hermosa (La) revuelta, la fea ni compuesta.—Dice que así como la mujer hermosa está muy bella sin arreglar ni adornar, la fea no consigue hermosura por mucho que se acicale.

Hermoso cagar de ventana, el culo para la calle.—Es como: «Hermoso atar de rocín, y atábale por la cola». Dícese cuando alguno comete un disparate o se alaba de algo que no está bien hecho.

Hermosura (La) de la ramera y el hablar del loco valen poco.

Hermosura en puta y fuerza en badajo.—Dice que cada cosa y persona deben tener aquellas cualidades que son indispensables a su cometido u ocupación.

Herradura que chacolotea, clavo le falta.—Dice que en cualquier asunto o negocio, cuando la autoridad del que ha de dirigirlo se debilita o pierde, todo va de mala manera.

Herrero (El) de Arganda, él se lo sopla y él se lo machaca y él se lo saca a vender a la plaza.—De las personas que quieren hacerlo todo por sí mismas.

Herrero (El) de Arganda, que a puro de machacar se le olvidó el oficio.—Se dice, por chanza, al que se equivoca en lo que conoce bien.

Hidalgo (El), antes roto que remendado.—Excusa de haraganes.

Hidalgo pobre, taza de plata y olla de cobre y mesa de roble.—O porque sean resto de antigua opulencia, o porque duren mucho.

Hidalgo (El) y el galgo y el talegón de la sal, cabe al fuego los buscad.

Hiel y miel es menester.—Para saber gozar de la vida.

Hierba (La), cortalla y no cogella; la malva, cogella y cortalla.

Hierba mala, no la empece la helada.—Es como: «Hierba mala nunca muere».

Hierba mala presto crece y antes de tiempo envejece.

Hierba mala nunca muere.—Porque lo ruin aparece siempre por doquier.

Hierba (La) romana, quien la huele, luego se casa.

Hierro encendido, aunque negro se torna, alza ampolla.—Dice que donde hay un resquemor, aunque parezca apaciguarse, en cualquier ocasión aparece.

Higo (El) en la higuera, la fruta en la plaza, la moza en el mesón, tres cosas son que maduran sin razón.—Semejante a «Figa verdal y moza de hostal, palpando se madura».

Higo (El) que roda, para mi señora; el que se está quedo para mí le quiero.—Dice que los higos maduros son los que por su blandura se aplastan, y ésos son los buenos para comer.

Hija (La) al huso, y el hijo, al escudo.—Es decir, cada uno a los menesteres propios de su sexo.

Hija (La), a quien la pidiere; el hijo se ha de mirar a quién se ha de dar.—Por conservar la fama y el apellido con dignidad.

Hija (La) casada, cien yernos a la puerta a demandarla.—Cuando ya no puede ser.

Hija, cena y vete a echar; por mal cabo la vide andar.—Dice que las mujeres no deben andar por la calle a deshora.

Hija (La) de la cabra qué ha de ser sino cabrita.—Dice que las hijas aprenden siempre las mañas de las madres.

Hija (La) de la puta, como es criada, y la estopa, como es hilada.—Dice que tanto las personas como las cosas pueden disimular su origen merced a la educación y trato que se las dé.

Hija (La) del bueno, o la habrás por orfandad o por gran duelo.—Dice que la hija de buenos padres es honrada y únicamente se la puede conseguir de mala manera por las razones que indica el refrán.

Hija desposada, hija enajenada.—Porque por razón natural se desvía de la casa paterna al fundar la propia.

Hija después de varón, quema como tizón; y varón después de hija quema como fuisca.—«Fuisca» por yesca.

Hija e hidalga es la gallina, que pone por la vendimia.—Dice que se la debe tener en mucho por buena ponedora.

Hija enlodada, ni viuda ni casada.—Dice que la moza que ha cometido alguna falta contra su honra ni puede considerarse ya como soltera, ni como casada, ni como viuda, y que es muy difícil su rehabilitación.

Hija, ni mala seas, ni hagas las semejas.—Es como: «No basta ser bueno: hay también que parecerlo». Es consejo a las mozas para que guarden su honestidad y no pierdan, por liviandades, su buena fama.

Hija (La), par de la vedija.—Dice Correas: «Que la preñez de la hija está baja; también que esté siempre la hija grande al lado de la madre, no se pierda de vista».

Hija (La), paridera, y la madre, cobertera.—Es como si dijera: la hija, puta, y la madre, alcahueta.

Hija primera, ni nazca ni muera.—Dice que, por regla general, no se desea que el primer hijo sea hembra; pero después, por su utilidad, se le da la estima que merece.

Hija (La) tras el varón, arranca las telas del corazón.— Porque dicen que suelen traer mal parto.

Hija (La) tuya, hermosa, y la mía, venturosa.—Dice que más vale la fortuna que la belleza.

Hija (La) y la heredad, para la ancianidad.

Hijo aborrecido, nunca tuvo buen castigo.—Dice que los hijos aborrecidos por sus padres siempre son castigados en demasía y sin ton ni son, no por sus faltas, como correspondería a una buena y justa educación.

Hijo ajeno, brasa en el seno.—Dice que los hijos prohijados suelen siempre ser motivo de discordia e inquietud.

Hijo ajeno, métele por la manga, salirse ha por el seno.— Dice que los hijos ajenos no suelen corresponder con el agradecimiento debido a los sacrificios que por ellos se hacen. Antiguamente se prohijaba a los hijos con la ceremonia de hacerles entrar por una manga y salir por la otra de un amplio brial o camisón perteneciente al padre putativo.

Hijo (El) borde y la mula, cada día hacen una.—El borde es el bastardo. Dice de la aviesa condición que suelen ser las gentes mal nacidas. También se dice: «El hijo borde y la mula, cada día se mudan».

Hijo casado, vecino airado.—Dice que el hijo que forma su casa siempre tiene motivos de reclamar e inquietar a sus padres, muchas veces injustamente.

Hijo (El) de la cabra, de una hora a otra, bala.—Es como: «De tal palo, tal astilla» y «La hija de la cabra, qué ha de ser sino cabrita».

Hijo (El) de la gata, ratones mata.—Es como el anterior.

Hijo (El) de la puta, a su padre saca de duda y a su madre de disputa.—Porque dicen que suelen parecerse al padre.

Hijo (El) del asno dos veces rebuzna al día.—Como el anterior, dice que es lógico que los hijos se parezcan a los padres y les imiten en sus modos y costumbres.

Hijo (El) del bueno, para malo y para bueno.—Porque habiendo recibido buena educación, lo mismo se puede contar con él en la fortuna que en la adversidad. También se dice: «El hijo del bueno pasa malo y bueno».

Hijo (El) del malo, ni bueno ni malo.—Al contrario del anterior.

Hijo (El) del mendigo, poco pan y mucho vicio.

Hijo (El) del pastor no se cría sin dolor.—Porque suele criarse con miseria.

Hijo de mi hija, mi nieto ser; hijo de mi hijo, no saber.

Hijo de ruin padre, apellido de su madre.

Hijo descalostrado, medio criado.—Cuando ya tienen un mes.

Hijo (El) de tu vecina, quítale el moco y cásale con tu hija.—Porque conociéndole desde niño se sabe si es bueno o malo.

Hijo de viejo, alguno tiene seso, y el que es loco, de sí lo tiene todo.

Hijo de viuda, o mal criado o mal acostumbrado.—Da a entender la mucha influencia que tiene el padre en la educación de los hijos.

Hijo envidador, no nazca en casa.—«Envidador» por jugador. Lo dice por las muchas penas y disgustos que trae consigo este vicio.

Hijo eres y padre serás; cual hicieres tal habrás.—Es tan cierto que conforme los hijos tratan a los padres luego así son tratados por sus hijos, que es regla que tiene escasísimas excepciones. Semejante a: «Con la vara que mides te medirán».

Hijo (El) harto y rompido; la hija hambrienta y vestida.—Dice que lo que importa es que los muchachos se hagan fuertes y resistentes y las mozas acicaladas y limpias por el buen parecer.

Hijo malo, más vale doliente que sano.—Y mejor muerto, pues cuanto más libre y dueño de sus actos, mayor daño hace.

Hijo (El) muerto y el apio en el huerto.—Lo dice por ser el apio tan buen remedio para las opilaciones.

Hijo no tenemos y nombre le ponemos.—Se dice a los que de antemano dan por hecho lo que es dudoso que suceda.

Hijo (El) que aprovece, a su padre parece.—«Aprovecer» por progresar o propagar. Se dice de los hijos que continúan la generación de los suyos.

Hijos (Los) bastardos, o son del todo buenos o del todo malos.

Hijos (Los) buenos, copos son de duelos.—Dice que los hijos de buena condición ayudan a sus padres en toda ocasión que los necesitan.

Hijos (Los), buenos son de emborrar y malos de criar.— «Emborrar», en sentido figurado por hacer o concebir.

Hijos criados, duelos doblados.—Porque con ellos crecen las necesidades, los compromisos y las preocupaciones.

Hijos (Los) de buenos, capas son de duelos.—Porque habiendo recibido buena naturaleza y crianza, sufren y ayudan a todos.

Hijos de Madrid, uno bueno entre mil.

Hijos (Los) de Mari-Sabidilla, cada uno en su escudilla.— Se dice para notar la poca unión que hay entre los miembros de una familia.

Hijos de Sevilla, uno bueno por maravilla.

Hijos de tus bragas, bueyes de tus vacas.—Por aquello de: «Hijo ajeno, brasa en el seno». Va contra la adopción de hijos.

Hijos (Los) de Verdolé, que le enseñaban a j... a su padre. —Se dice cuando una persona da lecciones a su maestro.

Hijo, si fueres bueno, para ti planto majuelo; si malo, para ti planto.— Nota la generosidad del padre hacia los hijos sometida a la fatalidad del destino.

Hijo, sigue la iglesia y arrímate a la reja; no sigas la plaza, ni menos la caza; que la guerra, caza y amores, por un placer y pasatiempo, mil dolores.—Nótese lo gracioso que hace a este refrán el empleo de las palabras en sentido metafórico: iglesia, por carrera eclesiástica; reja, por labrador; plaza, por soldado, etc.

Hijo sin dolor, madre sin amor.—Lo dice por las madrastras y amas. Y en general porque todo lo que no cuesta esfuerzo no se tiene en estima.

Hijos sin padre, caros son de balde.—Tanto se refiere este refrán a los hijos de viuda como a los hijos espurios; lo dice por el trabajo que cuesta criarlos sin la ayuda del padre.

Hijos (Los), si son buenos, continuo temor; los malos, eterno dolor, y gusto dudoso, cuidado cierto.

Hijos y criados no los has de regalar si quieres de ellos gozar.— Porque ha de educárseles con severidad para que cumplan con su deber.

Hijos y mujer, añaden menester.

Hijos y pollos, muchos son pocos.—Porque no todos llegan a verse criados.

Hilandera la lleváis, Vicente, quiera Dios que os aproveche.—Se dice a los que se van a casar con una mujer que de moza es hacendosa y porque no le suceda lo que a algunas, que de casadas se desganan y echan todas las obligaciones de la casa al marido.

Hispe el huevo bien batido, como la mujer con el buen marido.— «Hispe» por levanta o crece Dice el refrán que la mujer bien casada con el buen marido redobla su valor moral.

Hipocras y Galeno trajeron a mi casa el bien ajeno.—Es refrán de médicos y boticarios.

Hogaza (La) no embaraza.—Dice que lo que es necesario no estorba.

Holgar, gallinas, que el gallo está en vendimia.—Se dice a los que por hallarse sin vigilancia ni cuidado abandonan su deber.

Holgar hoy, mañana fiesta; buena vida es ésta.

Holgar sin vergüenza es hilar sin rueca.

Hombre adeudado, cada año apedreado.—Dice que las deudas pueden compararse al granizo, que empobrece al labrador por hacendoso que sea.

Hombre (El) a los treinta o vive o revienta.—Porque el varón suele hacer crisis a esa edad.

Hombre (El) anciano, hiere con el pie y señala con la mano.—Dice que la experiencia hace a los viejos sagaces y arteros.

Hombre apasionado, no quiere ser consolado ni aconsejado.—Y así le va.

Hombre apercibido, anda seguro el camino.

Hombre apercibido, medio combatido.—Porque con su previsión lleva las de ganar.

Hombre apercibido vale por dos.

Hombre (El) a quien muchos temen, a muchos ha de temer.—Nota los enemigos que procura al hombre una elevada posición social.

Hombre atrevido, odre de buen vino y vaso de vidrio, duran poquito.

Hombre avariento, por uno pierde ciento.—Este refrán tiene su origen en la parábola del pastor de los evangelios.

Hombre bellaco, tres barbas o cuatro.—Quiere decir que tiene la barba de tres o cuatro colores distintos.

Hombre bermejo y mujer barbuda, de una legua se los saluda.—Porque suelen ser gente de trato insufrible.

Hombre besador, poco empreñador.—Es como: «Perro ladrador, poco mordedor».

Hombre (El) bestia, ni lo claro remedia.

Hombre (El) bueno, no sube en lecho ajeno.

Hombre cano, ni viejo ni sabio.—Dice que alguna vez las canas no son signo de vejez y que la vejez no es garantía de sabiduría.

Hombre celoso, de suyo es cornudo.—Porque aun sin razón tal se cree.

Hombre cornudo, más vale de ciento que de uno.—Porque cuando son muchos los amantes, o es mayor el beneficio del consentido o menor el duelo que se puede hacer del marido de una mujer tan liviana.

Hombre cuerdo, lo público hace secreto.—Recomienda la discreción.

Hombre chiquitín, embustero y bailarín.—Se dice por zumba. Moteja a los pequeños de inquietos y revoltosos.

Hombre de cojón prieto, no teme aprieto.—Será porque, como en los perros y otros animales, las razas de buena sangre suelen presentar el escroto muy ajustado a los testículos.

Hombre de hecho, pelo en pecho; mas no todo el que ha pelo en pecho será de hecho.

Hombre de muchas gracias, notado de muchas faltas.— Porque la envidia de los demás sutiliza para sacarle muchos defectos.

Hombre (El) de seso, ahorra tiempo.—Porque como va directamente a lo interesante de los asuntos se ahorra muchos trámites inútiles.

Hombre (El) desgraciado, en la cama se desespalda.— Dice que el que es para poco ni aun colocado en condiciones ventajosas sabe medrar.

Hombre (El) discreto, en los otros hace escarmiento.

Hombre (El) donde nace y la mujer don va.—Aquélla es su patria o tierra.

Hombre enamorado, nunca casa con sobrado.—Lo dice porque guiándole la pasión no suele escoger lo que más le conviene. Semejante a: «Quien se casa por amores, ha de vivir con dolores».

Hombre (El) en la plaza, y la mujer en casa.—Dice que el hombre debe estar en sus negocios y la mujer atendiendo el hogar.

Hombre (El) en su ser, quiere a otro parecer y no sabe a quién.—Porque ninguno le parece perfecto.

Hombre (El) es fuego y la mujer estopa; viene el diablo y sopla.—Advierte del peligro que hay en dar ocasión a hombres y mujeres.

Hombre hablimujeriel, líbreme Dios de él.—Lo nota de informal y botarate.

Hombre (El) haga ciento; a la mujer no la toque el viento. — Porque así lo exige su condición moral y el respeto a su buen nombre.

Hombre honrado, antes muerto que injuriado.—Porque el valor de la propia dignidad se sobrepone al de la vida.

Hombre maldiciente, en mi casa no entre.—El que habla mal de todos suele tener más defectos que ninguno.

Hombre mendigo, nunca buen testigo.—Porque es fácil de mediatizar y sobornar.

Hombre (El) metido en afrenta, hace por treinta.—Porque el coraje le hace sacar fuerzas de flaqueza.

Hombre mezquino, después que ha comido ha frío.—Se refiere a los hombres enfermizos y físicamente pobres, que tras la comida sienten el rigor de la digestión, al contrario de los fornidos y robustos.

Hombre (El) mezquino, en cada barrio es vecino.—Porque se asienta adonde tiene ocasión.

Hombre mundano, la rueca en el seno y la espada en la mano.—O es que ha de ser valeroso con los hombres y a la vez galante con las mujeres, o que por fanfarria demuestra un valor que no lleva en el corazón.

Hombre narigudo, pocas veces cornudo.—Picarescamente el vulgo relaciona el grandor de la nariz con el de otras partes íntimas.

Hombre peloso, o tonto o venturoso.

Hombre perezoso, en la fiesta es acucioso.—Dice que el mal trabajador siempre deja las cosas para última hora, por lo que en el momento más inoportuno es cuando está más ocupado.

Hombre pobre, con poco se alegra y socorre.—Porque como está acostumbrado a muy poco cualquier cosa le llena de gozo y satisfacción.

Hombre (El) pobre, todo es trazas; a las veces son buenas, a las veces son malas.—Dice trazas en el sentido de proyectos, ingeniosidades, invenciones; porque la penuria le obliga a imaginar todos los medios posibles para poder procurarse el sustento.

Hombre (El) por el verbo y el toro por el cuerno.—Se les ha de coger.

Hombre porfiado, necio consumado.

Hombre (El) prevenido, vale por dos.—También se dice: «Hombre advertido», etc. Dice de la grande ventaja que supone la prevención al intentar algún negocio o lance.

Hombre (El) propone y Dios dispone.—Se dice cuando inesperadamente surgen dificultades invencibles que imposibilitan los proyectos trazados de antemano.

Hombre que anda por el mundo, come pan que no está ducho, duerme en el suelo, cría piojos y sarna y cobra el mal de Francia.—Era dicho de los romeros. El mal de Francia es el gálico o blenorragia.

Hombre (El) que apetece soledad, o tiene mucho de Dios o de bestia brutal.

Hombre (El) que hinchar, si es viejo para morir, si es mozo para sanar.—«El hombre que hinchar» por el hombre que se hincha; está deformado por buscar la consonante.

Hombre que presta, sus barbas mesa.—Advierte este refrán cómo debe prevenirse y reflexionar el hombre antes de determinarse a hacer préstamos.

Hombre (El) rico, con la fama casa el hijo.

Hombres (Los) ganan la hacienda y las mujeres la conservan.

Hombre velloso, o rico o lujurioso.

Hombre (El) y el oso, cuanto más feo más hermoso.— Dice que en el hombre la belleza es una cualidad muy secundaria.

Hongo de mayo, candela en la mano.—Porque es muy dañino.

Honra al bueno porque te honre y al malo porque no te deshonre.

Honra a los buenos, castiga a los malos y ten quedas las manos.—Sabia máxima política que rara vez se ve ejecutada.

Honra (La) del soberbio, en deshonra se torna muy presto.

Honra es de los amos la que se hace a los criados.

Honra (La) es de quien la hace.—Se suele decir cuando no se merecen los honrados la distinción que se les ofrece.

Honra (La) está en quien la da.—Como el anterior.

Honra los mayores y no desprecies los menores.

Honra (La) más vale merecerla que tenerla.—A los ojos del vulgo.

Honra (La) no tiene más de un golpe.—Es como: «A la honra y al vidrio, un golpecillo».

Honra sin honra, alcalde de aldea y padrino de boda.— Porque son cargos que dan más preocupaciones y gastos que honra.

Honra (La) y el vidrio, no tienen más que un golpecillo.— La honra es de una calidad tal que cualquier falta la quiebra y mancilla; por ello se ha de defender con tanto esmero y atención.

Honra y provecho no caben bajo el mismo techo.—También se dice: «Honra y provecho no caben en un saco». Manifiestan ambos refranes que son pocos los cargos en que conjuntamente se puedan lograr beneficios y honores, y dice que es muy difícil que el hombre, siguiendo el provecho, no olvide mantener la claridad de su nombre.

Honra y vicio no andan en un quicio.—Por su opuesta naturaleza no es posible reunir en un mismo individuo el vicio *y* la estimación personal.

Horno (El) y la vieja, por la boca se calientan.

Hoy es día de «echad aquí, tía».—Dice que hay días en que por su solemnidad u otra circunstancia no debe doler el gastar con esplendidez.

Hoy figura, mañana sepultura.—Se dice de los orgullosos sin fundamento.

Hoyo en la barba, hermosura acabada.—El vulgo tiene por hermoso el hoyuelo que en el mentón tienen algunas mujeres.

Hoy por ti, mañana por mí.—Dice de la buena relación que debe existir entre unos hombres y otros para ayudarse mutuamente.

Hoy putas y mañana comadres.—De los que regañan y se reconcilian con facilidad.

Hoz (La) en el haza y el hombre en la casa.—Se dice por los que por holgazanería no cumplen con su obligación.

Huélame a mí la bolsa y hiédate a ti la boca.—Se dice de los que por su provecho atropellan todas las consideraciones que se deben a los demás.

Huerta con palomar, paraíso terrenal.—Lo dice por ser dos negocios que se complementan y son a la vez muy productivos.

Huerta de pasatiempo, dámela puesta de tiempo.—Por el mucho dinero que cuesta el formarla.

Huerto sin agua, casa sin tejado, mujer sin amor y el marido descuidado, todo es malo.

Huerto, y tuerto, y mozo, y potro, y mujer de mira mal, quiérense saber tratar.—Dice que cada cosa tiene su dificultad y que hace falta tener paciencia y experiencia para tratar en ellas.

Hueso (El) que Dios te dio en parte, sábelo roer con arte.—Se dice a los casados. También se dice: «Hueso que te cupo en parte, róele con sutil arte».

Hueso (El) y la carne, duélense de su sangre.—Dice que los parientes, por consanguinidad, se sienten de las adversidades más que aquellos a quienes no comprende esta relación de familia.

Huésped, a deseo, rico y de pasaje.—Dice las condiciones que debe tener el huésped para que sea acogido con satisfacción.

Huéspeda hermosa, mala para la bolsa.—Por el deseo que despierta el festejarla y halagarla constantemente. También se dice: «Tendera hermosa, mal para la bolsa».

Huésped con sol, ha honor.—Dice Sbarbi: «El caminante que llega temprano y antes que otros a la posada, logra las conveniencias que hay en ella». Debe entenderse mejor que el huésped que llega temprano, da más tiempo a que sea atendido con minuciosidad que el que viene a acogerse a la hospitalidad de un modo apresurado e inoportuno.

Huésped tardío, no viene manvacío.—Dice que el huésped que llega a la posada a deshora suele traer la provisión necesaria.

Huésped que venga, de su pan hagamos tortas.—Semejante a «Al ave de paso, cañazo». Recomienda aprovecharse de los bienes de aquellos que accidentalmente nos los ofrecen.

Huésped viejo, enojo nuevo.—Por los incomodos que produce, sobre todo el atender a las necesidades de su edad. También puede interpretarse como que los huéspedes de mucho tiempo son más difíciles de complacer que los recién venidos, y que por la convivencia continuada cada día se les encuentran más inconvenientes.

Huéspedes (Los) parecen bien por las espaldas.—Es decir, cuando se van.

Huéspedes vinieron y señores se hicieron.—Se dice de los que abusan de la hospitalidad. Semejante a: «De fuera vendrá quien de casa nos echará.»

Huésped (El) y el pece, a los tres días hiele.—«Pece» por pez; «hiede» en sentido figurado porque cansa o molesta.

Huésped (El) que está despacio, cansa y da enfado.— Dice de lo inconveniente que es permanecer mucho tiempo viviendo a costa ajena.

Huésped que se convida, fácil es de contentar.—Dice que el que tiene deseo de una cosa, cuando se la ofrecen, la toma incondicionalmente.

Huevo (El) por la yema y la mujer por de fuera.—Se les aprecia.

Huevos crudos, y de mil modos, y para todos.—Son buenos.

Huevos sin sal, no hacen ni bien ni mal.—Al paladar.

Huí de la ceniza y caí en las brasas.—Se dice cuando por salir de un peligro se entra en otro mayor.

Huir de la pestilencia con tres eles es buena ciencia.—Recomienda que de los malos asuntos, enfermedades, peligro, pestes, etc., es bueno huir: Luego, Lejos y Largo tiempo.

Humedades de abril, malas son de salir.—Nota lo malas que son para la salud.

Humo (El) vase al humero y el necio y perezoso están quedo.—Dice que el diligente halla siempre por donde medrar, en tanto que el perezoso no hace nada.

Humo y gotera y la mujer parlera, echan al hombre de su casa fuera.—También se dice: «Humo y mala cara sacan a la gente de casa».

Hurtar el puerco y dar los pies por Dios.—Refrán que vitupera a los que después de haber hecho un gran mal creen remediarlo concediendo una pequeña dádiva.

Hurtar (El) es cosa linda, si se colgasen por la pretina. —Dice que si no fuese por temor al castigo se cometerían muchas más faltas.

Husada menuda, a su dueño ayuda.—Recomienda este refrán la continuidad en la labor, pues aunque así se trabaje poco, cunde.

Huso (El) de plata, gran tela saca.—Dice lo fácil que es hacer bien las cosas con medios apropiados. Semejante a la frase proverbial: «Qué fácil es ser buen rey».

Huye del malo, que trae daño.

Huye del placer presente, que te ha de dar pensar en lo siguiente.—Es refrán fundado en la máxima de los antiguos filósofos estoicos.

Huye la multitud y tendrás quietud.—Porque el único modo de conseguir la paz es apartándose del mundo.

Huye la ociosidad si quieres reposar.—Nótese la graciosa y verdadera paradoja que encierra este refrán. Dice que si se quiere lograr el reposo es necesario conseguirlo primero con el trabajo.

Huyendo del perejil, le nació en la frente.—Dice que algunas veces huyendo de un mal, tantas son las prevenciones y cuidados, que con ellas nos causamos un mal mayor.

I

Id a mercar a la feria y veréis cómo os va en ella.—Semejante a: «Cada cual habla de la feria según le va en ella». Dice que cada cual emite su juicio sobre los asuntos conforme al provecho o intervención que tiene en ellos.

Iglesia, o mar, o casa real, quien quiera medrar.

Ignorancia es todo a tropel aseverar o temer.—Recomienda este refrán la discreción en los juicios y en las acciones y reflexionar antes de decidirse con objeto de no tener que arrepentirse después.

Ignorancia es, todo lo afirmar, y locura todo lo que pudo ser, negar.—Como el anterior.

Imposible o *quien tiene oficios, estar sin enemigos.*—Es como: «¿Quién es tu enemigo? El de tu oficio». Se dice por la competencia que se hacen unos a otros.

Infierno (El) está lleno de buenos propósitos, y de buenas obras el cielo.—Dice que no es bastante pensar bien para ser bueno, sino que es necesario llevar a cabo los buenos propósitos.

Ingratitud (La) seca la fuente de la piedad.

Ingratitud (La) seca las fuentes y mengua la piedad las corrientes.

Injuria (La), mejor es olvidarla que vengarla.—Porque el obrar así es patrimonio de almas generosas.

Invierno solajero, verano barrendero.

Ira de hermanos, ira de diablos.—Se dice porque las enemistades entre hermanos suelen ser muy enconadas.

Ir a la guerra ni casar no se ha de aconsejar.—También se dice: «Ir a la guerra, navegar y casar, etc.» Dice que en las cosas peligrosas y trascendentales, que no pueden preverse, debe uno guiarse por su propia inclinación.

Iranse los años caros y malos y vendranse los buenos y quedarán los nietos hijos de ruines abuelos.

Iranse los huéspedes y comeremos el gallo.—Dícese cuando se dilata el castigar una mala acción o acabar algún asunto, por respecto a los que se hallan presentes en aquel momento.

Irase lo amado y quedará lo colorado.—Se dice cuando se satisface una pasión de modo poco decoroso, dando a entender que una vez pasado el gusto sólo queda la vergüenza de haber cometido el acto reprobable.

Ir por lana y volver trasquilado.—Se dice del que al realizar un propósito no sólo no lo consigue, sino que se encuentra chasqueado.

Ir romera y volver ramera.—Es semejante al anterior. Se dice más especialmente de las mujeres con intención a su honra.

J

Jamás año seco hace mal año a su dueño.—Esto más parece para los de las sierras y costas que para los de los llanos.

Jamás rico será quien lo ajeno con lo suyo meterá.—Porque al dar cuentas ha de salir casi siempre alcanzado.

Jamás rico será el que lo de otro en lo suyo no meterá.—Es al contrario del anterior.

Jarro (El) nuevo primero bebe que su dueño.—Cuando es de barro.

Jaula (La) hecha, la picaza muerta.—Es como: «Hecha la jaula, muerta la picaza». También se dice: «A jaula nueva, pájaro muerto».

Jimeno con su mal no ve el ajeno.—Nota que las preocupaciones propias a veces no dejan echar de ver las de los demás.

Jo, que te estrego, burra de mi suegro.—También se dice: «Jo, que te estriego, asna coja». Se aplica a los que se resisten a recibir un bien que se les hace.

Jornada de mar, no se puede tasar.—De tiempo, porque no se sabe cuándo se volverá.

Jornal de escardadera, si de él come no cena.—Por lo exiguo.

Jornal de obrero, entra por la puerta y sale por el humero.—Porque apenas da para comer.

Juan Miguel no tiene colmenar y vende miel.—Se dice cuando se duda del origen de los bienes de una persona.

Juan Palomo: yo me lo guiso y yo me lo como.—Se dice del que creyendo bastarse a sí mismo obra por cuenta propia sin consultar a los demás, ni aun en las cosas o negocios que son exclusivamente suyos.

Juan y María por leña van; lunes parten y martes llegarán; miércoles cargan, jueves huelgan, viernes vienen, sábado están.—Se dice cuando una persona tarda mucho en hacer un mandado.

Judío, paga lo que me debes, que lo que yo te debo cuenta es que tenemos.—Se dice del que sólo se ocupa de lo que a él le interesa.

Judío para la mercaduría y fraile para la hipocresía.— Exagera estas dos cualidades.

Judíos en pascuas, moros en bodas, cristianos en pleitos, gastan sus dineros.

Judío y dona y hombre con corona, jamás perdona.

Judío (El) y el nabo, ralo.—Dice que judíos, cuantos menos haya, es mejor; los nabos han de sembrarse separados para que salgan buenos y gordos.

Juego (El) de la correhuela, cátale dentro, cátale fuera.—Se dice de la constante mudanza de las personas volubles.

Juego (El) del puto, la primera carta es triunfo.—Se dice como censura a los que desde el principio muestran buena suerte.

Juegos de manos, juegos de villanos.—Condena la grosera costumbre de golpear, acosar o luchar por broma unas personas con otras; suele decirse cuando a consecuencia de una de estas bromas alguno sale malparado.

Juegos, pendencias y amores, igualan a los hombres.—Porque en ellos se pierde toda consideración y respeto.

Juez cadañero, estrecho como sendero.—Dice que mira de hacer las cosas bien, por la brevedad de su mandato.

Juez sobornado, debe ser castigado con soga y palo.—Dice que el castigo de los jueces debe ser doble que en los. demás, porque también ellos tienen mayor poder y son la garantía de la tranquilidad.

Juicio contrahecho hace lo tuerto derecho.

Julio, lo verde y lo maduro.—Debe segarse.

Julio siega y pon tras culo.

Junio, hoz en puño, de verde y no de maduro.

Junio, julio y agosto, ni dama, ni mosto.—Dice que las mujeres en esta época (se refiere a las trabajadoras del campo) suelen estar descuidadas y delgadas por el trajín que llevan y que, por lo tanto, no son apetecibles.

Junta de cuatro, junta del diablo.—Por lo difícil que es ponerse de acuerdo.

Juntando los bienes con los males, todos los tiempos son iguales.

Júntanse los hombres, mas no se juntan los montes.— Dice Correas: Los silvestres y brutales y montaraces.

Juntáronse el codicioso y el tramposo.—Se dice cuando dos personas de no muy buena condición moral van a medias en algún negocio.

Jurado de aldea, quien quiera lo sea.—Porque da mucho compromiso y poco honor. También se dice: «Alcalde de aldea», etc.

Jurado ha el bario, de negro no hacer blanco.—Dice que por mucho que se haga nadie puede borrar su propia condición.

Jurado tiene la menta que el estómago nunca mienta.— Dice la menta, refiriéndose a toda clase de hierbas aromáticas comestibles, como son la hierbabuena, sándalo, tomillo, albahaca, etc., porque son muy saludables para el estómago.

Jura mala en piedra caiga.—Dice que lo jurado en falso sea estéril y sin ningún efecto.

Juras del que ama mujer no se han de creer.—Porque los juramentos de amor se hacen por la fuerza del deseo y pasado éste no suelen cumplirse.

Juras de tahúr, saltos son de liebre.—Es decir, engaños.

Justa razón, engañar al engañador.—Semejante a: «Quien roba a un ladrón tiene cien años de perdón».

Justicia (La) de Peralvillo, que ahorcado el hombre hacíale pesquisa del delito.—Se dice de los que se determinan a hacer una cosa rápidamente sin examinar antes las razones que tienen para ello.

Justicia, mas no por mi casa.—Dice la facilidad con que se enjuician y condenan los delitos de los demás, procurando siempre soslayar u ocultar los propios; también se aplica al deseo de exigir a cada cual el estricto cumplimiento de su deber, en tanto que para nosotros guardamos siempre mayor lenidad.

Justicia (La) y el escribano, cogen en el teso y no en el llano.—El doble sentido de este refrán está en que llama teso al testarudo y llano al razonable y lo compara con *el* sembrar y coger de los campos.

Justo es el mal que viene, si le busca el que le tiene.— Semejante a: «El que ama el peligro, en él perece».

Justo le viene a quien de los suyos tiene.—Lo dice por los bienes y buenas costumbres heredados.

Juventud (La) tiene la fuerza y la senectud la prudencia.

Juzgan los enamorados que todos tienen los ojos vendados.—También se dice: «Piensan los enamorados que otros tienen los ojos quebrados». Dice que el apasionado va al objeto de su deseo sin reparar en que los demás juzgan sus acciones fríamente.

L

Labor comenzada, no la muestres a suegra ni cuñada hasta que esté acabada.—Dice que procuremos no comunicar nuestros proyectos y trabajos a los enemigos por que no puedan entorpecerlos.

Labrador astuto no labra tierra que no da fruto.—Dice que el avisado no pierde su trabajo inútilmente.

Labrador chuchero, nunca buen apero.—«Chuchero» por aficionado a los perros, en el sentido de cazador; dice que el labrador muy dado a la caza abandona por esta pasión sus deberes.

Labrador (El) codicioso, siembra en rastrojo.

Labrador de capa negra poco medra.—Dice que el labrador que vive a lo caballero no suele echar buen pelo.

Labrador que no cría, tome una hija.

Labrador que siembre a la vera, ventura es si el pan a la troje llega.— Se entiende a la vera de los caminos, adonde le comen las bestias y maltratan los ganados.

Labrandera mala, la hebra pequeña.

Labrandera mala, la hebra de a vara.

Labrar y hacer albardas, todo es dar puntadas.—Se dice para dar a entender la semejanza que entre sí tienen dos oficios recios y toscos, para los que puede valer una misma persona.

La de Navidad al sol y la Florida al tizón.—Que suele hacer buen tiempo en la primera Pascua y en la otra malo.

Ládreme el perro y no me muerda.—Dice que no se debe hacer caso de las amenazas cuando se tiene seguridad de que no pueden llevarse a efecto. Es semejante a: «Échame pan y llámame tonto».

Ladrillazo al fraile que le descalabre.

Ladrillo (El) mal regado y bien barrido, y el empedrado, mal barrido y bien regado.

Ladroncillo de agujeta, después sube a barjuleta.—«Agujeta» es tira de piel o cinta con un herrete en cada extremo; «barjuleta» es la bolsa o zurrón de los caminantes. Dice que el que empieza robando lo poco acaba por robar lo mucho.

Lágrimas de las damas, son agua en la fragua.—Dice que duran apenas lo preciso para fingir.

Lágrimas del que hereda, son risa encubierta.

Lágrimas de mujer, lo que no quieren no alcanzan.

Lágrimas de puta, amenazas de rufián y juramentos de mercader, no se han de creer.

Lágrimas y suspiros, mucho desenconan el corazón dolorido.

Lamprea, la bolsa prea; la vacía, mas no la llena.— «Prear» es robar.

Lana (La) oro mana, según las manos en que anda.

Langosta (La) hace la tripa angosta.—Porque destruye el trigo de los campos.

Laña (La) del calderero: rompió toda la caldera por tapar un agujero.—Semejante a: «Es peor el remedio que la enfermedad».

La que a los hombres cree jurando, sus ojos quebranta llorando.—Porque sucede que la mayor parte, una vez satisfecho su deseo, se olvidan de lo prometido.

La que con muchos se casa a todos enfada.—Dice que la moza que a todos conviene no es al fin para ninguno.

La que de alto hila, el huso la cae y el culo la pía.—Lo dice por las mozas orgullosas que al cabo se allanan a todo.

La que en marzo veló, tarde acordó.—Dícese por los que recurren a las cosas pasada la ocasión.

La que ha de ser bien casada, a su costa lo ha de ser.—Porque su conducta es el principal incentivo para ello.

La que hizo un yerro, y pudiendo no hizo más, por buena la tendrás.—Recuerda aquellas palabras de Jesús ante el juicio de la adúltera: «El que de vosotros no tenga pecado, tire contra ella la primera piedra».

La que huye de un ratón atado, no huye de un fraile arremangado.—Contra las gazmoñas y timoratas.

La que luce entre las ollas, no luce entre las otras.—Pero acaso vale más. También lo dice por la que hace las faenas caseras con el vestido de salir a la calle, a pique de mancharle o romperle.

La que mal marida, nunca le falta qué diga.—Al contrario de «El que en el casar acierta, en nada yerra».

La que menos escuchare de los hombres la razón, ésa librará mejor.

La que mucho visita las santas, no tiene telas en las estacas.—Contra las beatas que dejan la obligación por la devoción.

La que no es casamentera, no goza la fiesta entera.

La que no pone seso en la olla no lo tiene en la toca.—Dice que la que no pone cuidado en las cosas más importantes es porque tiene para todo poco juicio.

La que no tiene doncella, sírvase ella, y la que no tiene moza, barra la casa y ponga la olla.

La que no tiene suegra ni cuñada, ésa es bien casada.—Por ser este parentesco muy difícil de conllevar bien.

La que presto empieza, presto lo deja.—No sé con qué razón Correas lo achaca sólo a los partos, pudiendo referirse a otras muchas cosas.

La que quisiera hacer de la vaca carnero, échela a cocer en agua hirviendo.—Porque así se ablanda la carne.

La que quisiera hacer mejor pan que su vecina, amásolo con agua y no con harina.

La que quisiere hacer vaca de la gallina, échela a cocer en agua fría.—Porque se endurece la carne.

La que se enseña a beber de tierna, enviará el hilado a la taberna.—Porque las personas a las que domina este vicio, por satisfacerlo, dan al traste con sus obligaciones y su fortuna.

La que se viste de verde, con su hermosura se atreve.— Por ser color que no hace bien al rostro.

La que tiene el marido bueno, no tiene seguro el cielo.—Porque muchas se aprovechan de ello para no obrar honradamente.

La que tiene el marido chico, ¿dónde irá?, pues todos los males ha.

La que trasquila y da a hilar es como la que pare y da a criar.

Largas se debe dar a mucho y aun a todo, si no se quiere vivir poco.—Dice que se tome todo con tranquilidad y procure evitarse toda clase de disgustos.

Largo, largo, maldito lo que valgo.—Dice que las personas de mucha estatura suelen ser febles e inútiles.

Leche (La) sal del mueso, no del hueso.—«Mueso» por sustancia del buen alimento. Dice que las que están criando deben alimentarse bien.

Leche (La) y el vino, hacen al viejo niño.

Lechón (El) de un mes y pato de tres.

Le dijo el grajo al cuervo: quítate allá, que tiznas.—Es como: «Dijo la sartén a la caldera: apártate allá, cul-negra».

Lengua (La) de la mujer dice todo lo que quier.

Lengua (La) larga es señal de mano corta.—Semejante a: «Perro ladrador, poco mordedor».

Leña (La), cuanto más seca más arde.—Se dice por los viejos que se enamoran, en los cuales la pasión suele ser muy vehemente.

Leña de encina, córtela mi yerno y quémela mi hija.— Porque es muy dura y da mucho calor.

Leña de higuera, córtela mi hijo y quémela mi nuera.—Porque es blanda y da poco calor.

Leña de higuera, recia de humo y flaca de madera.

Leña de monte, hoy mía y mañana de otro.

Leña de romero y pan de panadería, la bordonería entera.—Vitupera al labrador que por holgazanería no cuece el pan en casa y va a buscarlo comprado, y que en vez de tener para su hogar leña recia y fuerte del monte, por hallarla más cerca, quema hojarasca y ramaje.

Leño (El) y el marido, no es escogido.

Letra (La) con sangre entra, y la labor con dolor.—Alude a la severidad que hay que usar, especialmente con los niños, para enseñarles y acostumbrarles a trabajar.

Le vale mucho más al cuerdo la regla que al necio la renta.—Da a entender que el que hace una vida moderada y juiciosa medra más que el desordenado que gasta mucho.

Levanta a la gallina la mano y levantarte ha el rabo.— Dice que si a las gallinas se les da escasamente de comer ponen poco.

Libertad (La) del que huye, a la ventura se atribuye.

Libre es la cabra de la arada.—Dice que está exento de obligación el que por naturaleza no puede cumplirla.

Líbrete Dios de la enfermedad que baja de Castilla y de la hambre que sube de la Andalucía.

Libro cerrado no saca letrado.—Dice que no se puede saber nada sin estudio ni aplicación.

Liebre (La) búscala en el cantón, y la puta en el mesón.

Liebre (La) diestra, presto sale a la vereda.—Dice que el que tiene experiencia procura colocarse en un lugar en que pueda defenderse y medrar.

Liebre (La) lo que en arenal gana, lo pierde en el agua.— Por la arena corre más que los perros, pero nada menos que ellos.

Liebre (La) que has de matar, cuesta abajo la has de echar.

Liebre (La) que se te ha de ir, cuesta arriba la has de ver ir.

Liebre (La) y la puta, en la senda la busca.

Lima (La) lima a la lima.—Semejante a: «No hay peor cuña que la de la misma madera». Dice que dos enemigos semejantes se destrozan entrambos.

Limpieza y dineros hacen los hijos caballeros.—Limpieza de costumbres.

Limpieza y no en la bolsa, claridad y no en el caldo.

Linares, la flor de los lugares.

Linda sin tacha, morcilla sin atadero. — Dice que no las hay.

Lino (El) apurado, da lienzo doblado.

Lino (El) es polvo, y el trigo es oro

Lino ni lana, no quiere ventana.—Al hilarse; porque la que lo obra se distrae y trabaja poco.

Lino (El) y el garzón, con el leño le compón.—Dice que así como conviene golpear al lino después de enriado, a los jóvenes les conviene el castigo para que aprendan.

Lino y estopa, a la sombra.

Lino (El) y la haba, la primera obrada.—Que se deben sembrar los primeros.

Lino (El) y la tierra, de color de greda.

Lino y marido nunca es escogido.

Loa al tonto y hazle bailar; si no es tonto, tonto le harás tornar.

Loa al mar y vive en la tierra.—*Lo* dice por lo peligroso que es.

Lo ajeno siempre pía por su dueño.

Lo barato es caro y lo caro es barato.—La razón está en la duración y bondad de la mercancía cara.

Loba (La) y la mujer, iguales son en escoger.—Es fama que las lobas se toman de los machos más ruines.

Lo bebido es lo seguro, lo que en el jarro está quizá se derramará.

Lo bien apercibido está medio combatido.—Semejante a: «Hombre prevenido vale por dos».

Lo bien dicho, presto es dicho.—Recomienda la brevedad y claridad en el hablar.

Lo bien ganado perece, y lo malo, ello y su dueño.—Pone de manifiesto la facilidad con que suele gastarse la fortuna, y especialmente las mal adquiridas.

Lo bien hecho bien parece.—Porque para premio y satisfacción de su autor, las consecuencias de los actos buenos siempre van pregonando su nombre y favoreciendo sus designios.

Lobo (El) anda en el rebaño.—Se dice cuando entre personas buenas hay una mala o traidora.

Lobo (El), donde halla un cordero busca otro compañero.—Por aquello de que el ladrón suele volver al lugar del delito.

Lobo *(El) está en la conseja.*—Semejante a: «El lobo anda en el rebaño». Dícese para avisar, cuando se está tratando de algo, que alguno de los presentes es traidor a la causa y se está enterando de lo que no conviene.

Lobo hambriento no tiene asiento.

Lobo (El) harto de carne métese a fraile.—Es como: «El diablo harto de carne métese a fraile». Se dice de los que tras mucho pecar parecen arrepentirse.

Lobo (El) muda de pelo, mas no el celo.—Semejante a: «Genio y figura, hasta la sepultura». Dice que exteriormente se puede variar, pero que el carácter no se altera.

Lo bonito cerca está de lo ruincito.

Lobo (El) viejo, a la tarde aúlla.

Lobo (El) y la vulpeja, ambos son de una conseja.—Dícese cuando son del mismo parecer dos personas que no son de fiar, y nota también que todos los malos suelen estar de acuerdo.

Lo bueno aborrece y lo malo apetece.—Se dice de las personas que extravían y rechazan los consejos.

Lo cocido, bien cocido, y lo asado, mal asado.—Entiéndase mal asado por poco asado.

Loco (El) en la frente trae el cuerno, y el cuerdo, en el seno.—Dice que las personas poco avisadas en seguida cuentan sus intimidades, al contrario de las discretas.

Loco es el hombre que sus prisiones ama, aunque sean de oro y plata.

Loco (El) por la pena es cuerdo.—Dice que cuando las razones no son suficientes para reducir al extraviado fuerza es apelar a la violencia.

Locos (Los) hacen fiesta y los cuerdos gozan de ella.

Locos (Los) y los niños dicen las verdades.—Porque como obran inconscientemente dicen las cosas con franqueza y espontaneidad.

Lo hallado no es hurtado.

Lo hecho bien aguarda a lo por hacer.—Dice que el buen artesano, con la excelencia de su obra consigue que no le falte trabajo.

Lo hecho vence a lo por hacer.—Dice que aunque lo hecho sea poco y nimio tiene más valor que el propósito de hacer.

Lo mal hecho, de día se parece.—Dice que en tratando con claridad los asuntos, luego se echan de ver las cosas que no están bien.

Lo malo cansa y lo bueno nunca se daña.

Lo más feo, con interés hermoso es.—Es como: «El que feo ama, bonito le parece».

Lo más guardado lleva el gato.—Es como: «De lo contado lleva el gato». Dice que a pesar de la mucha vigilancia nada se puede sustraer enteramente a los demás.

Lo más priva a lo menos.

Lo mejor de los dados es no jugallos.

Lominjar, de buen haber hace mal.—«Lominjar» es holgar.

Lo mío, mío, y lo tuyo, de entrambos.—Es norma de pícaros.

Lo mismo es a cuestas que al hombro.—Da a entender que lo principal es hacer una cosa, hágase de uno u otro modo.

Lo mucho se gasta y lo poco basta.—Porque cuando hay poco se pone más orden en consumirlo. Semejante a: «Más vale plaza cara que despensa barata».

Lo negro honra a vivos y muertos.—En el vestido.

Longanizas (Las) al sol y los hornazos al tizón.—Las primeras se hacen en Navidad, y los segundos, por Pascua de Flores.

Lo olvidado, ni agradecido ni pagado.

Lo peor del pleito, que de uno nacen ciento.

Lo poco agrada y lo mucho enfada.—Dice cómo el exceso en la mayor parte de las cosas suele ser molesto.

Lo poco espanta y lo mucho amansa.—Dice que el que no está acostumbrado a sufrir y padecer, cualquier amenaza le llena de temor, y, en cambio, en las grandes amarguras parece que se sacaran fuerzas de flaqueza.

Lo poco hace deudor, y lo mucho, enemigo.—La pobreza es causa por la cual hay que depender siempre de los demás, en tanto que la abundancia excesiva de bienes acarrea muchas envidias, de donde se deduce que tanto en esto como en otras muchas cosas lo mejor es un término medio.

Lo que abunda no daña.—Es semejante: «Por mucho trigo nunca es mal año».

Lo que arrastra, honra.—Se dice irónicamente por los que visten con desaliño y descuido, parodiando a las vestiduras de los grandes y a las colas de los mantos.

Lo que a ti no te aprovecha y otro ha menester, no lo debes retener.

Lo que con el capillo se toma y pega, con la mortaja se deja.—Se refiere a las costumbres y vicios que los niños toman en los primeros años, las cuales ya no se abandonan en toda la vida.

Lo que con el ojo veo, con el dedo lo señalo.—También se dice: «Lo que con los ojos veo, con el dedo lo adivino». Y da a entender que lo que manifiestamente se nos muestra claro no se puede negar, y además no tiene mérito alguno el que lo interpretemos con rectitud, tal cual es.

Lo que con ira se hace, desplace.—Porque siendo tan mala consejera y cegando el entendimiento, lo que se hace con ira está siempre mal hecho.

Lo que con unos se pierde, con otros se gana.—Da a entender cómo se vive en el mundo, unas veces cediendo con liberalidad y otras aprovechándose de la ocasión.

Lo que de noche se hace, a la mañana parece.—Dice que de lo hecho hay que sufrir las consecuencias, pues aunque lo hayamos consumado con la mayor cautela, al cabo termina por aparecer públicamente.

Lo que dice el cordobés, entiéndelo al revés.—Le nota de mentiroso.

Lo que Dios da, llevarse ha.—Recomienda la conformidad para los trabajos que da la vida y que no podemos evitarlos.

Lo que el lobo hace, a la loba place.—Y al revés. Dice que a cada uno le parece bien lo de los suyos. Se dice también cuando marido y mujer van perfectamente de acuerdo.

Lo que el médico yerra, encúbrelo la tierra.

Lo que el niño oyó en el hogar, eso dice en el portal.— Advierte que los niños, en su inconsciencia, fácilmente repiten lo que oyen a los mayores, por lo que se debe tener mucha prudencia y no hablar ante ellos cosas importantes.

Lo que el temor acobarda, avaricia lo incita y avanza.

Lo que en la leche se mama, en la mortaja se derrama.— Es como: «Lo que con el capillo se toma y pega, con la mortaja se deja».

Lo que en tu vida no hicieres, de tus herederos no lo esperes.

Lo que es bueno para el hígado es malo para el bazo.—Dice que los remedios y soluciones que favorecen a determinados asuntos o personas para otros son perjudiciales.

Lo que está de Dios, a la mano se viene.—Dice que lo que es justo, de un modo u otro, se consigue siempre.

Lo que fue duro de pasar, pasado, es duro de membrar.— Membrar es recordar.

Lo que fuerza no puede, ingenio lo vence.—Es como: «Más vale maña que fuerza».

Lo que hace el necio a la postre, eso hace el sabio al principio.

Lo que ha de cantar el buey, canta la carreta.—También se dice: «Lo que ha de cantar el carro, canta la carreta». Dícese cuando alguien se queja antes de que suceda el mal o cuando le sucede a otro.

Lo que ha de hacer el tiempo, hágalo el seso.

Lo que has de dar al mur, dalo al gato, y sacarte ha de cuidados.— «Mur» por ratón. Dice que lo que se ha de dar por necesidad procure no retardarse y darlo con oportunidad y a quien se debe, con objeto de aprovechar el beneficio que ello pudiera ocasionar. También se dice: «Lo que ha de dar al rato, dáselo al gato».

Lo que has de hacer hoy, no lo dejes para mañana.—Es como: «Nunca dejes para mañana lo que puedas hacer hoy».

Lo que la loba hace, al lobo le place.—Se dice principalmente de los matrimonios bien avenidos, dando a entender su igualdad de gustos y condición.

Lo que la mano no lleva, el rincón lo echa.—Es como: «Lo que no se llevan los ladrones aparece por los rincones».

Lo que la vejez gasta, a adobarlo nadie basta.

Lo que los ojos no ven, el corazón no lo desea.—Semejante a «Ojos que no ven, corazón que no siente».

Lo que más trabajo cuesta, más dulce se muestra.

Lo que mucho vale, mucho cuesta.—Da a entender que las cosas importantes nunca se consiguen con poco trabajo.

Lo que mucho deseo, no lo creo aunque lo veo.

Lo que no acaece en un año acontece en un rato.

Lo que no es de natura, tararura.—Da a entender que lo que la Naturaleza no manda es inútil aconsejarlo, porque nunca se hará con el mismo resultado que si fuese espontáneamente.

Lo que no es en mi año, no es en mi daño.—Dice que no hay por qué temer lo que no puede sucedernos a nosotros.

Lo que no habla, enfada.—Lo dice porque el hombre, por naturaleza, es sociable, y se complace más con las conversaciones que con ningún otro gusto ni recreo.

Lo que no has de comer, déjalo bien cocer.—Es como: «Agua que no has de beber, déjala correr».

Lo que no hurtan los ladrones aparece en los rincones.

Lo que no lleva Cristo, lo lleva el fisco.—Lo dicen especialmente los campesinos, cuyas utilidades están avasalladas por la Iglesia y por el Estado.

Lo que no quieras para ti no lo quieras para tu prójimo.— Viene de la máxima de los Evangelios

Lo que no se comienza, nunca se acaba.—Se dice a los que oponen muchas dificultades a los proyectos, dando a entender que con voluntad y afán se vencen todos los obstáculos.

Lo que no se hace a la boda no se hace a toda hora.— Dice que en la ocasión propicia se puede permitir un esfuerzo, que no podría repetirse frecuentemente.

Lo que no se puede comprar con dinero no se ha de vender por dinero.—Atañe principalmente a la honra.

Lo que no va en lágrimas va en suspiros.—Dice que lo que no se pierde en una cosa se pierde en otra.

Lo que no va en vino va en lágrimas y suspiros.—Donoso consejo, que se funda en el más antiguo de Salomón: «Da vino al que tiene amargo el corazón».

Lo que no viene a la boda no viene a toda hora.—Dice que cuando llega la oportunidad de cumplir lo ofrecido y no se satisface, luego es muy difícil conseguirlo.

Lo que otro suda, a mí poco me dura.—Se dice por lo poco que duran los vestidos que se dan ya usados y, en general, toda prenda vieja.

Lo que poco cuesta, poco se aprecia.—Es lo contrario de: «Lo que mucho vale, mucho cuesta».

Lo que quiere el campo de Ocaña no le dé Dios a la Mancha.—Por extensión, se aplica también a los diversos pareceres de los hombres.

Lo que quiere Escamilla, no lo dé Dios a Castilla.—Como el anterior.

Lo que quieren los hinojos, no lo vean nuestros ojos.— Se refiere, sin duda, este refrán a los actos luctuosos que requieren hincarse de hinojos.

Lo que se aprende en la cuna, siempre dura.—Dice que el espíritu comienza a formarse con la educación recibida desde los primeros años de la existencia y que las costumbres aprendidas entonces permanecen siempre.

Lo que se dilata no se pierde, si al fin viene.—Semejante a: «Más vale tarde que nunca».

Lo que se gana con el culo vase como humo.—Lo dice por la ganancia de las rameras.

Lo que se ha de empeñar, véndase.—Es como: «Quien empeña, mal vende».

Lo que se usa no se excusa.—Dice que lo que es costumbre en determinado lugar no debe dar reparo el hacerlo.

Lo que sobra, harta.

Lo que te dijere el espejo no te lo dirán en concejo.— Dice que las gentes no suelen tratar con la sinceridad suficiente para declararnos nuestras propias faltas.

Lo que te dijeren al oído no lo digas a tu marido.—Porque cuando una casada escucha al oído no puede ser cosa buena lo que oye.

Lo que te encubren no procures saberlo, y lo que te descubren tenlo secreto.

Lo que te ha tocado por suerte no lo tengas por fuerte.— Dice que no se debe hacer ostentación de aquello que por suerte o por naturaleza se tiene de bueno; da a entender que únicamente lo que se consigue con virtud y trabajo es digno de mostrarse con orgullo.

Lo que temor acobarda, avaricia lo estimula y avanza.

Lo que todos dicen, o es o quiere ser.—Es como: «Cuando el río suena, agua lleva».

Lo que una vez y una edad apetece, otra lo aborrece.— Y pasa entre la juventud y la vejez principalmente.

Lo que uno no quiere, otro lo desea.—También se dice: «Lo que uno desecha, otro lo ruega». Da a entender que es tan diversa la condición de los hombres, que lo que unos creen bueno, para otros es malo, y al contrario los de Peñaranda, lo que dicen a la noche no lo cumplen a la mañana.

Los que no tienen compasión, excusas ponen al dolor.

Los que se hubieren de casar, ellos han de tener qué comer y ellas han de traer qué cenar.—Condena lo disparatado de las uniones sin medios económicos.

Lozoya lleva el agua y Jarama tiene la fama.—Por extensión, se dice cuando una persona se vanagloria achacándose el esfuerzo de otra.

Lucen las galanas con los brazos de las malhadadas.— Se dice de las personas que se lucran con el trabajo de otras.

Luna con cerco, lo bajo llena; estrella en medio, lo bajo seco.

Luna de enero no tiene compañero, sino la de agosto, que la da en rostro.—Porque ambas son muy brillantes y limpias.

Luna (La) de enero y el amor primero.—Son los mejores.

Luna (La) masculina, de agua o de neblina.—Se llama luna masculina la que empieza en miércoles o día consagrado a Mercurio.

Lunar en el bozo parece mejor que en otra parte del rostro.

Lunar sobre la ceja, señora después de vieja.

Ll

Llaga (La) de amor, quien la hace la sana y quita el dolor.

Llaga de juntura, no te la dé Dios en ventura.—Dice que las llagas o heridas en las articulaciones son dolorosas y difíciles de curar.

Llagas (Las) duelen menos untadas.—Es verdad al pie de la letra, porque la llaga suele requerir alguna pomada grasienta para que no se quiebre la piel; y en sentido figurado también es verdad, porque al que se ofende puede aliviársele con buenas palabras o dádivas.

Llama (La) llama adonde viene la llama.—Se dice principalmente de los enamorados que se buscan mutuamente.

Llámame cornudo y no me toques en la honra.—Lo dice el que soporta las palabras, pero amenaza no consentir ponerlas en ejecución.

Llanto (El) de la mujer muerta no llega más de hasta la puerta.—Dice que la viudez es dolor fácil de consolar.

Llanto (El) sobre el difunto.—Dice que a las cosas se les debe poner inmediato remedio.

Llave (La) del pleito, en el escribano; la del médico, en el boticario.

Llave en cinta hace buena a mí y a mi vecina.—A mí, porque guardo lo mío, y a mi vecina, porque la evito la ocasión de robarme.

Llaves (Las) en la cinta y el perro en la cocina.—Se dice de las personas que parecen cuidadosas y son descuidadas.

Llégate a los buenos, y serás uno de ellos.—Semejante a: «El que a buen árbol se arrima, buena sombra le cobija».

Llevad vos, marido, la artesa, que yo llevaré el cedazo, que pesa como el diablo.—Se dice cuando uno echa a los demás los mayores trabajos y todavía se tiene por víctima.

Llevando cada camino un grano, bastece la hormiga su granero para todo el año.—Enaltece la economía y el trabajo.

Llevarán del ladrón y no del glotón.—Porque del ladrón se puede sacar algo, pero no del glotón, que todo lo consume y arruina.

Lléveme Dios a ese mesón do manda el marido y la mujer non.—Dice que es preferible la casa regida por varón.

Llórame solo y no me llores pobre.—Da a entender que la peor situación del hombre es la miseria.

Lloran los ojos de tu enemigo y enterrarte ha vivo.—Dice que no se haga caso de los extremos cariñosos de los que no nos quieren bien.

Llorar a boca cerrada y no dar cuenta a quien no se le da nada.—Es semejante a: «Quémese la casa sin que se vea el humo». Da a entender que en lo posible deben ocultarse las desgracias e intimidades, sobre todo a aquellas personas que sabemos que son indiferentes a nuestros dolores.

Llorar con testigos, cumplir con amigos.—Dice que la pena no es sincera.

Llorar poco y buscar otro.—Llanto de viuda.

Lloro de hembra no te mueva, que lloro y risa presto lo engendra.

Lloro (El) del que hereda, el gozo le revienta.

Lloviese hasta que mi cuerpo se me enmoheciese.—Presupone que lo dice el ganadero, porque necesita mucha agua para el praderío.

Lluévame a mi abril y *mayo, y a los otros todo el año*

Llueva, no llueva, pan se coge en Orihuela; en la de Alicante, mas no en la de la sierra.—La Orihuela baja tiene todo su campo de regadío.

Lluvia de Levante, no deja cosa delante. Lluvia de solano, no deja nada sano.

M

Madeja estropezada: quien te aspó, ¿por qué no te devanó?—«Estropezar, por enredar; «aspar», por madejar. Dícese cuando se llega a un asunto enredado y se carga con la responsabilidad de ponerlo en claro.

Madera (La) de enero no la pongas al humero, déjala estar cortada, que ella se curte y amansa.

Madera (La) de tu casa, en enero sea cortada.

Maderos hay que doran, maderos hay que queman.—En sentido alegórico se refiere a los hombres que viniendo todos de un mismo origen, unos los encumbran y otros los desprecian.

Madrastra, el nombre le basta.—Indica el desafecto que comúnmente origina este parentesco.

Madrastra, madre áspera.—Como el anterior.

Madrastra, ni de cera ni de pasta.—Dice que de cualquier condición que sean no son aceptables.

Madre acuciosa, hija vagarosa.—Tanto como «Madre dispuesta, hija vaga». También se dice: «Madre ardida hace hija tollida».

Madre boba tuviste si al mes no te reíste.—Se dice a las criaturas, festejándolas.

Madre e hija caben en una camisa; suegra y nuera no caben en la tela.—Se dice por lo difícil de los parentescos políticos.

Madre holgazana, saca hija cortesana.—Advierte las consecuencias a que puede llevar el mal ejemplo.

Madre no viste, padre no tuviste, diablo te hiciste.—Por la mala crianza de los huérfanos.

Madre pía, daño cría.—Porque la demasiada bondad es causa de perjudicial tolerancia.

Madre piadosa cría hija merdosa.—Como el anterior.

Madre, ¿qué cosa es casar? Hija; hilar, parir y llorar,

Las madres hacendosas hacen las hijas perezosas.—Porque ellas se valen a sí y a todos y de este modo acostumbran mal a las hijas.

Madre vieja y camisa rota no es deshonra.

Madre (La) y la hija, por dar y tomar son amigas.— Dice que hasta en parentescos tan estrechos cabe el interés.

Madrugo *y verás, trabaja y habrás.*

Majada forera, sestil de verano, quien aquí te puso, mal sabe de ganado.

Majuelo (El) y el potro, críele otro.—Lo dice por lo costoso y molesto que es de criar.

Mala boca, peces coma.—Da a entender que se maldice a los murmuradores, diciendo, en sentido figurado, que coma peces por el riesgo de pincharse o atragantarse con las espinas.

Mala (La) cama hace la noche larga.—Da a entender que cuando se está incómodo en alguna parte parece que el tiempo se detiene o transcurre muy lentamente.

Mala cosa nunca muere.—Da a entender que la duración de las cosas malas siempre nos parece excesiva.

Mala cuña es la de la propia madera.—Se dice porque no hay peor enemigo que el semejante, es decir, el que conoce y puede hacer valer todos los recursos para producir mayor daño.

Mala es el hambre, pero es la sed; si una mata, otra también.

Mala es la llaga que con vino no sana.

Mala es la llaga que el romero no la sana.—Da a entender lo a propósito que es esta hierba para cicatrizar heridas.

Mala (La) fama vuela como ave y rueda como la moneda, y la buena, en casa se queda.—Semejante a «Cría buena fama y échate a dormir; críala mala, y échate a morir».

Mala (La) hierba, presto crece.—Semejante a: «Cosa mala nunca muere».

Mal ajeno cuelga de pelo.—Que es preocupación que pronto se va.

Mal ajeno no pone consuelo.—Es como: «Mal de muchos, consuelo de bobos».

Mal (La) aliñada, antes abre la puerta que cubre la cama.—Lo dice por las mujeres poco trabajadoras, que prefieren irse de casa a cuidarla y arreglarla.

Mala (La) llaga, sana; la mala fama, mata.—Dice lo perjudicial que es criar mala fama. Es semejante a: «Cría buena fama y échate a dormir; críala mala, y échate a morir».

Mal (El) amigo deja la paja y llévase el trigo.

Mal amo has de guardar, por miedo de no empeorar.— Semejante a: «Más vale lo malo conocido que lo bueno por conocer».

Mala noche y parir hija.—Se dice cuando, después de un gran trabajo, lo hecho no satisface. Antiguamente la condición de los hijos era superior a la de las hembras, y por ello se preferían a éstas, especialmente cuando había de nacer heredero.

Mala (La) nueva, presto llega.—Porque nunca faltan oficiosos que las propalan.

Mal (El) año entra nadando.—Se dice porque las excesivas lluvias de enero perjudican a las cosechas.

Mal año o buen año, cuatro caben en un banco.—Este refrán criticaba a las autoridades de los pueblos: los dos regidores, el alcalde y el síndico, que en la iglesia o ayuntamiento ocupaban juntos el mismo estrado.

Mala (La) paga, aunque sea en paja.—Dice que del mal pagador se ha de cobrar uno como pueda.

Mala (La) razón deja la ropa sana y lastima el corazón.— Dice que una mala palabra, aunque aparentemente parece no causar daño, siempre deja en el espíritu una huella de pesar.

Mala señal de amor huir y volver los ojos.

Malas (Las) nuevas siempre son verdaderas.—La razón de este refrán estriba en que en la vida suelen acaecer siempre más desdichas que venturas.

Malas son las burlas verdaderas.—Porque nada ofende tanto como que le digan a cada cual sus propias faltas.

Mala (La) tierra la naturaleza puebla.—Dice que abandonándola, luego se cubre sola de maleza y monte.

Mal (El) ballestero, o los suyos tira.—Se dice cuando, por torpeza, se perjudica uno mismo.

Mal (La) casada, tratos tiene con su criada.—La que le suele servir de alcahueta.

Mal castiga el ama a la moza cuando a ratos con ella retoza.—Reprende la mala costumbre de intimar con los criados, que de este modo se les da motivo para que pierdan el respeto que deben a sus amos.

Mal cobrador hace mal pagador.—Reprende a los que, no ocupándose como es debido de lo que les interesa, dan ocasión a que los demás dejen de cumplir con ellos sus obligaciones.

Maldad es no usar los bienes pudiendo.

Mal da quien no ha.—Como: «Donde no hay ganancia, cerca está la pérdida».

Mal (El) de la culebra, no muerde en el agua y muerde en la tierra, y por mayo deja la pelleja entre la piedra.

Mal (El) del cornudo, él no lo sabe y sábelo todo el mundo.

Mal (El) del milano, las alas quebradas y el pico sano.— Se dice de los que, fingiéndose enfermos, se niegan a trabajar, pero no a comer, y también de los cobardes fanfarrones.

Mal (El) del ojo cúrale con el codo.—Dice que los ojos no deben tocarse.

Mal (El) del tordo, la cara delgada y el culo gordo.

Mal de muchos, consuelo de todos.—Dice que cuando el mal alcanza a todos por igual es fácil la resignación.

Mal de muchos, consuelo de bobos.—Como el anterior.

Mal de muchos, gozo es.—Como el anterior.

Mal de rico, poco mal y mucho trapito.—Lo dice por los excesivos cuidados con que se atiende a la gente pudiente.

Maldición de puta vieja no va al cielo.

Maldición de puta vieja, por do sale por allí entra.

Maldición, y pulgón, y potra, y sabañón, en tal compañón.

Maldita la pila do pica el gallo y no la gallina.—Se refiere este refrán a los hogares en que el hombre ejerce su autoridad de un modo absoluto y arbitrario.

Maldita seas, ave; la pluma, mas no la carne.—Viene este refrán de una antigua conseja que dice que yendo la Virgen, su Hijo y San José camino de Egipto, salioles al camino, en toda la fuerza del vuelo, una perdiz, que asustó a la burra que la Virgen montaba y que San José conducía del ronzal. En poco estuvo que no diera en el suelo María Santísima; con la sorpresa y alteración que esto causó, el buen Patriarca no pudo reprimir un movimiento de cólera, y dijo: «¡Maldita seas, ave!» Y la Virgen, porque no surtiera efecto el anatema de su esposo, se apresuró a añadir: «La pluma, mas no la carne».

Mal empleada está la hacienda en quien no es señor de ella.—Reprende a los amos que abandonan sus bienes.

Mal (El) encantador, con la mano ajena saca la culebra.—Dice que el que no está seguro de su habilidad o derecho se vale de los demás para eludir su responsabilidad.

Mal (El) entra a brazadas y sale a pulgaradas.—Porque suele venir de repente y luego cuesta mucho tiempo volver a la normalidad. También se dice: «Los males entran por arrobas y salen por adarmes».

Mal es acabarse el bien.—Es máxima de filósofos antiguos.

Mal ganado es de guardar doncellas y mozas locas y por casar.

Mal habiendo y bien esperando, morirme he triste y no sé cuándo.

Mal haya el amigo que lo fue del padre y no lo es del hijo.

Mal haya el romero que dice mal de su bordón.—Nota de mal trabajador al que pone peros a sus herramientas, y de desleal al que habla mal de los suyos.

Mal haya el vientre que del bien recibido no le viene miente.—Contra los desagradecidos.

Mal haya la espina que de suyo no aguija.—Dice que las cosas que no cumplen con su fin no son buenas.

Mal haya la pájara que en su nido caga.—Se dice de la mujer que trae deshonra a su casa.

Mal huye quien a casa torna.

Malicioso (El), en burlas o en veras muestra sus malicias enteras.

Mal (El) intencionado, lo bueno juzga por malo.

Mal ladra el perro cuando ladra de miedo.—Se dice de las personas a quienes se les conoce que sus bravatas son falsas.

Mal largo, muerte al cabo.

Mal me quieren mis comadres porque les digo las verdades; bien me quieren mis vecinas porque les digo las mentiras.—Lo dice porque la verdad suele desagradar.

Mal me quiere y peor me querrá al que dijere la verdad.— Como el anterior.

Mal (El) nunca hace buen barragán.—Dice que el mal jamás es buena compañía.

Malo (El) al bueno enoja que al malo no osa.—Dice que los malos suelen ser además cobardes.

Malo (El) a muchos empece y al fin perece.—Dice que las consecuencias de las cosas mal hechas son perjudicar a muchos y no favorecer nunca al que las comete.

Malo anda el tiempo cuando lo que no se puede alcanzar por justicia se alcanza por dinero.—Me parece que esto va bien a todas las épocas.

Malo es el zamarro de espulgar y el viejo de castigar y enderezar.— Dice lo difícil que es arrancar los vicios a las personas que ya los tienen muy arraigados.

Malo (El) para mal hacer, achaques no ha menester.— Es como: «El malo siempre piensa engaño». Dice que no necesita pretexto el malintencionado para agredir y dañar a los demás.

Malo (El) siempre piensa engaño.—Dice que no solamente el hombre de mala intención fragua planes perjudiciales a los demás, sino que cree que los otros tratan de engañarle siempre a él. También se dice: «El malo siempre piensa ser engañado», que es semejante a «Piensa el ladrón que todos son de su condición».

Malo vendrá que a mí bueno me hará.—Lo dice el que, tildado de tal, quiere justificarse amenazando con que los demás son peores que él.

Mal (El) pajarilla, la lengua tiene por cuchillo.—Dice que la maledicencia suele redundar también en perjuicio del maldiciente.

Mal (El) paño en el arca se vende, mas el bueno ver se *quiere.*—Dice Correas: «Queda dicho al trocado: «El buen paño»; y todo tiene su sentido diferente, porque el que tiene mala mercadería no la deja ver; la buena, sin verla, se vende, con el crédito que tiene; el que compra siempre quiere ver lo que compra».

Mala para quien calla y peor para quien habla.—Se dice cuando se ha cometido un delito.

Mal (El) para quien lo fuere a buscar.—Se dice cuando quiere evitarse un presunto peligro. Es semejante a: «Quien quita la ocasión quita el peligro».

Mal por mal, más vale una monja que un seglar.—Tiene un sentido pícaro.

Mal por mal no se debe dar.

Mal (El) que de tu boca sale, en tu seno se cae.—Semejante a: «El que al cielo escupe, en la cara le cae».

Mal que espera bonanza, no es mal de importancia.

Mal (El) que no es durable, es tolerable.

Mal que no sabe tu vecino, ganancia es para ti mismo.— Dice que cuanto más se oculten los males es mejor, porque cunde menos la lástima y el descrédito.

Mal (El) que no tiene cura es la locura.

Mal (El) que no tiene remedio, olvidarle es mejor medio.

Mal que sana durmiendo, ya lo entiendo.—Es borrachera.

Mal se esconde el fuego en el seno, ni el amor en el pecho.

Mal va el gallo cuando le pica el papo.—Porque es señal de hambre.

Mal va el pajarillo cuando anda en mano de niño.

Mal va la corte donde el viejo no tose.—«Corte» por albergue o vivienda; dice el refrán que el gobierno de una casa requiere persona de experiencia.

Mal va quien mala fama cobra.—Semejante a: «Cría buena fama y échate a dormir».

Mal vecino es el amor, y do no le hay es peor.

Mal (El) vecino ve lo que entra y no lo que sale fuera.— Dice que aprovecha todas las ocasiones propicias para murmurar e infamar, pero ninguna para alabar.

Mal (El) y el bien, en la cara se ven.—Semejante a: «La cara es el espejo del alma».

Manceba (La) del abad no amasa y tiene pan.

Mancebo fui y viejo me vi, mas nunca justo desamparado vi.—Dice que el que cumple con su deber siempre encuentra la recompensa.

Manda (La) del bueno no es de perder.—Se dice reclamando una promesa olvidada.

Mándame mi amo, mándame mi ama; no sé cual mandado haga.

Mandan al gato y el gato manda a su rabo.—Dice que siempre hay otro más inferior sobre el cual se puede ejercer autoridad.

Mandar no quiere par.—Dice que el que ordene y mande debe ser uno solo.

Manda y descuida: no se hará cosa ninguna.—Denota el error de ejercer la autoridad sin la debida vigilancia que garantiza el cumplimiento de las órdenes.

Manda y hazlo, y quitarte has de cuidado.—Porque nunca se está mejor servido que por uno mismo.

Mano (La) cuerda no hace todo lo que dice la lengua.— Dice que puede permitirse alguna licencia de palabra, pero que muchas veces no es conveniente llevarla a efecto.

Mano (La) del amo en la mancera hace la cámara llena.— Es como: «El ojo del amo engorda el caballo».

Mano (La) del cirujano, tímida.—No suele serlo así muchas veces, por desgracia.

Monos besa el hombre que quisiera ver cortadas.—Dice de la necesidad en que a veces se encuentra el individuo de humillarse y alabar a quien no lo merece.

Manos blancas no ofenden.—Frase proverbial que tiene por origen la contestación dada a la infanta Luisa Carlota por el ministro Calomarde cuando salía de hacer firmar a Carlos IV la derogación de la Ley Sálica, y a propósito de haberle quitado dicho documento, abofeteándole. Se emplea para dar a entender que las ofensas hechas por mujeres no deben tomarse en consideración.

Manos calientes y corazón frío, amor perdido.

Manos del maestro son ungüento.—Porque el que sabe lo hace o cura bien.

Manos (Las) del oficial, envueltas en cendal.—«Oficial» va por artesano, trabajador, maestro, etc. Dice que al que trabaja se le ha de tener en mucho y considerarle como merece.

Manos duchas comen truchas.—Dice que el sagaz y entendido siempre libra con buena parte. También se dice: «Manos duchas mondan huevos, que no largos dedos».

Manos (Las) en la rueca y los ojos en la puerta.—Se dice de los que su deseo les lleva el pensamiento lejos de lo que están haciendo.

Mano sobre mano, como mujer de escribano.—Se dice para reprender la ociosidad.

Manos y vida componen villa.—Dice que con tiempo y trabajo todo se alcanza.

Mansa (La) respuesta, quebranta la ira.

Manta y cobertor no son para buen bebedor.—O porque no los necesita, pues le da calor el vino, o porque el vicio le consume la hacienda y no le da para tenerlos.

Manzana (La), al niño, y al viejo, el libro.

Manzana (La) podrida, pierde a su compañía.—Lo mismo que sucede a la fruta ocurre a los hombres.

Mañanas (Las) de abril, dulces son de dormir; las de mayo, mejor, si no despierta el amor.

Mar (La) al más amigo pronto le pone en olvido.—Dice que no hay que fiarse del mar, y que con sus peligros, navegando, todos se vuelven egoístas.

Marbella, bella, mas no entrar en ella.—Es aviso de marineros, por lo peligroso de su puerto.

María, si bien estás, no te mudarás.—Buen aviso para los que estando bien quieren ponerse mejor. Es como: «El que está bien, no para hasta que se pone mal».

Maridar de plaza y parir escondida, gentil sabandija.—Vitupera a los que públicamente ostentan una cosa y en privado practican la contraria.

Marido (El), antes con un ojo que con un hijo.—Dice que es preferible un marido con muchos defectos que con hijos, que suelen ser causa de disgustos y sinsabores.

Marido (El), barca, y la mujer, arca.—Dice que el marido puede conocer a otras mujeres y la mujer no puede hacerlo así con los hombres; también indica la diferencia que debe existir entre el trato social de uno y otra.

Marido celoso, nunca tiene reposo.

Marido tras el lar, dolor de ijar.—Dice que el marido que no trabaja siempre anda quejándose y molestando.

Mar (La) que se parte, arroyo se hace.—Por aquello de «Divide, y vencerás». Dice que las fuerzas que, unidas, tienen un gran valor, al dividirse pierden por completo su importancia.

Marta la piadosa, que mascaba la miel a los enfermos.—Se dice especialmente de las mujeres y refiriéndose a las hipócritas.

Martillo (El) de plata rompe las puertas de hierro.—Lo dice por el poder del dinero.

Marzo marceador, de noche llueve y de día hace sol.

Marzo marcero, por la mañana rostro de perro, por la tarde valiente mancebo.

Marzo pardo, abril lluvioso y mayo ventoso, hacen el año hermoso.

Marzo ventoso, abril lluvioso y mayo pardo hacen hermoso el año.

Marzo ventoso y abril lluvioso, al buen colmenar hacen astroso.—Porque el agua mata a las abejas.

Marzo ventoso y abril lluvioso sacan o mayo florido y hermoso.

Más ablanda el dinero que palabras de caballero.—Semejante a: «Dádivas ablandan peñas».

Más apaga buena palabra que caldero de agua.—Contra la ira.

Masa (La) y el niño, en verano han frío.

Más ayuda la mañana que prima y hermana.—Por ser las mejores horas para trabajar.

Más caga un buey que cien golondrinas.—Dice que más hace el poderoso de una sola vez que los débiles en cien ayudas. Es contrario a: «Más valen muchos pocos que pocos muchos».

Más caro es lo dado que lo comprado.—Porque hay que corresponder con mayor favor que el que se recibe.

Más (La) cauta es tenida por más casta.—Buen aviso para las mujeres. Es semejante a: «Cría buena fama y échate a dormir».

Más cerca está la camisa de la carne que el jubón.— Dice que se debe tener más interés por los verdaderos amigos y parientes que por los demás.

Más cerca están mis dientes que mis parientes.—Es dicho de personas glotonas y egoístas

Más come un gato de una vez que un ratón en un mes.— Semejante a: «Más caga un buey que cien golondrinas».

Más corre ventura que caballo ni mula.—Lo dice por lo comunicativo de la alegría.

Más cura la dieta que la lanceta.—Dice que este procedimiento de curación es de los más seguros y menos peligrosos.

Más da el duro que el desnudo.—Se sobreentiende el duro de corazón. Dice que aun avaro, más se puede esperar de él que del que nada tiene.

Más daña una viciosa razón que enmienda un largo sermón.—Porque el mal ejemplo cunde en seguida y el consejo virtuoso tarda mucho en abrirse camino.

Más da quien bien quiere que quien puede.

Más discurre un hambriento que cien letrados.—Es como: «La mejor maestra, el hambre». Dice que la necesidad hace arbitrar recursos verdaderamente sutiles e ingeniosos.

Más es el ruido que las nueces.—Cuando se pregona mucho un hecho que carece de importancia.

Más fácil es de la obra juzgar que en ella trabajar.—Buen aviso para los críticos exigentes, que nada encuentran bueno.

Más gasta el escaso que el franco.—Porque no compra de una sola vez.

Más guarda la viña el miedo que no el viñadero.

Más hace el querer que el poder.—Nota el valor que tiene la voluntad. También se dice: «Más vale el que quiere que no el que puede».

Más hace la preñada gimiendo que la parida corriendo.— Dice que se maneja mejor en sus quehaceres la preñada que la parida, porque a ésta la embaraza y estorba la criatura.

Más hace la virtud que la multitud.—Buen consejo para la gobernación de las naciones, entregadas hoy a la voluntad de las mayorías por arte de la democracia.

Más ha de haber en la buena que ser casta y honesta.— Es muy corriente en las mujeres honradas afear la conducta de las que no lo son, demostrando así su valer, que muchas veces es inferior al de las otras, que son mejores que ellas.

Más hay que hacer en los dineros guardar que en los ganar.—Porque más junta el que guarda que el que gana.

Más hay que hacer en saber el amigo conservar que en saberle alcanzar.

Más (La) hermosa de todas, como las otras hace bodas.

Más (El) hermoso tiene un gargajo en el hombro.—Dice que no hay hermosura sin tacha.

Más hiede el pedo ajeno que el nuestro.—Dice que los defectos de los demás nos parecen mayor que los nuestros.

Más hiere mala palabra que espada afilada.

Más ladra el perro cuando ladra de miedo.—Mejor me parece: «Mal ladra el perro cuando ladra de miedo».

Más le quiero mozo y pobre que no viejo que se doble.— Se entiende para casamiento.

Más leve es padecer el daño que esperarlo.—Nota lo mala que es la situación de duda.

Más listo que la hija del herrero, que pegó a su padre en los c...—Se dice del que hace una cosa con doble intención.

Más manda la mala con su rabo que el rey con su reinado. —Vitupera a las mujeres enredadoras y arpías.

Más mató la cena que sanó Avicena.—Es como: «De grandes cenas están las sepulturas llenas.

Más moscas se cogen con miel que con hiel.—Dice que con dulzura y afecto se atrae más que con malos modos y carácter desabrido.

Más produce el año que el campo bien labrado.—Entiéndese el buen año meteorológico.

Más puede Dios que el diablo.—Dice que se consigue más con buenas artes que con el engaño.

Más pueden dos tetas que cien carretas.—Lo dice por la fuerza y capricho que tiene el instinto.

Más puede preguntar un necio que responder un cuerdo. —Porque la suma de conocimientos humanos es muy inferior a la obstinada curiosidad de cualquiera.

Más puta que una zaranda.—Se dice porque la zaranda o harnero, para cumplir su cometido, tiene que menearse mucho, y la gracia de la frase está en comparar este oficio con el de las prostitutas.

Más quema y abrasa que palabra de madrastra.

Más querría mis tierras cagadas de culo de oveja en redil y aprisco que saludadas por mano de obispo.—Nota la excelencia del estiércol ovejuno.

Más quiere el cura a mi mujer que a mí a par de él.

Más quiero amiga llana que parienta falsa.

Más quiero asno que me lleve que caballo que me derrueque.—«Derrocar» por tirar. Dice el refrán que es preferible lo humilde y seguro que no lo ostentoso y con peligro.

Más quiero comprar que a ruines rogar.

Más quiero el niño mamoso que hermoso.

Más quiero huevos hoy que mañana pollos.—Es como: «Más vale pájaro en mano que ciento volando».

Más quiero libertad con pobreza que prisión con riqueza.

Más quiero poco seguro que mucho en peligro.

Más quiero ser de moza desdeñada que de vieja rogada.

Más quiero un buen amigo que no un pariente mezquino.

Más quiero viejo que me honre que galán que me asombre.—Lo dice la moza.

Más (La) ruin cabra revuelve la manada.—Se dice cuando el más insignificante es causa de la inquietud y desasosiego de todos. También se dice: «La más ruin oveja se ensucia en la colodra».

Más sabe el diablo por viejo que por diablo.—Da a entender que los ancianos tienen mucha experiencia de la vida, la cual hace que sus consejos sean aprovechables.

Más sabe el necio en su casa que el cuerdo en la ajena.—Da a entender que en las cosas propias nadie puede intervenir con tanto acierto como el mismo interesado. También se dice: «Más sabe el loco en su casa», etc.

Más saben unos durmiendo que otros velando.—Los listos, por contraposición a los torpes.

Más sabe quien mucho anda que quien mucho vive.— Porque, como dice Delicado en su «Lozana»: «quien mucho vive, cada día oye cosas nuevas, y quien mucho anda, ve lo que ha de oír».

Más se detiene que hija en el vientre.—Dice Correas: «Parecer es de Aristóteles y Plinio que las hembras duran más en el vientre que los varones».

Más se queja quien se caga en la manta que quien la lava.—Se refiere al que padece enfermedad cuya es la incontinencia.

Más seso quiere un loco que no tres cuerdos.—«Quiere» por tiene; porque los locos dicen las verdades.

Más son los amenazados que los acuchillados.—Semejante a: «No es tan fiero el león como le pintan». Se responde a los fanfarrones y matones, dando a entender que es más fácil amenazar que cumplir las amenazas.

Más tiene el rico cuando empobrece que el pobre cuando enriquece.—Es como: «Más vale rico pobre que pobre rico».

Más tira c... que soga.—Dice que el capricho del instinto es tan grande, que el que lo siente se deja arrastrar por él, olvidando todas las demás obligaciones.

Más tira moza que soga.—Porque la fuerza del amor es la mayor de todas.

Más tiran nalgas en lecho que bueyes en barbecho.— Como los anteriores.

Más tiran tetas que carretas.—Como los anteriores.

Más trabajo hay en vivir bien que mal.—Este refrán puede trocarse al revés.

Más va en la comadre que en lo que pare.—También se dice: «Ello va en la comadre», y da a entender que se censura el favor que alguno obtiene achacándolo a recompensa.

Más vale aceña parada que el molinero amigo.—Semejante a: «Más vale llegar a tiempo que rondar un año».

Más vale acostarse sin cena que levantarse con deuda.— Porque la tranquilidad de conciencia se sobrepone a todo.

Más vale agua del cielo que todo el riego.

Más vale al cuerdo la regla que al necio la renta.—Lo dice porque el gastar sin orden no hay fortuna que lo resista, por fuerte que sea.

Más vale algo que nada.—Dícese para advertir que no deben despreciarse las cosas, por insignificantes que sean.

Más vale antes que después.—Es como: «Más vale un por si acaso que cien pensé».

Más vale año tardío que vacío.—Porque «Más vale tarde que nunca».

Más vale aprender viejo que morir necio.—Porque «Más vale tarde que nunca».

Más vale a quien Dios ayuda que a quien mucho madruga.—Da a entender que con la ayuda de la Providencia y con la suerte se adelanta más que con el mismo trabajo.

Más vale asno que os lleve que no caballo que os derrueque.—«Derrocar» por derribar. Dice que más vale medrar humildemente que unirse a los grandes y exponerse con ellos a los fracasos.

Más vale bien de lejos que mal de cerca.

Más vale bien quejoso que mal pagado.

Más vale buena cautela que mal consejo.

Más vale buena esperanza que ruin posesión.

Más vale buena queja que mala paga.—Se dice cuando, no correspondiendo la remuneración al trabajo prestado, se rechaza aquélla.

Más vale buen vecino que pariente ni primo.

Más vale caer en gracia que ser gracioso.—Se dice cuando una persona es agradablemente aceptada, aunque no tenga atractivo para ello.

Más vale callar que mal hablar.

Más vale dar a ruines que rogar a buenos.

Más vale dar buen pedo que dinero a Maestre Pedro.— Dice que más vale buena salud que buen médico.

Más vale decir verdades que parezcan mentiras que mentiras que parezcan verdades.

Más vale dejar a los enemigos que pedir a los amigos.

Más vale dejar en la muerte a los enemigos que no demandar en la vida a los amigos.

Más vale demandar que hurtar.

Más vale din de moneda que don sin renta.—«Din» es onomatopeya del sonido del dinero; dice que más vale éste que honor sin hacienda.

Más vale din que don.—Es como el anterior.

Más vale echar el preñado que tomar el criado.—Dice que es más provechoso el ganado recriado en casa que el que se compra ya grande.

Más vale el hijo en la horca que la hija en la boda.— Se dice por los que quieren más a los hijos que a las hijas.

Más vale el humo de mi casa que el fuego de la ajena.— Se dice porque cada uno estima más el bien de su patria, por escaso que sea, que los mayores veneros de riqueza que puedan venir de fuera de ella. Es como: «Más valen granzas de mi era que trigo de la ajena».

Más vale el ruego del amigo que el hierro del enemigo.— Dice que muchas veces hace más fuerza lo que el amigo pide con cariño y afecto que lo que nos obliga en contra de nuestra voluntad.

Más vale en paz y peregrino, que entre parientes y con ruido.—Dice que más vale poco, pero con tranquilidad, que mucho pero con desazones.

Más vale errar por parecer ajeno, que acertar por el nuestro.—Se dice de los hombres obstinados y ególatras que desprecian los consejos de los demás.

Más vale esperar barbas que peinar canas.—Que la mujer debe casarse antes con un jovenzuelo que con un viejo.

Más vale favor que justicia ni razón.—Semejante a: «Amigos, hasta en el infierno».

Más vale fortuna en tierra que bonanza por la mar.—Nota la inseguridad y peligros que tiene la navegación.

Más vale fortuna que caballo ni mula.—Da a entender que lo principal para triunfar en la vida es buena suerte.

Más vale gordo al telar que delgado al muladar.—Da a entender que no se deben apurar tanto las cosas que en el deseo de hacerlas exquisitas se echen a perder.

Más vale grama de era que trigo de carrera.—Porque las heredades sin cerrar que están a la vera de los caminos tienen que sufrir los destrozos e injurias de todos los que pasan.

Más vale guardar que demandar.

Más vale guerra abierta que paz fingida y cubierta.— Porque habiendo lealtad en el enemigo puede uno defenderse de él, cosa más fácil que con los amigos que no lo son verdaderos.

Más vale hasta el tobillo que hasta el colodrillo.—Dice que «Del mal, el menos».

Más vale hasta el tobillo que no hasta el colodrillo.— Dice que es preferible mancharse un poco en el mal paso que no por evitarle caer y enlodarse todo.

Más vale huelgo de nana que leche de ama.—Se sobreentiende «nana» por madre; dice el refrán que el trato de la madre es mejor que el ajeno para los niños.

Más vale lamiendo que mordiendo.—Que se consigue mucho mejor lo que se desea con halago y dulzura que con brusquedad y barbarie.

Más vale león cansado que gozque enfadado.—Semejante a: «Más caga un buey que cien golondrinas». Dice que el fuerte y poderoso, aun en la decadencia, puede más que el menesteroso en su época de ventura.

Más vale lo cierto que lo dudoso.

Más vale lo malo conocido que lo bueno por conocer.— Dice que es preferible conservar lo que se tiene, aun con sus defectos, que exponerse a salir perdiendo en el cambio.

Más vale llegar a tiempo que rondar un año.—Nota lo provechosa que es la oportunidad.

Más vale mala avenencia que buena sentencia.—Por aquello de la maldición gitana: «Pleitos tengas y los ganes».

Más vale mal concierto que buen pleito.—Lo mismo que el anterior. También se dice: «Más vale mal ajuste que buen pleito».

Más vale maña que fuerza.—Dice que es preferible resolver las cosas con sagacidad e inteligencia que recurrir a extremos violentos. También se dice: «Porque la astucia vence siempre a la fuerza bruta».

Más vale medir y remedir que cortar y arrepentir.—Bueno para sastres y modistas.

Más vale migaja de rey que merced de señor.—Es semejante a: «Más vale rico pobre que pobre rico». Denota que la merced de los poderosos vale más que la buena voluntad de los pobres.

Más vale morir amando que vivir aconsejando.

Más vale amigos en la plaza que dineros en el arca.— Semejante a: «Amigos, hasta en el infierno» y «Más vale favor que justicia ni razón».

Más valen cardos en paz que pollos con agraz.—Dice que es preferible la paz humilde que la gloria envidiando.

Más valen dos bocados de vaca que siete de patata.— Dice que más vale lo poco bueno que lo mucho malo.

Más valen granzas de mi era que trigo de la ajena.— Es como: «Más vale el humo de mi casa que el fuego de la ajena».

Más valen muchos pocos que pocos muchos.—Contrario a este refrán es: «Más caga un buey que cien golondrinas».

Más valen piernas de unas que caras de otras.—Se refiere a la diversa condición de las personas, diciendo que lo malo de algunas es mejor que lo bueno de otras.

Más valen tocas negras que barbas luengas.—Lo dice por la mujer que prefiere quedarse viuda.

Más vale onza de sangre que libra de amistad.—Se dice por lo que tira la fuerza del parentesco.

Más vale pájaro en mano que buitre volando.—Es como: «Más vale pájaro en mano que ciento volando».

Más vale pájaro en mano que ciento volando.—Dice que más vale lo poco seguro que lo mucho dudoso.

Más vale palmo de juez que brazada de abogado.—Porque el abogado siempre ofrece la ganancia del pleito y el juez es el que dice en definitiva lo que ha de ser.

Más vale pan con amor que gallina con dolor.—Dice que cuando no hay cariño entre los que han de vivir juntos, las riquezas son inútiles y, en cambio, es soportable la pobreza entre los que bien se quieren.

Más vale pasar un mal rato que pasar un mal año.—Semejante a: «Más vale una vez colorado que ciento descolorido».

Más vale perder lo poco que perderlo todo.—Y aun lo mucho.

Más vale perder que más perder.

Más vale perderse el hombre que perder el nombre.— Dice que más vale la honra que la vida.

Más vale plaza cara que despensa barata.—Porque la facilidad de tomar degenera en abuso, siempre más dispendioso que una adquisición cara.

Más vale poco y bien ganado que mucho y enlodado.

Más vale poco y bueno que mucho y malo.

Más vale preguntar viejo que morir necio.

Más vale prenda en el arca que fiador en la plaza.— Dice que más vale lo seguro que lo por venir.

Más vale prever que lamentar.—Es semejante a: «Más vale un por si acaso que un quién pensara» y «Más vale prevenir el mal con tiempo que después de venido buscar el remedio».

Más vale prevenir el mal con tiempo que después de venido buscar el remedio.—Semejante a: «Más vale un por si acaso que cien pensé».

Más vale prevenir que ser prevenidos.—Se sobreentiende que nos prevengan los demás.

Más vale puñado de natural que almorzada de ciencia.— Porque el talento natural vale siempre más que la cultura adquirida.

Más vale puta moza que puta jubilada.—Dice que es preferible el pecador declarado que el hipócrita arrepentido.

Más vale que nos tengan envidia que mancilla.

Más vale que sobre que no que falte.—Porque: «Lo que abunda no daña».

Más vale rato acucioso que día perezoso.—Dice que más se adelanta en un rato de actividad que en todo un día con poca gana de trabajar.

Más vale rostro bermejo que corazón negro.—Es igual a: «Más vale una vez colorado que ciento descolorido».

Más vale saber que haber, para no menester.—Al contrario: «Fortuna te dé Dios, hijo, que el saber nada te vale».

Más vale salto de mata que ruego de buenos.—Dice que para conseguir una cosa es preferible ir derechamente a ella que rogar con humildad.

Más vale sazón que barbechera ni binazón.—Dice que hace más el tiempo a propósito para la cosecha que las mejores labores.

Más vale señero que con ruin compañero.—«Señero» por señal en el camino que indique la ruta, que ir mal acompañado. Es como: «Más vale estar solo que mal acompañado».

Más vale ser amo de cabaña que mozo de campaña.— Es como: «Más vale cabeza de ratón que cola de león». Quiere decir que es preferible ser humilde, pero independiente, antes que poderoso y subordinado.

Más vale ser buena enamorada que mala casada.—Porque en aquélla vive la ilusión y en ésta sólo queda la realidad.

Más vale ser cabeza de ratón que cola de león.—Es como: «Más vale ser amo de cabaña que mozo de campaña».

Más vale ser cornudo que no lo sepa ninguno, que sin serlo pensarlo todo el mundo.—Es como: «Cría buena fama y échate a dormir, y críala mala y échate a morir».

Más vale ser necio que porfiado— Dice que entre las condiciones malas debe escogerse siempre la que sea menos perjudicial.

Más vale solo que mal acompañado.

Más vale soltero andar que mal casar.—Semejante a: «Más vale ser buena enamorada que mala casada».

Más vale sudar que estornudar.

Más vale sudar que toser, y más sufrir que gemir.

Más vale tarde que nunca.—Da a entender que siempre es tiempo para todo, aunque la verdadera oportunidad haya pasado ya.

Más vale tener que no desear.—Semejante a: «Por mucho trigo nunca es mal año».

Más vale tuerto que ciego.

Más vale tumbo de olla que abrazo de moza.

Más vale una abeja sola que mil moscas.

Más vale un agua entre abril y mayo que los bueyes y el carro.

Más vale un amigo bueno que pariente y medio.

Más vale una segura que dos en duda.—Semejante a: «Más vale pájaro en mano que ciento volando».

Más vale una traspuesta que cien asonadas.—Semejante a: «Más vale una vez colorado que ciento descolorido». También indica que es preferible evitar de una vez el fracaso que intentar el éxito muchas veces con demasiado riesgo de no alcanzarlo.

Más vale una vez colorado que ciento descolorido.—Dice que es preferible pasar de una vez la violencia que produce una determinación enérgica que no sufrir el constante agobio producido por la falta de decisión.

Más vale un día del discreto que toda la vida del necio.

Más vale un gusto que cien panderos.—Dice que muchas veces se sacrifica deliberadamente al capricho el provecho.

Más vale un hombre apercibido que dos descuidados y no paravenidos.—Es como: «Hombre prevenido vale por dos».

Más vale un por si acaso que un quién pensara.—Dice que es preferible la exagerada prevención a dejarse sorprender por las circunstancias.

Más vale un rato de placer que ciento de pesar.—Dice que es preferible vivir poco tiempo felices que tener una vida larga y penosa.

Más vale un testigo de vista que ciento de oídas.

Más vale un toma que dos te daré.—Nota la ventaja que hay de recibir una sola cosa a muchas promesas.

Más vale un viejo que mozo y medio.

Más vale vaca en paz que pollos con agraz.—Se refiere al guisado de vaca; los pollos con agraz era plato muy usado antiguamente. Dice en su sentido el refrán que más vale poco con tranquilidad que abundante con sobresalto.

Más vale vergüenza en cara que mancilla en corazón.— Es semejante a: «Más vale una vez colorado que ciento descolorido». También parece querer decir que es preferible avergonzarse al negar la comisión de un delito que cometerle y guardarle secreto.

Más vale vieja con dineros que moza con cabellos.—Es consejo de pícaros.

Más vale vino caliente que agua fría.—Esto no es verdad, pero es dicho de bebedores.

Más vale vina heredada que mujer con dote y galas.— Dice que los bienes propios, aunque sean menos, son preferibles a los que procura el matrimonio.

Más vale vuelta de llave que conciencia de fraile.—Dice que es preferible asegurar materialmente nuestros intereses que fiarse de la bondad de los que nos rodean.

Más vale zapato roto que pie hermoso.—Como: «Más vale un mal remiendo que un buen desgarrón».

Más ven cuatro ojos que dos.—Se suele decir cuando se pide consejo.

Más verdades se han de saber que decir.—El decir las verdades tiene muchos inconvenientes, y el principal *es* que hace enemigos, porque la verdad es siempre amarga y dura de escuchar.

Mátenme cuerdos y no me den vida necios.—Dice que es preferible luchar con gente de capacidad que vivir mansamente con los estúpidos.

Matrimonio ni señorío no quiere furia ni brío.—El matrimonio ha de mirarse despacio; y el que ha de mandar ha de ser cuerdo y prudente.

Mayo come trigo y agosto bebe vino.—Lo dice porque como en mayo son los días largos se trabaja y, por ende, se come más; y en agosto se bebe mucho por el calor.

Mayo, cual lo halla, tal lo grana.—Da a entender que lo importante para la cosecha es que vengan bien los meses anteriores a mayo.

Mayo testero, echa la rueca tras el humero.

Mayo frío, mucho trigo.

Mayo hortelano, mucho *paja y poco grano.*—Si el mayo es templado y húmedo.

Mayo le hace relucir y junio le pone en astil.—Al trigo.

Mayo pardo, abril lluvioso, marzo ventoso, hacen el año hermoso.

Mayo pardo, año harto.

Mayor (El) enemigo del hombre es el hombre.

Mayor honra se debe al que más edad tiene.

Mayor (El) mal de los males es tratar con animales.— Se dice como queja cuando recibimos alguna ofensa de una persona bruta.

Mayor (La) riqueza es la voluntad contenta.

Mayor (La) valentía está en excusar la pendencia y la rencilla.—Porque muchas veces se pone más trabajo en evitarla que el que costaría ceder a la violencia.

Mayor velador que en verano el ruiseñor.—Porque es pájaro que canta toda la noche mientras empolla y cría.

Mayo sazona los frutos y junio los acaba de madurar y en él se comienza a coger y a lograr.

Mayo sin turbiones, hombre sin c...

Mayo ventoso, año hermoso.

Maza (La) de Fraga, sacó polvo debajo del agua.—Dícese cuando algún individuo a fuerza de pesadez y machaconería logra algo que parecía imposible conseguir. Fraga es ciudad de Aragón y tienen fama de tercos sus naturales.

Mear claro y cagar duro, señal de estar bueno el pulso.— Este refrán más parece estar usado en sentido metafórico, diciendo mear claro por vivir claro y cagar duro por haber carácter entero. De otro modo el estreñimiento no denota buena salud. También se dice: «Mea claro y da una higa al médico».

Mearle el camino y resbalará.—Dice que se procure poner inconveniente a alguien para que no llegue al fin deseado.

Medias (Las), para las piernas.—Dice que los negocios que tienen más de un amo son enojosos de sustentar.

Media vida es la candela, pan y vino la otra media.

Médico ignorante y negligente, mata al sano y al doliente.

Médico (El) viejo y mozo el barbero.—Por la experiencia el primero y el segundo porque ha de tener más seguridad en el pulso siendo joven.

¿Me guardarás un secreto, amigo? Mejor me lo guardarás si no te lo digo.—Dice que los secretos para que no dejen de serlo no deben comunicarse a nadie.

Mejor (El) escribano echa un borrón.—Es como: «Alicuando bonus dormitat Horneras». Dice que aún las personas de mayor experiencia y cordura cometen errores.

Mejor es casarse que abrasarse.—Dícese cuando de dos males inevitables se elige el menor.

Mejor es dejar a ruines que pedir a buenos.

Mejor es doblar que quebrar. — Recomienda ceder en los tratos y negocios con objeto de evitar la ruptura.

Mejor es estar so barba que so baba.—Recomienda este refrán a las mujeres que se casen con varón entrado en años mejor que con jovenzuelo.

Mejor es saber poco con sosiego que mucho con riesgo.

Mejor es el hombre sin hacienda que hacienda sin hombre.

Mejor es luego el huevo que mañana la gallina.—Es como: «Más vale pájaro en mano que ciento volando». Dice que la posesión por pequeña que sea, es siempre preferible a la promesa.

Mejor es no saber que mal saber.

Mejor es pan duro que higo maduro.

Mejor es pan duro que ninguno.—Semejante a: «Más vale poco que nada».

Mejor es que digan, aquí huyó Fulano que aquí le mataron.—Recomienda la prudencia y reprueba la temeridad.

Mejor es que digan llegaos acá que haceos allá.—Dice que es preferible que nos nieguen a que por pesadez e inoportunidad nos miren con desagrado.

Mejor es que digan: Sal acá, puta, que: Sal acá, rufián.—Dice Correas: «Es aviso para que cada uno se guarde de entrar en casa ajena con peligro de que le maten o echen por fuerza».

Mejor es que el vellón se pierda que no la oveja.—Dice que en los negocios en que manifiestamente se conoce la pérdida se deben dejar en seguida, no sea que por recuperar lo perdido se vaya todo.

Mejor es que hayan envidia que mancilla.

Mejor es ser envidiado que apiadado.—Es como el anterior.

Mejor es tener al bajo por amigo que al grande por enemigo.—Es semejante a: «Es bueno tener amigos hasta en el infierno». Dice que nunca se debe despreciar una amistad por ínfima e inútil que parezca.

Mejor es tener que no demandar.—Dice que es preferible el exceso a la carencia.

Mejor (El) lance de los dados es no jugallos.—Advierte lo peligroso que es el vicio del juego.

Mejor (El) maestro es el tiempo, y la mejor maestra, la experiencia.

Mejor (El) nadador se ahoga.—Es como: «El mejor escribano echa un borrón».

Mejor (El) pienso del caballo es el ojo de su amo; y con la cebada que le sobra fregarle la cola.—Semejante a: «El ojo del amo engorda el caballo». Dice, además, que el pienso debe ser tan abundante que le sobre siempre.

Mejor se guarda lo que con trabajo se gana.—Dice que aquello que nos ha costado trabajo adquirirlo se tiene más en estima.

Mejor se resiste la fuerza de los malos que su conversación y trato.

Mejor (La) sopa, la que se hace en la boca.—Con un pedazo de pan y un sorbo de vino.

Melindres de mujer fea, ningún cristiano los vea.

Melón es el casamiento que sólo le cala el tiempo.

Melón (El), largo, pesado, escrito y borrado.—Así debe ser para ser bueno.

Melón (El) por el pezón.—Ha de tenerlo tierno y despedir buen olor.

Melón (El) y el casamiento, acertamiento.—Y esto es lo más verdad.

Melón (El) y el queso, al peso.

Melón (El) y el yerno, como saliere

Melón (El) y la mujer, a cala han de ser.

Melón (El) y la mujer, malos son de conocer.

Memoria (La) de agravio y de injuria, mucho más que de beneficio dura.

Memoria (La) del mal, despacio está; la del bien, presto se va.

Memoria (La), en la vida, en la muerte, en la pena y en la gloria.—Porque es acaso la potencia del alma más estimable.

Menea la cola el can, no por ti, sino por el pan.—Semejante a: «Por el pan baila el can».

Menguante de enero, corta madero.

Menor (El) yerro que pueda hacer es casarse la mujer.

Menos daño es padecer la pena que merecerla.

Menos (Los) por callar se arrepintieron.—Dice que es preferible callar a hablar.

Menos vale a las veces el vino que las heces; mas de continuo, más vale el vino.

Mensajero frío tarda mucho y vuelve vacío.—Nota el error de enviar como mensajero o embajadores a personas torpes o inútiles.

Mensajero (El) no merece pena de malo o bueno.—Dice que el encargado de obrar por cuenta de otro no es responsable de las consecuencias que se deriven de su recado. También se dice: «Mensajero sois, amigo; no merecéis culpa, no». (Está tomado de un romance de Bernardo del Carpio.)

Mentira (La) no tiene pies.—Por eso la alcanza en seguida la verdad.

Mentira (La) presto es vencida.

Mentir no es deshonra, mas es palabra de ruin persona.

Mentiroso (El) ha de ser memorioso.

Mentir (El) pide memoria.—Semejante a: «Antes se coge al embustero que al cojo».

Mentir (El) y el compadrar, ambos andan a la par.—Se dice de las relaciones afectadas y falsas.

Mercader que su trato no entienda, cierre la tienda. Mercar bien es gran riqueza y comprar mal no es franqueza.

Mesa (La) sojuzgada y la olla reposada.—«Sojuzgada» por bien sujeta.

Mesa (La) vale por escuela.—O porque en ella se habla y platica o porque se contrasta en ella la buena educación.

Mesa (La) y la mujer, sujeta.—Puede tener dos interpretaciones: o que ha de sujetarse la mesa para que no cojee o se mueva, o que en la mesa y con la mujer debe tenerse prudencia, pues el abuso de ambos placeres ataca pronto la salud.

Meta cada uno la mano en su seno y verá su malo y su bueno.

Mete el mendigo en tu pajero y hacérsete ha heredero.— Por aquello de «Por la caridad entra la peste».

Mete el gallo en el garbanzal, que él te dirá la verdad.

Mete la mano en tu seno, no dirás del hado ajeno.— Porque siempre tenemos por qué callar.

Meter la pata hasta el corvejón.—Equivocarse mucho o ser muy inoportuno.

Metí gallo en mi cillero, hízose mi hijo y mi heredero.— «Cillero» por bodega o despensa. Se dice generalmente de los yernos, pero también de todas aquellas personas a quienes se da participación en los negocios y acaban por hacerse los dueños de todo.

Metiolos en la huerta y no te dio de la fruta de ella.— Dícese del que promete o muestra una cosa y después no cumple con su palabra.

Mi abuelo es mi pariente, de ciento y otros veinte.

Mi casa sobre la tuya y tu viña sobre la mía.—Para que estén más seguras.

Mi comadre la andadora, si no es en su casa, en todas las otras mora.—Se dice de las mujeres charlatanas y andariegas que paran poco en su casa.

Mi comadre la gargantona, convidome a su olla y comiósela sola.— Semejante a: «Metiote en la huerta y no te dio la fruta de ella».

Miedo (El) guarda la vina, que no el viñadero.—Dice que muchas veces hace más el respeto que el verdadero temor.

Miel en la boca y guarda la bolsa.—Que se den buenas palabras, pero que se debe ser corto en las dádivas.

Miel (La) y la mentira para el fondo tira.

Mienta el padre al hijo y no la helada al granizo.—Es como: «Antes faltará la madre al hijo que el hielo al granizo».

Mientras descansas, machaca granzas.—Lo dice en son de queja aquel a quien encargan demasiados trabajos sin darle lugar a reposo.

Mientras dura, vida y dulzura.—Se dice de los que consumen su hacienda sin preocuparse del día de mañana.

Mientras el discreto piensa, el necio hace la hacienda.— Reprende la flojedad y alaba la audacia.

Mientras el lobo caga, la oveja se salva.—Reprueba la lentitud en la decisión.

Mientras en mi casa me estoy, rey me soy.—Alaba la independencia del hogar propio.

Mientras la grande se abaja, la chica barre la casa.— Dice que por regla general las personas pequeñas son más vivas y dispuestas.

Mientras moza, bien pasar; después de vieja, trotar.— Semejante a: «El que de joven no corre, de viejo trota». Dice que el que no trabaja en la juventud, de viejo toca los inconvenientes de la holganza.

Mientras uno calla, aprende de los que hablan.

Mierda (La), cuanto más la hurgan, más hiede.—Que los asuntos turbios conviene no revolverlos.

Mierda que no ahoga, engorda.—Se dice a los escrupulosos.

Migajas (Las) del zurrón, a las veces buenas son.—También se dice: «Las migajas del fardel, a veces saben bien». Porque cuando viene la época de la escasez, lo que antes se despreció, parece útil.

Mi gozo, en un pozo.—Se dice cuando se frustran las esperanzas. También se emplea en plural: «Nuestros gozos, en un pozo».

Mi hija Antonia se fue a misa y viene a nona.—Es como:
«Mi comadre la andadora, si no es en su casa en todas las otras mora».

Mi hija, que hipa, de hambre está ahíta; mi nuera, que bosteza, de harta está tesa.—Lo dice por el desamor de las suegras a las nueras.

Mi hija venturosa y la tuya hermosa.—Dice que la suerte de las mujeres es independiente de su belleza.

Mi hijo vendrá barbado, mas no parido ni preñado.— Dice que tiene menos inconvenientes el criar hijos que hijas.

Mi marido es pobre, pero no hay hombre.—Es semejante a: «Mi marido es tamborilero: Dios me lo dio y así me lo quiero». Lo dice el que está satisfecho con lo que tiene.

Mi marido tiene una potra, y ésta es otra.

Mimbre tiene vino, que no cuerda de lino.—Se refiere a la materia con que deben hacerse los aros de las cubas.

Mi (La) mujer de los buenos hechos comiose la carne y dejome los huesos.

Mi padre era hogaza y yo muero de hambre.—Dícese de los nobles sin fortuna.

Mi pluma y mi tintero me valen lo que quiero.—No puede ser nada más que de escribanos.

Mira adelante y no caerás atrás.

Mirad por los vuestros y servíos de ellos.

Mirad vuestros duelos y dejad los ajenos.

Miráis lo que debo y no la sed que tengo.

Miren quién me llamó puta, sino otra más disoluta.

Misa (La) dígala el cura.—Se dice para reprender a los que hablan de cosas que no entienden.

Misa y rezar y casa guardar.—Dice de lo compatible que es la obligación y la devoción.

Miseria (La) es sobrina de la envidia.

Mis hijos criados, mis cuidados doblados.—Es como: «Hijos criados, duelos doblados».

Mocedad (La) holgada trae la vejez trabajada.—Semejante a: «Mientras moza, bien pasar; después de vieja, trotar».

Mocedad sin bien, hace la vejez más negra que la pez.

Modesto en la prosperidad y cuerdo en la adversidad.— Debe ser el hombre.

Molinero (El) velando gana, que no estándose en la cama. Recomienda la actividad y el trabajo.

Molinero de viento, poco trabajo y mucho dinero.

Molinero sois, amor, y sois moledor.

Molinillo, casado te veas, que así rabeas.—Se dice de las personas inquietas y bulliciosas dando a entender que las obligaciones del matrimonio han de hacerlas más sensatas.

Molino (El) andando gana.—Se dice que es conveniente trabajar y buscar para medrar.

Mona (La), aunque la vistan de seda, mona se queda.— Dice que lo natural en cada persona, por mucho que trate de encubrirse, siempre aparece tal cual es.

Monja para parlar, fraile para negociar, jamás se vido tal par.

Monja (La), por hábitos, de naranja y toronja.—Que lo mismo puede ser buena que mala.

Monjas y frailes, para dar echan las llaves, para tomar óbrenlas de par en par.—Los nota de gente egoísta,

Monjas y frailes, putas y pajes, todos vienen de grandes linajes.—Lo dice por el afán que tienen los de estas profesiones de aparentar. También dice que de buena raíz suelen salir muy diversos frutos.

Monjas y frailes y pájaros pardales, no hay peores aves.

Monja (La) y el fraile, recen y callen.—Dice que no deben entrometerse en los negocios de los seglares.

Montañés (El), por defender una necedad dice tres.

Montes y ríos démelos Dios por vecinos y no muy allegado el río.—Es malo edificar en las riberas por las avenidas y corrimientos de tierras, pero lo es de mucho provecho tener la hacienda entre ríos y montañas, que son terrenos fértiles y húmedos.

Monte y ribera no se hallan dondequiera.—Encarece lo del anterior.

Morcilla (La) reciente cómela con tu pariente.—La encarece de buena.

Morcillo hito y sin señal, muchos le aman y pocos le han.—Va «hito» por puro, de color uniforme.

Morder blando hasta tentar el bocado—Por amor a los dientes; dice también el refrán que se tenga tiento en no atacar los negocios con demasiado entusiasmo o franqueza hasta calar qué hay en ellos de provechoso.

Morenas (Las), de azul llenas.—Dice que a las morenas el color azul les favorece. Hay una variación de este refrán que dice: «Las morenas de azul llenas, no porque les esté bien, sino para reírse de ellas».

Morir por tener, sufrir por valer.—Son deberes de hombre que se estima.

Mostacho gacho, señal de borracho.—«Mostacho» por bigote.

Mostrar la horca antes que el lugar.—Se dice cuando se ponen dificultades antes de emprender un negocio.

Mote que moteja no pone buena oreja.—Dice que el apodo que recuerda algún defecto al apodado es molesto.

Moza (La) bermeja, por el pico la entra, que no por la oreja.—Tacha de comilonas y despreocupadas a las mujeres de pelo rojizo.

Moza (La) cabe mancebo, dígola fuego.—Es como: «El hombre es fuego, la mujer estopa, viene el diablo y sopla».

Moza (La) como es criada; la estopa como es hilada.— Da a entender que la educación y el trato forman a las personas y a las cosas.

Moza con leche y bota con agua, no me agradan.—Porque ninguna de ambas cosas responde a su buen fin.

Moza de Burgos, tetas y muslos.—También suele decirse: «Moza de Burgos, tetas y culo».

Moza (La) de la plaza, la puerta barrida y la casa cagada.—Dice que la moza presumida y refitolera se ocupa de la casa sólo lo imprescindible para el bien parecer.

Moza de mesón, no duerme sueño con sazón.—Dice que las mozas al servicio de huéspedes no suelen observar una conducta regular.

Moza (La) en cabello, no la loes, compañero; dámela preñada o parida, dártela he conocida.—Dice que no se debe hablar de las intimidades que se tienen con las mujeres; contra esto el mismo refrán responde que cuando la moza que se alaba es ya madre ella misma denota completamente su temperamento.

Moza (La) en el tejado, no anda buen recado.—En sentido figurado este refrán indica que, cuando se halla a una mujer moza en un lugar solitario o desusado, no está allí para buen fin.

Moza (La) en su componer, y el viejo en beber, gastan todo su haber.

Moza galana, calabaza vana.—Dice que las mujeres hermosas no suelen ser las más inteligentes.

Moza garrida, o bien ganada, o bien perdida.—Dice que las mujeres guapas o se casan pronto o pronto se extravían.

Moza gallega, nalgas y tetas.—Es como «Moza de Burgos», etc.

Moza (La) garrida, la casa cagada y la puerta barrida.— Es como: «La moza de la plaza», etc.

Moza, guarda la lana, que oro mana.—Recomienda a la mujer que sea laboriosa porque ello es el principio del bienestar.

Moza hermosa con dinero, yo forastero, y a mí me la dan, trapalán, trapalón.—Porque ha de tener alguna falta.

Moza (La) loca, la risa en la boca.—Semejante a: «Moza risera, o puta o parlera».

Moza (La) mala a porrazos hace la cama.

Moza (La) mala hace al ama brava.—Porque para reducirla a buenos términos ha de embravecerse y hacerse severa.

Moza mañera, primero yergue el culo que la cabeza.— Se refiere a las mozas resabiadas que conocen los lances de amor.

Moza muy disantera o gran romera o gran ramera.— «Disantera» por beata.

Moza, ¿para qué me hurgas, pues el culo no me mudas? Se dice por la olla, que es menester moverla para que cueza y lo mismo del rescoldo de la lumbre.

Moza (La) que anda en decí, y no se casa, dende como fuego abrasa.— Dice Correas: «Decí» entiéndese «deciséis, decisiete, deciocho, decinueve»; hace ambigüedad con andar en lenguas, es decir, si se casa o no».

Moza (La) que bien lava, siete veces la hierve el agua.—Dice que la mujer hacendosa a todo acude y para todo tiene tiempo.

Moza que con viejo casa, trátese como anciana, las galas excusadas y los hijos a manadas.—Aconseja a la mujer casada que acomode su vida a la de su marido.

Moza que muchas veces va a la plaza, alguna vez se embaraza.

Moza que asoma a la ventana a cada rato quiérese vender barato.— Dice que las mozas ventaneras tienen mala fama.

Moza risera, o puta o parlera.—«Risera» por reidora. Dice que las mozas muy dadas a la risa y al alboroto suelen ser también deshonestas y procaces.

Moza, sabe estotro: que de la perdiz el pecho y del conejo el lomo.— Se dice a las mujeres egoístas y que todo lo quieren para sí mismas.

Mozas en sobrado, agujas en saco y galápagos en charco, no pueden faltar de la cabeza se asomar.

Moza (La), si es tonta, anden los brazos y calle la boca.— Nota que los hombres se aprovechan de tentar y sobar a las mujeres que lo consienten.

Mozas locas y por casar, mal ganado es de guardar.

Mozas (Las) por bien parecer y las viejas por no aborrecer.—Han de componerse y acicalarse.

Moza ventera, o puta o pedera.

Moza (La) y la bota no se han de pellizcar.

Moza (La) y la parra no se ve hasta alzalla la falda.

Mozo (El) bellaco, tres barbas o cuatro.

Mozo bien criado, ni de suyo habla y calla preguntado.

Mozo bien doctrinado será viejo descansado.

Mozo (El) bueno, bueno es; de tres torreznos dadle dos y el mandado hacéosle vos.

Mozo bueno, mozo malo, quince días después del año.— Dice que no se puede juzgar a nadie sin conocerlo bien.

Mozo creciente, lobo en el vientre.—Lo dice porque cuando los muchachos están en la edad del desarrollo comen mucho.

Mozo de capilla, por maravilla.—Que es muy raro caso que el mozo de frailes salga bueno.

Mozo (El) gallego, que andaba todo el año descalzo y en un día quería matar al zapatero.—Se dice de las personas que descuidan hasta última hora sus asuntos y después los quieren llevar con gran premura.

Mozo de quince años, tiene papo y no tiene manos.—Dice que los muchachos a esa edad comen mucho y sirven para poco.

Mozo de ruego, ruégate que hagas.—Que cuando un amo rogó al mozo para que viniera a servirle, ha de rogarle luego también para que cumpla con su deber.

Mozo (El) durmiendo sana y el viejo se acaba.

Mozo es el que está sano; rico el que no debe ni un ochavo.

Mozo (El) no ha la culpa, que la moza se lo busca.— Esto unas veces es verdad y otras no, que con engaños y promesas se consigue lo que se quiere contra la voluntad y honradez de la mujer.

Mozo pagado, brazos quebrados.—Es como: «Tamborilero pagado, hace mal son».

Mozo pariente, ni rogado, no le tomes por criado.—Porque valiéndose de su ventajosa relación ni puede ser bien mandado, ni él es buen servidor.

Mozo (El) perdiendo y el potro cayendo.—Escarmientan.

Mozo (El) perezoso, por no dar un paso da ocho.

Mozo (El) puede morir y el viejo no puede vivir.—Alude a la ley natural que aproxima a la muerte a las personas de más edad y sirve también de aviso, como: «Nunca dejes para mañana lo que puedas hacer hoy».

Mozo (El) que bosteza, de ruindad o de pereza.

Mozo sea y husos venda.—Lo dice la que quiere marido joven aunque sea pobre.

Mozo (El) y el amigo, ni pobre ni rico.

Mozo (El) y el gallo, un año.—Dice que los criados no deben conservarse mucho tiempo porque toman demasiada intimidad y merced a ella no cumplen sus deberes como debieran; respecto del gallo dice que debe renovarse anualmente para tener machos de vigor y fuerza.

Mozo zurdo, cojo ni tuerto, no entre en mi huerto.—Nota a los lisiados de gente malhumorada y de poco fiar.

Mucha ciencia es locura si el buen seso no la cura.

Mucha (La) conversación acarrea menosprecio.—Aconseja que el trato con las gentes no sea demasiado íntimo ni se les dé a conocer detalles de la vida particular con objeto de no perder ante sus ojos el respeto que se merece.

Mucha (La) cortesía es especie de engaño y de falsía.

Mucha (La) desorden trae mucha orden.

Mucha gente junta, algo barrunta.

Mucha paja y poco grano es por vicio del verano.

Mucha parte de la salud es querer ser sano.—Dice que el remedio de la mayor parte de nuestros males está en poner eficazmente nuestra voluntad y los medios apropiados para curarlos.

Mucha (La) pasión no guarda razón.—Dice que cuando nos apasionamos por una persona o cosa el entendimiento queda postergado.

Mucha salud no es virtud.—Se dice contra los que se vanaglorian de los dones recibidos de la Naturaleza.

Muchas candelitas hacen un cirio.—Dice que muchos pocos hacen un mucho. También se dice de los que acostumbran a menudear la bebida que al cabo terminan por emborracharse del todo. Semejante a: «Un grano no hace granero, pero ayuda al compañero» y «Muchos pocos hacen un mucho».

Muchas cosas parecen sin razón que quien las sabe en sí buenas son.—Nota que para poder discernir con acierto en los asuntos es preciso conocerlos muy a fondo.

Muchas hijas en casa, todas son brasa.—Porque suelen reñir unas con otras y altercar como es propio de mujeres.

Muchas manos a un plato, pronto tocan a rebato.—Dice que cuando muchas personas se reúnen a gastar, pronto clan fin.

Muchas van en romería que paran en ramería.

Muchas veces el necio dice un buen consejo.—Recomienda que no se deseche la advertencia de nadie, por inútil que le creamos.

Muchas veces, el que escarba, lo que no quería halla.— Refrán que reprende a los excesivamente curiosos.

Muchas veces hallan unos lo que pierden otros.

Muchas veces se pierde por pereza lo que se gana por justa sentencia.

Muchas veces se ríe de cosa que después se llora.—Semejante a: «No diga el caminante de este agua no beberé».

Mucho come el sandio, más sandio es el que se lo da sin cambio.

Mucho comer no es barraganía, ni pasar hambre hidalguía.

Mucho comer trae poco comer.—Porque al cabo se gasta la salud o la hacienda.

Mucho corre la liebre, pero más el galgo que la prende.— Se dice a las personas astutas que se creen inmunes gracias a su habilidad.

Mucho desprender teniendo poco, menos tiene de justo que de loco.

Mucho el lobo se huelga con la coz de la oveja.—Que el poderoso se ríe de las amenazas de los débiles.

Mucho estirar hace quebrar.—Que no es bueno apurar los asuntos o las personas a tal extremo que den ocasión a un fin desesperado.

Mucho gasta el huésped que viene, pero más el que le recibe y casa mantiene.

Mucho hablar empece y mucho rascar escuece.

Mucho (El) hablar es daño y el mucho callar no es provecho.

Mucho hablar, mucho errar.

Mucho hablar y mucho reír, locura dan a sentir.

Mucho hablar y poco saber, mucho gastar y poco tener, mucho presumir y poco valer, echa muy presto al hombre a perder.

Mucho más se desea lo que se veda.—Porque la privación es causa del apetito.

Mucho más vale un yerno pobre que sea vividor, que un rico y gran comedor.

Mucho pleitear hace mendigar.

Mucho sabe la zorra, pero más quien la toma.—Dice que siempre hay uno mas sagaz que otro.

Mucho sabía el cornudo, pero más quien se los puso.—Dice que siempre hay quien sabe más que el que se las da de listo.

Muchos ajos en un mortero, mal los maja un majadero.— Semejante a: «El que mucho abarca, poco aprieta». Da a entender que una persona sola no puede dirigir bien muchos negocios a un tiempo, o que no puede poner de acuerdo a muchas personas.

Muchos amenes al cielo llegan.—Semejante a: «Pobre porfiado saca mendrugo». Dice que a fuerza de rogar se consigue alguna vez el fin deseado. Se emplea más generalmente cuando se busca la colaboración de otras personas para conseguir lo que nos proponemos.

Muchos amigos en general y uno en especial.—Dice que se debe estar a bien con todo el mundo, pero no conceder la confianza y sinceridad sino a una sola persona que la merezca.

Muchos besan manos que querrían ver en boca de alanos. —Va contra los hipócritas.

Muchos entran en la Corte que la Corte no entra en ellos, y si van toscos vuelven groseros.

Muchos gozques a un can, mal trato le dan.—Dice que muchos enemigos pequeños pueden causar gravísimo daño y vencer al poderoso.

Muchos hijos y poco pan, contento con afán.—Porque si es verdad que los hijos dan alegría, también dan mucho trabajo el sacarlos adelante.

Muchos lo piden a mi madre y ninguno lo da a mi padre.—Dice que los que acuden a pedir, rara vez los encontramos si los necesitamos.

Muchos mueren en la guerra, mas no por eso dejan de ir a ella.—Dice que las cosas donde se alcanza honor o provecho siempre hay quien las intente a pesar de sus riesgos.

Muchos parientes hay para sólo reñir y aconsejar, mas no para socorrer y remediar.—Porque cuando se necesita ayuda luego se olvidan y niegan el parentesco por no verse obligados.

Muchos pocos hacen un mucho.—Semejante a: «Un grano no hace granero, pero ayuda al compañero».

Muchos son los que tienen honra y pocos los que la saben guardar.—Se dice especialmente por los que ocupando puestos de mucha categoría no se conducen con rectitud y limpieza.

Muchos son pocos, si huyen.

Mucho sufre quien bien ama.

Muchos van a casa del muerto y cada uno lleva su duelo. —Nota la variedad de opiniones y egoísmos que se traslucen en los individuos que nos rodean.

Muchos van al mercado, cada uno con su cuidado.—Semejante al anterior.

Mucho va de Pedro a Pedro.—Da a entender la distinta calidad y valor de los hombres.

Mucho vale y poco cuesta, a mal hablar buena respuesta.—Recomienda ser comedido y bien hablado; es decir, no dejarse arrebatar por la ira.

Mudado el tiempo, mudado el pensamiento.—Da a entender que con el transcurso del tiempo se modifica mucho el medio de apreciar las cosas.

Mudanza de tiempos, bordón de necios.—Se dice de los que esperan mejorar su condición o la solución de sus asuntos fiándolos al tiempo.

Mudar condición es a par de muerte.—Porque la costumbre es una segunda naturaleza.

Mudar estado no cuesta de balde, y más a más grande.— Dice que elevarse en categoría casi siempre se hace a costa de renunciaciones y sacrificios.

Múdase el celo con el pelo.—Dice que las pasiones van decayendo conforme avanza la edad.

Muela (La) cordal a las otras hace mal.—En sentido figurado indica que la persona severa y de juicio nunca es bien vista por los que de él carecen.

Muera Marta y muera harta.—Dícese de los que llevan a cabo un capricho aunque les irrogue un gran perjuicio.

Muérese el rey, y el papa, y el duque, y el prior de Guadalupe.—Nota cómo la muerte alcanza a todos.

Muérese el rey y el papa y el que no tiene capa.—Lo mismo que el anterior.

Muerta es la abeja que da la miel y la cera.—Condena a los que dan todo lo que tienen antes de su muerte.

Muerte (La) a unos da buena, a otros mala suerte.—Lo dice por los herederos.

Muerte no venga que achaque no tenga.—Dice que cuando sucede algo luctuoso, después queremos encontrarle siempre justificación.

Muerte (La) por todo muerde.—Dice que no perdona a nadie.

Muerte y venta deshace renta.

Muerto (El) a la hueso y *el* vivo a la mesa.—Semejante a: «El muerto al hoyo y el vivo al bollo». Dice que pasado el duelo, hay que acudir cada uno a su necesidad.

Muerto (El) al hoyo y el vivo al bollo.—Como el anterior. También se dice: «El muerto a la cava y el vivo a la hogaza».

Muerto el perro, se acabó la rabia.—Dice que quitando la causa u origen del daño, cesa aquél.

Muerto (El) podrece y el huérfano crece.—A pesar de su triste condición llega a hacerse, pese a todos.

Muertos (Los) abren los ojos a los vivos.—Porque con sus ejemplos les enseñan a vivir.

Muerto (El) y el ido, presto en olvido.

Muestra a tu marido el copo, mas no del todo.—Recomienda a la mujer cierto recato y reserva muy conveniente para la estimación conyugal.

Muéstrame a tu mujer y decirte he qué marido tien.— Porque las esposas suelen ser fiel reflejo del carácter y educación de sus maridos.

Mujer, abraza a este señor, que es hermano del que nos vendió la yegua antaño.—Moteja irónicamente a los que por algún motivo buscan fingido parentesco.

Mujer (La) aguda, con el marido se escuda.—Es como: «La mujer artera, el marido por delantera».

Mujer (La) airada, el humo, y la gata, y la sartén agujereada, son de gran daño en casa.

Mujer (La) algarera, nunca hace larga tela.—«Algarera» por charlatana y ruidosa. Dice que las mujeres de esta condición suelen ser poco trabajadoras, porque se les va el tiempo sin sentir.

Mujer (La) aliñada, antes que se viste hace la cama.— Dice que la mujer hacendosa atiende antes a su hogar que a su gala y ornato.

Mujer amovida, presto preñada o nunca parida.—«Amovida» por inquieta o nerviosa. También se dice de la que aborta.

Mujer (La) ardida, no es bien echada cuando es dormida.

«Ardida» por hacendosa; el continuo trabajo la hace necesitar descanso. Dice también que la mujer ardida no es lujuriosa.

Mujer (La) artera, el marido por delantera.—Que se pone por excusa para hacer su voluntad. Es como: «La mujer aguda, con el marido se escuda».

Mujer (La) aseada, la cama hecha y la cabeza tocada. —Dice que la mujer limpia y hacendosa tiene tiempo para atender a los quehaceres de la casa y para estar siempre arreglada y dispuesta.

Mujer barbuda, de lejos se la saluda, con dos piedras, que no con una.—Lo dice porque las mujeres velludas suelen ser bravas y de carácter áspero. También se dice: «A la mujer bigotuda, de lejos se la saluda».

Mujer (La) blanca encubre ciento y una falta.—Porque el bonito color disimula otros defectos.

Mujer (La) brava es la llave de su casa.—Porque sabe defenderla y aumentarla.

Mujer (La) buena, corona es del marido, y el marido honrado, de la mujer es dechado.—Encomia el valor que tienen los individuos buenos que se reúnen en el matrimonio.

Mujer (La) buena, de la casa vacía la hace llena.—Porque con su ahorro y trabajo ayuda tanto a formar el hogar como el propio marido.

Mujer (La) casada, en el monte es albergada.—O dondequiera que sea, amparada del marido, o sola si es suficientemente honesta y formal.

Mujer casada, nunca asegurada.—Por lo de: «No puede ser el guardar una mujer».

Mujer (La) casada y honrada, la pierna quebrada y en casa, y la doncella, pierna y media.—Dice que a la moza y a la desposada no les es conveniente una exagerada libertad.

Mujer casera, el marido se la muera.—No es que desee que se la muera el marido, sino que de viuda se ve quién es y para lo que vale, ya que de casada no pudo mostrarse.

Mujer (La) casera, hija la primera.—Porque sirva para su ayuda.

Mujer (La) casera, nunca falta de parlera.—O que no peca de habladora, o que no le falta quien venga a darle conversación.

Mujer (La) cazurra, a su marido echa la culpa.—Semejante a: «La mujer aguda, con el marido se escuda».

Mujer (La) cejijunta, no la trueques por ninguna.—Las nota de valerosas, trabajadoras y buenas.

Mujer (La) celosa, en sí no reposa y al marido siempre le trae afligido.—Por aquello de que: «El mayor monstruo, los celos».

Mujer ceñuda, y cejuda, y verdinegra, más prieta por dentro que por fuera.—Las nota de malhumoradas, feroces y violentas.

Mujer (La), como la mesa, siempre sojuzgada, y la boca como la muleta, siempre ensangrentada.—Se refiere a la coacción que el marido debe ejercer sobre su mujer, sobre todo si son de dura condición.

Mujer (La) compuesta, a su marido quita de otra puerta. —Dice que la mujer debe procurar siempre estar ataviada, limpia y compuesta, con objeto de no dejar de agradar a su marido.

Mujer (La), con el marido, en el monte tiene abrigo.— Es como: «La mujer casada, en el monte es albergada».

Mujer (La), cuando piensa sola, mal piensa.

Mujer (La), cuando se irrita, muda de sexo.—Dice que pierde su natural dulzura para convertirse, por su brusquedad, en macho.

Mujer (La), cuanto más se mira a la cara, tanto más destruye la casa.—Dice que la mujer presumida y vanidosa desatiende su casa y su interés.

Mujer (La) de buen aliño, hilaba y devanaba, y vendía vino, y daba la teta al niño.—Dice que la mujer hacendosa sirve para todo y lo que hace la luce.

Mujer (La) de buen recaudo, hinche la casa hasta el tejado.

Mujer (La) del ciego, ¿para qué se afeita?—Se dice de las que se adornan y arreglan con otra intención que la de agradar a su marido.

Mujer de tahúr, no te alegres, que lo que tu marido esta noche gana, mañana lo pierde.

Mujer (La) del viejo, relumbra como espejo.—Dice que se compone para agradar a los demás hombres.

Mujer de ojo rabudo, carnicero tiene el culo.—La bizca.

Mujer (La) de tres maridos, quítame los sentidos.—Lo dice por la que se ha casado tres veces.

Mujer (La) enamorada, entonces engaña cuando halaga.

Mujer (La) enamorada, nunca acaba de se quejar ni para demandar.

Mujer (La) en casa, y el hombre en la plaza.—Dice que parece bien cada uno en sus menesteres.

Mujer enferma, mujer eterna.—También se dice: «Hombre enfermo, hombre eterno». Dice que las personas delicadas y aquejadas frecuentemente de molestias o dolores suelen vivir mucho.

Mujer (La) en la iglesia, santa; ángel en la calle; búho en la ventana; en el campo, cabra, y en su casa, urraca.— Así debiera ser, pero lo más corriente es que truequen los estados, y aun que los modifiquen.

Mujer en ventana, o puta o enamorada.

Mujeres (Las) buenas no tienen ni ojos ni orejas.

Mujer (La) es como la loba en el escoger.—Dicen que las lobas se aparean siempre con el macho más ruin.

Mujeres (Las) sin maestro saben llorar, mentir y bailar.

Mujeres y malas noches matan a los hombres.

Mujer (La) galana, parida o preñada, me la alaba, no una vez, sino dos o tres.—Dice que cuando verdaderamente se conoce el valor de una mujer es estando preñada, o, mejor aún, teniendo hijos, si los atiende a la par que al hogar y al marido, como Dios manda.

Mujer (La) golosa, o puta o ladrona.

Mujer (La) ha de hablar cuando la gallina quiera mear.— Recomienda a la mujer mucha discreción.

Mujer (La), hasta que para, y la burra, hasta que caiga.— Debe hacérselas trabajar.

Mujer (La) hermosa al desdén se toca.—Y, en efecto, que no hay mejor manera de cogerlas si no es ésta. Y también, que desaliñada está más bella.

Mujer hermosa, niña e higueral, muy malos son de guardar.

Mujer (La) hermosa, o loca o presuntuosa.

Mujer (La) hermosa quita el nombre a su marido—Porque nadie repara sino en ella sola, y al hacerse lenguas de su condición, el marido, si no es verdaderamente sobresaliente, queda relegado.

Mujer (La) hermosa, un poco roma, mas no tanto que parezca mona.— Verdaderamente que resultan sumamente graciosas las mujeres naricortas.

Mujer (La), hermosa, y la galga, golosa.—Han de ser.

Mujer (La) loca, por la vista compra la toca.—Dícese por las que atienden más a los adornos y perifollos que a las cosas de utilidad; generalizando, se aplica también a los que se meten en asuntos juzgando por las apariencias solamente.

Mujer (La) lunarosa, de suyo es hermosa.

Mujer (La) mala, aunque esté dentro de una avellana.— Dice que cuando una mujer es mala, no se la puede corregir de ninguna manera. Semejante a: «No puede ser el guardar a una mujer».

Mujer (La) mala, cauta y no enfadada.—No hay mujer más amorosa para su marido que la que le pone los cuernos.

Mujer (La) maridada, no viva descuidada.—Porque debe atender a sus deberes ineludibles, y especialmente a todo lo que concierne con su marido, sus hijos y su hogar; lo dice también por el cuidado especial que debe tener de su fama y buen nombre.

Mujer (La) menudita, siempre pollita.—Porque dice que las mujeres delgadas y bajitas parecen más jóvenes.

Mujer (La) mezquina, debajo de la escama halla la espina. —Es como: «A perro flaco todo se le vuelven pulgas».

Mujer moza y coche, la hacienda hacen noche.—La gastan.

Mujer moza y viuda, poco dura.—Porque suelen casar pronto.

Mujer (La) mucho lozana, darse quiere a vida vana.

Mujer ociosa no puede ser virtuosa.—Porque la ociosidad es la madre de todos los vicios.

Mujer (La), para ser hermosa, ha de tener cinco veces tres cosas: ser blanca en tres, colorada en tres, negra en tres, ancha en tres, larga en tres: blanca en cara, manos y garganta; colorada en labios, mejillas y barba; negra en cabellos, pestañas y cejas; anchad e caderas, hombros y muñecas; larga en talle, manos y garganta.

Mujer (La) placera, dice de todos y todos de ella.— «Placera» por callejera.

Mujer (La), por rica que sea, si la preguntan mucho más desea.—Nota a las mujeres de ambiciosas.

Mujer (La) preñada, la fiebre trae en la manga.—Propensa a ella estará la enferma, que no la sana.

Mujer (La) primeriza, pechos y no barriga.—Dice que la mujer que por primera vez se queda embarazada se le abultan mucho los pechos, más que el vientre.

Mujer (La) pulida, la casa sucia y la puerta no barrida.— Dice que las mujeres que son aficionadas a arreglarse y emperifollarse suelen ser poco cuidadosas de su hogar.

Mujer (La) que a dos quiere bien, Satanás se la lleva, amén.

Mujer (La) que a la ventana se pone de rato en rato, venderse quiere barato.—Es semejante a: «Mujer ventanera, puta o parlera».

Mujer (La) que buen pedo suelta, no puede ser sino desenvuelta.

Mujer que con muchos casa, a pocos agrada.—Se sobreentiende que es la mujer que a todos atiende y conforma.

Mujer (La) que cría, ni harta ni limpia.

Mujer (La) que es buena, plata es que mucho suena.

Mujer (La) que mucho bebe, tarde paga lo que debe.

Mujer (La) que mucho mira, poco hila.

Mujer que no es hacendosa, o puta o golosa.

Mujer (La) que no ha de ser loca, anden las manos, calle la boca.—Recomienda a la mujer laboriosidad y discreción.

Mujer (La) que no pare ni empreña, darle golpes, cargarla de leña.

Mujer (La) que no pone seso a la olla, no lo tiene ella en la toca.—Dice Correas: «Seso llaman a la piedra que arriman a la olla para que no se trastorne, y a la sazón de sal y lo demás.»

Mujer (La) que no sabe cocinar y la gata que no sabe cazar, nada val.

Mujer (La) que poco hila, siempre trae mala camisa.— Dice que el que no trabaja, no medra.

Mujer (La) que prende, su cuerpo vende.—«Prende» por toma o recibe. Dice que la mujer, ni soltera ni casada, debe recibir dádivas de los hombres, por no verse comprometida a tener que satisfacer luego sus demandas.

Mujer (La) que te quiere no dirá lo que en ti viere.—Sino, al contrario, ocultará tus defectos.

Mujer (La) quincenta y el hombre de treinta.—Determina aproximadamente la proporción de edad que debe haber entre los cónyuges.

Mujer (La) rogada y la olla reposada.—Dice que la mujer debe hacerse rogar del hombre, con lo cual aumenta su estimación; en cuanto a los guisos, no deben comerse sin estar perfectamente reposados o revenidos, pues son mucho mejores.

Mujer (La) roma, pinta y enhelgada, no poses en su posada.—«Enhelgada» por mellada y de dientes ralos y desiguales; «roma» por chata, y «pinta» por pecosa.

Mujer sarda, puta o ladra.—«Sarda» se dice a la que no tiene el pelo del mismo color. Dice «ladra» por ladrona, por buscar la consonancia.

Mujer (La), sea igual o menor, si quieres ser señor.— En hacienda y calidad.

Mujer se queja, mujer se duele, mujer enferma cuando ella quiere.

Mujer (La) sin hombre es como fuego sin leña.

Mujer vellosa, o rica o lujuriosa.—En cuanto a lo primero, no conozco razón que lo justifique.

Mujer verdinegra y cijivuelta, más negra por dentro que por fuera.—Es como: «Mujer ceñuda y cejuda, etc.»

Mujer (La) vieja, si no sirve de olla, sirve de cobertera.— Que si no sirve de puta, sirve de alcahueta.

Mujer, viento, tiempo y fortuna, presto se muda.

Mujer, viento y caballo, mercaduría de engaño.

Mujer (La) y el fraile, mal parecen en la calle.

Mujer (La) y el fuego y los mares son tres males.

Mujer (La) y el melón, huélense por el pezón.

Mujer (La) y el niño sólo callan lo que no han sabido.

Mujer (La) y el oro lo pueden todo.

Mujer (La) y el vidrio siempre están en peligro.

Mujer (La) y el vino sacan al hombre de tino.

Mujer (La) y la camuesa, por su mal se afeitan.—También se dice: «La mujer y la cereza, etc.» Dice que la mujer se arregla y compone para agradar e incitar a los hombres, lo que muchas veces es causa de su perdición; asimismo la manzana, la cereza y otras frutas, por sus colores denotan el momento de su madurez.

Mujer (La) y la cabra es mala siendo flaca y magra.

Mujer (La) y la candela, tuércela el cuello si la quieres buena.—Se presupone que lo dice de la mujer mala y nota que es incorregible.

Mujer (La) y la espada nunca ha de ser probada.

Mujer (La) y la galga, en la manga.—Dice que cuanto más pequeñas sean, más finas.

Mujer (La) y la gallina, a casa con el día.

Mujer (La) y la gallina, hasta la casa de la vecina.— También se dice: «La mujer y la gallina, por andar se pierden aína». Dice que no se debe dar mucha libertad a las mujeres y que, como las gallinas, deben apartarse poco del hogar.

Mujer (La) y la gallina, para vendimias.—Por esta época las gallinas cambian la pluma y las mujeres que hacen trabajos agrícolas cambian la piel, requemada por los ardores del sol.

Mujer (La) y la gallina, por andar anda perdida.

Mujer (La) y la gallina siempre pica.

Mujer (La) y la lima, la más lisa.—«Lisa» va en sentido figurado, por sencilla, llana.

Mujer (La) y la naranja no se ha de apretar mucho porque amarga.

Mujer (La) y la pera, la que calla es buena.—La pera, que no rechine al ser cortada.

Mujer (La) y la perdiz, en Alcañiz.

Mujer (La) y la sardina, cuanto más pequeña, más fina.— Las mujeres pequeñas suelen tener mucho genio.

Mujer (La) y la sardina, de rostros en la ceniza.—Dice que la sardina, asada, y la mujer, junto al fuego, en su menester.

Mujer (La) y la sardina, pequeñina.

Mujer (La) y la seda, de noche a la candela.—Parecen mejores de lo que son en realidad.

Mujer (La) y la viña, el hombre la hace garrida.— Con su educación y trabajo.

Mujer (La) y lo empedrado siempre quiere andar hollado. —Porque lo empedrado que no se pisa, crece en él hierba viciosa; en este gracioso símil está filosofía la de esta refrán.

Mujer y rocino, tómalo del vecino.—Dice que se escoja de entre lo conocido.

Mula blanca, o vieja o manca.

Mula bragada, o bien fina o bien falsa.

Mula (La) como la viuda, gorda y andariega.

Mula con matadura, ni cebada ni herradura.—Dice que se debe soltar al prado hasta que cure.

Mulador podrido y retoñecido.—Se refiere al estercolero y, en sentido figurado, a los viejos rijosos.

Mula (La) en el suelo y caballo en el cielo.—Se les ha de colocar el pesebre.

Mula que hace hin y mujer que parla latín, nunca hicieron buen fin.

Muías y putas, siempre piensan unas.—Ruindades.

Mula (La) y la mujer, a palos se han de vencer.—Semejante a: «A la mujer y a la mula, vara dura».

Mula (La) y la mujer, por halago hacen el mandado.— Dice de su condición de bestia y obstinada, invencible por el castigo.

Mulo cojo e hijo bobo, lo sufren todo.—Porque son las víctimas sobre las que se descarga la injusticia y la brutalidad de los demás.

Mulo (El) dale el papo y darte ha el culo.—Que comiendo mucho engordará de anca.

Mulo o mula, burro o burra, rocín nunca.

Mundano (El) un momento no se halla sin tormento.

Mundo malo, mejor para dejado que para deseado.

Mundo redondo, quien no sabe nada vase al hondo.

Mundo (El) y el pecado no dan buen bocado.

Murmuración (La), aceituna es de postre.

Murmuración (La) se pasa y la hacienda se queda en casa.—Es consejo de picaros que recomienda allegar bienes sin reparar en los medios.

Muy coro compra el que recibe, y más caro vende el que da a quien lo agradece.

Muy presto llega a la puerta el que trae mala nueva.

N

Nace en la puerta lo que el hortelano no siembra.—Se dice porque muchas veces en los negocios y asuntos aparecen incidencias con las que no se contaba de antemano.

Nacen alas a la hormiga para que se pierda más aína.— «Aína» por pronto. Dice que frecuentemente los beneficios que los hombres se procuran son causa de su desgracia.

Nace toda criatura, según se dice, con su ventura.

Nació para porfiar como cualquiera mujer: tijeretas han de ser.—Se dice de las personas muy testarudas.

Nada puede la fortuna contra el sabio.—Mejor debiera decir contra el filósofo que sabe despreciar los dones de ella y consolarse en los infortunios.

Nadar y nadar y a la orilla ahogar.—Se dice cuando, después de muchos trabajos, se fracasa.

Nada tiene el que nada le basta.—Lo dice porque los ambiciosos y avaros siempre están deseando más, y lo que poseen, por mucho que sea, les parece poco.

Nadie debe vivir pobre por morir rico.—Va contra la avaricia.

Nadie diga de este agua no beberé.—Dice que estando el hombre sujeto a tanta mudanza y alternativa durante su vida, no se puede asegurar una actitud definitiva, que a veces las circunstancias hacen deponer. Se usa contra los orgullosos.

Nadie diga de ninguno porque no diga de él alguno.

Nadie entre en el bien sino mirando cómo ha de salir de él.—Refrán por demás provechoso para que los hombres sean sensatos y no se dejen arrebatar en la prosperidad a situaciones de las que pueden salir bien desdichados.

Nadie extienda la pierna sino hasta donde la sábana llega. —Dice que no se presuma de lo que no se tiene.

Nadie fue escaso para quien bien quiso.

Nadie le dio la vara, pero él se hizo alcalde y manda.— Contra los marimandones.

Nadie no diga haré, haré, que más vale un toma que dos te daré.—Es semejante a: «Más vale pájaro en mano que ciento volando». Dice que más vale una dádiva corta que una promesa larga.

Nadie no diga mal del día hasta que sea pasado y la noche venida.—Va contra los juicios anticipados sobre las cosas.

Nadie puede servir a dos amos y contentarlos a entrambos.

Nadie quiera de lo ajeno más de lo que quisiere el dueño.

Nadie sabe lo que puede aguantar una mujer de culo y un madero de pie.

Nadie sabe sino el que lo lasta lo que semejante casa gasta.—«Lasta» por soporta. Da a entender que: «Cada uno sabe dónde le aprieta el zapato».

Nadie se acuerda de Santa Bárbara hasta que truena.— Dice que se suele ser desprevenido, y únicamente al sentir el peligro es cuando se procura el remedio.

Nadie se alabe con trigo hasta mayo salido.—Semejante a: «Nadie no diga mal del día hasta que sea pasado y la noche venida» y «Nadie se alabe hasta que acabe».

Nadie se alabe hasta que acabe.—Semejante a: «Hasta el fin nadie es dichoso». Va contra los juicios prematuros.

Nadie se debe enseñar si no tiene buen desenseñadero.— Recomienda no acostumbrarse a los vicios que no puedan dejarse.

Nadie se meta donde no le llaman.—Semejante a: «A bodas y a niño bautizado, no vayas sin ser llamado».

Nadie sería mesonero si no fuese por el dinero.—Dice que por la retribución se practican los oficios más viles y los trabajos más arduos.

Nariz (La) y la boca, hasta la muerte se adoba.—Dice que estas facciones sufren variación a través de todas las edades.

Nariz (La) y la frente, hasta la muerte siempre crece.

Natura (La) que semeja trae a los hombres en pena.—Dice que la tiranía del instinto y las inclinaciones de cada individuo le fuerzan a seguir determinado derrotero durante toda su vida.

Natura revertura, el gato a la asadura.—También se dice: «Natura revertura, el gato a la ceniza»: Indica que cada cual sigue las inclinaciones que la naturaleza le ha impuesto.

Nave (La) que ha buen viento, presto arriba al puerto.— Dícese cuando se tiene suerte en los negocios o cuando se los dirige tan bien que rápidamente progresan.

Nave (La) y la mujer, de lejos parecen bien.—Se refiere a la belleza y armonía exterior de las dos.

Navidad (La) al sol y la de flores al fuego, si quieres el año bueno y derechero.—Se refiere a las pascuas.

Nazca mi hijo varón y nazca ladrón.—Encarece el tener hijos varones.

Neblina (La) del agua es madrina, y del sol, más aína.— «Aína» por todavía más pronto.

Necedades (Las) del rico pasan por sentencias en el mundo.—Nota la importancia y el valor que se da al dinero, con el cual se disculpa hasta lo indisculpable.

Necesidad (La) carece de ley.—Del latín «Necessitas caret lege».

Necesidad (La) de mi casa nadie la pasa.

Necesidad (La) hace a la vieja trotar y al gotoso saltar.— Dice que aunque algunas cosas parecen imposibles, la necesidad fuerza a tal extremo, que se cometen.

Necesidad (La) hace maestros.—Como: «El mejor maestro, el hambre».

Necesidad (La) manifestada es remediada.

Necesidad (La) tiene cara de hereje.—Por lo angustiosa y terrible.

Necio aquel que padece por culpa que otro merece.— Encarece que nadie se deje avasallar sin motivo ni razón.

Necio (El), callando, es habido por discreto, como por cumplido el escaso encubierto.— Recomienda la prudencia, tan necesaria en todos los actos de la vida.

Necio (El), callando, es tenido por sabio.—Encarece el valor de la discreción.

Necio es quien piensa que otro no piensa.—Dice que nunca debemos creer al enemigo desprevenido, sino todo lo contrario.

Necio (El) hace al fin lo que el discreto al principio.—Condena la torpeza, que no sabe dirigir los pasos del hombre.

Necio (El), en su casa ni en la ajena sabe nada.

Necio (El), ni lo venidero sabe huir, ni lo presente sufrir.

Necio (El), ni para fraile es bueno.—Nota la simpleza de la vida frailuna para resaltar que los torpes no sirven para nada.

Necios y porfiados hacen ricos los letrados.—Porque por tesón o necedad se levantan muchos pleitos.

Negocian los hombres sabios, disimulando injurias y sufriendo agravios.

Negocios largos, nunca bien acabados.

Negra es la pimienta y cómenla los hidalgos, y blanca es la nieve y písanla los caballos.

Ni a pícaro descalzo, ni a hombre callado, ni a mujer barbada, no les des posada.

Ni al aire cierzo abrigo, ni al hombre pobre amigo.

Ni a la mujer qué llorar ni al perro qué mear nunca les ha de faltar.

Ni a la puta por llorar, ni al rufián por jurar, ni los has de creer ni te has de fiar.

Ni al buen hijo heredar, ni al malo dejar.—Dice Correas: «Que no se fatigue el padre ni infierne por los hijos, porque el malo no lo merece y al bueno Dios le ayudará.»

Ni al caballo corredor ni al hombre rifador duró mucho el honor.— Porque el verdadero valor está en los hombres mesurados y modestos.

Ni al gastador faltó qué gastar, ni al lacerado qué guardar.

Ni al niño el bollo, ni al santo el voto.—Has de dejar de dar si has prometido.

Ni al niño el bollo, ni al viejo el c...—Se deben dar a guardar.

Ni al niño que se eche, ni al viejo que se levante.— Se les debe decir, porque tanto conviene a los primeros el ejercicio como a los segundos el reposo.

Ni al tahúr qué jugar, ni al gastador qué gastar.—Que no les falta nunca.

Ni ames a quien amó, ni sirvas a quien sirvió.—Porque habiendo conocido las amarguras de ese estado precedente, exigen para su satisfacción sacrificios muy penosos de conllevar. También se dice «Ni pidas a quien pidió, ni sirvas a quien sirvió».

Ni amigo burgalés, ni cuchillo cordobés.—Lo primero es matraca.

Ni amigo jugador, ni tahúr mal bebedor.

Ni amigo reconciliado, ni carnero dos veces asado.

Ni amistad con fraile, ni con monja que te labre.

Ni amor ni señoría quieren compañía.

Ni amor sin comer, ni gala sin otro tener.

Ni atruejo sin luna, ni feria sin puta, ni piara sin artuña. «Atruejo» son los tres días de Carnestolendas; dice «piara» por hato o rebaño de trescientas ovejas, y «artuña» a la oveja horra que parió y se le murió el cordero.

Ni a pícaro descalzo, ni a hombre callado, ni a mujer barbada, no le des posada.

Ni a rico debas ni a pobre prometas.

Ni asno rebuznador, ni hombre rallador.—«Rallador» por quisquilloso.

Ni a todos dar, ni con necios porfiar.

Ni ausente sin culpa, ni presente sin disculpa.—Dice que al que no se halla presente se le cargan siempre las mayores inculpaciones, mientras que el presente, tengan razón o no, se defiende de los cargos.

Ni barbero mudo, ni cantor sesudo.—Se refiere a los que pasan el tiempo canturreando, en lugar de reflexionar.

Ni bebas con botija, ni des a forastero tu hija.

Ni bebas en laguna, ni comas más de una aceituna.

Ni bebas sin ver, ni firmes sin leer.

Ni beber de bruces, ni mujer de muchas cruces.—«Mujer de muchas cruces» por beata, remilgada, espantadiza e incluso monja.

Ni blanco que admire, ni negro que tizne.—En el término medio está la virtud.

Ni boda pobre, ni mortuorio rico.—Lo dice porque en las bodas «se echa la casa por la ventana» y en los mortuorios se aquilata y justifica la fama de los ricos, que raras veces suele responder a la realidad.

Ni boda sin canto, ni mortuorio sin llanto.

Ni buen consejo de moza, ni buena camisa de estopa.

Ni buen fraile por amigo, ni malo por enemigo.

Ni buen médico, ni buena caza, sino buena hogaza.

Ni buey blanco, ni mula mohína, ni moza marina, ni casa en esquina; ni mozo Pedro en casa, ni poyo a la puerta, ni abad por vecino, los frailes lejos y ni moral en el corral.

Ni cabalgues en potro, ni tu mujer alabes a otro.

Ni calabaza sin tapón, ni mujer sin quita y pon.—Dice Correas: «Per lo que en sí ponen y por las importunidades que tienen».

Ni calentura con frío, ni marido en casa continuo.

Ni carbón ni leña no lo compres cuando hiela.—Porque está más cara.

Ni cama sin cabezales, ni tintero sin cendales.

Ni casa cabe río, ni viña cabe camino.—Semejante a: Ni cabe río, ni en lugar de señoría hagas tu nido». Dice que el hacer las casas junto a los ríos tiene el peligro de las inundaciones y desplomes; en terreno de señorío tampoco es bueno edificar, porque se está siempre bajo la férula del amo; en cuanto a las viñas junto al camino, las dañan y roban las bestias y los hombres.

Ni casa en cantón, ni cabe mesón.—Lo primero por el viento y lo segundo por el ruido.

Ni cases sin ver, ni firmes sin leer.

Ni comas crudo, ni andes a pies desnudos.—Por ser malo para la salud.

Ni comas mucho queso, ni de mozo esperes seso.

Ni compres mula coja pensando que ha de sanar, ni te cases con puta pensando que se ha de enmendar.

Ni con cada mal a cirujano, ni con cada pleito al letrado, ni con cada sed al jarro.

Ni con ellas ni sin ellas.—Dice que se debe adoptar el término medio entre la castidad y la lujuria.

Ni con toda hambre al arca, ni con toda sed a la cántara.

Ni cosa más variable que ventura, ni cosa más miserable que locura.

Ni creas en invierno claro, ni en verano nublado.—Dice que por ser tiempo contrario a la estación no es permanente.

Ni de estiércol buen olor, ni de hombre vil honor.

Ni de estopa buena camisa, ni de puta buena amiga.

Ni de las flores de marzo, ni de la mujer sin empacho.

Ni de malva buen vencejo, ni de estiércol buen olor, ni de mozo buen consejo, ni de puta buen amor.

Ni de mucho mal muere, ni de poco escapa, cuando el enfermo está en la cama.—Quiere decir que todos los males son semejantes y que el enfermo siempre fluctúa entre el restablecimiento y la muerte.

Ni de saúco buen vencejo, ni de cuñado buen consejo.— «Vencejo» llaman a las ligaduras que se hacen para sujetar los haces.

Ni de sobra buen bocado, ni de escaso buen dado.

Ni de tiempo ni de señoría, no tengas melancolía.—Lo dice porque la realidad nunca corresponde a las ilusiones.

Ni domes potro, ni tomes consejo de loco.

Ni duermas en prado, ni pases vado.

Niebla de marzo, helada en mayo.

Nieblas en alto, aguas en bajo.

Niebla tercera, sol espera.

Ni el anzuelo ni la caña, mas el cebo las engaña.

Ni el envidioso medra, ni quien a él se acerca.

Ni ella sin ellas, ni ellas sin ella.—Dícese de las rameras y su oficio.

Ni en burlas ni en veras con tu amo no partas peras.— Dice que no es conveniente discutir ni negociar con los superiores, pues nunca suele salirse beneficiado.

Ni en invierno viñadero, ni en otoño sembrador, ni con nieve seas vaquero, ni de ruines seas señor.

Ni en mar tratar, ni en muchos fiar.

Ni estopa con tizones, ni la mujer con varones.

Nieto de abuelo traidor, no fíes de su valor.—Por aquello de que: «De raza le viene al galgo el ser rabilargo».

Nietos (Los) son hijos dos veces paridos.—Y como a tal se les quiere y mima.

Nieve en febrero hasta la hoz el tempero.—Que suele durar el frío hasta el verano.

Nieve sobre lama, agua demanda.—«Lama» es barro aguachinado.

Ni fea que espante, ni hermosa que mate.—Es condición buena para la mujer propia.

Ni fíes del amor, ni de baranda de corredor.

Ni fíes en monje prieto, ni en amor de nieto.

Ni fíes mujer a fraile, ni barajes con alcalde.

Ni fíes, ni confíes, ni prestes, vivirás como quisieres.

Ni fíes, ni porfíes, ni confíes, ni arriendes, vivirás entre las gentes.

Ni fíes, ni porfíes, ni prometas lo incierto por lo cierto.— También se dice: «Ni fía, ni porfía, ni entres en cofradía».

Ni fiesta sin comida, ni sin oro gala cumplida.

Ni fraile en boda, ni perro entre las ollas.

Ni fraile por amigo, ni clérigo por vecino.—Sobre todo al casado.

Ni guinda soplada, ni moza besada.

Ni hagas del queso barca, ni del pan San Bartolomé.— Dice que no se debe sacar el centro de los quesos, ni descortezar el pan.

Ni hagas huerta en sombrío, ni edifiques cabe río.

Ni hay rodeo sin deseo, ni atajo sin trabajo.

Ni he miedo a frío, ni a helada, sino a lluvia porfiada.

Ni hombre tiple, ni mujer bajón.

Ni juegues, ni trates con mujeres y vivirás como quisieres.

Ni las mujeres en sobrado, ni las agujas en saco.—Pueden estar sin asomarse.

Ni lugar sin taberna, ni puta sin alcahueta.

Ni luna por horado, ni viento colado, ni amigo reconciliado.

Ni lleves cohecho, ni sueltes derecho.

Ni mal sin pena, ni bien sin galardón.

Ni médico novel, ni confesor doncel.

Ni mejor porque el concejo lo pide, ni peor porque lo olvide.

Ni me pago de gabacho, ni de alcahuete macho.—«Gabacho», despectivo de francés. Tilda a ambos de falsos.

Ni merques de ladrón, ni hagas lumbre de carbón.

Ni mesa que se ande, ni piedra en el escarpe.

Ni mesa sin pan, ni ejército sin capitán.

Ni mío es el trigo, ni mía es la cibera, muela quien quiera.—Es como: «Agua que no has de beber, déjala correr».

Ni moza adivina, ni vieja latina.

Ni moza de mesonero, ni costal de carbonero.—Hay sin agujero. Denota que su contacto mancha.

Ni moza de plaza, ni rico de caza.

Ni moza fea, ni obra de oro que tosca sea.

Ni moza fea, ni vieja hermosa.—Se hallan sino por rara excepción.

Ni moza sin espejo, ni viejo sin consejo.

Ni mozo bejarano, ni palo de avellano.

Ni mozo dormidor, ni gato maullador.

Ni mozo goloso, ni gato cenizoso.

Ni mozo pariente, ni mozo rogado, no lo tomes por criado. —Porque hay que guardarles ciertas consideraciones que no convienen a los servidores.

Ni mujer de otro, ni coz de potro.

Ni mula con tacha, ni mujer sin raza.—Dice que no deben admitirse. En lo referente a la mujer, porque conviene conocer de qué gentes procede.

Ninguna cosa hay tan dura que el tiempo no la madura.

Ninguna es bien casada sin que la cueste nada.

Ninguna maravilla dura más de tres días.—Aquí viene bien el proverbio de Salomón: «Veleidad de veleidades y todo veleidad».

Ninguno de otros es señor si no lo es del corazón.

Ninguno está obligado a hacer más de lo que sabe y puede.

Ninguno por ser querido no se esfuerce, que a las veces lo torcido se destuerce.

Ninguno se alabe de lo que hacer no sabe.

Ninguno se embriaga del vino de casa.—Da a entender que lo que tenemos siempre nos cansa.

Ninguno siente de qué parte aprieta el zapato sino el que le trae calzado.—Dice que nadie sino el mismo interesado conoce el origen de su pesar.

Ninguno tan pobre muere que más no naciere.

Ninguno tiene tan gran cojera que no pueda andar una legua.—La necesidad y no las palabras es la que demuestra de cuánto es posible el hombre.

Ninguno traiga engaño, que no faltará quien le arme lazo.

Ningún perro lamiendo engorda.—Dice que nadie puede enriquecerse reuniendo miserias, o que halagando vilmente se medra poco.

Niña y viña y peral y habar, malos son de guardar.

Niño de un mes, tente en tus pies.

Niño (El) por su bien llora; y el viejo, por su mal.

Niño (El) que mama y come, dos barbas pone.—Porque con la doble alimentación engorda rápidamente.

Niño que no ríe a las siete semanas, o es ruin o tiene ruines amas.

Niño (El) regalado, siempre está enojado.—Porque no hay nada que más fastidie y canse que la abundancia y el mimo.

Niños (Los), de pequeños; que no haya castigo después para ellos.—Porque lo que se aprende en la niñez no se olvida, y las malas costumbres no las destierran de mayores ni aun por la pena.

Niños (Los) y los locos dicen las verdades.—Lo dice porque en ellos no hay artificio ni disimulo alguno y dicen sinceramente lo que sienten.

Niño (El) y el becerrito, en mitad de la siesta han frío.

Niño (El) y el cochino, adonde les dan el bocadillo.— Acuden.

Niño (El) y el orate dicen las verdades.

Niño (El) y el pece, al sol se aterece.

Niño (El) y el pece, en el agua crece.

Niño (El) y el potro, primero sarnoso para ser hermoso.—Dice que los niños que son feos de pequeños, de mayores son bien parecidos.

Ni obra buena, ni palabra mala.—Se dice del hipócrita.

Ni ojo en la carta, ni mano en el arca.—Reprende a los curiosos y a los desaprensivos que intervienen en las cosas de los demás como si fueran propias.

Ni olla descubierta, ni casa sin puerta.

Ni olla sin tocino, ni boda sin tamborino, ni cena sin vino.

Ni olla sin tocino, ni sermón sin agustino.—Lo dice por la fama que tienen los padres agustinos de buenos predicadores.

Ni para buenos cumple ganar, ni para malos dejar.—Se entiende en el heredamiento de los hijos.

Ni para mozo hay mal cocinero, ni para viejo fiel despensero.—Por el buen apetito de los unos y por la desconfianza de los otros.

Ni patos a la carreta, ni bueyes a volar, ni moza con viejo casar.

Ni perder derechos, ni llevar cohechos.

Ni pernada de potro, ni rascadura de un pie con otro.

Ni perro negro, ni mozo gallego.—Nota a los gallegos de demasiadamente interesados; respecto de perro negro, no encuentro ninguna razón que justifique tal prevención

Ni pidas a mujer hermosa, ni prometas a pobre, ni debas a rico, ni tomes a nadie, no te lo dando; puedes tomar lo que te quisieren dar.

Ni pierdo ni gano, levántome a mi mano.

Ni pollos sin tocino, ni sermón sin agustino.—Es como: «Ni olla sin tocino», etc.

Ni por buey ni por vaca, no tomes mujer maníaca; que morirse ha el buey y la vaca y quédársete ha la mujer maníaca.—Es semejante a la copla popular que dice: «Me casé con el viejo por la moneda, la moneda se acaba y el viejo queda».

Ni por grande dicen bueno, ni por chico ruin.—Dice que la cantidad es independiente de la calidad de las cosas.

Ni por lumbre a casa del cura va la moza segura.—Dice que se debe evitar toda relación entre ambos.

Ni por rico te realces, ni por pobre te rebajes.

Ni prometas al niño el bollo, ni al viejo el c...—Es como: «Ni al niño el bollo, ni al viejo el c...».

Ni quito ni pongo rey, mas ayudo a mi señor.—Palabras del caballero Andrada, que ayudó al rey D. Enrique el Bueno, que peleaba contra su hermano el rey D. Pedro. Otros lo achacan a Beltrán Claquín o Duguesclín, en idéntica ocasión.

Ni rey traidor, ni papa descomulgado.—Dice que los que aplican el castigo, aunque ellos también lo merezcan, como son poderosos no lo sufren.

Ni río sin vado, ni linaje sin malo.—Es como: «No hay generación donde no haya puta o ladrón».

Ni riqueza te ensoberbezca, ni te abata la pobreza.

Ni rocín ni moza ruin.

Ni sábado sin sol, ni moza sin amor, ni viejo sin dolor, ni puta sin arrebol.—También se dice: «No hay sábado sin sol, ni doncella sin amor, ni moneda que no pase, ni puta que no se case». Correas da una peregrina explicación del porqué de «no hay sábado sin sol», hela aquí: «Porque el sábado aliñan cuellos, tocas y gorgueras, y las ponen a secar; y porque las mujeres mozas se ocupan en esto se dice que están de sábado, y si el amo o padre pregunta por la moza, responden: «Está en la solana poniendo al sol», que le haga, que no, y como esto es cotidiano, cada sábado dicen: «No hay sábado sin sol», esto es, sin tal ocupación y cuidado. El vulgo parece que ya ha creído que no hay sábado sin sol, y no hay más razón ni certeza en él que en los otros días».

Ni seas fraile en tu tierra, ni te cases fuera de ella.— Dice que en la tierra propia es más difícil criar fama y hacerse respetar, y que no es conveniente casar en tierra extraña porque se desconoce la calidad de las gentes.

Ni se muere padre, ni cenamos.—También se dice; «Ni se muere padre, ni comemos olla». Se dice cuando la falta de decisión imposibilita de obrar.

Ni sin trigo ni sin amigo.—Dice que no se puede vivir ni sin dinero ni sin relaciones.

Ni sirvas a quien sirvió, ni pidas a quien pidió, ni mandes a quien mandó, ni ames a quien amó.—Por no sufrir la tiranía del que ha pasado antes por idéntica situación.

Ni sopa de agua, ni vino de sopa.

Ni sopas de añadido, ni mujer de otro marido; ni ellas saben bien, ni marido de otra mujer.

Ni soy buena, ni soy mala, ni se me tienen los pies en casa.

Ni soy Séneca ni Merlín, mas entiendo mi latín.

Ni tan vieja que amule, ni tan moza que retoce.—«Amular» es guiñar la boca para comer como hacen las muías; así lo imitan las personas sin dientes.

Ni te abatas por pobreza, ni te ensalces por riqueza.

Ni te alborotes ni te enfotes.—«Enfotarse» es provincialismo asturiano que significa tener fe o confianza en alguna cosa. Da a entender el refrán que el entusiasmo pronto o el enfado rápido son asimismo perjudiciales.

Ni temas toro, ni acoses vaca.—Recomienda al hombre el valor y el arrojo y la suficiente prudencia para no molestar ni a las mujeres ni a las personas débiles.

Ni todas las cosas se han de apurar, ni todos los amigos probar, ni todos los enemigos descubrir y declarar.

Ni todo a corte, ni todo a monte.—Contrario a «Corte o cortijo». Dice que no se debe exagerar la cortesía, pero tampoco debe tocarse en lo grosero.

Ni todo lo que pensares hables, ni todo lo que pensares calles.

Ni trigo de valle, ni leña de sombrío, vendas a tu amigo. —Porque ninguno de los dos son buenos; el primero, por ser feble y de poco peso, y la segunda, porque por la mucha humedad en que ha estado criada, se agusana pronto.

Ni tu pan en tortas, ni tu vino en botas, ni tu carne en longanizas.—Porque lo que se emplea en menudencias se va sin sentir.

Ni un dedo hace mano, ni una golondrina verano.—Dice que es necesaria la repetición de actos o la abundancia de objetos de una misma clase para fundar la costumbre o dar el valor definitivo.

Ni vendas a tu amigo, ni del rico compres trigo.—Vender el amigo va en su sentido llano; dice que con los amigos no se puede comerciar bien porque lo estorban las naturales consideraciones de afecto, y que no se debe comprar al poderoso, sino al necesitado, para sacar ventaja de su situación.

Ni villa sin aldea, ni puta sin alcahueta.

Ni viña en bajo, ni trigo en cascajo.—Porque no producen lo que debieran.

Ni viña en Cuenca, ni pleito en Huete.

Ni virtud al virtuoso, ni mal al malicioso.—Le falta que obrar.

Ni hierba en el trigo, ni sospecha en el amigo.

No alabes hasta que pruebes.—Va contra los juicios prematuros. También hay otro refrán que dice: «No alabes ni desalabes hasta siete navidades», dando a entender que no debe formarse juicio de ninguna cosa hasta conocerla perfectamente.

No al moco, sino donde cuelga.—Porque algunas cosas tienen honra no por ellas mismas, sino por quienes se la dan.

No andes con soberbia sobre la tierra, porque serás el primero que caiga debajo de ella.—Semejante a la frase proverbial: «Torres más altas cayeron». Dice que la mudanza de las cosas humanas no permite hacer muchos fundamentos en el bienestar presente.

No basta comenzar bien, ni sirve demediar bien, si no se acaba bien.

No bastan estopas para tapar tantas bocas.—Dice lo difícil que es de contener la murmuración.

No basta ser bueno, sino parecerlo.—Porque la mejor obra de virtud es el buen ejemplo.

No basta ser honrado, sino parecerlo en trato y cara.— Como el anterior.

No bebas en laguna, ni comas más de una aceituna.— Son consejos para conservar la salud.

No beber y toser hace a la vieja remover.

Noble (El) más quiere libre morir que esclavo vivir.

No busques de qué murió quien carne asada cenó.

No busques en el amigo riqueza, ni nobleza, sino buena naturaleza.

No busques pan en la cama del can.—Semejante a «Buscar mendrugos en cama de galgos». Se dice cuando se va a buscar provecho adonde no hay más que necesidad y, en general, del que piensa hallar algo en la parte contraria adonde debiera buscarlo.

No busques por amigo al rico, ni al noble, sino al bueno, aunque sea pobre.—Es como: «No busques en el amigo riqueza», etc. Dice que todos los accidentes que acompañan al hombre son pasajeros, si no es su bondad de alma, en la que se puede fundar una amistad perfecta.

No cabemos en el fuego y parió mi suegra.—Es como: «Éramos pocos y parió mi abuela».

No cantan bien dos gallos en un gallinero, ni pueden bien cantar en muladar, sin competir y pelear.—Porque el mando quiere ser uno y exclusivo.

No comáis caldo de habas, que hace a las mujeres bravas.

No comas caliente, no perderás el diente.

No compra barato quien no ruega rato.

No compres asno de recuero, ni te cases con hija de mesonero.—Dice que se huya de las personas resabiadas y avezadas a malas costumbres.

No compres de conocido, ni al fiado, ni trates con alcanzado y fallido.—«Fallido», por persona sin crédito.

No compres de quien compró; compra de quien heredó, que no sabe lo que costó.

No conforma con el viejo la moza.—Para casarse. Hay infinidad de refranes que dicen lo contrario.

No conociendo al amigo nuevo, a las veces con daño le pruebo.

No con quien naces, sino con quien paces.—Porque la educación se forma con la convivencia.

No conserva bien quien no aumenta.

No creas a hembra ninguna, que tan presto se mudan como la Luna.

No creas al que de la feria viene, sino al que a ella vuelve.

No crece el río con agua limpia.—Da a entender que las fortunas hechas de pronto no suelen tener un origen muy limpio.

No críes hijo ajeno, que no sabes si te saldrá bueno.— Por aquello de: «Quien da pan a perro ajeno, pierde pan y pierde perro».

Noche (La) es capa de pecadores.

Noche tinta, blanco día.—Por antonomasia significa también lo que: «Día de mucho, víspera de nada» y «Tras de la tormenta viene la calma».

No da Dios a nadie más frío de como anda vestido.— Semejante a: «Dios aprieta, pero no ahoga». Dice que las necesidades de cada cual suelen estar en razón directa de sus posibilidades de remedio.

No da paso seguro quien corre por el mundo.

No da quien quiere, sino quien tiene y puede.

No dará una higa por no alargar la mano.—Se dice de los egoístas que no se toman la menor molestia por nadie.

No debe ser reprendido el que con muchos yerra.—Dice que cuando la equivocación la sufren muchos, el error de caer en ella no debe ser castigado con demasiado rigor, pues su frecuencia denota la dificultad de soslayarla.

No dé Dios tanto bien a nuestros amigos que nos desconozcan.—Aristóteles dijo en la «Ética»: «El que al amigo desea gran prosperidad, desea se deshaga la amistad».

No dejes para mañana lo que puedas hacer hoy.—Es consejo de sanísima prudencia que anima al trabajo y advierte que lo que en el presente tiene lugar de hacerse, quizá en el futuro fuera imposible.

No desesperes de auxilio divino, ni de la mujer de tu vecino.—En sentido figurado, «la mujer de tu vecino» significa las gentes de buen corazón.

No dice más la lengua de lo que siente el corazón.—Da a entender que cada uno pone en sus palabras sus propias intenciones.

No diga la lengua lo que pague la cabeza.—También se dice: «No diga la boca lo que pague la coca». Da a entender que nunca se debe hablar lo que redunda en perjuicio nuestro.

No diga nadie de este agua no beberé.—Es como: «Nadie diga de este agua no beberé».

No diga ninguno: no puedo aprender: tanto hace el hombre cuanto quiere hacer.—Semejante: «Más hace el que quiere que el que puede».

No digas aje, que deshonrarás tu linaje.—«Aje» o «aj» es voz onomatopéyica que representa la repugnancia que produce alguna cosa (en este caso, el emprender un trabajo), por lo que da a entender el refrán que el ser holgazán deshonra la casta.

No digas en secreto lo que no quieras oír en público manifiesto.

No digas que eres pobre a quien no te pueda hacer rico.

No digas quién eres, que tú te lo dirás.—Por las obras.

No dure más mi yerno que cuartanas en invierno.

No eches agua en la sal, que te sabrá mal.—Se dice de las personas que dicen mal de las cosas buenas.

No eches la gata en tu cama, o no la acocees después de echada.—Da a entender que no se dé demasiada confianza a una persona o que si así se hace, no se lamenten después las exageradas licencias que ella pueda tomarse.

No engendra conciencia quien no tiene vergüenza.

No en los años están todos los engaños.—Que a veces también entienden de ellos lo mozos.

No entiende ni sabe letra sino por el libro de su aldea.— Se dice de los que solamente son duchos en sus negocios. Semejante a: «Cada maestrillo tiene su librillo».

No entra en misa la campana y a todos llama.—Se puede decir de los que no predican con el ejemplo y, sin embargo, dan buenos consejos.

No entres en huerto ajeno, que te dirá mal su dueño.— Recomienda no inmiscuirse en las cosas de los demás.

No entres en lo vedado, que te prenderá su amo.—Como el anterior.

No entres tú en mi fuego y no verás lo que cuezo.—Se dice al que da consejo sin serle pedido.

No es aquella gallina buena que come en tu casa y pone en la ajena.

No es brava la mujer que cabe en casa.—Dice que la mujer que atiende a su casa y se está en ella no es mala.

No es buen habla la que todos no entienden.—Se dice de los que rezongan.

No es buen año cuando el pollo pica al gallo.—Es decir, que no van bien las cosas cuando los que han de mandar son los mandados.

No es buen mosto el cocido en agosto.—Semejante a: «No es bueno lo que no viene en su tiempo».

No es bueno lo que no viene en su tiempo.—Semejante a: «Cada cosa en su tiempo y los nabos en Adviento».

No es bueno salir de un lodo y entrar en otro.—Se dice a los que librando bien de un mal asunto intentan otro semejante.

No escarmentéis de una vez, y serán dos y tres.—Muy buen aviso para los testarudos.

No es continencia la que parece, cuando no hay contrario que la muestre.—Dice que no hay virtud verdadera, si no se ha puesto a prueba.

No es de ahora el mal que no mejora.—Dice que el daño, cuanto más dura, más hondo se hace.

No es el bien conocido hasta que es perdido.—Y es verdad; que eso pasa con la salud y con todas las demás cosas, que muchas veces se gastan totalmente y luego se echan mucho de menos.

No es el diablo tan feo como le pinta el miedo.—Es como: «No es tan fiero el león como le pintan».

No es en mano del piloto que deje el viento su soplo.—Dice que aunque uno gobierne bien, no están en su albedrío los golpes de fortuna.

No es la miel para la boca del asno.—Dice que las cosas excelentes no estén hechas para los necios, que no saben gustarlas.

No es la vida del leal, más de cuanto al traidor le plaz.

No es letra la que cualquiera no lea, y el que la escribe es bestia.— Muy bueno para los que escriben en jeroglífico por mostrarse más sabihondos.

No es lo mismo oír decir «moros vienen» que verlos venir. —Se dice a los que presumen de valientes cuando el peligro está lejos.

No es lo mismo predicar que dar trigo.—Da a entender que el consejo es fácil cuando no lo tiene que cumplir el que lo da.

No es mala la muerte haciendo lo que debe el que muere.

No es malo tener quien se duela al pie del palo.—De la horca. Dice que alivia el duelo el tener quien nos compadezca.

No es mal sastre el que conoce el paño.—Se dice de las personas que se dan cuenta de sus propias faltas o de las cosas que a ellas atañen.

No es menor virtud conservar lo ganado que ganarlo.

No es mucho lo posible hacer; a más de lo posible ha de entender.— Bueno es el ánimo del hombre que hace por suyo este refrán.

No es mucho que a quien te da la gallina entera le des tú una pierna de ella.—Recomienda el agradecimiento.

No es mucho que pierdas tu derecho no sabiendo hacer tu hecho.

No es música el casar, que suena bien alto y bajo.—Reprende a los que se unen siendo de muy distinta condición, por aquello de que: «Cada oveja con su pareja».

No es nacido ni ha de nacer quien las siete cabrillas por mayo ha de ver.

No es nada la meada, y calaba siete colchones y una trazada.—Es como: «No era nada lo del ojo, y lo tenía en la mano».

No es nada lo del ojo, y lo llevaba en la mano.—Se dice al que no da importancia a un hecho que es verdaderamente trascendental. También se dice: «No es nada, que matan a mi marido», y «No es nadilla, y llegábale a la rodilla».

No es nada, que del humo llora.—Se dice para quitar importancia a un hecho.

No es ninguno más viejo de cuanto lo parece.

No es oro todo lo que reluce, ni harina lo que blanquea. —Es como: «No es todo el monte orégano».

No es pobre el que tiene poco, sino el que codicia mucho.

No es poco primor alzar manos de labor.—Lo dice el que trabaja al que le critica su trabajo.

No es poco ser casada y tener moco.—Es decir, casarse siendo niña.

No es por el huevo, sino por el fuero.—Se dice cuando se pleitea o discute más que por la cosa en sí por el derecho a ella.

No es sabio el que para sí no sabe.

No está bien el fuego cabe las estopas.—«Cabe» por junto. Semejante a: «Quien quita la ocasión, quita el peligro».

No está Dios en higueras, que oiga a putas y viejas.— Se dice cuando alguien nos tiene un mal deseo.

No está en que se haga presto, sino en que se haga bien hecho.

No está la carne en el garabato por falta de gato.—Lo dicen las mujeres que no se han casado aludiendo a que no ha sido por falta de novios.

No está bien dos pobres a una puerta.—Se dice para denotar el inconveniente de que varias personas pretendan una misma cosa.

No es tan bravo el león como le pintan.—Dice que no son tan por extremo las cosas como suelen encarecerlas.

No es tan gruesa la gallina, que no haya menester a su vecina.—Dice que por muy poderoso que se sea, no se puede vivir sin ayuda de los demás.

No estés mucho en la plaza, ni te rías de quien pasa.

No es todo el monte orégano.—Se dice cuando en los negocios de la vida van apareciendo las dificultades. También se dice: «No es todo el sayal alforjas».

No es todo hombre el que mea a la pared, porque el perro mea también.—Nota la diferencia de calidades entre unos hombres y otros.

No es tu amigo el que te cubre con las alas y te hiere con el pico.—Se refiere a los hipócritas.

No es viejo quien tiene divieso.

No es villano el de la villa, sino el que hace la villanía. —Da a entender que en todos los estados hay personas buenas y malas.

No falta jamás piedra a buena lavandera.—Dice que el que tiene deseos de trabajar nunca le falta en qué.

No falte cebo al palomar, que las palomas ellas se vendrán.—Dice que habiendo holgura económica todo lo demás viene por sí solo.

No falte voluntad, que no faltará lugar.

No fiar de perro que coxquea.—«Coxquear», por cojear.

No fíes la fortuna, mira que es como la Luna.—Mudable y de condición femenina.

No fíes en cielo estrellado, ni en culo mal vezado, ni en favor de Merino, ni en palabra de mezquino.—«Vezado», por acostumbrado. «Merino» era el juez de un territorio, o bien el que cuidaba y dividía los ganados y sus pastos.

No fíes en hombres tuertos, ni menos en corcovados; si los cojos fueren buenos, escríbelo por milagro.—Dice que las personas lisiadas suelen ser de condición aviesa.

No fíes en maquila de molinero *ni en* roción, *de despensero.*—«Maquila» es la porción de grano o harina que cobra el molinero por moler.

No fíes ni porfíes, ni apuestes ni desafíes.

No hables sin ser preguntado y serás estimado.

No habría cabeza sana si en todo se mirara.—Se dice de los que por los inconvenientes no llegan a decidirse a algo.

No habría palabra mala si no fuese mal tomada.

No habría putas si no hubiese rufianas.—Indica que el pecado es más casi del encubridor que del delincuente.

No hace el hábito al monje.—Es como: «El hábito no hace al monje».

No hace poco quien su mal echa a otro.—Se dice al que procura culpar a los demás de sus defectos.

No hacerla y no temerla.—Se refiere a la mala acción.

No hace más el caballo del rey: hacerle la cama, darle de comer y echarse a dormir él.—Se dice de las personas holgazanas.

No hace poco el que quema su casa: espanta los ratones y se calienta a la brasa.—Se dice por el que cambia por escaso interés mucho daño.

No hace poco quien se defiende de otro.

No hace tanto la zorra en un año como paga en una hora. —Se dice cuando el castigo de las culpas es desproporcionado a su causa.

No ha de venir preñado ni parido el hijo ido; no parido ni preñado, sino barbado.—Dice que conviene dar a los hijos varones libertad y que se acostumbren a vivir por su cuenta.

No hagáis mal y ninguno os lo dirá.—Semejante a: «No la hagas y no la temas».

No hagas bien al malo y no te dará mal pago.—Contrario o: «Haz bien y no mires a quién».

No hagas bien a villano, no bebas agua de charco, no te cases con sarda ni con pitalgada.—«Villano», por vil; «Sarda», por pecosa: «Pitalgada», por enhelgada; helgas son los huecos entre los dientes de arriba o dientes de la lumbre, así llamados porque son los que reciben el primer calor de los alimentos.

No hagas nada, alcalde, sin oír a la otra parte.—Es como: «Para juzgar un pleito, hay que oír a las dos partes».

No hagas tantas mercedes que traigas las manos por las paredes.—Se dice a los dispendiosos.

No hallar nidos donde se piensa hallar pájaros.—También se dice: «No hallar pájaros en los nidos de antaño». Da a entender cómo se frustran las más acariciadas esperanzas.

No han de faltar ni rey que nos mande, ni papa que nos excomulgue.—Dice que por mucho que quiera el hombre librarse, siempre tiene que someterse a la ley de los poderosos.

No hará nadie tanto mal como pagará.—Dice que las consecuencias de una cosa mal hecha son siempre infinitamente superiores a la falta.

No hay amigo ni hermano, si no hay dinero de mano.

No hay amigo tal, como el pariente en el mal.—Algunas veces no suele ser verdad este refrán.

No hay amor feo si es querido a deseo.—Como: «El que feo ama, bonito le parece».

No hay atajo sin trabajo.—Semejante a: «No hay camino tan llano que no tenga algún tropezón o barranco». Da a entender que todos los trabajos, a pesar de que el hombre se ingenie lo que quiera, tienen su sacrificio. También se dice: «No hay barranco sin atranco».

No hay bestia fiera que no se huelgue con su compañera. «Semejante a: «Lobo a lobo no se muerden».

No hay *bien estimado sin trabajo.*—Porque no dura mucho lo que se hace en poco tiempo, ni puede ser bueno lo que lleve poco trabajo. También dice que lo que costó poco conseguir no se le da gran importancia.

No hay bien ni mal que dure cien años.—Nota la variación y mudanza de las cosas humanas

No hay bien que dure ni mal que no se acabe.—Es como el anterior.

No hay boda sin doña toda.—Se dice de las personas que están en todas partes.

No hay boda sin tornaboda.—En sentido figurado, indica que no hay rato bueno sin su contrario. Es semejante a: «Días de mucho, vísperas de nada».

No hay buena olla con agua sola.—Da a entender que el dinero o las cosas que lo valgan son necesarias en todas partes.

No hay caballo sin tacha.—Por extensión se dice de todas las cosas y personas.

No hay calvo que no haya tenido buen pelo.

No hay carga más pesada que la mujer liviana.—La gracia del refrán está en el doble sentido de la palabra «liviana».

No hay carne perdida, sino la liebre asada y la perdiz cocida.

No hay casado gordo que no sea bobo, ni clérigo flaco que no sea bellaco.

No hay casa donde no haya su calla, calla.—Alguna falta por qué callar.

No hay casa harta sino donde hay corona rapada.—Lo dice porque en las casas de los clérigos suele haber siempre holgura y abundancia.

No hay casamiento pobre ni mortuorio rico.

No hay casa ni huerta que una vez al año no se quede abierta.—Por eso el que quiere hacer el daño aguarda la ocasión y la halla.

No hay cerradura si es de oro la ganzúa.—Por aquello de: «Poderoso caballero es don dinero».

No hay clara que no sea puta.—Dice que se debe desconfiar del asunto que, al parecer, se presenta diáfano y sencillo. Literalmente este refrán se refiere a los momentos en que el cielo aclara en medio del turbión; sin razón, algunos chuscos lo aplican a las mujeres que llevan este nombre.

No hay comida buena a que no siga mala cena.—En sentido figurado, dice que a la abundancia suele seguir la escasez.

No hay contento cumplido en este mundo mezquino.— Porque es condición de los hombres no estar enteramente satisfechos jamás.

No hay cosa de menos saber que a sí mismo conocer.— Dice que es lo que menos suelen saber los hombres.

No hay cosa firme ni estable en esta vida y mundo miserable.

No hay cosa honesta que provechosa no sea.

No hay cosa más barata que la comprada.—Porque la que se tiene por dádiva o regalo representa siempre una deuda.

No hay cosa más dulce que el recibir, ni más dura que el pedir.

No hay cosa nueva que de contar no sea.

No hay cosa que fin no tenga a la corta o la luenga.— Semejante a: «No hay mal ni bien que dure cien años».

No hay cosa que hecha sin voluntad no parezca dificultosa.

No hay cosa que canse más que el trabajo, si no es el holgar.

No hay cosa que más descontente que estar y vivir entre ruin gente.— Semejante a: «El peor mal de los males es tratar con animales».

No hay cosa que más harte que el comer, ni otra que vino y agua que mate la sed.

No hay cosa secreta que tarde o temprano no se sepa.

No hay cosa tan cara como la que con ruegos se alcanza.

No hay cuesta sin valle, ni valle sin cuesta junto a él puesta.—Dice del trabajo que cuesta alcanzar lo que deseamos.

No hay cuidados más derechos que los yerros por amores hechos.— Dice que las faltas cometidas por amores suelen traer consecuencias pésimas.

No hay día tan lueñe que presto no esté presente.—«Lueñe», por lejano.

No hay dinero de suegro que no sea con pleito.

No hay dueña ardida en cámara barrida.—Dice que las mujeres pobres nunca pueden estar bien parecidas a causa de la miseria.

No hay generación donde no haya o puta o ladrón.— Por eso sin duda pudo escribir el cardenal Mendoza su «Tizón de la nobleza española».

No hay gozo cumplido: que tan presto es menguado como venido.

No hay hermano para hermano, ni padre para hijo, ni hijo para padre.—Sobre todo en achaque de intereses.

No hay hermosura sin ayuda.—Dice especialmente a las mujeres que realcen sus gracias con el adorno.

No hay holgorio donde no hay comistorio.

No hay hijo como su padre ni padre como su abuelo.—Porque, como dice Jorge Manrique: «Cualquiera tiempo pasado fue mejor».

No hay hombre para hombre.—Hace notar que el hombre decidido es capaz de todo.

No hay hombre sin hombre.—Da a entender que en todos los asuntos de la vida es necesaria la ayuda de los demás.

No hay hombres sin nombre, ni nombres sin renombre.

No hay ladrón sin encubridor.—Semejante a: «No habría putas si no hubiera rufianes».

No hay linaje sin putas ni muladar sin pulgas.—Como: «No hay generación donde no haya o puta o ladrón».

No hay lunes sin luna, ni jueves que no alumbre.

No hay luz mejor que de la mañana, ni comer que a buena gana.

No hay mal año por piedra, mas ¡ay! de a quien acierta. —Porque el granizo suele caer en corros no muy grandes.

No hay mal bueno.

No hay mal que cien años dure, ni bien que a ellos ature. — «Aturar» es llegar.

No hay mal que el tiempo no alivie su tormento.

No hay mal que no venga por bien; contad para quién. —Es como: «No hay mal que por bien no venga».

No hay mal que por bien no venga.—Dice que muchas veces lo que nos parece perjudicial trae consigo algún beneficio.

No hay mal sin baldón ni bien sin galardón.

No hay mal tan grave que si no acaba no se acabe.

No hay mal tan lastimero como no tener dinero.

No hay manjar que no empalague ni vicio que no enfade.

No hay más amigo que un duro.—Frase que indica la estima en que se tiene el dinero.

No hay más bronce que años once, ni más lana que no saber qué hay mañana.—Dice que con la juventud va la resistencia y la fuerza y que la tranquilidad y despreocupación es la mayor riqueza.

No hay más mala gente que hombres y mujeres.

No hay mayor desprecio que el no hacer aprecio.—Porque verdaderamente lo que más ofende es la indiferencia.

No hay mayor dificultad que la poca voluntad.

No hay mayor duelo que el del alma y el cuerpo.

No hay mayor mal que el descontento de cada cual.

No hay mayor mancilla que muchas manos a una morcilla.

No hay mejor asilo que el que promete la casa del enemigo.—En verdad que esto es así si el enemigo no lo sabe o lo permite.

No hay mejor bocado que el hurtado.

No hay mejor cirujano que el que ha sido acuchillado.— Dice que nadie conoce mejor las cosas que quien las ha pasado antes.

No hay mejor espejo que el amigo viejo.—Porque tiene autoridad y confianza para decir las verdades.

No hay mejor invención que engañar al engañador.— Semejante a: «El que roba a un ladrón tiene cien años de perdón».

No hay mejor maestra que necesidad y pobreza.—Semejante a: «La mejor maestra, la hambre».

No hoy mejor medianero que cada uno por sí mismo.— Dice que los asuntos importantes no se deben fiar a nadie.

No hay mejor pariente que el buen amigo presente.

No hay mejor remiendo que el del mismo paño.—Da a entender que cada uno a sí mismo se remedia mejor que radie.

No hay miel sin hiel.—Dice que para conseguir la felicidad es necesario antes sufrir amarguras.

No hay montañas sin cañadas, valles y quebradas.—Dice que todas las cosas tienen su parte áspera y agradable.

No hay moza fea ni vieja hermosa.—Semejante a: «No hay quince feos».

No hay mozo triste ni viejo alegre.—Porque, como el anterior, es consecuencia natural de la edad.

No hay mucho que no baste, ni nada que no se gaste.

No hay mucho que no se acabe, ni poco que no alcance.

No hay muerte sin achaque.

No hay mujer bien casada que no lo sea a su costa.— Dice que la mujer debe sacrificar parte de su entusiasmo en aras de cualidades más convenientes en el matrimonio.

No hay mujer flaca determinada.—Dice que una mujer resuelta deja de ser débil y a veces supera en mucho al hombre.

No hay mujer gorda que no sea boba, ni flaca que no seo bellaca.

No hay mujer hermosa el día de la boda.—Por la natural alteración, y en las críticas de sus amigos.

No hay mujer, por buena que sea, que cuando mea no se pea.—Dice que a la mujer, aun la honesta, cuando se la concede alguna libertad, suele abusar de ella.

No hay necesidad de enseñar al gato a arañar.—Dice que cada individuo responde a su condición natural.

No hay ninguna fea, sino la necia y mal tocada.

No hay ninguno malo, mozas.

No hay ninguno tan viejo que no piense vivir otro año.

No hay oficio bueno y malo que no dé de comer a su amo.

No hay olla tan fea que no halle su cobertera.—Es como: «Nunca falta un roto para un descosido».

No hay palabra mal dicha si no es mal entendida.— Dice que muchas veces la ofensa no está en el ánimo del que la hace, sino del que la recibe.

No hay palmo de tierra que no haya sido quicio de puertas.—Se refiere a la continua mudanza de las cosas humanas.

No hay pan sin afán.

No hay pariente tal, como el amigo en el mal.

No hay peor astilla que la de la misma viga.—Semejante a: «No hay peor cuña que la de la misma madera».

No hay peor burla que la verdadera.—Semejante al anterior.

No hay peor cuña que la de la misma madera.—Semejante a: «No ames a quien amó, ni sirvas a quien sirvió». Dice que no hay peor enemigo que aquel que conoce y sabe nuestras flaquezas y defectos.

No hay peor fruta que aquella que nunca madura.

No hay peor ladrón que el de tu misma mansión.— Semejante a: «No hay peor mal que el enemigo de casa para dañar».

No hay peor mal que el enemigo de casa para dañar.— Porque siendo de casa el contrario, alcanza más que ninguno.

No hay peor saber que no querer.

No hay peor sordo que el que no quiere oír.—Dice que es imposible hacer entender a una persona una razón cuando de antemano se niega a escucharla.

No hay peor tienda que la vacía.

No hay piedra berroqueña que dende a un año no ande lisa al pasamano.—Semejante a: «La gota de agua horada la piedra».

No hay placer que no enfade, y más si cuesta de balde.— Dice que, aun lo bueno, muy continuado, empacha pronto.

No hay placer tan halagüeño como tener mucho dinero.

No hay plazo que no llegue ni deuda que no se pague.

No hay plazo tan lueñe que no le tema el que debe.— «Lueñe» por lejano.

No hay pocos años feos ni muchos hermosos.—Semejante a: «No hay moza fea ni vieja hermosa».

No hay puta ni ladrón que no tenga su devoción.—Dice que toda la gente maleante suele rendir culto casi supersticioso a determinadas imágenes.

No hay quien haga mal que después no le venga a pagar.

No hay quince feos.—Se refiere a los años. Dice que a esa edad todas las mujeres tienen algún encanto.

No hay refrán que no sea verdadero.

No hay regla sin excepción.—Da a entender que todas las afirmaciones generales, empleadas particularmente, no son rigurosamente exactas.

No hay renta más segura y cierta que dejar de gastar lo que se puede excusar.

No hay rico necio ni pobre discreto.—Manifiesta el poder que tiene el dinero.

No hay río bravo que no tenga vado, ni plazo que no llegue a cabo.— Es como: «No hay plazo que no se cumpla ni deuda que no se pague». Dice que todas las cosas tienen una solución y que, al cabo, el tiempo determina el fin y razón de todos los negocios.

No hay río sin vado ni generación sin malo.—Es como: «No hay generación sin una puta o un ladrón».

No hay ruin que no se tenga por bueno.—Contrario al proverbio latino: «Nosce te ipsum».

No hay sardina mala, ni la puede haber; que la que es mala para comer, es buena para beber.

No hay secreto que tarde o temprano no sea descubierto.

No hay tal caldo como el zumo del guijarro.—El agua.

No hay tal calva como la que está sin pedrada.

No hay tal cama como la de la enjalma.—Semejante a: «A buen hambre no hay pan duro».

No hay tal comer como al pie de la obra.—Y verdaderamente, que cuando se ha acabado un trabajo parece que la alegría de la satisfacción cumplida da más gusto y apetito para comer.

No hay tal como amigo viejo para tratar y leña seca para arder y quemar.

No hay doctrina como la de la hormiga.—Recomienda el trabajo y la laboriosidad.

No hay tal espejo como el unto so el pellejo.—Lo dice porque la delgadez nunca parece bien.

No hay tal haber como el buen querer.—Dice que la buena disposición y el carácter afable es la mejor fortuna.

No hay tal hechizo como el buen servicio.—Dice que el mejor medio de bienquistarse con la gente es haciendo favores y beneficios.

No hay tal hijo como el parido, ni tal madre como la que pare.

No hay tal lunar como el de enero, ni tal amor como el primero.

No hay tal razón como la del bastón.—La fuerza no es razón, es poder.

No hay tierra mala si la viene su añada.—Dice que si las circunstancias favorecen a las personas o a las cosas, aun mezquinas, pueden dar algo de sí.

No hay tierra tan brava que resista al arado ni hombre tan manso que quiera ser mandado.

No hay tonto para su provecho.—Dice que el más lerdo aguza el entendimiento cuando se trata de cosas que redundan en su interés.

No hay tonto que tire piedras a su tejado.—También se dice: «No hay ningún tonto», etc. Da a entender que por muy torpe que sea una persona no lo es tanto como para hacer cosas que la perjudiquen.

No hay vida más contada de días que la del rico, y más de los que esperan lo que les dejará y no los consejos que les dará.

Ni hay vida sin muerte ni placer sin pesar.

No hay vieja de la cintura abajo.

No hay virtud ninguna que necesidad de miseria no la consumo.—Dice que al virtuoso se le puede hacer pecar siempre apurándole con agobios y miseria.

No hay virtud y nobleza que no abata la pobreza.— Semejante al anterior.

No herir ni matar no es cobardía, sino buen natural.

No imites al malo, ándate tras el bueno para imitarlo.

No la hagas y no la temas.—Dice que el que hace alguna cosa mala siempre anda temeroso del escarmiento.

No le dé Dios a entender al juez lo que puede ni a la mujer lo que quiere.—Dice que afortunadamente ni uno ni otro llevan al extremo su rigor y capricho, pues de ser así serían intolerables.

No le pongas mesa al albañil hasta que le veas venir.— Dice que por su oficio no puede abandonar el tajo en tiempo determinado. Hoy este refrán no tiene una aplicación directa.

No le quiere mal quien le hurta al viejo lo que ha de cenar.—Da a entender lo provechoso que es cenar poco a los ancianos.

No lo hagáis y no os lo dirán.—Semejante a: «No la hagas y no la temas».

No llora el ahorcado y llora el teatino.—Se dice cuando una persona se apura por el mal ajeno más que el propio interesado.

No me apretéis, que diré lo que oír no queréis.—Se dice a los que importunan con sus excesivas preguntas.

No me hagas besar, no me harás pecar.—Se dice al que da motivo u ocasión para responderle o hacerle algo que no quiere.

No me lleves año, que yo te iré alcanzando.—Es dicho de viejos.

No me pesa de hijo que enfermó, sino de las malas mañas que tomó.

No me pesa que mi hijo pierda, sino que desquitarse quiera.—Dice que el peligro no está en pecar la primera vez, sino en enviciarse.

No metas al adúltero en tu casa hasta que tú veas que estás preñada.—Parece que este refrán quiere decir que el que está dispuesto a cometer una falta lo haga de manera que no pueda perjudicar a un tercero.

No me veas mal pasar, que no me verás pelear.—Por aquello de que: «Donde no hay harina, todo es mohína».

Nominativo, juego, genitivo taberna, dativo ramera, acusativo pobreza, vocativo ladrón, ablativo horca.—Puede ser la declinación de los viciosos.

No mires al don, sino al dador.

No nació quien no erró.

No naciste para vos solo; otro para vos, y vos para otro.

No ordenes regla que ponga mal fuero en la venta.— Magnífico consejo para los que gobiernan las repúblicas.

No perdona el vulgo tacha de ninguno.—De ahí los apodos.

No pesques con anzuelo de oro, ni cabalgues en nuevo potro, ni tu mujer alabes a otro.

No pidáis cerezas al cardo, que nunca las ha llevado.— Semejante a: «Pedir peras al olmo».

No pidas de mano ajena, si la tuya no va llena.—Dice que todo favor quiere su recompensa.

No pierde el seso quien no le tiene.

No pone la gallina del gallo, sino del papo.—Dice que las gallinas bien alimentadas ponen bien.

No ponga al fuego su olla vacía nadie con esperanza de que el vecino se la proveerá de carne.—Dice que cada uno ha de atender a sus intereses y no esperar el beneficio de los demás.

No por mucho madrugar amanece más temprano.—Suele suceder que no por exagerar demasiado las prevenciones se saca el fruto deseado.

No puede el hombre huir la fortuna que le ha de venir.— Este refrán interpreta la vida humana en el sentido fatalista, dando a entender que el hombre se conduce merced a un signo invariable y determinado.

No puede gozar lo suyo cierto el que pena por lo ajeno.— Va contra los envidiosos y ambiciosos.

No puede ser más negro que sus alas el cuervo.—Dice que nunca las circunstancias pueden empeorar a nadie más de lo malo que le hace su propia condición.

No puede todo ser: dormir y guardar las eras.—Es como: «No se puede repicar y estar en la procesión», «Soplar y sorber no puede ser», etc. Dice que no se pueden hacer a la vez dos cosas que son contrarias en sí.

No puedo ser puta y pechera, no quiero aunque pudiera. —Se dice para dar a entender que no se quiere adoptar una postura o situación en la que se sufra el trabajo sin honra ni ganancia.

No quiebres el huevo blando antes que tu pan esté aparejado.

No quieras perder el seso por tu vecino necio.—Semejante a: «Agua que no has de beber, déjala correr».

No quieras ser porfiador, ni trabar pelea contra razón, si quieres lograr tus canas y tus quijadas sanas.

No quiere al viejo mal quien le hurta la cena y le envía a acostar.—Porque a los viejos se les hace muy pesada la comida de noche.

No quiero, no quiero, pero échamelo en el sombrero.— Se dice de los que están deseando una cosa y fingen no quererla.

Noramala ello se haga, el hijo en la vieja, estando la moza en casa.—*Se* dice cuando alguien no se aprovecha de los medios y facilidades que se le ofrecen para hacer alguna cosa.

No ruegues a mujer en cama, ni a caballo en el agua.

No sabe bien la cena que se come en mesa ajena.

No sabe donar quien tarda en dar.

No sabe mandar quien no ha sido mandado.

No sabe nadie cómo está nadie en casa de nadie.

No sabe reinar quien no sabe disimular.

No salgas al lunar, que no sabes quién te quiere bien o quién te quiere mal.—Porque poniéndose en el claro de luna no vemos a los que nos ven a nosotros desde la sombra.

No salgas del puerto ni te hagas a alta mar, sino cuando vieres las nubes con el viento de tierra concertar.

No saques espinas donde no hay espigas.—Dice que no se trabaje donde no hay frutos.

No se acuerda la suegra de que fue nuera.—Se dice de los que ocupando una posición ventajosa abusan de ella. También se dice: «No se acuerda el cura de cuando fue sacristán».

No se alzó esta tapia para la primavera echar la barda.— Dice que no debe dilatarse lo que es necesario hacer, porque la tardanza daña.

No seas bobo, Juan, y no te lo llamarán.

No seas fiel a quien piensa que eres un ladrón.—Dice que no vale la pena de servir y querer bien a quien nos odia y vitupera.

No seas perezoso, y no serás deseoso.

No seas pobre, morirás honrado.—En todo caso, entiéndase honrado por la riqueza conseguida, aunque no por su conducta.

No se cogen truchas a bragas enjutas.—Semejante a: «El que quiera peces, que se moje el culo». Da a entender que para conseguir un beneficio es necesario anteponer un trabajo.

No se dan palos de balde.—Dice que nadie trabaja ni se molesta gratis. Es semejante a: «Por el pan baila el can», etcétera.

No se debe dejar dudoso e incierto lo cierto.

No se debe dejar lo dudoso por lo cierto.—Semejante a: «Más vale malo conocido que bueno por conocer».

No se está nunca tan bien que no se pueda estar mejor, ni tan mal que no se pueda estar peor.

No se ganó Zamora en una hora, ni Roma se fundó luego toda.—Dice que conseguir una cosa importante cuesta mucho esfuerzo y trabajo.

No se hace la boda de hongos, sino de buenos dineros redondos.—Dice que las cosas importantes tienen que hacerse a mucha costa.

No se hacen los negocios de hongos, sino de dineros redondos.

No se ha de exprimir tanto la naranja que amargue el jugo.—Da a entender que no deben llevarse las cosas tan por extremo que al cabo se malogren.

No se ha de nombrar la soga en casa del ahorcado.— Dice lo inconveniente que resulta recordar a uno sus desdichas o sus defectos.

No se ha hecho la miel para la boca del asno.—Se dice para dar a entender que lo que se solicita es de condición muy superior a lo que corresponde al que demanda.

No se han de decir todas las verdades en todos tiempos y lugares.

No se hinche una bolsa si no se vacía otra.

No se me da nada, que muriéndome yo todo se acaba.

No se menea la hoja del árbol sin la voluntad de Dios.

No se pierde lo que se dilata, aunque se tarda.

No se pierde nada, porque lo que uno pierde otro lo halla.

No se puede hacer a la par sobar y soplar.—Semejante a: «No puede todo ser: dormir y guardar las eras».

No se puede repicar y andar en la procesión.—Lo mismo que el anterior.

No se puede servir a dos señores a un tiempo y tener a cada uno contento.—Lo mismo que el anterior.

No se queje de engaño quien por la muestra compra el paño.

No se saca arador con pala ni azadón.—Se refiere al parásito llamado «arador de la sarna». Da a entender el refrán que no se consigue lo que se quiere cuando se utilizan medios que no son adecuados.

No serás amado si de ti solo tienes cuidado.—Va contra los egoístas.

No se sienta seguro quien tiene mal en el culo.

No se toman truchas a bragas enjutas.—Es como: «El que quiera peces, que se moje el culo». Dice que el conseguir las cosas cuesta siempre trabajo.

No siempre le está bien al rico gastar ni guardar, ni al pobre escatimar.

No sólo ha de ser casta la mujer, más débelo parecer.

No son hombres todos los que mean en la pared.—Da a entender que no debe juzgarse sólo por el aspecto exterior.

Nosotros a lo ajeno, y el diablo a lo nuestro.—Se dice del que se ocupa de las cosas de los demás y abandona las suyas.

Nota: al más ruin puerco, la mejor bellota.—Se dice cuando se da lo mejor al que menos lo merece.

No te alabes hasta que acabes.

No te alargues a hablar sin que preceda el pensar.

No te alegres de mi duelo, que cuando fuere el mío viejo el tuyo será nuevo.—Semejante a: «A cada puerco le llega su San Martín». Dice que a cada cual le toca soportar a su tiempo sus amarguras.

No te allegues a los malos, no sean aumentados.

No te dé Dios más mal que muchos hijos y poco pan.— Y verdaderamente que es una pena rigurosa cuya extremada crueldad pintó de modo inimitable Dante en la historia del conde Ugolino.

No te digo que te vistas, pero ahí tienes la ropa.—Semejante a la frase proverbial: «Las indirectas del P. Cobos». Dícese cuando directamente, aunque con algún disimulo, se alude a determinado asunto o persona.

No te ensañes del castigo que no te da tu enemigo.— Dice que no odies más de lo que te odian.

No te fíes del cielo estrellado ni de gato que miaña.

No te fíes y no serás engañado.

No te hagas mandador donde no fueres señor.—Recomienda no intervenir ni disponer en casa ajena.

No te hagas pobre a quien no te puede hacer rico.— Recomienda que no se cuenten las miserias y dolores a quien no puede remediarlos.

No te has de fiar sino de con quien comieres un moyo de sal.— «Moyo» es una medida de capacidad que equivale a 258 litros. Dice el refrán que no se ha de fiar sino a persona perfectamente conocida.

No temas mancha que sale con agua.—Se dice cuando un mal tiene fácil remedio.

No templa cordura lo que destempla ventura.—Dice que cuando la suerte favorece a un individuo es muy difícil saber contenerse en los prudentes límites.

No tener, y gravedad, es necedad.—Va contra las personas fatuas.

No te sobre que te quiten, ni te falte que mendigues.

No tiene el rey tal vida como el pícaro en la cocina.

No tiene nada quien nada le basta.

No tiene tanta culpa la que la manta caga como la que la lava.—Semejante a: «No habría putas si no hubiera alcahuetas».

No todo pájaro conoce el buen grano.

No tomes consejo de tus riquezas con el hombre que está en pobreza.

No trates de dar pasión ni bregar contra razón, si quieres lograr tus canas y tus quijadas sanas

No vale nada el señorío sin compañero o amigo.

No veas tú mi fuego y no verás lo que cuezo.—Se dice a los entrometidos que se enteran de lo que ocurre en la casa ajena y luego lo critican.

No venga al alma cuanto el cuerpo pasa.

Novia (La), de contado, y el dote, de prometido.—Da a entender cuando a uno, con la esperanza de un futuro provecho, le obligan a apencar con algo enojoso.

Noviembre y enero tienen un tempero.

No vienen frieras sino a ruines piernas.—Es semejante «A perro flaco todo se le vuelven pulgas».

Novillo (El) de mis vacas y el mozo de mis bragas.

Novillo de vaca nueva y el potro de yegua vieja.

No vi mejor adivinador que discurso con razón.

No vive más el bueno de lo que quiere el malo.

No vive más el leal de lo que quiere el traidor.

No yerra quien a los suyos semeja.

Nuera (La) por la suegra, cagáronse en la puerta.

Nuera (La) rogada es bien recibida en casa.

Nuera (La) rogada y la olla reposada.

Nuestro alcalde nunca da paso de balde.

Nuestros padres a pulgadas y nosotros a brazadas.—Dice que lo que los padres han reunido poco a poco, los hijos lo gastan mucho a mucho.

Nuestro yerno, si es bueno, harto es luengo; digo, si vale algo, harto es largo.

Nueve meses de invierno y tres de infierno.—Se dice por lo riguroso del clima de las Castillas.

Nuevo rey, nueva ley.

Nunca amarga el manjar por mucha azúcar echar.—Es como: «Por mucho trigo nunca es mal año».

Nunca a tu enemigo hagas de tu mal testigo.

Nunca buena hija tras la puerta.

Nunca buena olla con agua sola.

Nunca buena puta ventanera, pues que no halla quien la ocupe y quiera.

Nunca buen gavilán de cernícalo te viene a la man.

Nunca de berenjena se hizo calabaza buena.

Nunca dejes el camino llano por el atajo.—Por aquello de: «No hay atajo sin trabajo».

Nunca digas que llueve hasta que truene.—Dice que no se asegure una cosa hasta estar bien cierto de ella.

Nunca dinero de suegro fue bueno y sin pleito.

Nunca el diablo hizo empanada que no quisiere comer la mejor tajada.—Porque en todos los malos tratos la mayor parte se la lleva la trampa o el diablo.

Nunca el envidioso medró, ni el que junto o él vivió.— Ni el envidioso ni el que alentó su mala pasión.

Nunca el juglar de la tierra tañe bien la fiesta.—Es como: «Nadie es profeta en su patria».

Nunca el lobo mata al lobo.—No solamente los malos no se hacen daño, sino que se protegen unos a otros.

Nunca el perro muerde a la perra.—Por ser macho y hembra.

Nunca el sabio dice no pensé.

Nunca esperes que haga tu amigo lo que tú pudieres.

Nunca es tarde para bien hacer; haz hoy lo que no hiciste ayer.

Nunca es tarde si la dicha es buena.—Dice que aunque tarde, los beneficios siempre llegan a tiempo. Es semejante a: «Más vale tarde que nunca».

Nunca falta el juicio sino cuando es menester.

Nunca faltan rogadores, para eso y cosas peores.

Nunca falta un roto para un descosido.—Dice que por muy miserable que sea una cosa, siempre halla pareja.

Nunca fíes ni porfíes: es la mejor regla que viste.

Nunca habéis oído decir un refrán bien verdadero: quien más sirve en este mundo, siempre viene a valer menos.

Nunca hombre sabio y discreto revele a mujer su secreto.

Nunca la cólera hizo cosa buena.

Nunca la pereza hizo cosa bien hecha.

Nunca la soberbia subió al cielo.

Nunca los ausentes se hallaron justos.—Porque no falta quien diga mal de ellos.

Nunca lleva al padre el hijo, ni el sol al domingo.

Nunca llueve a gusto de todos.—Dice que lo que a unos les parece bien y conveniente, a otros perjudica y desagrada.

Nunca más bien me hallé que cuando menos hablé; nunca más mal que cuando hablé más.

Nunca me dieron alfiler chico que no me costase grueso.

Nunca mucho me costó poco.—Semejante a: «No se ganó Zamora en una hora ».

Nunca ninguno diga por sí: bien estoy.—Porque siempre debe tener esperanza de prosperar más.

Nunca pidas a quien tiene, sino a quien sabes que te quiere.

Nunca quieras de tu amigo más de lo que él quisiere *contigo.*

Nunca te veas en juicio, juzgado por tu enemigo.

Nunca vi abril que no fuera ruin, ora al entrar, ora al salir.—Semejante a: «Abriles y condes todos son traidores».

Nunca vide cosa menos que de abriles y obispos buenos. —Como el anterior.

Nunca vimos limpio que no fuese sucio.—Contra los escrupulosos.

O

O ayunar, o comer trucha.—Se dice cuando una persona prefiere todo o nada.

O bien en la sierra, o a cien leguas de ella.—Lo dice porque en los alrededores de las montañas el rigor de las temperaturas es más extremado que en ellas mismas.

Obispos y abriles, los más ruines.—Es como: «Nunca vi de cosa menos que de abriles y obispos buenos».

Obra acabada venta aguarda.

Obra (La) alaba el maestro.

Obra comenzada, no te la vea suegra ni cunada.—Es como: «Labor comenzada», etc.

Obra de San Andrés, ni la prestes ni la des.

Obra común, obra de ningún.—Porque siendo de todos no es de nadie. Y porque unos y otros la abandonan.

Obra de portal, dura poco y parece mal.—Dice que la mujer no debe trabajar en la portalada junto a la calle, porque a más de no parecer bien, la distracción y entretenimiento consiguiente van en menoscabo de la labor.

Obro empezada, medio acabada.—Dice que lo principal es determinarse a hacer una cosa, que el finalizarla ya es menos penoso .

Obra hecha, dinero espera.—Es como: «Obra acabada, venta aguarda».

Obras (Las), con las sobras.—Da a entender que no se debe gastar en edificar casas sino lo superfluo de la renta, pues ocurre fácilmente que por su costo suelen llevar tras sí lo necesario.

Obras son amores, que no buenas razones.—Dice que en los hechos y no en las palabras es donde se conoce el valor de cada persona.

Obreros o no ver, dineros a perder.—Recomienda que se tenga vigilancia con los jornaleros para que rindan el trabajo que se les paga.

Obrita que en sábado viene, puntadita de a palmo y salto de liebre.—Porque estando terminando la semana se hace con poco gusto y de prisa.

O calzad como vestís, o vestís como calzáis.—Dice que un zapato malo no corresponde a buen traje, y viceversa. Y también que entre el obrar y el decir debe haber su consecuencia.

Ocasión (La), asirla por el guedejón.—Dice que cuando se presenta una buena ocasión no se la debe dejar escapar.

Ocasión (La) de pecar se debe siempre apartar y quitar.

Ocasión (La) hace al ladrón.—Dice que muchas veces se hacen cosas malas, no con intención de cometerlas, sino porque la ocasión nos la brinda.

Ocasión y naipes, a todos hacen iguales.—Dice que cuando los hombres se encuentran en idénticas circunstancias suelen proceder del mismo modo; el juego, con su apasionamiento y llaneza, iguala todas las condiciones.

Ociosidad (La) es madre de todos los vicios.—Porque el hombre desocupado, para entretenerse imagina o aprovecha los vicios.

Ocho de invierno y cuatro de infierno.—Se dice de los meses del año en Castilla.

Ocho días antes se arremanga el fraile.

Octubre echa pan y cubre.—Porque es mes de sembrar.

Odios de mortales no deben ser inmortales.—Va contra los rencorosos.

Odre de buen vino y caballo saltador y hombre rifador, nunca dura mucho con su señor.

O es amigo, o enemigo, o mal criado, quien sube sin llamar desde abajo.

O es devoto o es loco quien habla consigo solo.

O es loco o privado quien llama apresurado.

Oficio ajeno, dinero cuesta.—Ajeno a los conocimientos de cada uno.

Oficio de albardero, mete paja y saca dinero.

Oficio de concejo, honra sin provecho.—Semejante a: «Alcalde de aldea, quien quiera lo sea».

Oficio merdulero, criar al hijo y después al nieto.

Oficio que no sustenta tu vida, dale despedida.

Oficio vano y con pena, al que le sigue condena.

Ofrecer mucho, especie es de negar.

¡Oh falso amor, pocas veces das placer y muchas dolor!

¡Oh, si volasen las horas del pesar como las del placer suelen volar!

Oído horadado, virgo quitado.—Dice Correas: «Quiere decir que la que escucha y da oídos al que la requiere, se persuade, y cae, y pierde su flor, y la valiera más tener tupido el oído».

Oír campanas y no saber dónde.—Achacar a un asunto las cualidades que son de otro.

Oír, ver y callar es la conducta del sabio.

Oír, ver y callar, recias cosas son de obrar.

Ojo (El) del amo engorda el caballo.—Dice que la vigilancia y cuidado de la hacienda y cosas propias redunda en su beneficio.

Ojo (El) del amo, estiércol para la heredad.—Lo mismo que el anterior.

Ojo (El) del señor es el pienso mejor.—Igual al anterior.

Ojo porcuno y trastrabado, dadlo al fuego malo.—Nota a los bizcos de personas de poco fiar.

Ojos garzos no los hay en todos los barrios.—Los nota de bellos.

Ojos hay que de legañas se enamoran.—Se dice cuando a una persona le agrada algo feo o ruin.

Ojos negros, muladares llenos.

Ojos que no ven, corazón que no siente.—Se dice que cuando no se presencian las desdichas no afectan tanto.

Ojos verdes, duques y reyes.—Dice que hay muy pocos y son muy hermosos.

Olivar (El), hacerte ha bien si le haces mal.—Se refiere al varear los olivos para hacer la recolección de la aceituna; hoy no se emplea ya esta práctica, que estropeaba los árboles.

Olivo y aceituno todo es uno.—Se dice cuando se compara a dos de la misma condición.

Olmo (El) como nace y el álamo como cae.—Dice que se deben emplear en los edificios estas dos maderas apenas sin desbastar. La una para pies derechos, y la otra para vigas horizontales.

Olla cabe tizones ha menester cobertera, y la moza do hay garzones, la madre sobre ella.—Indica el cuidado que se debe tener con las muchachas jóvenes cuando por fuerza han de verse entre hombres.

Olla (La) cogolluda, el costal ayuda.—Dice que el comer bien ayuda a bien trabajar.

Olla (La) de la viuda, chiquita y recalcadita.

Olla de muchos, mal mejida y bien comida.—«Mejida», por revuelta.

Olla (La) en el sonar, y el hombre en el hablar.—Se conocen si son útiles.

Olla llena, hambriento espera.

Olla, ¿por qué no cociste? Porque no me revolviste.— Es como: «Berza, ¿por qué no te cociste? Cochina, porque no me revolviste». Dice que la berza para que resulte tierna ha de revolvérsela mientras cuece.

Olla que mucho hierve, sazón pierde.—Dice que no se debe prolongar demasiado las cosas, pues acaban por perder interés.

Olla que no has de comer, déjala cocer.—Como: «Agua que no has de beber, déjala correr».

Olla reposada, no la come toda barba.—Nota lo sustanciosa y buena que está la comida reposada.

Olla (La) sin cebolla, es boda sin tamboril.—Dice que la gracia y bondad de los guisos está precisamente en este condimento.

Olla sin piedra, marido sin cena.—Se refiere al seso o piedra que se coloca junto a la olla entre las brasas para que no se caiga.

Olla sin sal, haz cuenta que no tiene manjar.—Es como: «Olla sin sal, al gato se puede dar».

Olla (La) sin verdura, no tiene gracia ni hartura.

Olla (La) y la mujer, reposadas han de ser.

O llueve o apedrea, o nuestra moza se mea.—En las casas de los pueblos, los pisos suelen ser de tabla y debajo se oye claramente cuando las mujeres mean en los orinales de los dormitorios que están en el piso alto. Entonces se dice esta chanza.

O me darás la yegua o te mataré el potro.—Critica la manera de porfiar que tienen algunos.

Onza de oro y libra de estado.—Contra los que quieren aparentar mucho con poco dinero.

Oración (La) breve penetra en los cielos.—Recomienda que los ruegos y peticiones sean eficaces, pero breves.

Ora en juego, ora en saña, siempre el gato mal araña.— Dice que el ruin en todas las ocasiones muestra su condición.

Oreja (La) junto a la teja.—Semejante a: «Cena poco, come más, duerme en alto y vivirás». Recomienda no dormir en suelo ni en lugares húmedos, por ser malsano.

Orense, buen pan, buen vino y mala gente.

Oro es lo que oro vale.

Oro (El) machado y el mozo castigado.

Oro no es medicina, sino que el poseerlo lo es, porque da alegría.

Oro (El) por eso es claro, porque es raro.

Oro, tela, ni doncella, no lo tomes a la candela.—Porque de noche lucen más y se prestan al engaño.

Oro (El) y la miel, donde están parecen bien.

O sirve como siervo, o huye como ciervo.—Consejo para mozo.

O tarde o temprano, los lobos comen al asno.—Dice que a pesar de todas las prevenciones siempre el malo daña al bueno y el poderoso avasalla al débil.

Otoñada de San Mateo, puerca vendimia y gordos borregos.—Porque lloviendo, la vendimia se hace mojada y sucia, pero como crece mucho la hierba, los borregos engordan.

Otro gallo le cantara si buen consejo tomara.—Parece ser que lo dice por el gallo que cantó a San Pedro.

Otro vendrá que a mí bueno me hará.—Se dice como descargo de la propia conducta vituperada.

Oveja cornuda y cabra mamellada, en pocos rebaños anda.—«Mamellada» es una excrecencia en la piel, a modo de teta, que padecen las ovejas.

Oveja cornuda y vaca barriguda, no la trueques por ninguna.—Porque dan mucha leche.

Oveja chiquita cada año es corderita.—Se dice de las mujeres menudas porque disimulan mejor la edad.

Oveja de casta, pasto de gracia, hijo de casa para guardarla.

Oveja de muchos, lobos la comen.—Dice que las cosas que pertenecen al común se estropean y pierden porque nadie se interesa por ellas.

Oveja duenda, mama a su madre y a la ajena.—«Duenda», por mansa. Dice que con afecto y dulzura se consigue todo lo que se quiere.

Oveja (La) harta, del rabo hace manta.—Dice que al que está satisfecho todo lo encuentra fácil y le parece bien. También se dice: «Oveja harta, de su rabo se espanta», dando a entender en éste que los que llevan una vida regalada siempre están temiendo perderla.

Oveja (La) lozana a la cabra la pide lana.—Moteja a los que abundando en una cosa la piden a otros que escasean de ella.

Oveja (La) mansa, cada cordero la mama.—Semejante a: «Al que se hace de miel, se le comen las moscas».

Oveja (La) oro mea, por el lomo echa el hilo, por las tetas el sirgo y por el culo el trigo.—Lo dice por la riqueza que supone la lana, leche, recrío y abono para las tierras.

Oveja que bala pierde bocado.—Se dice del que habla en la mesa.

Oveja (La) que ha de ser del lobo, es fuerza que lo sea.—Se dice cuando a una persona o cosa la persigue la desgracia.

Ovejas, abejas y lentejas, todas son consejas.—Es decir, son oro como los refranes.

Ovejas bobas, por do una, van todas.

Ovejas de una puta, carneros de un ladrón, bien haya quien nos guarda, mal haya cuyo sois.

Oveja y abejas, en tus dehesas, no en las ajenas.—Es como: «Ovejas, abejas y lentejas, todos son consejas».

Oveja y abeja y piedra que trebeja y péndola tras oreja y partes en la igreja, deseaba a su hijo la vieja.—La oveja y la abeja, por su mucho provecho; la piedra que trebeja es el molino, que también suele dejar producto con la maquila; la péndola tras oreja es la pluma, que así suelen colocarla los escribanos y curiales, gente de rapiña y usura; igreja por iglesia, pues los que de ella viven se enriquecen con holgura. Y nada más que esto es lo que deseaba para su hijo la vieja.

Oveja (La) y la abeja, por abril dan la pelleja.—Lo dice porque si este mes viene revuelto y frío suelen morirse muchas en él

Ovejito blanca, requiere tu piara; en hora mala hubiste pastora enamorada.

Ovejita de Dios, el diablo te trasquile.—Se dice de los hipócritas.

Ovejitas de Dios, soldada de balde, ¿cuál será el puto que otro año las guarde?—Se dice cuando después de un trabajo no se recibe la recompensa.

Ovejitas tiene el cielo, o son de agua o son de viento.— Las nubes.

O vivo sin pena, o muerto sin querella.—Se refiere a la honra.

Oye misa y no cuides si el otro tiene camisa.—Recomienda que se cumpla con la obligación propia sin ocuparse de los cuidados ajenos.

Oyeron cantar y no saben en qué muladar.—Es como: Oír campanas y no saber dónde».

Oye sus defectos quien no calla los ajenos.—Semejante a: «El que dice lo que no debe, oye lo que no quiere».

Oye y calla, vivirás vida holgada.

Oyó al gallo cantar y no supo en qué muladar.—Es como: «Oír campanas y no saber dónde». Se dice del que cree saber mucho de una cosa y apenas está enterado de nada.

P

Pacen potros como los otros.—Da a entender que algunas veces no es despreciable el consejo de los jóvenes.

Paciencia (La) y sufrimiento es madre de la honra y padre del aumento.

Padecer cochura por hermosura.—Da a entender que se pasa un gran trabajo por conseguir un capricho.

Padre (El), mercader; el hijo, caballero; el nieto pordiosero.—Es como: «Hijo de comerciante caballero, nieto pordiosero».

Padre no tuviste, madre no temiste, hijo mal despereciste.—«Desperecer» es desviarse, torcerse. Dice que el huérfano y abandonado suele hacerse malo por falta de consejo y educación.

Padres (Los) a yugadas y los hijos a pulgaradas.—Se dan y corresponden mutuamente.

Padre viejo y manga rota, no es deshonra.

Paga adelantada, paga viciosa.—Es como; «Tamborilero pagado hace mal son».

Paga lo que debes y después sabrás lo que tienes.—También se dice: «Paga lo que debes, sanarás del mal que tienes». Dan a entender ambos refranes que el hombre sin deudas goza tranquilamente de lo suyo.

Pagar en tres pagas: tarde, mal y nunca.

Pagar justos por pecadores.—Se dice cuando unos hacen el daño y otros soportan las consecuencias.

Págase el señor de la traición, mas no de quien la hace. —Semejante a «Consumada la traición, no es necesario el traidor». Nota que el traidor nunca cae en la gracia de aquel a quien favorece. También se dice: «Págase el señor del chisme, mas no del que lo dice».

Págome de mi amigo, que come su pan conmigo.—Dice que se debe querer a aquellos que además de estimarnos a nosotros nos ayudan.

Pajarica que escucha el reclamo escucha su daño.—Se dice por los que se pagan y fían de palabras halagüeñas.

Pajarilla que en erial se cría siempre por él pía.—Semejante a: «La cabra siempre tira al monte».

Pájaro mal nacido es el que se ensucia en el nido.—Dice que no es buena persona aquella que habla mal de los suyos.

Pájaro durmiente, tarde le entra cebo en el vientre.—Va contra los perezosos.

Pájaro que dos veces cría, pelada tiene la barriga.—Alude a los sacrificios por que tienen que pasar los pobres con muchos hijos.

Pájaro triguero, no entre en mi granero.—Se dice por lo peligroso que es dar ayuda o acogimiento a los viciosos.

Pájaro viejo no entra en la jaula.—Dice que el que tiene experiencia no se deja engañar fácilmente.

Pajar viejo enciéndese presto.—Se dice por los viejos enamorados. Y también se dice: «Pajar viejo, cuando se enciende malo es de apagar».

Paja (La) vemos en el ojo ajeno y no la viga en el nuestro.—Dice que notamos en los demás hasta el más pequeño defecto y en cambio en nosotros mismos no reconocemos las mayores faltas.

Paja y hierba para el marzo la siega.—Se refiere a la verde que se da en este mes para socorro del ganado.

Palabra de boca, piedra de honda.—Porque puede ir muy lejos y hacer mucho daño. También se dice: «Palabra y piedra suelta, no tienen vuelta».

Palabra echada, mal puede ser retornada.—Semejante al anterior.

Palabra en el corazón nunca quita la pasión.—Dice que cuando se ha ofendido hondamente a alguien es muy difícil borrar la injuria.

Palabras de buen comedimiento, no obligan y dan contento.

Palabras de lisonjero, muchas son y sin provecho.

Palabras de santo y uñas de gato.—Se dice del hipócrita

Palabras dulces y melosas, a las veces traen ruines obras. Semejante al anterior.

Palabras señaladas no quieren testigos.—Da a entender que cuando se hable algo importante, debe procurarse que no lo oigan aquellos a quienes no interesa.

Palabras señaladas no quieren testigo, quieren testigos.—Porque puedan certificarse siempre.

Palabras y plumas el viento las tumba.—Por eso las cosas importantes deben tratarse por escrito y certificarse debidamente.

Palabra y piedra suelta no tiene vuelta.—Es como: «Palabra de boca, piedra de honda».

Palacio, gran cansancio.—Nota la vida palaciega de pesada, triste y enojosa.

Palo de carrasca quiebra costilla y no rasca.—Dice que las varas hechas con esta madera producen lesión honda sin dejar señal.

Palo de nogal, quiebra costilla y no hace señal.—Como el anterior.

Pan (El) acostado, su dueño levantado.—Lo dice porque cuando el trigo está muy granado, se inclina o acuesta y levanta a su dueño con el provecho; y porque para amasar se madruga y se echa pan en la artesa a leudar.

Panadera (La) cada día es nueva.—Porque no siempre hace el pan bien.

Panadera erais antes, aunque ahora traéis guantes.

Pan a hartura y vino a mesura.

Pan ajeno caro cuesta.—O porque hay que corresponder a la dádiva, o porque hay que sufrir las exigencias.

Pan ajeno, hastío quita.—Dice que las cosas regaladas siempre alegran.

Pan ajeno, poco engorda.—Semejante a: «Pan ajeno, caro cuesta».

Pan albo o de centeno, más vale en la barriga que en el seno.

Pan (El) bien aechado, dos veces es floreado.

Pan (El) bien escardado, hinche la troje del amo.—«Pan» por trigo.

Pan caliente, con aceite.—Para que no haga daño.

Pan caliente, cuélase fácilmente.—Que se come muy a gusto.

Pan caliente, hambre mete.—Como el anterior.

Pan (El) caliente, mucho en la mano y poco en el vientre. Porque es dañino.

Pon (El) caliente y la injuria fría.

Pan caliente y uvas, a las mozas ponen mudas y o las viejas quitan las arrugas.

Pan (El) candeal, siémbralo temprano si lo quieres gozar.

Pan casero pégase al cuerpo.—Nota que es mucho mejor que el hecho industrialmente.

Pan casero siempre es bueno.—Como el anterior.

Pan (El) comido, la compañía deshecha.—Dícese del que recibido el beneficio depone la amistad.

Pan con pan, comida de tontos.—Dice que la combinación de cosas semejantes quita gracia y variedad al conjunto.

Pan con ojos, queso sin ojos y vino que salte a los ojos.— Así deben ser estas cosas para ser buenas.

Pancorbo, Briviesca y Belorado, patrimonio del diablo.

Pan de ante día, vino de año y día, carne de ese día.

Pan de ayer, carne de hoy y vino de antaño, salud para todo el año.

Pan de Bamba, mollete de Zaratán, ajos de Curiel, quesos de Peñafiel y de Cerrato la miel.—Todos estos lugares son en tierras de Valladolid.

Pan de boda, carne es de buitrera.—Dice que es cebo de engaño para perder la libertad.

Pan de boda, otro lo coma.—Lo dice el que no quiere casarse.

Pan de centeno y agua de navazo ensancha las tripas y angosta el espinazo.—El pan de centeno y el de borona y las frías aguas que proceden de las nieves producen el bocio; éste es el origen de este refrán.

Pan (El) de la ardida, amasado con agua y no con harina.—«Ardida», por hacendosa.

Pan (El) de la boba, el horno lo adoba.

Pan de Almendralejo y las mozas de Los Santos, y la borrica de Fuentes de Cantos.—Son lugares de tierras de Badajoz.

Pan (El) de la que mal quieras, en tortas lo veas.—Es decir, malgastado. Dicen pan por bienes.

Pan (El) del mezquino, dos veces es comido.—Semejante a: «El dinero del mezquino dos veces se gasta». Dice que la tacañería en lo necesario resulta más onerosa que la liberalidad.

Pan (El) de los bobos se gasta primero que el de los otros.—Porque se lo gastan los que los rodean.

Pan de neguilla, pan de maravilla; en tu troje, que no en la mía.

Pan de panadera, ni harta ni gobierna.—Es lo contrario a: «Pan casero siempre es bueno».

Pan de trigo, aceite de olivo y de parra el vino.

Pan de trigo, leña de encina y vino de parra sustentan la casa.

Pan de un día, pan de vida; pan de dos, pan de Dios; pan *de tres, pan se es.*

Pan leudo, escriño lleno.—«Leudo» por fermentado. Lo dice porque aumenta mucho de volumen.

Pan leudo, hincha el cesto y da salud al cuerpo.—Como el anterior.

Pan mollete abre gollete.—Porque es gustoso de comer.

Pan nacido, nunca perdido.—*Se* refiere al trigo.

Pan negro y vino acedo sostienen la casa en peso.

Pan para hoy y hambre para mañana.—Se dice refiriéndose a cosas de escasa consistencia.

Pan para mayo y leña para abril, y el mejor cepón para marzo le compón.

Pan por pan y vino por vino.—Es como: «Al pan, pan, y al vino, vino».

Pan que sobre, carne que baste y vino que falte.—Esa debe ser la proporción del alimento del hombre.

Pan rebanado, ni harto viejo ni muchacho.—Dice que se come más fácilmente.

Pan rebanado, sin vergüenza es masticado.—Como el anterior.

Pan tostado, nunca harta muchacho, si harta, no harta, mal para la hogaza.—Como los anteriores.

Pan tremés, ni lo comas ni lo des, mas guárdalo para mayo y comerás de él buen bocado.—«Tremés» por tremesino o de tres meses.

Pan y agua amigos para y harta.—Dice que el gastar con moderación aumenta la hacienda y, por tanto, los amigos.

Pan y agua, de Salamanca.—Por su extremada bondad.

Pan y bellotas, al par del arroyo.—Porque son alimentos secos y dan mucha sed.

Pan y nueces saben a amores.

Pan y vino andan camino, que no mozo garrido.—Que para caminar mucho hace falta comer bien. Se dice también: «Con pan y vino se anda el camino».

Pan y vino, de casa de tu enemigo.—Usa enemigo por extraño; allí se debe comprar, y no en casa del amigo, en la que no se puede regatear y escoger tan a comodidad.

Pan y vino, un año tuyo y otro de tu vecino.—Dice de la desigualdad de las cosechas.

Pan y vino y carne crían buena sangre.

Pan y vino y carne quitan el hambre.

Paño ancho y mozo fiel hacen rico al mercader.

Paño con paño, terciopelo con la mano.—Se han de limpiar.

Paño fino, antes roto que raído.

Paño (El) golpeado, presto es acabado.—Se refiere a cuando lo lavan las mujeres y lo golpean en la piedra.

Paños lucen en palacio, que no hijosdalgo.—Encarece la hacienda y el buen vestir sobre la nobleza. Será por aquello de que: «Un palo vestido no parece palo».

Papel (El) rómpase él.—Contra los que por impacientes e imprevisores desechan y tiran documentos y escritos que luego son de grande necesidad.

Papel y tinta, y poca justicia.—Defecto de que adolece la justicia de los hombres.

Para amigos, todos; para enemigos, uno sólo.

Para beber con uvas, más vale beber en ayunas.

Para beber mucho, mucha oliva y poco conducho.

Para bien sea la motila hecha, y la barba puta.—«Motila» por mochila»; «barba puta» por hombre verdadero.

Para burlas muchas, mucho, y para veras, poco.

Para cada altar hay su frontal.—Como: «Nunca falta un roto para un descosido». Se aplica más cuando se casan dos personas feas.

Para dar y tener, seso es menester.—Para dar bien y a quien se debe y guardar para sí.

Para el amor y muerte no hay cosa ni casa fuerte.

Para el buen rato de febrero quiero mi leña.—Porque hace todavía frío.

Para el ladrón no hay caja fuerte.—Dice que las mañas de los malos vencen todas las prevenciones que a ellos se quieran oponer.

Para el mal no hay ningún barragán.—Por ser inclinación natural de casi todos los hombres al daño y al exceso.

Para el mal que hoy acaba no es remedio el de mañana. —«Acaba» por mata.

Para el que se convida no hay *mala* comida.—Semejante a: «El que se convida, fácil es de hartar».

Para el rico, cuando quiere; para el pobre, cuando puede.—Respuesta de Diógenes, a quien se le preguntó cuál era la mejor hora de comer.

Para estar casada y comer poco, más vale ser soltera y tender el ropo.—Dice que antes de estar mal casada es preferible el celibato, aunque se tenga que vivir a salto de mata.

Para horno caliente, una támara solamente.—Dice que para el que desea una cosa basta una leve inclinación para que se pronuncie en favor de ella.

Para ir por la muerte eras bueno.—Se dice al que tarda mucho en hacer un mandado.

Para la mi santiguada, que de donde vino el asno venga la albarda.—Se dice al que reclama una cosa injustamente.

Para la que quiere ser mala, poco aprovecha la guarda.— Es como: «No puede ser el guardar a una mujer».

Para lo malo, de peña; para lo bueno, de cera.—Dice que el hombre debe resistir enérgicamente el mal e inclinarse a la virtud.

Para lo que hombre no quiere hacer, achaque ha de poner.—Se dice de los que ponen obstáculos a lo que les mandan.

Para los *desdichados se hizo la* horca.—Da a entender que, en la justicia humana, los desvalidos son los que suelen pagar las culpas de los poderosos.

Para mal casar, más vale nunca maridar.

Para mal de costado es bueno el abrojo.—Dice que para ese mal es buena la sangría; lo del abrojo es porque los disciplinantes del Abrojo, como sangran mucho, se libran de ese mal.

Para mí no puedo y devanaré para mi suegro.—Se dice cuando se pide favor a una persona que está agobiada de necesidades.

Para muestra basta un botón.—Frase proverbial que indica que con una sola vez que se produzca un hecho es demostración suficiente.

Para partir el queso se requiere un cuerdo y un necio.

Para poca salud más vale morirse.—Dice que cuando el beneficio es casi nulo, más vale no obtenerle.

Para próspera vida, arte, orden y medida.

¿Para qué aconseja el que a sí no se aconseja?

Para que anden los carros hay que untarlos.—Es semejante a: «Por el pan baila el can».

¿Para qué quiere el ciego la casa enjalbegada, si no ve nada?

Para quien es mi hija, basta mi yerno.—También se dice: «Para quien es padre, bástale madre», dando a entender que el que vale poco no puede aspirar a mucho.

Para quien nos quiere tengamos, que para quien no nos quiere harto tenemos.

Para roer, la cabra, y para el colchón, la lana.

Para sacar de su casa a un muerto son menester cuatro hombres.— Dice lo fuerte que se puede hacer uno en su casa.

Para todo hay remedio sino para la muerte.

*Para tu mujer empreñar no debes a otro buscar.—*Dice que las cosas íntimas y de cuidado nadie debe hacerlas más que uno mismo.

Para una vez que me arremangué, el culo se me vio.— También se dice: «Una vez que me arremangué, toda me ensucié». Da a entender la mala suerte del que por una vez se determina a hacer algo indebido y llega a conocimiento de todos, perdiendo por ello su buena fama.

Para vender haz orejas de mercader.—Dice que el que quiere negociar tiene que soportar muchas inconveniencias y aun vejaciones.

Para verdades, el tiempo, y para justicias, Dios.

*Para vos me peo y para otro me afeito.—*Se dice como desaire.

*Parecéis molinero, amor, y sois moledor.—*Dice que el amor, bajo su aspecto agradable, tiene más inconvenientes que ventajas.

*Parécense como un huevo a una castaña.—*Por decir que no se parecen en nada.

Parécense los tiestos a la olla de que se hicieron.—«Tiestos» por pedazos. Es como: «De tal palo, tal astilla».

*Pared blanca, papel de necios.—*Por los que escriben en ellas.

*Paredes (Las) oyen.—*Advierte la mesura que se debe tener al hablar cosas secretas.

Pared so *calzada, o dura mucho o no vale nada.*

*Parentesco de tú, cómetele tú.—*Semejante a: «Parentesco con cu, pa tú».

*Parentesco que entra con cu, cómetele tú.—*Dice que el parentesco de cuñado es malo de soportar.

Pariente a la clara, el hijo de mi hermana; porque en el del hermano puede haber duda y engaño.

Pariente (El), como Dios te le diere; el amigo, como tú le escogieres.

*Pariente con pariente, ¡ay del que nada tiene!—*Dice que aun los parientes, cuando llega la hora de dar, se desconocen.

*Pariente olvidado, a la noche es convidado.—*Parece ser que se refiere al pariente olvidado voluntariamente, es decir, al pobre, que se le convida a las fiestas y a los ágapes a última hora, para que nadie le vea.

*Ponentes, parientes; ten que comer y no pares en mientes. —*Es como: «Pariente con pariente», etc.

*Parientes y trastos viejos, pocos y lejos.—*Porque dan más estorbo que provecho.

Parite yo y quiéresme tú enseñar a hacerme preñada.—Es como: «Los hijos de Verdolé, que le enseñaban a l... a su padre».

Parla poco, escucha asaz, y no errarás.

Partió Dios y tomose el cielo.—Para los que repartiendo se quedan con la mejor parte.

Partir como hermanos: lo mío, mío; lo tuyo, de entrambos.

Parto largo y parto malo, hija al cabo.—También se dice: «Mala noche y parir hija». Es creencia generalizada que el nacimiento de las hijas viene precedido de un parto difícil y largo; también se emplea este refrán cuando tras un grande y continuado esfuerzo el resultado es escaso, es decir, lo que significa la frase proverbial «El parto de los montes», que viene de la fábula tan conocida de que las montañas, después de un gran movimiento sísmico, seguido de ruidos espantosos, parieron un ínfimo ratoncito.

Pasado el tranco, olvidado el santo.—Se dice de los desagradecidos.

Pasa la fiesta y el loco resta.—Dice que los ratos buenos se van pronto, pero lo malo permanece.

Pascua de antruejo, Pascua bona; cuanto sobra a mi señora, tanto dona; Pascua de flores, Pascua mala; cuanto sobra a mi señora, tanto guarda.—Censura a las personas que dan cosas cuando para ellas son inútiles.

Pascua en marzo, señal de mal año.

Pascua marzal, hambre, guerra o mortandad.

Pascua marzal, o por bien o por mucho mal.

Pascuas largo tiempo deseadas son en un día presto pasadas.

Pasteles y manjar blanco, comida de amancebados.

Pato (El) y el lechón, del cuchillo al asador.—Porque no han menester manirse.

Pato y ganso y ansarón, tres cosas suenan y una son; cochino, puerco y lechón, otras tres en una son; bota, vino y pez, son otras tres.

Paz y paciencia y muerte con penitencia.—Refrán que recomienda la resignación y la vida moderada y tranquila.

Pecado callado, medio perdonado.

Pecado encelado es medio perdonado.—«Encelado» por encubierto.

Pecado grave es en la mocedad y en la vejez la beodez.

Pecados (Los) y las deudas siempre son más de lo que se piensa.

Pece (El) para quien lo merece.—Dice que el mérito debe darse, como la recompensa, a quien se lo ha ganado.

Peces (Los) grandes se comen a los chicos.—Se dice porque los poderosos siempre atropellan y anulan a los débiles.

Pecosa, y no de viruelas, díselo burlando y tomarlo ha de veras.—Nota a las mujeres pecosas de adustas y mal genio.

Pedir a los hombres veras es pedir al olmo peras.

Pedir celos es despertar a quien está durmiendo.—Pedir reíos por sentirse celoso.

Pedir sobrado por salir con lo mediado.—Da a entender que suele dar buen resultado pedir algo en demasía para al fin alcanzar lo que se desea.

Pedo con sueño no tiene dueño.

Pedrada contada, nunca ganada.—Vitupera a los que se alaban a sí mismos y da a entender que muchas veces no suele ser verdad lo que por vanidad afirman.

Pedro, ¿por qué atiza? Por gozar de la ceniza.—Da a entender que todas las acciones que se llevan a cabo son por el interés.

Peer en botija para que retumbe.—Se dice de los que dan demasiada importancia a lo poco que hacen.

Pelea de hermanos, alheña en manos.—Dice que en las peleas entre hermanos suele venir en seguida la reconciliación. «Alheña» está empleado en sentido simbólico como hierba olorosa, que se ofrece en las procesiones y fiestas religiosas.

Pelean los ladrones y descúbrense los hurtos a voces.

Pelean los toros, mal para las ramas.—Semejante a: «Juegan los burros y pagan los arrieros». El refrán dice que cuando los poderosos se dañan los unos a los otros, sufren el mal todos los demás que a su sombra viven.

Pensose don Simueque que me engañaba con su hija la tuerta, y por Dios, que soy contrahecho de un lado.—Se dice cuando el que hace un engaño sale también chasqueado.

Peligro (El) pasado, el voto olvidado.—Es como: «Pasado el tranco, olvidado el santo».

Peligro (El) que no se teme, más presto viene.—Semejante a: «Donde menos se piensa salta la liebre».

Pelo bermejo, mala carne y peor pellejo.

Pelo (El) muda la raposa, mas el natural no despoja.— Semejante a: «Aunque la mona se vista de seda, mona se queda». Dice también que el malo jamás mejora su condición.

Pena (La) es coja, más llega.

Penas y cenas y malas razones matan a los hombres.

Pensar (El) no es saber.—Porque «Más vale un por si acaso que cien pensé».

Peña (La) es dura, pero más recia es la cuña.—Dice que no hay poder que se oponga a la perseverancia.

Peña (La) es dura y el agua menuda; mas cayendo cada día, hace cavadura.—Semejante a: «La gota de agua horada la piedra».

Peñoladas y no puñaladas.—Que lo que se ha de vengar por la fuerza se haga por la razón.

Peor es estar sin amigos que cercado de enemigos.

Peor es la moza de casar que de criar.

Peor es la recaída que la caída.

Peor es lo roto que lo descosido.—Dice que entre dos daños es consuelo el menor.

Peor (El) testigo, el que fue tu amigo.

Pequeña causa de parte, conformes amistades.

Pequeñas rajas el fuego encienden y los grandes maderos lo sostienen.—Dice que las causas pequeñas suelen ser el origen de las grandes cosas.

Pequeño (El) can levanta la liebre y el grande la prende. —Dice que los poderosos se aprovechan de la iniciativa de los pequeños.

Pera, durazno y melón quieren puro el cangilón.—El vino.

Pera (La) no espera, mas la manzana espera.—Este refrán aprovecha la ambigüedad de las palabras para decir que la manzana puede conservarse largo tiempo, y la pera, no.

Pera que dice Rodrigo no vale un higo.—Lo dice por la que rechina al morderla.

Pera que habla no vale nada.—Como el anterior.

Peras de vino y vino de manzanas.

Pera (La) y la doncella, la que calla es buena— Como se ha dicho antes.

Perder con los buenos es ganar más antes que menos.

Perdido el ganado donde no hay perro que ladre; y en balde casada la mujer que no pare.

Perdido es quien tras perdido anda.

Perdiendo tiempo no se gana dinero.—Más hermoso que: «Time is money» (el tiempo es oro), que tan en moda han puesto los americanos.

Perdigón (El) y el gallo, por mayo.

Perdiz (La), con la mano en la nariz.—Porque dicen que es mejor comerla algo podrida.

Perdiz emperdigada, a dos vueltas es asada.—Se refiere a la perdiz que está con polluelos.

Perdiz (La) es perdida si caliente no es comida.

Perdiz ha que hueva, sólo que el perdigón vea.—Se dice de las mujeres muy fecundas.

Perdiz (La) y la camuesa, por Navidad es buena.

Perdón (El) sobra donde el yerro falta.—Semejante a: «Explicación no pedida, malicia arguye».

Pereza es madre de pobreza.

Pereza, llave de pobreza.

Pereza (La) nunca hizo cosa bien hecha.

Perezoso (El) siempre es menesteroso.

Perezoso (El) vivirá deseoso.

Perrillo de muchas bodas no come en ninguna por comer en todas.—Semejante a: «El que mucho abarca, poco aprieta.

Perro alcucero, nunca buen conejero.—Da a entender que el que se ha criado con muchos cuidados y regalos nunca es trabajador.

Perro (El) con rabia, a su dueño muerde.—Dice que a veces el deseo de venganza nos lleva a hacer cosas que nos perjudican a nosotros mismos. También se dice: «Perro con rabia, de su dueño traba».

Perro (El) de buena raza, hasta la muerte caza.

Perro (El) del herrero duerme a las martilladas y despierta a las dentelladas.—Dícese de aquellos que únicamente se muestran cuando hay algo que aprovecha a su interés.

Perro (El) del hortelano, que ni come las berzas ni las deja comer al amo.—Se dice de la persona que se entromete y lo estorba todo sin beneficiarse a sí mismo ni dejar provecho para los demás.

Perro, de perro viejo, y potro, de caballo nuevo.

Perro en barbecho ladra sin provecho.—Porque no tiene nada que guardar.

Perro (El) en el hueso y la gata en el mueso.—«Mueso» por molla. Se dice del hombre que lo gana y de la mujer que lo gasta.

Perro ladrador, nunca buen mordedor.—Se dice de las personas de muchas palabras y poca acción.

Perro (El) lanudo muérese de hambre y no le ve ninguno.—Porque la lana le cubre la delgadez.

Perro (El), mi amigo; la mujer, mi enemigo; el hijo, mi señor.

Perro (El) nuevo y el niño vanse para quienes les hace mimos.—Es como: «El perro y el niño, donde ven cariño».

Perro que lobos mata, lobos le matan.—Semejante a: «El que a hierro mata, a hierro muere». Advierte el peligro a que se expone el que causa un daño, de tenerlo que sufrir él, de la misma naturaleza.

Perro que mucho ladra, bien guarda la casa.—Hay otros muchos refranes que sustentan el criterio contrario; así: «Perro ladrador, poco mordedor», «El perro viejo no ladra en vano», etc.

Perros (Los) de Tavira, que al morirse retozaban.—Tavira daba tan poco de comer a sus perros, que al caminar por las lomas los tumbaba el viento, y él decía que era que retozaban de hartos. Se dice de las personas que ocultan su verdadero estado fingiendo holgura.

Perros (Los) de Zurita, no teniendo a quien morder, uno a otro se mordían.—También se dice: «Los perros de Zurita, pocos y mal avenidos». Da a entender que las personas de condición perversa, cuando no tienen a quién dañar, aun entre ellas mismas se perjudican.

Perro (El) viejo no ladra en vano.—Dice que el experimentado no se determina a hablar u obrar sino cuando a ello se sigue alguna utilidad.

Perro (El) viejo, si ladra da consejo.—Denota cuán útiles son las advertencias de las personas de experiencia y edad.

Perro (El) y el niño, donde ven cariño.

Perseverancia (La) toda cosa alcanza.—Es como: «La gota de agua horada la piedra».

Persignome con el puño por que piense el diablo que es porra y huya.

Persona ociosa no puede ser virtuosa.—Por aquello de que: «La ociosidad es la madre de todos los vicios».

Persona (La) sanguínea y el perro lanudo, antes muerto que lo vea ninguno.—Porque la persona de temperamento sanguíneo exagerado, como la linfática, aunque coman muy poco, están gruesas, y el perro lanudo, bajo su pelo, esconde la delgadez, aunque esté en los huesos.

Perusino en Italia y trujillano en España, a todas las naciones engaña.—Tilda de astutos y bribones a los de Perusa y a los de Trujillo.

Peso justo y vende caro.—Es buen consejo para mercaderes, porque alcanzarán fama de honrados sin perder beneficio.

Pescado de enero vale carnero.

Pescado cecial, no hace bien ni mal.—«Cecial» es amojamado.

Pescado de la mar, siquiera con cuchar.—Correas dice: «Que aunque sea poco, es más que de río, y ordinariamente mejor».

Pescador de anzuelo a casa va con duelo.—Porque nunca pesca suficiente.

Pescador de caña, más come que gana; mas si la dicha le corre, más que gana come.—Es de notar la figura de la segunda parte de este refrán, que confirma su espíritu.

Pescador que pesca un pez, pescador es.—Da a entender que para lucir una habilidad o disposición no es necesario demostrar repetidas veces que no se es apto para ello. Es semejante a: «Para muestra basta un botón».

Pesca no pesca, vacía trae la cesta.—Es pescador de caña.

Pesca con anzuelo de plata es pesca más barata.—Dice que es más barato comprarla.

Peso y medida quitan al hombre la fatiga.—Porque vendiendo de ese modo se enriquece el mercader. También dice que la vida metódica y honesta evita al hombre disgustos y pesares.

Pez (El) de mayo, a quien te lo pidiera dalo.—Porque es la época del desove y no es bueno para comer.

Pez (El) fresco, frío y frito, y tras él, vino.

Pez (El) mayor come al menor.—Dice que el poderoso avasalla al pobre.

Pez (El) que busca el anzuelo, busca su duelo.—Semejante a: «El que ama el peligro, en él perece».

Pez (El) y el cochino, la vida en agua y la muerte en vino.—Porque requieren el vino para comerlos.

Pícame, Pedro, que picarte quiero.—Es como: «Madre, que me toca Roque; tócame, Roque». Se dice de los que incitan a hacer algo y luego se quejan de ello.

Picome una araña y ateme una sábana.—Semejante a: «Mal de rico, poco mal y mucho trapito».

Pide el goloso para el deseoso.—Se dice de los que, escudándose en los demás, piden para sí.

Pie (El) del amo, estiércol para la heredad.—Semejante a: «El ojo del amo engorda el caballo» y «Hacienda, tu amo te vea y si no te venda».

Piedra (La) del tuyo te hiera.—Porque siempre será el castigo menor el del deudo que el del extraño.

Piedra de iglesia, oro gotea.—Dice que son muy provechosos los cargos eclesiásticos.

Piedra en surco, niebla en todo el mundo.—Dice que el granizo cae en corros, pero la niebla es más general y extensa.

Piedra movediza, nunca moho la cobija.—Recomienda la actividad y el trabajo.

Piedra rodadora no es buena para cimiento, ni mujer que mucho ama lo es para casamiento.

Piedra sin agua no aguza en la fragua.—Semejante a: «Por el pan baila el can». Dice del valor que tiene el dinero en todas las acciones de la vida.

Piedra sobre piedra, a las nubes llega.—Edificando.

Piedra (La) y la doncella, sin vella.—Que más ha de valerles en la venta o casamiento la buena opinión, en que están que su propio valor. Piedra va en el sentido de joya, alhaja, piedra preciosa.

Piedra (La) y la palabra no se recoge después de echada. Semejante a: «Palabra de boca, piedra de honda».

Piedra y niebla y coz de yegua.—Líbrate de ellas.

Pie (El) en el lecho y la mano en el pecho.—Para curarse.

Pie (El) en la cuna, las manos en la rueca; hila tu tela y cría tu hijuela.—Consejo para las casadas.

Piel de oveja, carne de lobo.—El hipócrita.

Piensa, di y haz aprisa.

Piensa el avariento que gana por uno y gasta por ciento. — Semejante a: «El dinero del mezquino dos veces se gasta».

Piensa el ladrón que todos son de su condición.—Dice que los malos creen que no puede haber personas buenas.

Piensa mal y acertarás.—Es un refrán sanchopancesco, que funda su razón en la mala índole de las cosas humanas.

Piensa mi madre que me tiene muy guardada, y otro dame cantonada.—«Cantonada» es burlar, desapareciendo por una esquina, lo que vulgarmente se llama dar esquinazo.

Piensan los enamorados que tienen los otros los ojos quebrados.—Porque, llevados de su pasión, cometen excesos punibles.

Pienso (El) mejor es el chozo del señor.—También se dice: «El pienso mejor es el ojo del señor».

Pierde el lobo los dientes, mas no las mientes.—Dice que el que está avezado a una maña no la pierde ni de viejo, sino que la aumenta.

Pierde el que viene, pero más el que los manteles tiende. —Porque cuesta ir de huésped, pero también al que ha de mantenerle.

Piérdese lo bien ganado, y lo mal, ello y su amo.—Dice que nada es eterno, pero lo mal adquirido perece luego.

Pierna (La) en el lecho y el brazo en el pecho.—Se curan.

Pierna honra cama, que no buena cara; y cara honra mesa, que no buena pierna.—Dice que en cada lugar luce más el rostro o el cuerpo.

Pierna (La) quebrada y en casa.—Es como: «La casada, la pierna quebrada». A las casadas les recomienda recato y retraimiento.

Pies (Los) del hortelano no echan a perder la huerta.— Dice que el que entiende en un asunto lo maneja siempre con provecho, al contrario del indocto y poco inteligente.

Pies enseñados a saltar no saben quedos estar.—Dice que cuando la costumbre está muy arraigada, es muy difícil resistirla.

Pies malos, caminos andan.

Pimienta (La) calienta.—Se dice esta frase cuando alguien incita a otro.

Pimiento, sal y cebolla cuando se pone la olla.—Recomienda poner estos ingredientes al preparar el guiso.

Pincel de pintor o lengua de perro lisonjea por haber provecho.

Pintura (La) y pelea, desde lejos me la otea.

Placeres (Los) son por onzas y los males por arrobas.—Dice de la condición de la vida humana, en la cual el dolor es mayor siempre que la alegría.

Placer y alegría, tan presto ida como venida.—Varía la concordancia por buscar el asonantado.

Planta muchas veces traspuesta, ni crece ni mengua.— Se dice de los que se dedican a muchos trabajos y son muy volubles de condición.

Planta y siembra y cría, y vivirás con alegría.—Recomienda la vida rural, única y verdadera.

Pláticas longas, las noches acortan.

Plega a Dios, Matea, que este hijo nuestro sea.—Se dice cuando se pone en duda alguna cosa.

Plega a Dios, si te casares, que llorando te descases.— Dice que desea que el matrimonio sea tan bueno que no lo deshiciera sino con lágrimas.

Plegue a Dios que orégano sea y que no se vuelva alcaravea.—Se dice de los que en algún asunto tienen muchas esperanzas, probablemente infundadas.

Pleito bueno, pleito malo, el escribano de tu mano.—Da a entender que como la gente de curia es siempre ladrona y mala, es bueno tener amistad particular con ellos para evitar las consabidas malas pasadas.

Pleito y orinal llevan al hombre al hospital.—Dice que los pleitos y las enfermedades son las mayores causas de ruina.

Plumas (Las) hacen a las aves hermosas.—Encarece la buena compostura y vestidos.

Pobre (El) no va a concejo.—Nota que las personas menesterosas no tienen ni voz ni voto.

Pobre porfiado saca mendrugo.—Dice que la perseverancia lo consigue todo.

Pobre (El) que pide pan, toma carne si se la dan.—Se dice del que recibe más de lo que solicita.

Pobre (El) todo es trazas, y el rico, trapazas.

Pobre (El) y el cardenal, todos van por igual.—En la muerte.

Pobreza (La) aviva los ingenios y las leyes hacen a los hombres buenos.

Pobreza (La) es escalera del cielo al bueno, y al malo, del infierno.

Pobreza (La) es escalera del infierno al que de virtud anda enfermo.

Pobreza (La) extraña es en su naturaleza.

Pobreza (La) hace al hombre estar en tristeza.

Pobreza (La) no es vileza, más deslustra la nobleza.

Pobreza (La) no quita virtud, ni la pone la riqueza, mas son causa de quitarla y ponerla.

Pobreza nunca alza cabeza.

Pobreza (La) tiene cara de mala mujer: de puta, ladrona, alcahueta, rahez.

Poca barba, poca vergüenza.

Poca barba y bermeja color, debajo de Dios no hay peor. —Nota a los pelirrojos de individuos de mala condición.

Poca ciencia y mucha paciencia.—Era dicho de frailes. Verdad es que parece que la verdadera felicidad consiste en ser bueno y saber poco, pero no puede defenderse en absoluto esta razón filosófica.

Poca diferencia hay entre no hacer una cosa y hacerla y que no se sepa.—Y hasta en el pecado, evitando el escándalo, es menos.

Poca fatiga es gran sanidad.—Mala es la fatiga para la salud del cuerpo, pero peor es la vida sedentaria.

Poca hiel hace amarga mucha miel.—Dice que una desventura es suficiente a hacer luctuosos muchos días de felicidad.

Poca lana y entre zarzas.—Se dice de los asuntos que dejan poco provecho y éste con muchas dificultades.

Poca ropa y al cinto toda.—Dícese de los que tienen poco y mal administrado.

Pocas veces escardar, pocas espigas al segar.—Encarece la labor de la escarda como muy beneficiosa.

Poco a poco hila la vieja el copo.—Como: «Un grano no hace granero, pero ayuda al compañero.

Poco a poco se cría la muchacha desde el moco.—Dice que la educación debe empezar desde pequeñitos.

Poco a poco se va lejos y corriendo a mal lugar.—Recomienda la mesura y tranquilidad en los asuntos de la vida.

Poco bien, pero cuidado.—Compensación del pobre.

Poco (El) comer y el poco parlar no hizo nunca mal.

Poco daño espanta y mucho amansa.—Dice que las contrariedades suelen alborotar e irritar al individuo, pero los daños continuados y hondos le abaten, dominan y humillan.

Poco dinero, poco meneo.—Dice que no se puede exigir mucho cuando la paga es exigua.

Poco dinero, poca salud.—Como el anterior.

Poco (El) hablar es oro y el mucho hablar es lodo.

Poco mal espanta y mucho amansa.—Es como: «Poco daño», etc.

Poco mal y bien quejado.—Es como: «Mal de rico», etc.

Poco sobe *el que a sí mismo no se ayuda y vale.*

Poco seso basta a quien fortuna no es madrastra.—Es como: «Fortuna te dé Dios, hijo, que el saber nada te vale».

Poco sol, poca cena y poca pena.—Avisos de salud.

Pocos suelen bien morir que tuvieron mal vivir.

Poco vale ganar sin guardar.—Buen consejo para los manirrotos.

Poco vino, vende vino; mucho vino, guarda vino.—Que el vino se debe vender cuando va escaso, porque aumenta su valor, y guardarse cuando va abundante, para no venderlo depreciado.

Poco y en paz, mucho se me haz.—Dice que más vale una vida tranquila y modesta que la de los ricos asaltada de pasiones y temores.

Poda corta y bien labrada, hace la viña afirmada.

Poda tarda y siembra temprana, si errares un año, acertarás cuatro.

Poderoso caballero es don dinero.—Da a entender que muy pocas son las cosas que el dinero no alcanza.

Poeta (El) nace, pero no se hace.—Dice que la inspiración es cualidad natural en el individuo ajena al estudio y a la voluntad.

Poetas, pintores y peregrinos, en hacer y decir son adivinos.

Polvo (El) de la oveja, alcohol es para el lobo.—Se dice especialmente de los enamorados. Denota este refrán que cuando se desea una persona, o cosa, todo lo que a ellas atañe embelesa y encanta; tiene cierta semejanza con: «Por la peana se adora al santo»; y puede interpretarse también diciendo que cuando se siente deseo irreprimible de poseer algo no se repara en el medio y en los perjuicios que pueden causarse para colmar el afán.

Polvo (El) del ganado, al lobo saca de cuidado.—Semejante al anterior. Dícese también cuando por las señales vamos conociendo la buena apariencia que presenta un negocio.

Polvo en invierno y lodo en verano hacen abundoso el año.

Pollo (El), cada año, y el pato, madrigado.—Dice que, para comer, el pollo ha de ser joven, y el pato no es duro, aunque sea padre.

Pollo (El) de enero a San Juan es comedero.

Pollo (El) de enero, la pluma vale dinero.—Que por ser tempranos valen más; o bien que echándolos en este mes son ya buenos para abril, y aunque cuesta más el criarlos también en más se aprecian.

Pollo en enero, con su madre sube al pollero.—Dice que el pollo para enero ya es gallo.

Polluelo (El) del labrador y el bizcocho de la monja, traen costa.— Tiene gracia este refrán, que dice que los regalos de los rústicos siempre salen caros, sobre todo cuando viniendo de estada a la ciudad pagan el estorbo y gasto con un pollo, como suele suceder; el bizcocho de la monja siempre trae vuelta de dineros, porque sabido es que cuando suena la esquila de la puerta del convento desde dentro dicen: «¿Qué traerá?»

Poma (La) en el sequero y la moza en el mesón, maduran antes de sazón.—«Poma», por manzana. «Una moza en un mesón —Y una higuera en un camino, — Un tentón y otro tentón, — Se va madurando el higo.»

Poner la capa como viniere el viento.—Se dice de los que varían según las circunstancias.

Ponte buen nombre, Isabel, y casarte has bien.—Dice que lo primero es tener buena fama.

Ponte el capillo, ruin, que viene abril.—Porque suele traer agua y frío.

Pon tu cabeza entre mil, lo que fuere de los otros será de ti.— Recomienda que se siga el consejo de los más.

Pon tu culo en concejo; uno te dirá que es blanco, otro que es bermejo.—Dice que no es conveniente someter nuestros actos a muchos pareceres, pues se acaba por no poder seguir ninguno.

Pon vino y ajo crudo, y verás quién es cada uno.

Por abril, corta un cardo y nacerán mil.

Por abril duérmese el mozo ruin, y por mayo, el mozo y el amo.—Por aquello de que «Las mañanitas de abril son muy dulces de dormir».

Por abril no te descubrir.—Porque suele hacer frío. Semejante a: «Hasta el cuarenta de mayo no te quites el sayo».

Por abril, ponte de codil; si vieres el pan reducir, espera pan de allí.— Dice que si se ven los trigos mojados, buen año.

Por agraz vendrá la falsa para la salsa.—Motejay a las que buscan cualquier pretexto para ir a curiosear las casas ajenas.

Por agua del cielo no dejes tu riego.

Por alabado dejé el conocido y vime arrepentido.—Dice que no se debe trocar lo que se tiene por la esperanza de otra cosa mejor.

Por ajuar colgado, no viene hado.—«Hado» por suerte o felicidad. Da a entender que por la abundancia de bienes materiales no se consigue aquélla.

Por amor del buey, el lobo el arado lame.—Es como: «Por la peana se adora al santo». Dice que el que desea una cosa para conseguirla empieza por halagar a los que pueden favorecer su intento.

Por amor que no convién, nace mucho mal y poco bien.— Dice que el que se equivoca en el casamiento tiene después que soportar muchas angustias y contrariedades.

Por año nuevo, trigo, y vino, y tocino, ya es viejo.

Por arte empreñó el conejo a la vaca.—Se dice cuando se casan dos de muy distinta condición, pero especialmente el criado con el ama.

Por bien estar mucho se ha de andar.—Semejante a: «El que algo quiere, algo le cuesta».

Por bien hacer, mal haber; mas no se deje de hacer.— Semejante a: «Haz bien y no mires a quién».

Por bien que se desmienta cada cual, siempre vuelve al natural, ora en bien, ora en mal.—Es como: «El pelo muda la raposa, mas el natural no despoja».

Por buen año o malo, pase la harina al cedazo.—Dice que por ninguna causa se deje de procurar y trabajar.

Por buen día que haga, no dejes la capa en casa.—En sentido figurado, dice que siempre es buena la previsión.

Por buscar más contento, tornose tu tiempo viento.— Semejante a: «El que está bien, no para hasta que se pone mal».

Por carne, vino y pan, deja cuantos manjares hay.

Por carta de más o por carta de menos se pierden los juegos.—Se aplica comúnmente a los negocios y tratos.

Por casa ni por viña, no tomes mujer parida.—Recomienda no casarse con mujer que tenga hijos, aunque económicamente parezca conveniente.

Por casar tus hijas promete casas y viñas.

Por casar y mal de muelas, nunca lleva el cura ofrendas. —Paréceme que debiera decir: «Por casar y mal de muelas, nunca lleves al cura ofrendas». Y entonces la gracia estaría en que en ambos casos, hasta visto el fin, no debe adelantarse la satisfacción.

Por cierto, Pedro, nunca venís sino cuando meo, y hallaisme siempre arremangada.—Se dice a los inoportunos.

Por cuartanas no tañen campanas.—Dice que no es mal de muerte.

Por cuatro cuartos sois cara, si no mudáis esa cara.

Por dama que sea, no hay ninguna que no se pea.

Por dar dan, que no por tintirintán.—«Tintirintán», por palabrería o nonada.

Por dar limosna no se venda la bolsa.—Porque: «La caridad bien entendida empieza por uno mismo». Dice que no se debe ser tan liberal que sea causa de pobreza.

Por decir un buen dicho se pierde un amigo.—Dice que alguna vez, por lucir el ingenio, no se repara en ofender a quienes debemos respeto o cariño.

Por delante amagar y por detrás roer, no es amistad ni buen querer.—Va contra los hipócritas.

Por demás es el ruego a quien no puede haber misericordia ni mover duelo.—Dice que es inútil rogar a los que tienen mal corazón.

Por demás es la citola en el molino cuando el molinero es sordo.—«Citola» es la tarabilla que suena al rodar la piedra. Dice que son inútiles los consejos al que no quiere escucharlos.

Por dinero baila el perro y por pan si se lo dan.—Es como: «Por el pan baila el can».

Por donde fueres haz como vieres.—Semejante a: «Sé cortés con quien lo es». Avisa lo conveniente de seguir las costumbres y usos de los que nos rodean.

Por donde vayas de los tuyos hayas.—O deudos o amigos, por aquello de que: «Es bueno tener amigos hasta en el infierno».

Por do salta la cabra, salta la que mama.—Dice que las malas costumbres de los padres suelen aprenderlas o heredarlas los hijos.

Por el alabado dejó el conocido y vime arrepentido.— Semejante a: «Más vale malo conocido que bueno por conocer». Sucede muchas veces que atraídos por la fama dejamos lo bueno positivo por lo muy encarecido.

Por el canto se conoce el pájaro.—Es como: «Al buey por el cuerno y al hombre por el verbo».

Por el hilo sacarás el ovillo y por lo pasado lo no venido. Dice que por los indicios se puede llegar a conocer el desarrollo de un asunto, así como lo acaecido nos da normas para conjeturar lo por venir.

Por el pico la entra a la gorda y bermeja, que no por la oreja.

Por enero no hay galgo lebrero, sino el cañamero.—«Cañamero» es la red.

Por eso es un hombre cornudo, porque pueden más dos que uno.

Por eso se come toda la vaca, porque uno quiere pierna y otro espalda.—Semejante a: «Lo que uno no quiere otro apetece».

Por eso soy yo mala, porque digo las verdades y riño lo malo a la cara.

Por eso te callo, porque me calles.

Por eso te hago, porque me hagas, que no eres Dios que me valgas.

Por fas o por nefas.—Dice por lo uno o por lo otro.

Porfiado (El) albardán, comerá tu pan.—«Albardán» por truhán. Es como «Pobre porfiado saca mendrugo».

Porfía (La) mata la caza.—Dice Correas: «Este refrán saben bien las damas que quieren ser requebradas.

Porfiar, mas no apostar.

Por fornicar y andar desnudo, no ahorcan a ninguno.

Por grande no dicen bueno, ni por chico malo, cada cosa en su tanto.

Por hablar bien no se pierde nada, antes se gana.

Por hablar poco nada se pierde.

Por hacienda ajena nadie pierde la cena.—Dice que por las cosas que no incumben directamente nadie es capaz de sacrificarse.

Por hombre, o por perro o por lobo, en el campo lleva el palo en la mano.

Poridad de vos, poridad de Dios; poridad de tres, de todos es.—«Poridad» por puridad o pureza.

Por interés lo feo hermoso es.—Da a entender que la ambición y el egoísmo hacen aceptar como buenas cosas que en sí no lo son.

Por la boca muere el pez.—Se dice, en sentido figurado, cuando un individuo sin darse cuenta dice algo que nos interesa saber y a él le perjudica.

Por la boca se calienta el horno, el viejo y todo.

Por la caridad entra la peste.—Dice que muchas veces por lástima se accede a concesiones de las que luego los beneficiados abusan de una manera que se hace intolerable.

Por la hebra se saca el ovillo.—Es como: «Por el hilo sacarás el ovillo», etc.

Por la Magdalena, rebusca tu higuera, y si no hallares nada, vuelve el día de Santa Ana.

Por la mañana a la pescadería y por la tarde a la carnecería.—Recomienda que se deben comer estos manjares uno a la comida y otro a la cena.

Por la peana se adora al santo.—Dice que cuando se quiere sacar algo de una persona determinada, se procura agradar a los que la rodean.

Por las aldas del vicario sube la moza al campanario.— Dice que merced a los buenos valedores, llegan a puestos preeminentes personas que no lo merecen.

Por las obras, no por el vestido, es el hipócrita conocido.

Por las palabras, señales y meneos, bien se adivinan los pensamientos.

Por las vendimias no hay ponedoras gallinas.

Por las vísperas se conocen los disantos.—Es como: «Por la uña se conoce al león».

Por la uña se conoce al león.—Dice que por la parte se puede sacar el todo.

Por letras y guerra y mal, vienen los hombres a medrar.

Por los hijos se conocen los padres y los criados por los amos.—Semejante a: «De tal palo, tal astilla».

Por los ruines se pierden los buenos.

Por mal vecino no deshagas tu nido.—Es principalmente consejo para mujeres, pero también dice que no se hagan demasiados sacrificios.

Por marido regina y por marido mezquina.—Dice que la mujer puede serlo todo por su marido; «regina» por reina.

Por marzo la cava, y por marzo la poda, y por marzo la vuelve la tierra toda a la hoya.—A la viña.

Por más gorda que sea la gallina, ha menester a su vecina.—Dice que nadie es suficiente a bastarse a sí mismo y que no se debe desairar la ayuda de los demás.

Por más que diga mi madre, quien bien quiere olvida tarde.—Dice que la pasión amorosa, cuando ha sido muy honda, es muy difícil desterrarla del todo.

Por más que el bien se dilate, como se alcance no es tarde. —Es como: «Nunca es tarde si la dicha es buena».

Por miedo de pajarillos, no dejes de sembrar mijo.—Dice que por pequeños inconvenientes no se debe dejar de emprender un negocio.

También se dice: «Por miedo de gorriones, no se dejan de sembrar cañamones».

Por mi dinero, papa le quiero.—Lo dice el que quiere hacer valer el derecho que tiene el que paga.

Por mi no se mate vaca, que carnero comeré.—Con achaque de excusa pide otra cosa mejor.

Por monte no vayas tras otre.—Porque si es cerrada la maleza, las ramas que el primero rechaza, luego vienen a dar en el rostro del que va detrás.

Por mucha cena nunca noche buena.—Es como: «De grandes cenas están las sepulturas llenas».

Por mucho madrugar no amanece más temprano.—Dice que la excesiva celeridad en los negocios no conduce a nada práctico. Es como: «No por mucho madrugar amanece más temprano».

Por mucho pan nunca es mal año.—Dice que la abundancia nunca trae perjuicio.

Por mucho que corra la liebre, más corre el galgo, pues la prende.—Dice que siempre hay quien aventaje a otro por muchas mañas que tenga.

Por mucho trigo nunca es mal año.—Es como: «Por mucho pan nunca es mal año».

Por *muerte de hijo no se despara la casa.*—«Desparar» por descomponer.

Por Navidad, soleja; por Pascua, sobeja.—«Sobeja» por colocarse bajo techado. Es como el siguiente.

Por Navidad sol y por Pascua carbón.—Por Pascua florida carbón para calentarse.

Por ningún tempero no dejes el camino por *el sendero.*— Será porque «No hay atajo sin trabajo».

Por no decir no, mira cuál estoy.—Semejante a: «Más vale una vez colorado que ciento descolorido».

Por no gastar lo que basta, lo que era excusado se gasta.—Como: «El dinero del mezquino dos veces se gasta».

Por no hacer los hombres lo que deben, a deber lo que hacen vienen.—Dice que la vida desordenada es causa de que el hombre contraiga deudas y obligaciones desproporcionadas con sus medios de vida.

Por nuevas no penarás, hacerse han viejas y saberlas has. «Nuevas» por noticias o novedades.

Por octubre echa pan y cubre.—La siembra.

Por prestar, el enemigo muchas veces es amigo y el amigo enemigo.

Por pulido que sea, no hay culo que no pea.—Es como: «Por dama que sea, no hay ninguna que no se pea».

¿Por qué no cociste, nabo? Porque no estuve apretado.

Por San Andrés, todo el tiempo noche es.

Por San Andrés, toma el puerco por los pies, y si no le puedes tomar déjalo hasta Navidad.—Dice que en ese intervalo se le cebe para que esté más gordo.

Por San Andrés, sementera es; por Santa Catalina, sementerina.—Advierte que es la época de sembrar.

Por San Antón, la gallina pon, y por Santa Agueda la buena y la mala.—Tiene esta otra variante: «Por San Antón la gallina pon, por la Candelaria la buena y la mala».

Por San Blas, el besugo atrás.

Por San Blas, la cigüeña verás, y si no la vieres, señal de muchas nieves.

Por San Cebrián siembra el albardán.—«Albardán» por necio.

Por San Francisco se siembra el trigo; la vieja que lo decía ya sembrado lo tenía.

Por San Gil, enciende tu candil, nogueras a sacudir y cáñamo a cullir.

Por San Juan, amo, yo en la silla y vos en el escaño.— Se decía antiguamente porque por esta época se hacían los contratos de trabajo anual.

Por San Justo y Pastor, entran las nueces en sabor, y las mozas en amor, y las viejas en dolor.

Por San Lucas bien saben las uvas.

Por San Lucas mata tus puercos y tapa tus cubas y para tus yuntas.—«Parar» por prevenir o preparar.

Por San Marcos el garbanzal ni nacido ni por sembrar.

Por San Martina encierra tu vino; por San Tomé toma el cochino por el pie.

Por San Martino todo mosto es buen vino.

Por San Martino se viste el grande y el mínimo.—Se arropa porque comienza el frío.

Por San Martín siembra el ruin.

Por San Mateo siembran locos y cuerdos.

Por San Matías igualan las noches con los días.

Por San Matías cantan las totovías y entra el sol por las umbrías.

Por San Matías corren los peces por las herías.—Dice que entonces llevan los ríos mucha agua y se desbordan por las márgenes; «herías» son las tierras de labor.

Por San Pablo cigüeña en campo.

Por San Pedro cada pastor con su rebañuelo.

Por San Sebastián ya lo ve el recuero en el andar.— Dice que por esta época crece bastante el día y, por lo tanto, la jornada de las recuas es más larga.

Por San Simón, siembra varón; por Todos Santos con ambas manos.

Por San Simón y Judas cogidas son las uvas; lo mismo las verdes que las maduras.

Por San Siste busca las uvas donde las viste.—Porque es en agosto y ya están maduras.

Por Santa Ana no hay borrica mala, y por Santiago no hay mal caballo.

Por Santa Catalina coge tu oliva, y la vieja que lo sabía, cogida la tenía.

Por Santa Cruz toda vida reluz.—Que es mayo y ya comienzan los brotes a abrir las primeras hojas muy brillantes.

Por Santa Cruz y San Cebriano, siembra en cuesta y siembra en llano.

Por Santa Liceta, castaña prieta.

Por Santa Lucia achica la noche y agranda el día, un paso de gallina; por Navidad ya lo echa de ver el arriero en el andar y la vejezuela en el hilar; por los Reyes, bobo, ¿no lo vedes?

Por Santa María de agosto repasta la vaca un poco; por la de septiembre, aunque al vaquero le pese.

Por Santa Marina boga y sardina.

Por Santa Marina siembra tu nabina; la vieja que lo decía de tres hojas la tenía.

Por Santa Marina siembra tu nabina; yo que no sé, por San Bartolomé.

Por Santa Marina ves a ver tu viña; cual la hallares, tal la vendimia.

Por Santiago y Santa Ana pintan las uvas y para la Virgen de agosto ya están maduras.

Por San Urbano el trigo ha hecho el grano.

Por San Vicente, alza la mano de la simiente.

Por San Vicente toda agua es caliente.

Por señas al liberal y con palabras al duro de dar.—Hay que pedirles.

Por septiembre quien tiene trigo, que siembre.

Por ser conocida, la iglesia quemaría.—Se dice de las personas que dejándose arrastrar por el deseo de la popularidad no dudan en cometer cualquier acto que a ello conduzca, por inconveniente que sea.

Por ser humano con el que poco puede, antes se gana que se pierde.

Por ser rey se quiebra toda ley.—Dice que los hombres, por el deseo de subir y figurar, atropellan las cosas más respetables.

Por sol que haga, no dejes la capa en casa.—Es como: «Por buen día que haga, no dejes la capa en casa».

Por soto no vayas tras otro.—Es como: «Por monte no vayas tras otre».

Por su mal le busca engaño el simple al sabio.

Por su mal y su ruina nacen alas a las hormigas.—Es como: «Nacen alas a la hormiga para que se pierda más aina».

Por temor no pierdas honor.—Va contra los cobardes.

Por testigo no vale el amigo y menos el enemigo.

Por todas partes se va a Roma.—Dice que todos los caminos son buenos para conseguir lo que se desea.

Por todo puede pasar quien acertare al casar.—Es como: «El que en el casar acierta en nada yerra».

Por todos Santos la nieve en los cantos.

Por todos Santos mira tus nabos; si fuesen buenos di que son malos.

Por todos Santos siembra trigo y coge cardos.—Entiéndase que se arranquen los cardos de las tierras.

Por tu corazón juzgarás el ajeno, en malo y en bueno.— Este refrán enseña cómo los hombres aprecian distintamente a los demás según su modo de pensar y sentir, de donde se deduce la falibilidad de los juicios que se tienen por más verdaderos.

Por tu ley y por tu rey y por tu grey.—Dice que el hombre debe dar por ello todo, incluso la vida.

Por turbia que esté no digas de este agua no beberé.— Es como: «No diga nadie de este agua no beberé».

Por una parte unta y por otra punza.—Se dice de las personas de buena cara y malos hechos.

Por una oreja entra y por otra sale.—Semejante a: «Es como quien oye llover». Se dice de las personas que no hacen caso de los avisos y consejos.

Por una vieja que murió, todo el año pestilencia.—Dícese cuando una causa pequeña produce efectos muy duraderos.

Por un buen dicho se pierde un amigo.—Dice que a veces la satisfacción de decir una oportunidad o *gracia, no* se detiene ante el perjuicio que pueda causar al amigo que nos escucha.

Por un clavo se pierde una herradura; por una herradura, un caballo; por un caballo, un caballero; por un caballero, un campo; por un campo un reino.—Se usa más en sentido irónico; pero viene a decir que las pequeñas causas producen grandes efectos.

Por un garbanzo no se descompone la olla.—Se dice cuando uno disiente del parecer general.

Por un gustazo un trancazo.—Semejante a: «Más vale un gusto que cien panderos».

Por viejo que sea el barco, pasa una vez el vado.—Se dice cuando se trata de apurar una cosa.

Por virtud el bueno peca, y el malo por la pena.—Dice que el pecado y el error es común a todos los hombres, y el refrán manifiesta cómo cada uno cae conforme a su condición.

Posada mala, do la hija es risueña y la huéspeda enamorada.—Dice que las mujeres livianas y alegres nunca son buenas amas de casa.

Posesión y buena razón y lanza en puño, guarda lo suyo.

Poste entero, tiene la casa en peso.—Como: «Nadie sabe lo que puede aguantar una mujer de culo y un madero de pie». Por experiencia se sabe que los maderos de una sola pieza y colocados verticalmente son de una resistencia insospechada.

Postrera (La) medida en todas las cosas, mala es de llenar, henchir y cumplir.—Dice que la última condición en todos los negocios es la que más trabajo cuesta observar porque satisfechas ya las demás obligaciones parece más pesada y agobiante.

Postrero (El) que lo sabe es el cornudo y el primero el que se los puso.

Pedro (El) primero de otro, después de mi vecino y luego mío.—Dice que en los asuntos donde hay riesgo, es preferible haber conocido la anterior experiencia de los demás.

Potro (El) y el majuelo, hágale su dueño.—Por los muchos inconvenientes que tienen ambas cosas. Es como el anterior.

Potros cayendo y mozos perdiendo, van asesando.—Nota el valor de la experiencia.

Predicar en desierto, sermón perdido.—Se dice cuando se aconseja a una persona que es incapaz de comprender el beneficio que quiere hacérsele.

Prefacio con sermón no cae en sazón.

Pregonero es de su linaje el que tiene lo que no merece.—Porque no sabiéndolo apreciar, denota su calidad.

Preguntadlo a vuestro padre, que vuestro abuelo no lo sabe.—Se dice cuando el que tiene obligación de resolver una duda la pone en manos de otro más inferior.

Preguntando se va a Roma.—Dice que indagando se puede llegar al conocimiento de todas las cosas.

Premio (El) anima a las artes y la honra las sustenta.

Premio del trabajo justo, son honra, provecho y gusto.

Prenda que come nadie la tome.

Preñada la llevas y con leche, quiera Dios que te aproveche.—Se refiere a la mujer.

Preñada me hago, que ralo cago; yo me lo veo, que toda me meo.—Se dice por burla de las preñadas melindrosas.

Preso y cautivo no tienen amigo.

Préstame, y ganarte he, verás la honra que te haré.

Presto es dicho lo que es bien dicho.

Presto es hecho lo que es bien hecho.

Presto se gasta la gala, mas no la falta que queda en casa.—Se dice de los que por figurar, gastan más de lo que pueden.

Presto vendrá, que peyéndose va.—Que luego volverá de cagar.

Presumir y no valer es ramo de poco saber.—Es propio de necios.

Presumir y valer poco, tema de loco.—Como el anterior.

Primera (La) lluvia de agosto apresura el mosto.

Primera (La) mujer escoba y la segunda señora.—Se dice por el trato que suelen dar a su segunda mujer los viudos.

Primera (La) mujer es matrimonio; la segunda, compañía; la tercera bellaquería.—Condena a los que se casan muchas veces.

Primer (El) año, doctor; el segundo, licenciado; el tercero, bachiller; el cuarto, estudiante; el quinto, ignorante que comienza y quiere saber.

Primer (El) año que el hombre se casa o enferma o se adeuda.

Primera (La) parte del necio es tenerse por discreto.

Primera (La) se da por primilla, la segunda se castiga. —«Primilla» es la disculpa de la primera falta.

Primera (La) vale por dos.—Semejante a: «El que da primero da dos veces.

Primero es la camisa que el sayo.—Dice que antes debe procurarse lo necesario que lo superfluo.

Primero fui yo puta que tú rufián.—Semejante a: «Cuando tú vas, yo vuelvo». Es frase que se dice para dar a entender que se sabe más que el que quiere aleccionar.

Primero la sardina que la gallina; que si es primero la sardina, será después la gallina.—Dice que debe conseguirse primero lo poco para poder ir progresando lentamente.

Primero pan y después can.—Dice que primero lo necesario y luego lo demás.

Primero preguntan si tiene ovejas que si tiene orejas.— Dice del interés que se muestra siempre por los bienes materiales.

Primer (El) yerro al principio se hace grande al fin.

Principio bueno la mitad es hecho.

Principio quieren las cosas.—Aconseja que bien o mal se comiencen, que tiempo habrá después de ordenarlas y reformarlas conforme pida la experiencia.

Privación (La) es causa del apetito.—Dice que el deseo de las cosas que no podemos alcanzar nos las hace más amables que aquellas que poseemos; se emplea como consejo con objeto de no privar de las cosas queriendo con este medio que no sean deseadas.

Proceso (El) y el niño, el diablo los guarda.—Para que se alarguen los procesos y degeneren en pleitos y discordias interminables; y a los niños porque parece inspirarlos en diabluras y maldades.

Procura lo mejor, espera lo peor y toma lo que te viniere.

Procura no jurar aunque jures verdad.

Procura quitar sospecha y no ponerla.

Procure ser en todo lo posible el que ha de reprender, irreprensible.

Promesa (La) del noble y honrado es dinero de contado.

Prometer no es dar, mas por necios contentar.

Prudencia (La) en el que la tiene, muchos daños y males previene.

Prudencia es disimular no querer la cosa no pudiéndola alcanzar.

Prueba de amistad, cárcel y adversidad.—Es como: «Preso y cautivo, no tienen amigo».

Pucherito pequeño rebosa luego.—Se dice de las personas chicas que suelen tener poco aguante; es como: «En chimenea pequeña cabe poco humo».

Puches sin pan, al culo se van.

Puede un hombre guardarse de un ladrón, mas de un mentiroso, no.

Puerco fiado gruñe todo el año.—Dice que cuando se tiene una deuda, no se está tranquilo hasta salir de ella.

Puerco fresco y vino nuevo, cristianillo al cementerio.— Por los excesos que se cometen.

Puerco sarnoso revuelve la pocilga.—Dice que por lo común los más ruines son los más levantiscos.

Puercos con frío y hombres con vino hacen gran ruido.

Puercos (Los) y hojarascas, no sin causa hacen bascas.—

Porque cuando va a haber tormenta los remolinos agitan las hojas del suelo y los puercos se muestran inquietos y gruñidores.

Puerco (El) un año en el huerto y dos en el cuerpo.

Puerta abierta, al sano tienta.—Es como: «La ocasión hace al ladrón».

Puerta (La) falsa, es la que gasta la casa.—Dice que los gastos extraordinarios y los imprevistos, aumentados de las sisas, arruinan las casas.

Puerta (La) y la bolsa abierta para hacer casa cierta.— Dice que para fundar el verdadero prestigio y fama de la casa, debemos empezar por ser caritativos y acogedores con todos.

Pues ara el rocín, ensillemos el buey.—Se dice cuando se truecan las obligaciones de cada uno.

Pues el cura la mantiene y la da de los bodigos, señal es que son amigos.—«Bodigo» por limosna de voto.

Pues no se excusa el morir, excúsese el mal vivir.—Lo dice por temor a las penas eternas.

Pues que el amor lo hace, «resquiecat in pace».—Dice que con las determinaciones de amor no hay sino conformarse, porque no tienen remedio.

Pues que juró y no revienta, bien merece se le crea.

Pues que no me lo pide, ni me lo quiere nadie, démelo el aire.—Lo dicen por chanza las mozas cuando descubren algo o se les advierte de algún descuido.

Pues somos recueros, en el camino nos toparemos.—«Recueros» por arrieros. Semejante a: «Arrieritos somos y en el camino nos encontraremos».

Pulgas tiene la viuda, no tiene quien se las sacuda.

Pulgas y chinches me sacan los ojos y otras avecillas que se llaman piojos.

Pulga (La) tras la oreja, con el diablo se aconseja.—Porque fácilmente se la coge.

Punto de fiesta, dure poco y bien parezca.—Se refiere a la salas de las mujeres. Y se dice cuando cosen a grandes trancos, como en cosa que no se quiere que dure mucho.

Punto y collar, encubren mucho mal.—Lo dice porque recosiendo los vestidos pueden usarse y disimular su vejez; a los collares se refiere no sólo a los de alhajas que realzan y hacen lucir el vestido, sino a los cuellos y randas de encaje que se usaban antiguamente.

Puro a la mañana y a la tarde sin agua.—Por el vino.

Puta (La) cabe la senda la busca.—Dice que suelen estar donde hay trajín de mercaderes y otras personas. Es como: «La liebre y la puta cabe la senda la busca».

Puta de todo trance, alcatara a la fin.—«Alcatara» por se consume.

Puta (La) de Toro y la trucha del Duero.

Puta la madre y puta la hija y puta la manta que las cobija.—Se dice por matraca y de las gentes o familias en que todos tienen el mismo defecto.

Puta me ha de hacer esta burra que me lleva a los pastores; y guiábala ella.—Se dice de las personas que en vano tratan de disimular su deseo.

Puta me veas y tú que lo seas.

Putas en sobrado, galápagos en charco y agujas en costal, no se pueden disimular.—Porque luego asoman. Tiene esta variante: «Mozas en sobrado», etc.

Putas, frailes, monjas y pajes, todos de altos linajes.— Según ellos.

Putas viejas, al mercado, que ya el pie se ha despertado. —Lo dicen los niños cuando se les duerme un pie, o bien suelen decir: «Putas viejas, al molino, que este pie tengo dormido».

Putas y alcahuetas, todas son trechas.—«Trechas» por tretas o enredos.

Putas y frailes andan a pares.

Putas y tuertos todos somos vueltos.—También paréceme que los hay de nacimiento.

Puta ventanera no está ociosa por buena.—Sino porque nadie la busca.

Puta y borracha no es tacha; oír aquí y decir allí, eso sí. —Nota de más inmundo todavía el oficio de correveidile.

Puta (La) y la corneja, mientras más se lava más negra semeja.—Lo dice porque cuando las prostitutas tratan de alabarse, fundan su orgullo en hechos y aventuras que las hacen todavía más detestables.

Puta (La) y la lechuza, una temporada dura.—Dice que no suelen hacerse muy viejas las rameras por la vida tan desastrosa que llevan.

Puta y pobre y buena mujer, no puede ser.

Putería ni hurto, nunca se encubre mucho.

Putos y tuertos, todos revueltos. — Es como: «Putas y tuertos, todos somos vueltos».

Puto viejo, daca el dinero; si no, viejo daca el pellejo. — Dícese por los herederos que desean que se muera la perdona a quien han de heredar

Q

Que a la corta, que a la larga, todo se paga.—Semejante a: «No hay plazo que no se cumpla, ni deuda que no se pague». Quiere decir que las cosas mal hechas siempre tienen su castigo.

¿Qué aprovecha el candil sin mecha?—Se dice cuando estando en posesión de una cosa, se carece de los medios para valerse de ella.

¿Qué aprovecha bien ganar, para mal gastar?—Porque más hace el que guarda que el que gana.

¡Qué bonita es la vergüenza!, mucho vale y poco cuesta.

Quebrásteme la cabeza y ahora me untas el casco.—Se dice al que, después de haber hecho un gran daño, quiere remediarlo con una lisonja.

¡Qué buen culo, si fuera suyo!—Se dice del que se aprovecha de lo ajeno.

¡Qué bueno era Dios para labrador!—Porque está en su mano el porvenir de las cosechas.

¡Qué dulce queda la mano al que da!—Es una hermosa alabanza de los actos caritativos.

¿Qué echa al hombre de casa? Humo y mujer brava.— Es como: «Tres cosas echan al hombre de su casa: el humo, la gotera y la mujer brava».

¿Qué espejo hará la fuente do la vecera se mete?—Este refrán es como si dijese: ¿Qué reflejo puede hacer la laguna ensuciada por la piara? Da a entender que la persona viciosa no puede dar buen consejo.

¿Qué hace con la moza el viejo? Hijos huérfanos.—Porque siendo viejo cuando se tienen hijos lo natural es morirse cuando todavía son pequeños.

¿Qué haces, bobo? Bobeo: escribo lo que me deben y borro lo que debo.—Es semejante a: «Es tonto, pero se mete en casa».

¿Qué tienen que hacer las bragas con la alcabala de las habas?—Es como: «¿Qué tiene que ver el culo con las témporas?»

Que llueva que no llueva, pan se coge en Orihuela —Porque hay mucha tierra de regadío.

¡Qué mejor almohada que no saber de mañana!—Porque como mejor se duerme es sin preocupaciones.

Quémese la casa sin que se vea el humo.—Es semejante a: «La ropa sucia se lava en casa». Dice que cuando sucede una desgracia o deshonra debe procurarse que no trascienda fuera de los interesados para evitar vergüenza y escándalo.

¿Qué parió la burra? Lo que la echó el asno.—A los que preguntan necedades. Da a entender también que los individuos no pueden dar de sí otra cosa que la que promete su propia naturaleza.

Quien a otra ha de decir puta, ha de ser ella muy buena mujer.— Semejante a: «Procure ser en todo lo posible el que ha de reprender irreprensible».

Querer a quien no me quiere, mal haya quien tal hiciere.

Querer y no querer, no está en un ser.

Queso (El) es sano que da el avaro.—Es decir, que es sano el queso en pequeñas cantidades.

Queso (El) pesado, y el pan liviano.

Queso (El) y el barbecho, de mayo sea hecho.

Queso todos los días y un queso al año.—Como: «El queso es sano que da el avaro».

¿Qué tiene que ver el culo con las témporas?—Respuesta a un despropósito.

¡Qué tres, si fueran cuatro, para pies de un banco!— Motejando a alguien de inútil o de bribón.

Quiebra la soga siempre por lo más delgado.—Dice que siempre pagan los más infelices las culpas de los poderosos.

Quien acecha por agujero, ve su duelo.—Es como: «Quien escucha, su mal oye».

Quien a mano ajena espera, mal yanta y peor cena.— Da a entender que el que todo lo espera de los demás le va mal en la vida.

Quien a solas se aconseja, a solas se remesa.—Dice que el que por su cuenta se decida a obrar en cosas graves, si le salen mal también a solas debe lamentarse.

Quien a uno castiga a ciento hostiga.—Dice de la ejemplaridad del castigo.

Quien bien ata, bien desata.—Dice que el que bien sabe hacer una cosa, bien sabe deshacerla si quiere.

Quien baila, de boda en boda se anda.—Dice que el que tiene una habilidad, vienen a buscarle por causa de ella.

Quien bien quiere a Beltrán, bien quiere a su can.—Dice que quien quiere a una persona quiere también a todas las cosas que a ella atañen.

Quien bien quiere, bien obedece.—Da a entender lo propenso que es el enamorado a satisfacer al que ama.

Quien bien quiere, tarde olvida.—Semejante a: «Donde hubo fuego, siempre quedan cenizas».

Quien bien siembra, bien coge.—Da a entender lo provechoso que es portarse siempre bien.

Quien bien te hará, o se te irá o se te morirá.—Da a entender lo poco que suele durar lo bueno.

Quien bien te quiera te hará llorar.—Porque por cariño se contrarían muchas veces los deseos más fervientes.

Quien bien tiene y mal escoge, del mal que le venga no se enoje.—Se dice del que deja lo cierto por lo dudoso o lo sano por lo vicioso.

Quien bueyes ha perdido, cencerros se le antojan.—Es como la frase proverbial: «Hacérsele los dedos huéspedes», y da a entender que el que una cosa desea o teme, cualquiera otra se la trae a recordación.

Quien busca, halla.—Dice que con trabajo y actividad se consigue todo.

Quien calladamente arde, más se quema.—Las penas, como las alegrías, quieren ser comunicadas con los demás, las primeras para mitigarlas y las segundas para que se aumenten.

Quien canta, sus males espanta.—Semejante a: «Cuando el español canta, o rabia o no tiene blanca».

Quien casa con mujer bella, de su honra se descasa. — Lo dice por el riesgo que en sí llevan las mujeres muy hermosas.

Quien cerca halla, cerca calla.—Dice que no hay nada para acallar a las gentes como la dádiva.

Quien como la carne, que roa el hueso.—Semejante a: «El que está a las verdes, que esté a las maduras».

Quien come y condesa, dos veces pone mesa.—«Condesar» por reservar. Dice que el que gasta y guarda puede echar mano de ello cuando lo necesita.

Quien con lobos anda o aullar se enseña.—Dice la facilidad con que se aprenden las costumbres de aquellos con quienes se convive.

Quien corteja a una casada, la vida lleva prestada.

Quien cuece y amasa, de todo pasa.—Dice que el que mucho vive pasa de todo.

Quien da el consejo da el tostón.—Es como: «Dar el consejo y el vencejo».

Quien da pan a perro ajeno, pierde pan y pierde perro. — Reprende el favorecer e interesarse demasiado por personas que no lo han de agradecer.

Quien da parte de sus cohechos, de sus *tuertos hace derechos.*—Da a entender que el que a otra persona soborna para que cometa un mal se queda obligada a ella de por vida.

Quien debe y paga, no debe nada.—Es frase que denota la satisfacción del que cumple su deber, al restituir el préstamo.

Quien del alacrán está picado, de la sombra se espanta. — Es como: «El gato escaldado del agua fría huye».

Quien de los suyos se aleja, Dios le deja.—Se dice cuando se abandona en la desgracia a los parientes y allegados.

Quien de mucho mal es ducho, poco bien le basta.—Da a entender que el que está acostumbrado a desgracias y miserias cualquier beneficio satisface su deseo.

Quien descubre la alcabala, ése la paga.—Da a entender el daño que a sí mismo se producen los que traen a recordación algo que puede perjudicarles.

Quien destaja no baraja.—Semejante a: «No puede ser repicar y andar en la procesión». También significa que antes de entrar de lleno en un negocio deben prevenirse bien las cuestiones que le atañen para evitar luego disputas v enojos.

Quien desprecia, comprar quiere.—Porque es buena regla comercial fingir escaso interés por lo que se va a adquirir con objeto de no aumentar su precio. También se dice: «El que desprecia, comprar quiere».

Quien dice la misa despacio quita la devoción a quien la oye; quien la dice de prisa, a sí mismo se la quita.

Quien dice la verdad, cobra odio.—Nota que para vivir en sociedad no se puede ser siempre sincero.

Quien dice lo que no debe, oye lo que no quiere.—Es como: «El que dice lo que no debe, escucha lo que no le conviene». Dice que las personas inconvenientes e indiscretas están expuestas a recibir contestaciones más inconvenientes aún.

Quien dice lo suyo, mal callará lo ajeno.—Advierte que no debemos fiarnos de las personas demasiado francas.

Quien dice que la pobreza no es vileza, no tiene seso en la cabeza.

Quien dineros ha de cobrar, muchas vueltas ha de dar.

Quien dineros tiene hace lo que quiere.

Quien dineros y pan tiene, consuegra con quien quiere.

Quien dinero tiene, come barato y sabio parece.—Porque puede comprar en mejores condiciones o por la cantidad o por la oportunidad.

Quien echa agua en la garrafa de golpe, más derrama que en ella coge.—Da a entender que las cosas no deben hacerse con precipitación, sino despaciosa y reflexivamente.

Quien en la plaza a labrar se mete, muchos adiestradores tiene.—Da a entender que el que hace su obra en presencia de muchos tiene que oír muy diversas opiniones.

Quien en ruin lugar hace viña a cuestas saca la vendimia.—Dice que el que acomete negocios pobres, los beneficios que obtiene son muy escasos.

Quien en tiempo huye en tiempo acude.—Da a entender que el que oportunamente se contiene o retira del peligro tiene prudencia suficiente para volver también cuando es conveniente.

Quien en ti se fía, no le engañes.

Quien en un año quiere ser rico, al medio le ahorcan.— Da a entender que las riquezas súbitas suelen llegar por procedimientos ilícitos y, por tanto, peligrosos.

Quien espera desespera.—Dice que la espera, como la duda, son dos situaciones violentas e insoportables.

¿Quién es tu enemigo? El de tu oficio.—Porque siendo intereses parejos los de aquellos que tienen un mismo oficio, es natural que vayan a la competencia, de la cual puede venir la enemistad.

Quien fue a Sevilla perdió su silla.—Se dice del que habiendo abandonado un lugar o cargo voluntariamente cuando vuelve lo encuentra ocupado.

Quien fuerza ventura, pierde rencura. — «Rencura» por rencor.

Quien gasta y miente su bolsa lo siente.—Lo dice por los que se vanaglorian de comprar barato no siendo verdad.

Quien guarda halla, si la guarda no es mala.—Recomienda el ahorro. También se dice: «Quien guarda halla y quien cría mata».

Quien guarda su paridad, excusa mucho mal.—«Poridad» por pureza.

Quien habla, siembra; quien oye y calla, recoge y miembro.—«Membrar» es recordar.

Quien hace agravios, escríbelos en el agua; quien los recibe, en el corazón los graba.

Quien hace, aplace.

Quien hace bien al astroso, no pierde de ello, más piérdelo todo.—Dice que pierde el provecho, pero no la buena obra.

Quien hace casa en la plaza, o ella es muy alta o muy baja.—Porque sometida al parecer de los que la miran cada uno opina de distinto modo.

Quien hace casa o cuba, más gasta que cuida.

Quien hace el principio y no el cabete, tanto pierde como mete.—«Cabete», para buscar la consonancia, por cabo o fin.

Quien hace la cuenta sin el huésped, la hace dos veces.— Porque para los gastos más vale echar siempre de más que de menos, previniendo el acaso.

Quien hace leña en ruin lugar, a cuestas la ha de sacar.

Quien hace lo que puede, hace lo que debe.—Semejante a: «El que hace lo que puede no esta obligado a más».

Quien hace lo que puede no está obligado a más.

Quien hace lo que quiere no hace lo que debe.—Da a entender que cuando se tiene mucha libertad en obrar se suele pasar de lo justo.

Quien hace los mandados que coma los bocados.—Dice que el que trabaja es el que debe recibir la recompensa.

Quien hace mal, aborrece la claridad.—Dice que el que tiene algo que ocultar rehúye siempre las situaciones diáfanas.

Quien hace malas, barrunta largas.—Largas ausencias.

Quien hace por común, hace por ningún.—Porque no se lo agradece nadie.

Quien hace un cesto hace ciento, si tiene mimbres y tiempo.—Dice que el que ha cometido una acción mala está en potencia propicia de cometer otras de la misma naturaleza; también se dice del que es capaz de repetir muchas veces un mismo acto.

Quien ha de pasar la barca no cuenta jornada.—Dice que mientras quedan peligros o inconvenientes que vencer no se debe uno entregar satisfecho al descanso.

Quien hijo cría, oro cría.—Dice Correas: «La ama que le da leche porque la es de provecho; por los padres se puede entender a veces».

Quien hijos ha, no reventará.—De gordo, porque ha de darlos de comer a ellos. También se dice: «Quien hijos tiene al lado, no morirá ahitado».

Quien hijos tiene, razón es que allegue.—Recomienda que ¡os padres hagan hacienda para dejar a los hijos en condiciones de poderse valer en la vida.

Quien hijo tiene en la guerra, muerto está y vivo le espera. —Porque es lógico que el padre siempre tenga esperanza hasta que se le quite la certeza.

Quien hijo tiene en tierra ajena, muerto está y vivo le espera.—Como el anterior.

Quien hizo el cohombro, que lo lleve al hombro.—«Cohombro», en sentido figurado, por tuerto o desmán. Dice que el que hace una cosa mala es el que debe pagar las consecuencias.

Quien huelga no medra.

Quien hurta al ladrón tiene cien años de perdón.—Es disculpa del que hace daño al malo. También se dice: «Quien roba a un ladrón», etc.

Quien hurta los dineros al rey, hace rico al escribano y juez.—Lo dice por los pleitos que se siguen al que allega bienes mal" adquiridos del acervo común.

Quien huye del trabajo, huye del descanso.—Porque la necesidad no le deja vivir tranquilo.

Quien huye, más corre.—Porque el temor le lleva en volandas.

Quien lejos va a casar, va engañado o a engañar.

Quien llega a la raya, peligro corre de pasalla.

¿Quién llegó que no abrazó?—A los que vienen de fuera.

Quien madruga Dios le ayuda.—Es consejo contra perezosos y da a entender que a más trabajo, más beneficio.

Quien mala cama hace, en ella se yace.—«Yacer» por echarse o morirse. Dice que las personas de genio adusto o triste, ellas son las primeras en sufrir las consecuencias de su intemperancia.

Quien mal adquiere, mal tiene.—Dice que el que allega bienes de mal origen, o por procedimientos nefandos, raramente puede gozar de ellos en paz.

Quien mal adquiere para bien gastar, no es de loar ni envidiar.—Entiéndase gastar virtuosamente. Rara vez sucede tal cosa, y seria de ver qué transformación habría de producirse en el hombre que tal hiciere.

Quien mala mujer cobra, siervo se torna.—En verdad que es una de las mayores desgracias que al hombre pueden suceder el maridar mal; por eso dice otro refrán: «El que en el casar acierta, en nada yerra».

Quien mal anda, mal acaba.—Dice que cuando una persona hace una vida disipada y desordenada suele tener un fin desastroso.

Quien malas mañas ha, tarde o nunca las perderá.

Quien malas mañas tiene en cuna, tarde las pierde o nunca.—Dice que lo que se aprende de niño queda tan grabado en el espíritu, que ya no se borra en toda la vida.

Quien mal cae, mal yace.—Dice que el que se deja arrastrar por los vicios y malas costumbres no puede esperar una vida tranquila y apacible. También se dice: «Quien en malos pasos anda, malos polvos levanta».

Quien mal canta, bien le suena.—Lo dice porque los hombres no conocen nunca sus defectos.

Quien mal casa siempre llora.—Semejante a: «Quien mala mujer cobra, siervo se torna».

Quien mal casa tarde enviuda.—A lo menos le parece a él que es tarde.

Quien mal dice, peor oye.—Es semejante a: «El que dice lo que no debe, oye lo que no quiere».

Quien mal enhorna, saca los panes tuertos y así como así paga la poya.—«Poya» es la hogaza que se entrega como pago al hornero. El refrán dice que quien hace mal una cosa, sobre soportar la mengua de ella, tiene que pagar además las consecuencias.

Quien malos caminos anda, malos abrojos halla.—Semejante a: «Quien mal anda, mal acaba».

Quien malo tiene el rabo, no puede estar sentado.—Semejante a: «El que se pica, ajos come». Dice que el que tiene una inquietud no puede permanecer sosegado.

Quien mal padece, mal parece.—Lo dice porque los enfermos no hacen buena cara ni tienen gusto para nada.

Quien mal piensa, mal dispensa.—El que tiene mal corazón, o sea, el que piensa mal de los demás, jamás está inclinado al perdón.

Quien mal pleito tiene, a veces lo mete.—Siempre suelen chillar más los que tienen menos razón.

Quien mal quiere a los suyos, no querrá bien a ningunos. —Porque es natural que la fuerza de la sangre le llame a los de su casta.

Quien mal quiere cenar, a la noche lo va a buscar.— Va contra los que dejan las cosas para última hora.

Quien mal se gobierna, muchas veces se lamenta.

Quien mal te quiera te hará reír; quien bien te quiera, te hará llorar.—Dice que es más fácil y halagüeño el camino del mal que el del bien.

Quien mal vive en esta vida, de bien morir se despida.— Es como: «Quien mal anda, mal acaba».

Quien mal y bien no puede sufrir, a grande honra no puede subir,—Dice que para medrar es necesario tener que sufrir muchos reveses con valentía y tenacidad.

Quien mama y come, dos cueros pone.—Es como: «El niño que mama y come, dos barbas pone».

Quien manda, no ruega.—Dice que la persona cuyo deber es mandar no debe perder jamás su autoridad.

Quien manda y haz, no ha menester rapaz.

Quien más mete en la barca, más saca.—Contrario a: «Quien más pone, más pierde».

Quien más mira, menos ve.—Advierte que muchas veces la excesiva perspicacia es contraproducente.

Quien más no puede, cabe su madre, se acuesta y duerme.—Es como: «El que no tiene otra cosa, con su madre se acuesta».

Quien más pone, más pierde.—Es como: «El que más pone, más pierde». Dice que en los asuntos de la vida, por ser de suyo imperfectos, el que los acomete con más calor y entusiasmo suele recibir como pago mayor amargura y desilusión. Se usa esta frase comúnmente para advertir a los que obran con sinceridad y largueza.

Quien más quiere que bien, a mal vien.—Es como: «El que está bien no para hasta que se pone mal».

Quien más sabe, mayores dudas tiene.—Porque con el acopio de conocimientos crece el deseo de saber y porque la duda se hace más honda cuanto más se investiga en las verdades básicas.

Quién más tiene, más puede.—Porque suele andar más prevenido.

Quien más tiene, más quiere.—Lo dice por los avaros.

Quien más vive, más sabe.—Semejante a: «Más sabe el diablo por viejo que por diablo».

¿Quién mató al comendador? Fuenteovejuna, señor.—Se dice cuando se quiere evadir la respuesta a una pregunta. Viene del famoso drama de Lope de Vega del mismo título.

Quien me da el pan, me da el afán.—Se dice cuando al recibir el beneficio se recibe conjuntamente la obligación.

Quien me da lado, me da estado.—Se dice por la honra que se recibe del que nos acompaña.

Quien me hace fiesta que no me suele hacer, o me ha engañado o engañarme quier.

Quien me hace más merced que me suele hacer, o me quiere comprar o me quiere vender.

¿Quién me llama puta sino quien me ayuda?—Se dice cuando a una persona le reprenden los que antes le ayudaron a hacer.

Quien menea la miel, panales o miel come.—Semejante a: «El que anda entre la miel, algo se le pega».

Quien menos la procura, a veces ha más ventura.

Quien me presta me ayuda a vivir y me gobierna.

Quien me quiere bien, díceme lo que sabe y dame lo que tien.

Quien miel se hace, moscas le comen.—Es como: «El que se hace de miel le pican las moscas». Dice que el que es demasiado transigente acaban por abusar de él.

Quien miente, presto se arrepiente, por el daño que le viene.

Quien mierda echa en la colada, mierda saca.—Dice que el que obra de manera poco digna, no puede esperar nunca buen resultado de su actuación.

Quien miró el premio de lejos, no hizo casa con azulejos. —Dice que los que ponen dificultades al trabajo no pueden enriquecerse.

Quien mocos envía, babas espera.—Se dice cuando se es ruir en dar.

Quien mucha miel tiene en sus colmenas, en sus coles echa della.—Quiere decir que en donde sobra hay para todo.

Quien muchas piedras mueve, en alguna se hiere.—Semejante a: «Tantas veces va el cántaro a la fuente, que alguna vez se rompe», «El que carretea vuelca», etc.

Quien mucho abarca, poco aprieta.—Es como: «El que mucho abarca, poco aprieta», «El que mucho corre, pronto para», etc.

Quien mucho come, mucho bebe; quien mucho bebe, mucho duerme, y quien mucho duerme, poco lee, y quien poco lee, poco sabe y poco vale.—Recomienda no darse demasiado a los placeres materiales.

Quien mucho come, poco come.—Porque el comer con demasía acarrea enfermedades.

Quien mucho corre, pronto para.—Dice que el que empieza las cosas con mucho afán y rápidamente, luego por este mismo esfuerzo desmaya y las abandona.

Quien mucho duerme, legaña tiene.—Lo dice por lo que perjudica y empece la holganza.

Quien mucho duerme, lo suyo y lo ajeno pierde.—Va contra perezosos.

Quien mucho duerme, poco aprende.

Quien mucho habla, en algo acierta.—Por casualidad.

Quien mucho habla, mucho yerra.—Lo dice porque las personas demasiado habladoras, en su afán de charlar, cometen indiscreciones.

Quien mucho mira los fines y medios, no acomete grandes hechos.—Avisa que es preferible determinarse a obrar dentro de ciertos límites de posibilidad y prudencia que aquilatar hasta el extremo los obstáculos que pueden impedir la consecución del hecho.

Quien mucho pide, mucho hiede.—Porque el que importuna siendo muy pedigüeño parece que molesta tanto como el que huele mal.

Quien mucho pide y *mucho bebe, así daña y a otros hiede.*

Quien mucho pone la mesa, no tendrá la bolsa retesa.— «Retesa» por tirante, es decir, repleta. Va contra los excesivamente liberales.

Quien mucho quiere, mucho se huelga y mucho se duele.—Son cualidades inherentes al amor, la alegría y el pesar profundos.

Quien mucho se arremanga, vésele el culo y la nalga.— Dice que no se puede llegar al extremo en las cosas, por ser inconveniente.

Quien mucho se baja, el culo enseña.—Da a entender que la mucha humildad degenera en bajeza.

Quien mucho se empacha no está sin tacha.—Es como: «El que se pica, ajos come», y semejante a: «Explicación no pedida, malicia arguye».

Quien mucho traga, mucho caga.

Quien mucho vino cena, poco pan almuerza.—Dice que el que es dado al vino pronto gasta la hacienda.

Quien muda estado, muda cuidado.—Y cuanto más alto es aquél, mayor es éste.

Quien muerte ajena desea, la suya se le acerca.

Quien no crea en buena madre, creerá en mala madrastra.—Dice que el que no hace caso de advertencias dulces, tendrá que ceder al final al castigo.

Quien no da nudo, pierde punto.—Dice que el que hace las cosas atropelladamente, por hacerlas mal, tiene que hacerlas dos veces.

Quien no oye consejo, no llega a viejo.—Dice que los hombres deben seguir los dictados de la experiencia de los otros más ancianos y sabios.

Quien no puede andar, que corra.—Es como: «A la vieja que no puede andar, meterla por el arenal».

Quien no puede dar en el asno, da en la albarda.—Dícese de los que, no pudiendo vengarse en la misma persona que les ofendió, lo hacen en los suyos o en sus cosas.

Quien no quita la gotera, hace casa entera.—Dice que el que no acude pronto a reparar el mal pequeño, luego tiene que acudir al grande.

Quien no se alaba, de ruin se muere.—Da a entender que conviene, para medrar, dar importancia a las propias obras.

Quien no se arriesga no gana nada.—Semejante a: «La audacia ayuda a la fortuna». También se dice: «Quien no arriesga, no aprisca». Y también: «Quien no se aventura, no pasa la mar».

Quien no te conozca, que te compre.—Da a entender que alguno guarda escondida malicia o engaño.

Quien pede en espacio, pede en palacio.—«Espacio» está empleado por soledad o descampado.

Quien pequeña heredad tiene, a pasos la mide.—Dice que el que tiene escaso caudal, por fuerza ha de contarlo y recontarlo para valerse lo más provechosamente de él.

Quien pesca un pez, pescador es.—Dícese por ironía de los que por haber hecho una cosa se creen maestros.

Quien pide prestado, una vez se pone colorado y diez descolorido.—Lo dice por la violencia que causa rogar una cosa y la mayor que produce no poder devolverla cuando es reclamada.

Quien piedra al alto echa, cáele en la cabeza.—Es como: «El que escupe al cielo, en la cara le cae». Va contra los orgullosos.

Quien piensa qué diga, piensa qué haga.—Dícese de los que ponen faltas al trabajo de los demás.

Quien pierde placer por placer, nada viene a perder.— Semejante a: «No comer por haber comido, no hay nada perdido».

Quien pies no tiene, coces promete.—Se dice del que promete sin poder cumplir.

Quien planta a hoya, planta y goza.

Quien planta a barrena, planta y espera.

Quien pleitea, el paso largo y la bolsa abierta.—Dice de los muchos trabajos y dineros que cuestan los pleitos.

Quien pobreza tien, de sus deudos se desdén, y el rico, sin serlo, de todos es deudo.—Dice que los parientes se alejan de los pobres y aun los niegan como tales, y en cambio al rico, sólo por serlo, le nacen alrededor.

Quien poco sabe, presto lo reza.

Quien poco tiene hace largo testamento.—Semejante a: «Quien poca hacienda tiene, a pasos la mide».

Quien poco tiene, poco puede.—Nota el poder del dinero.

Quien poco tiene y eso da, pronto se arrepentirá.—Tiene cierta analogía con: «El que da lo que tiene antes de la muerte, merece que le den con un canto en los dientes».

Quien poda en mayo y alza en agosto, ni coge pan ni mosto.

Quien pone la leña de pico, a su amo le hace rico.—Porque puesta de pico en la lumbre dura más.

Quien pone la noguera, no espera comer de ella.—Pero no porque tarde en dar fruto ha de dejar de plantarse, por ser árbol de los más ricos en fruto y madera; en otros muchos negocios humanos sucede lo mismo con menos provecho.

Quien por el mundo quiere andar salvo, ha menester ojos de halcón y orejas de asno, cara de simio, boca de puerco, espaldas de camello y piernas de ciervo.

Quien por mano de otro espera, tarde se harta y nunca medra.—Verdad entera debiera ser esto para que no se usara tanto de la recomendación y el favor, que es una de las mayores lepras de las repúblicas.

Quien por otro ruega, por sí adora.—Si es sin interés propio, porque entonces es nobleza grande.

Quien predica en desierto pierde el sermón y quien lava la cabeza del asno pierde el jabón.—Se dice cuando nos dirigimos a un auditorio obstinado o torpe.

Quien pregunta lo que no debe, le responden lo que no quiere.—Semejante a: «El que dice lo que no debe, oye lo que no quiere».

Quien pregunta no yerra, si la pregunta no es necia.— No tan sólo no yerra, sino que por el camino de la curiosidad se alcanza la sabiduría.

Quien pregunta, saber quiere.

Quien prende la anguila por la cola y la mujer por la palabra, bien puede decir que no tiene nada.

Quien presta, ayuda a vivir.

Quien presta, no cobra; si cobra, no todo, y si todo, no tal, y si tal, enemigo mortal.

Quien presto da, da dos veces.—Semejante a: «El que da primero, da dos veces».

Quien presto dice sí y promete, presto dice no y se escuece.—Avisa que antes de prometer una cosa se reflexione si se puede cumplir.

Quien presto endentece, presto hermanece.—Dice Correas: «Porque le desteta la madre, como ya puede comer, y desocupada, vuélvese a hacer preñada».

Quien presto se determina, dúrale el arrepentir.—Dice que deben reflexionarse las cosas antes de emprenderlas, porque si no, luego no hay sino atenerse a las consecuencias.

Quien promete por otro, entra por lo ancho y sale por lo angosto.—Avisa lo peligroso que es salir fiador de nadie.

Quien puede ser libre, no se cautive.—Dice que el que puede vivir independiente, debe mirar mucho antes de, por vanidad o por cualquier pasión, aceptar cargos o situaciones comprometedoras.

Quien puede y no quiere, cuando querrá, no podrá.

Quien quiera peces, que se moje el culo.—Dice que el que desea conseguir una cosa debe trabajarla y sacrificarse por alcanzarla

Quien quisiere ser mucho tiempo viejo, comiéncelo presto.—Da a entender que para, conservar la salud es necesario vivir moderadamente, lejos de los placeres y del exceso.

Quien ramo pone, su vino quiere vender.—En la puerta de la casa adonde se vende vino, se cuelga del dintel un ramo de olivo o romero. Por extensión se aplica a los que de un modo manifiesto muestran el deseo de alguna cosa.

Quien rasca, para sí tira.

Quien rastrea, algo otea.

Quien recuerda el can ya dormido, vende paz y compra ruido.—«Recuerda», por hostiga. Dice que el asunto o pendencia acabada no se debe tontamente volver a traer a memoria.

Quien responde, dicen que no habla.

Quien ruin es en su casa, ruin es en la plaza.—Dice que cada uno muestra su condición lo mismo entre los suyos que entre los ajenos.

Quien se casa por amores, ha de vivir con dolores.—Se refiere a los que, por enamorarse, no reparan en las cualidades de la mujer.

Quien se muda, Dios le ayuda.—Es refrán de rameras y gente ruin, que al cambiar de lugar cambian de suerte.

Quien siembra, recoge.—Dice que el que trabaja halla al fin su beneficio.

Quien siembra vientos recoge tempestades.—Da a entender que el que no se porta bien con los demás y no favorece al que puede, no cosecha sino odios y malas voluntades.

Quien sirve a muchos no sirve a ninguno.—Porque queriendo complacer a todos no da gusto a ninguno.

Quien sus propósitos parla, no se casa.—Porque los diversos pareceres y consejos le pueden mudar la intención.

Quien tanto ve, un ojo le basta, y ése es el del culo.— Respóndese a los impertinentes.

Quien tarde cosa, mal casa.—Por todos estilos.

Quien tarde se determina, jamás se arrepiente.—Es contrario a: «Quien presto se determina, dúrale el arrepentir».

Quien tarde se levanta, todo el día trota.—Contrario a: «Al que madruga, Dios le ayuda».

Quien te cubre, te descubre.—Se suele decir de la gente plebeya enriquecida, a la cual los mismos lujos y riquezas contribuyen a descubrir su origen.

Quien te da un hueso, no te querrá ver muerto.—Dice que el que ayuda, aunque sea un poco, es señal de que quiere favorecer.

¿Quién te enriqueció? Quien te gobernó.

Quien te hace fiesta que no te suele hacer, o te quiere engañar o te ha menester.

Quien te ha de comer, almuérzalo; quien te ha de cenar, meriéndalo.—Por aquello de: «El que da primero, da dos veces».

¿Quién te hizo puta? El vino y la truta.—Da a entender que los placeres son los que hacen perderse a la mujer.

¿Quién te enseñó a remendar? Hijos menudos y poco pan.

¿Quién te metió por puerta de tu enemigo? Hambre y frío.

Quien tiempo tiene y tiempo espera, tiempo viene que desespera.

Quien tiene abeja y oveja y muela que trebeja, con el rey puede entrar en conseja.—Le denota de rico y avisado.

Quien tiene alforjas y asno, cuando quiere va al mercado.

Quien tiene almorranas en el culo, no se puede sentar seguro.

Quien tiene amigo dudoso, duerma con un ojo y vele con otro.

Quien tiene boca no diga a otro: sopla.—Dice que el que puede hacer una cosa por sí mismo no debe fiársela a nadie.

Quien tiene botas entra a hotas.—«Hotas», por espinas; dice que el poderoso, con su dinero, vence los inconvenientes.

Quien tiene buenas ganas, poco apetito le basta.—Semejante a: «Al buen entendedor, con pocas palabras basta». Dice que cuando se tiene deseo de alguna cosa con cualquier motivo se procura conseguirla.

Quien tiene buen asiento, no haga movimiento.—De dejarlo, porque otro se lo quita.

Quien tiene carro y mujer nunca le falta en qué entender.

Quien tiene compañía, tiene señoría.—Y al revés, «Compañía», por dinero.

Quien tiene cuatro y gasta cinco, no ha mentester bolsillo.

Quien tiene de su parte al escribano, tiene el pleito ganado.

Quien tiene dineros, tiene compañeros.—Semejante a: «Quien tiene buen nido», etc.

Quien tiene din, tiene don.—Este gracioso apócope dice que con el dinero se consigue señoría.

Quien tiene dolencia, abra la bolsa y tenga paciencia.— Lo dice por lo que cuestan las enfermedades.

Quien tiene dos y gasta tres, ladrón es.

Quien tiene el estómago lleno, dice: ayunemos.—Dice lo fácil que es aconsejar cuando el que aconseja no tiene que practicar. Semejante a: «No es lo mismo predicar que dar trigo».

Quien tiene el padre alcalde, no espere que le falte.

Quien tiene el padre alcalde, seguro va a juicio.

Quien tiene el rabo de paja, hacia atrás mira y cata qué pasa, no sea llama.—Dice que el que tiene un temor no puede vivir descuidado.

Quien tiene el tejado de vidrio, no tire piedras al de su vecino.—Dice que teniendo faltas por que callar, no se deben hacer públicas las de los demás.

Quien tiene enemigos, no duerma, que hasta el escarabajo del águila se venga.—Este refrán tiene su origen en la conocida fábula de Esopo.

Quien tiene, ése tiene.—Se refiere a entendimiento.

Quien tiene ganas de bailar, sin son bailará.—Semejante a: «Quien tiene buenas ganas, poco apetito le basta».

Quien tiene ganado, no desea mal año.—Porque tanto le va en ello como al labrador, y se aplica a otras cosas, de modo que dice que el que algo tiene procura el orden para poder conservar.

Quien tiene hacienda, que la atienda y la vea, porque no se la pierda.—Es como: «Hacienda, tu amo te vea, y si no, que te venda».

Quien tiene hija soltera, no diga de la ajena.—Dice que no se critique en los demás lo que fácilmente nos puede ocurrir a nosotros.

Quien tiene hijos al lado, no muere ahitado.—Lo dice porque los padres aun de lo necesario se privan para dárselo a ellos.

Quien tiene hijos y ovejas, nunca le faltan quejas.

Quien tiene hijo varón, no dé voces al ladrón.—Éste, como el de «Quien tiene hija soltera, no diga de la ajena», va encaminado a que los padres tengan indulgencia con las faltas que cometan los hijos de los demás y no las vitupéren demasiado, porque fácilmente puede suceder que los suyos también las cometan.

Quien tiene la cabra, ése la mama.—Semejante a: «El que está cerca de la cabra, ése la mama».

Quien tiene madre en la putería no es huérfano.—Dice que preferible es poseer algo, aunque sea malo, que carecer enteramente de ello.

Quien tiene madre, muérasele tarde.

Quien tiene molino y pie de altar, no te sientes con él a solejar.—«Solejar» es tomar el sol.

Quien tiene mucha miel, della come con el pan, della sin él y della como quier.—Se refiere a las comodidades que produce el dinero y de las que pueden disfrutar los ricos como apetezcan.

Quien tiene muchos hijos y tiene poco pan, tómelos por la mano y dígales un cantar.—Porque no hay mayor consuelo en la pobreza que la alegría

Quien tiene mujer, tiene lo que ha menester.

Quien tiene oficio, enjérelo.—«Enjerar», por practicar.

Quien tiene oficio, tiene beneficio.—Dice que el que trabaja medra.

Quien tiene ovejas, tiene pellejas.—Dice que quien tiene bienes, tiene remedio a lo que necesita.

Quien tiene parientes pobres no haga edificios ni torres. —Dice que no gaste su dinero suntuosamente habiendo entre los suyos quien lo necesita.

Quien tiene pie de altar, come pan sin amasar.—Entiéndase sin amasarlo él, porque se lo procuran ya hecho y cocido.

Quien tiene por qué callar, no ha de hablar.—Y observando en su pureza este refrán, no hablaría nadie.

Quien tiene que le duele, cada día muere.—Dice que el que está agobiado por los dolores físicos o morales, la desesperación le pone cada día en trance extremo.

Quien tiene rocín y barragana, tiene ruin noche y peor mañana.

Quien tiene tetas en el seno, no diga del hado ajeno.— Dice que las mujeres no deben criticar los deslices de otras porque a ellas las puede ocurrir otro tanto.

Quien tiene tienda, que la atienda.—Es como: «Hacienda, tu amo te vea, y si no, te venda».

Quien tiene tienda y no vende, necio es si la sostiene.

Quien tiene tres y gasta dos, sirve a Dios.

Quien tiene una buena hora, no las tiene todas.—Se dice también: «Quien tiene una hora mala, no las tiene todas malas».

Quien tiene un criado, tiene un criado; quien tiene dos, tiene medio; quien tiene tres, ninguno tien.—Porque la mucha servidumbre es dañosa por cuanto, excusándose unos en otros, esquivan cumplir todos con su obligación.

Quien tiene un hijo solo hácelo tonto.—Por los excesivos cuidados y mimos que tienen los hijos únicos.

Quien tiene un puerco solo, hácelo gordo.—Dice que el que tiene una sola cosa a que atender puede cuidarla con el debido esmero.

Quien tiene vergüenza, ni come ni almuerza.—Refrán que recomienda que debe uno desentenderse un poco de lo que digan los demás.

Quien tiene viñas y no lagar, a sus ojos ve el mar.—Hay otro refrán que reza: «Tenga yo cribas y caudal, y quien quisiere, viñas y lagar».

Quien todo es miel, cómenle las abejas.—Dice que se suele abusar del bueno. Es como: «Al que se hace de miel, le pican las moscas».

Quien iodo junto lo traga, todo junto lo caga.—Se dice de las personas poco escrupulosas moralmente.

Quien todo lo abarca, poco ata.—Es como: «Quien mucho abarca, poco aprieta.

Quien todo lo da, todo lo niega.—Dice que el que es fácil en prometer, luego no puede cumplir su palabra.

Quien todo lo miró, nunca con bueyes aró.—Reprende a los desconfiados.

Quien todo lo niega, todo lo confiesa.—Dice que es sospechoso el que niega todo lo que se le pregunta, pues más parece querer inhibirse que decir la verdad.

Quien todo lo quiere, de rabia muere.—Es la suerte del envidioso.

Quien todo lo quiere, todo lo pierde, y no es conocido hasta que es perdido.—Semejante a: «La avaricia rompe el saco.

Quien torpemente subió, más torpemente cayó.

Quien trabaja, tiene alhaja; quien huelga, nonada.

Quien tras el caldo no bebe, no sabe lo que pierde.—Dice Correas: «Quita las ventosidades el vino tras el caldo o con él mezclado, y abriga el estómago».

Quien tras la ensalada no bebe, no sabe lo que pierde.— Pero ha de ser agua, que no vino.

Quien tras putas anda y su hacienda les da, en hospital parará.

Quien tras vallado va hablando, hijos ajenos va castigando.—Castigar hijos ajenos va en el sentido de escarmentar a otros; lo dice porque entendiendo que habla cosa en secreto, lo oye quien no quiere, con lo cual les da ejemplo o escarmiento.

Quien trata en lana, oro mana, conforme en las manos que anda.

Quien trata en miel, siempre se le pega dél.—«Dél», por de ella, por buscar consonancia. Es como: «El que anda entre la miel, algo se le pega».

Quien trata la mercancía y no la entiende, sus dineros se le tornan de duende.—Es decir, se le van, porque los pierde.

Quien tuerto nace, enderézase tarde.—«Tuerto», por torcido o avieso. Es como: «El pelo muda la raposa, más el natural no despoja».

Quien tuviera hija fea, cómprela un majuelo, que así hizo mi padre, y casome luego.

Quien tuviere hija hermosa, no tenga ventana ni moza golosa.—Lo dice por el peligro a que se expone a la mujer hermosa con la demasiada libertad.

Quien tuviera remolino en la testa, no irá conmigo a la fiesta.—Dícese de los que en la cabeza tienen una guedeja levantada; son altivos y señores.

Quien va a Castilla y deja a Aragón, trae dolor de corazón.

Quien va a caza de liebres, tres trae consigo: una de hambre, otra de cansancio y otra de frío.

Quien va a la boda y no es convidado, vuelve de ella avergonzado.— Es semejante a: «Ni a boda ni a niño bautizado, no vayas sin ser llamado».

Quien va a la bodega y no bebe, buena vez se pierde.— Se dice del que desperdicia una oportunidad.

Quien va a la guerra, come mal y duerme en la tierra.

Quien va al molino y no madruga, los otros muelen y él se espulga.

Quien va a Santiago y no a San Salvador, sirve al criado y deja al Creador.—Lo dicen los asturianos en defensa de su iglesia de San Salvador, de Oviedo, en donde hay muchas reliquias santas.

Quien va los pies dos dedos alzado del suelo, va caballero.—Se refiere a los que van en coches y otros vehículos.

Quien va y torna, buen viaje toma.

Quien ve el hinojo y de él no come, diablo es, que no hombre.— También se dice: «Quien ve el hinojo y no come de él, muérese de amores y no sabe de qué».

Quien vende barato, vende doblado.—Porque vende más.

Quien vende el trigo en la era, y la lana en la tijera, y el queso en el cincho, y el vino en mosto, el provecho da a otro.

Quien verdad no me cree, verdad no me dice.—Y al revés.

Quien ve y oye poco, muchas veces le hacen loco.—A causa de los despropósitos y torpezas que comete.

Quien viejo engorda, dos mocedades logra.—Porque la gordura rejuvenece y quita arrugas a los ancianos.

Quien viene a mesa puesta. no sabe lo que cuesta.—Dícese de los que están acostumbrados siempre a que los sirvan y regalen, que no son capaces de apreciar el esfuerzo que supone.

Quien viene, no tarda.

Quien viene, pierde, y más quien tiende los manteles.— Dice que tanto a uno como a otro les es indispensable gastar.

Quien viene postrero, llega primero.—Este refrán viene de los Evangelios: «En el reino de mi Padre, los últimos serán los primeros».

Quien bina, envina.—Dice que la labor de la bina es muy útil a las viñas.

Quien vio los tiempos pasados y ve los que son ahora, ¿cuál es el corazón que no llora?—Porque consideradas las cosas pasadas a través del tiempo, engañosamente se nos hacen más aceptables y buenas.

¿Quieres ver un diablo sobre otro? Un viejo sobre un potro.

Quita la causa, quitarás el pecado.—Es como: «Quien quita la ocasión, quita el peligro».

Quien teme la muerte no goza la vida.—Se dice de los que por temor a los inconvenientes de las cosas, las cometen sin decisión ni gusto.

Quítate tú para que me ponga yo.—Es frase proverbial que se usa como refrán para dar a entender que se recibe un consejo interesado que redunda en nuestro perjuicio y en favor del que aconseja.

Quitósele el culo al cesto y acabose el parentesco.—Da a entender que, cuando desaparece el interés, las personas egoístas olvidan todo otro sentimiento y afectividad.

R

Rábano (El), malo para el diente y peor para el vientre.

Rábanos y queso tienen la corte en peso.—Dice que las cosas, por pequeñas que sean, tienen todas su importancia y conjuntamente sirven y causan grandes efectos.

Rábano (El) tierno, de cualquier tamaño es bueno.

Ramera (La), gran parlera, y la parlera, ramera.

Ramo corto, vendimia larga.—Recomienda podar corto las vides.

Ramos mojados, ésos mejorados.—Se refiere a la conveniencia de que llueva por la semana de Ramos. También se dice: «Ramos mojados siempre fueron loados».

Raposa (La) ama engaños; el lobo, corderos; la mujer, loores.

Raposa que mucho tarda, caza aguarda.—Dice que el que de propósito está atento a una cosa es porque en ello le va su interés.

Raras veces hay seso en la prosperidad.—Porque con la satisfacción y alegría se olvidan los deberes para consigo mismo y para con los demás.

Rascar y comer comienzo ha menester.—Semejante a: «El comer y el rascar, hasta empezar».

Ratones, arriba, que todo lo blanco no es harina.—Avisa que no se dejen engañar, y el origen de este refrán lo es la fábula de la comadreja que se enharinó para engañar y cazar a los ratones.

Ratón que no sabe más que un horado, aquél tapado, presto le toma el gato.—«Horado», por agujero. Dice que no debe echarse mano de las soluciones vulgares para resolver los negocios, porque siendo conocidas de los contrarios pronto pueden desbaratar la propuesta. También se dice: «Ratón que no tiene más que un horado, pronto es cazado».

Rayo (El) y el amor, la ropa sana y quemado el corazón.

Raza de can, amor de cortesano y ropa de villano, no dura más que tres años.

Razón (La) no quiere fuerza, ni la fuerza quiere razón.— Dice que para practicar la justicia nada hay más inconveniente que la fuerza usada como argumento.

Real no saca real; es menester para trato más caudal.— Lo justifica el otro refrán que dice: «Dinero llama a dinero».

Rebuznaron en balde el uno y el otro alcalde.—Viene del cuento de los alcaldes rebuznadores que narra Sancho en el «Quijote».

Recibido ya el daño, tapar el horado.—Es decir, remediar la desgracia, evitando que vuelva a repetirse.

Recibir es mala liga, que el que toma a dar se obliga.

Recio llama a la puerta el que trae mala nueva.

Recoge la memoria nueva lo que no ha podido quitar la vieja.

Refrán es muy antiguo que es gran mal el mal vecino, y más si es de tu oficio.—Por aquello de que: «Cuando las barbas de tu vecino veas pelar, echa las tuyas a remojar».

Refregadas, duelen más las llagas.—Dice que no se deben recordar las dolorosas cosas pasadas o las pasiones extinguidas. Es como: «Nombrar la cuerda en casa del ahorcado».

Refranes (Los) son evangelios chiquitos.—Se dice por las verdades y experiencias que encierran

Refranes (Los) son hermanos bastardos del Evangelio.— Como el anterior.

Regala a la gata y saltarte ha a la cara.—Se dice de los beneficios hechos a personas desagradecidas.

Regla y compás, cuanto más, más.—Da a entender lo conveniente que es vivir con moderación y orden.

Regostose el asno a las berzas, no dejó verdes ni secas.— Regostarse», por aficionarse.

Reina es la gallina que pone huevos en la vendimia.— Porque es época en que no pone ninguna.

Reinar (El) no quiere par.—Es como: «El mandar no quiere par».

Reinos y dineros no quieren compañeros.—Semejante a: «El mandar no quiere par». Da a entender lo difícil que es gobernar los intereses que pertenecen a muchos.

Reloj (El) y el galán siempre han de dar.—Tiene gracia la anfibología de dar por sonar y regalar.

Remedio (El) para no empobrecer, comprar lo forzoso y no lo que es menester.—Parece consejo de avaro.

Remendar y dar a putas.—Se dice de los que en su casa escatiman y fuera despilfarran.

Remienda paño y pasarás año.—Recomienda el trabajo y el ahorro. También se dice: «Remienda tu sayo y te durará otro año».

Remolino (El) al lado, señal de otro hermano.—Lo dicen las madres cuando los hijos tienen el remolino a un lado de la coronilla. Es creencia vana.

Renegad de hombre que le hace ruido hasta el nombre.— Se refiere a los que por su condición u otra mala cualidad en nombrándolos se murmura y dice de ellos.

Renegad de viejo que no adivina.—Porque es señal de poco seso, pues los viejos, por su mucha experiencia, suelen conocer el porvenir de muchos asuntos en la vida.

Reniega de bestia que en invierno tiene siesta.—Se refiere a las personas perezosas.

Reniego de bacín de oro en que he de escupir sangre.— Dice que debe rechazarse riquezas u honores que han de costar muchas penalidades.

Reniego de caballo que se enfrena por el rabo.—Lo dice por los barcos.

Reniego de casa que a zapato nuevo dicen buena pro haga.—Dice que se desconfíe de las personas exageradamente delicadas.

Reniego de grillos, aunque sean de oro fino.—Porque debe preferirse la libertad al dinero.

Reniego del amigo que come lo mío conmigo y lo suyo consigo.

Reniego del amigo que cubre con las alas y muerde con el pico.—Se refiere al amigo hipócrita.

Reniego del árbol que ha de dar el fruto a palos.—Lo dice por los díscolos y rebeldes.

Reniego de la tierra donde el ladrón lleva al juez a la cadena.—Es decir, donde el favor puede más que la justicia.

Reniego de la viña que torna a ser majuelo.—Se dice especialmente por los viejos verdes.

Reniego del necio que j... con la mujer del cuerdo.—Porque no es tal necio. Es semejante a la frase: «Como tonto, se mete en casa».

Reniego de la plática que acaba en daca.—De los que peroran mucho para luego pedir.

Reniego de quien en Dios no cree y lo va a decir en concejo.—Lo dice por los que publican como gracia sus necedades.

Reniego de señora que todo lo llora.—Lo dice por las personas demasiado timoratas.

Reñir con quien da ocasión y jugar con quien tiene dinero en el bolsón.—Es consejo de pícaros.

Reprende las vidas ajenas con buen ejemplo y no con dicho ni cuento.

Res (La) perdida, por abril cobra la vida.—Porque como hace buen tiempo y tienen buenos pastos, pronto se recobran de los alifafes que les trajo el invierno.

Respuesta (La) mansa la ira quebranta.

Retozos a menudo presto llegan al culo.—Se refiere a los juegos entre jóvenes, en los que el instituto siempre está alerta.

Rey determinado no ha menester consejo.—Se dice de las personas que obran por su cuenta y cuando quieren aconsejarse ya tienen hecha su voluntad.

Rey (El) entra como puede y reina como quiere.—Dice que hasta conseguir una cosa se transige con todo el mundo; pero después se impone la voluntad.

Rey (El) es como el fuego, que al que está más cerca más le calienta y quema.

Rey (El) llega donde puede, no donde quiere.

Rey nuevo, ley nueva.

Rey serás si hicieres derecho, indigno de ser rey si hicieres tuerto.

Rey sin consejo, pierde lo suyo y gana lo ajeno.

Rey (El) y el camino, mal vecino.

Rico es el que nada desea y el que nada debe.

Ríese el diablo cuando el hambriento da al harto.—Dice que no van bien las cosas cuando se invierten los términos naturales de ellas.

Rincón por rincón, Alcañiz en Aragón.

Rincón por rincón, Calatayud en Aragón.

Riña (La) de hermanos es agua de manos.—Dice que suelen ser frecuentes y de poca importancia.

Riñas de enamorados, amores doblados.—Es como: «Amores reñidos, amores queridos».

Riñas (Las) de por San Juan son paz para todo el año.— Este refrán dice que debe discutirse el concertar los negocios para que luego no haya dudas ni pendencias. Lo de San Juan proviene porque antiguamente por esta época se concertaban los mozos y aparceros con sus amos.

Riñen las comadres y dícense las verdades.—Semejante a: «Riñen los ladrones y descúbrense los hurtos a voces».

Riñen los amantes y quiérense más que antes.—Es como: «Riñas de enamorados, amores doblados».

Riñen los ladrones y descúbrense los hurtos a voces.— Dice que cuando se trata de agraviar a los demás, la ira y el encono nos hacen descubrir nuestras faltas.

Riñen los ovejeros y perecieron los quesos.—Se dice cuando en alguna trifulca «pagan justos por pecadores».

Río (El), no tan junto que te lleve.—Dice que las cosas grandes y peligrosas suelen traer provecho, pero que debe tenerse cuidado en no aficionarse demasiado a ellas por los riesgos a que exponen.

Río (El) pasado, el santo olvidado.—Se dice cuando, pasado el peligro, se olvidan los votos hechos en el momento del temor.

Río que zurrea, o trae agua o piedra.—«Zurrir» por sonar broncamente.

Riqueza trabajosa en ganar, medrosa en poseer, llorosa en dejar.

Riqueza (La), vecina es de la soberbia.

Risa (La), del conejo, y música del cisnero.—Lo dice porque el conejo guisado muestra los dientes en el plato. «Cisnero» acaso por cisne. que dicen canta muy bellamente al morir.

Roba tú por allá, que yo robaré por acá.—Lo dice por las recetas de los médicos.

Roble (El) como nace, y el pino como cae.—Se han de colocar en los edificios.

Robles y pinos, todos son primos.

Rocín (El), a la crin, y el asno, al rabo.—Se deben cargar.

Rocín (El), en mayo vuélvese caballo.—Porque es época de buenos pastos.

Rocín (El), para polvo; la mula, para lodo; el mulo, para todo.

Rodar ventura hasta la sepultura.

Rodilla de lana, a su dueño engaña.—Se refiere al rodete que se ponen las mozas en la cabeza para cargarse el cántaro u otras cosas, porque siendo de lana, resbala y se deforma antes de recibir la carga.

Rogar a Dios por los santos, mas no por tantos.—Dice que bien está preocuparse y pedir para sí, pero nunca en demasía.

Romería de cerca, mucho vino y poca cera.—Dice que lo que se alcanza con poco sacrificio nunca produce mucho provecho.

Ropa (La) sucia, en casa se lava.—Dice que las cosas íntimas no deben hacerse públicas.

Rosario (El) al cuello, y el diablo en el cuerpo.—Se dice de los hipócritas.

Rostro de horno, piernas de río y tetas de frío.—Se dice de las personas bastas, que tienen el rostro arrebatado, como de hornera; las piernas, curtidas y ásperas como las de las lavanderas, y los pechos, flácidos y caídos, como tetas de vieja.

Rostro lleva al lecho, que no el culo bien hecho.—Se dice también: «Rostro lleva al lecho, que no pierna a concejo».

Rubio arrubiado nunca fue sino falso.

Rucio rodado, antes muerto que cansado.

Rueda (La) de la fortuna nunca es una.

Ruéganla que se pea, y cágase—Se dice de la persona que después de hacerse rogar mucho se excede.

Ruego a Dios, si te casares, que llorando te descasen.— O porque sea tan bueno el marido que al separarse de él la cause duelo, o por todo lo contrario.

Ruego de grande, fuerza es que te hace.

Ruego de rey, mando es.

Ruego y derecho hacen el hecho.

Ruin (El) barbero, ni deja pelo ni cuero.

Ruin (El) buey, holgando se descuerna.—Dice que el que es para poco, con; cualquier cosa se inutiliza del todo.

Ruin con ruin, que así se casan en Dueñas.—Semejante a: «Cada oveja con su pareja».

Ruin (El), cuanto más le ruegas, más se extiende.—Dice que los que no son nada, cuando se ven solicitados se creen e hinchan de orgullo.

Ruin (El) de Roma, en mentándolo luego asoma.—Se dice cuando aparece una persona de la cual se está hablando.

Ruin es el cuerpo que no enjuga la camisa de su dueño.

Ruin es el rico avariento; mas peor es el pobre soberbio.

Ruines (Los) y los tizones nunca bien los compones.

Ruin (El), mientras más le ruegan, más se extiende.— Es propio de personas de baja condición ser orgullosas con los inferiores.

Ruin pájaro, ruin cantar.—Dice que nunca se debe esperar nada provechoso de las personas mezquinas.

Ruin perdiz, una mano en la boca y otra en la nariz.— Es como: «A la perdiz, con la mano en la nariz». Porque dicen que debe comerse algo pasada.

Ruin por ruin, quédese en casa Martín.—Dice que malo por malo, es preferible lo conocido.

Ruin sea quien por ruin se tiene.—Dice que el que de por sí se empequeñece no es digno de que los demás le eleven.

Ruin señor cría ruin servidor.—Semejante a: «Por el criado se conoce el amo».

Ruin (El) siéntale a la mesa; tajada que toma, a todos pesa.

Ruin (La) tierra, el natural la puebla.—Por amor al sitio donde ha nacido.

Ruin vendrá que bueno me hará.

S

Sábados a llover, viejas a beber, putas a putecer.—Semejante a: «Cada mochuelo a su olivo y cada puta a su rincón». Dícese irónicamente cuando se quiere echar a una persona.

Sábalo de mayo, calenturas para todo el ano.—Dice que es malo comer este pez durante esta época, que coincide con la de su celo.

Sabe agradecer la honra a quien te la hace y dona.— Es semejante a: «Sé cortés con quien lo es».

Sabe dónde le aprieta el zapato.—Se dice de los que conocen bien sus negocios.

Sabedlo, coles, que espinazo habéis en la olla.—Se dice irónicamente cuando alguien se alaba a sí mismo.

Sábele bien y hácele mal a mi borriquito hoja de nogal.— Critica a las personas melindrosas y quejiques.

Sabiduría de pobre hombre, hermosura de puta y fuerza de ganapán, nada val.

Saca lo tuyo al mercado: uno dirá bueno y otro dirá malo.—Recomienda que no se haga caso de las caprichosas opiniones del vulgo.

Sácame de aquí y degüéllame allí.—Dice que lo principal es evitar el mal presente, siquiera después tengamos que habérnoslas con otros mayores.

Sacar del horado la culebra con la mano ajena.—Se dice del que quiere aprovecharse del trabajo de los demás. Se dice también: «Sacar la brasa con la mano del gato».

Sacar lo que el negro en el sermón: los pies fríos y la cabeza caliente.—Se dice de las personas que, por su ignorancia o torpeza, son incapaces de comprender lo que oyen.

Saco de yerno, nunca es lleno.—Dice que el yerno nunca se cansa de pedir al suegro, creyendo ampararse en un derecho que no tiene límites.

Sacristán que vende cera y no tiene colmenar, rapaverum del altar.—Se dice cuando se sospecha de que alguien hurta o consigue sus ingresos de algún modo que no es decente.

Sal a la puerta y dila puta tuerta.—Se dice cuando una persona critica a otra en su ausencia y que no se atrevería a hacerlo si estuviese presente.

Salamanca, a unos sana y a otros manca y a todos deja sin blanca.—Por la celebridad de su Universidad, a la que acuden miles de estudiantes del mundo entero, se hizo este refrán.

Sal (La), cuanto sala tanto val.

Sale la coruja al soto.—Es como: «De tal palo, tal astilla», diciendo que cada cosa se parece a lo suyo.

Salen los cautivos cuando están vivos.—Dice que con influencias se puede alcanzar siempre el favor.

Salga el sol por Antequera y póngase por donde quiera.— Se dice cuando se toma una resolución aventurada, cuyo resultado se desconoce.

Salga pez o salga rana, a la capacha.—Se dice a los que con tal de satisfacer su egoísmo apencan con todo.

Salí a la calle y afrenteme; volví a mi casa y remedieme.— Lo dice el que pide prestado.

Salida de marzo y entrada de abril, si el cuco no viene, la fin quiere venir.

Salime al sol, dije mal y oí peor.—Es semejante a: «Quien dice lo que no debe, oye lo que no quiere».

Salir al lobo al camino, como la gansa de Cantimpalos.—Da a entender que una persona no se para en consejos ni advertencias y se decide a obrar resueltamente.

Salir (El) de la posada es la mayor jornada.—Dice que el comenzar una cosa es lo que más cuesta.

Salir de Málaga y entrar en Malagón.—También se dice: «Salir de la laguna y entrar en mojadas», «Salir de las llamas y caer en las brasas», «Saltar de la sartén y dar en las brasas». «Salir de lodazales y entrar en cenagales». «Salir del lodo y caer en el arroyo», etc. Da a entender cuando se huye de un peligro o inconveniente y se cae en otro mayor.

Salmón de enero, al emperador primero, y después contando de grado en grado.—Encarece su bondad en esta época.

Salmón, la casa descompón.—Por su carestía.

Salmón (El) y el sermón, después de Pascua no han sazón.

Sal quiere el huevo y gracia para comerlo.

Salta como granizo en albarda.—Dícese del quisquilloso.

Salta el ajo del mortero y coge mierda para su dueño.

Saltar de la sartén y dar en las brasas.—Ir de mal en peor. Como: «Salió del lodo y cayó en el arroyo».

Salud come, que no boca grande.—Dice que el apetito es producto de buena salud.

Salud es la que juega, que no camisa nueva.—Semejante al anterior.

Salud (La) no es conocida hasta que es perdida.—Como casi todos los beneficios.

Salud y alegría, belleza cría; atavío y afeite cuesta dinero y miente.— Dice que la verdadera hermosura está siempre en la persona sana.

Salud y días y ollas componen cosas.—Se dice cuando se toman con calma los asuntos y se fía en el porvenir.

Sal vertida, nunca bien recogida.—Semejante a: «Agua vertida, nunca del todo recogida». Dice que de la murmuración y de la calumnia siempre queda algo y que cuando se hace pública una cosa, después es muy difícil acallarla del todo.

Sal y salud y cuidado y temporal, hinchen el corral.— De ganado.

Sana la muela con pasarla a cera.—Por picardía dice que con su peso en cera la muela se sana; pero para pesarla hay que sacarla, que en definitiva es lo que dice el refrán.

Sanan lanzadas y *no palabras malas.*—Dice que las palabras ofensivas muy raramente se olvidan. También se dice: «Sanan cuchilladas y no malas palabras» y «Sanan las llagas y no malas palabras».

San Antón, da cueros al lechón, que éstos ya comidos son. —Se dice cuando se comen los torreznos.

San Antón, tres tengo, que no soy capón.

San *Bernabé, dijo el sol, aquí estaré y de aquí no pasaré.*

San Blas, ahoga a éste y ven por más.—Se dice golpeando la espalda del que se atraganta.

San Blas, besugos atrás.—Porque hasta esta época es cuando son mejores.

San Clemente, alza la mano de simiente.

Sandios (Los) hacen los banquetes a los sabios.—Porque el que es listo se aprovecha de los necios para su medro.

Sangre (La) se hereda y el vicio se pega.—Dice que los malos hábitos son muy fáciles de adquirir, aun por aquellos que han heredado y visto siempre nobles ejemplos.

San Julián, guarda vino y guarda pan.

San Lorenzo calura, San Vicente friura, uno y otro poco dura.

San Lucas, a Alcalá putas.—San Lucas es el 18 de octubre, época en que comenzaban los estudios en la Universidad, y como era grande la reunión de estudiantes, acudían a aquel lugar las rameras.

San Marcos Evangelista, mayo a la vista.

San Mateo, la vendimia arreo.—Lo dice porque por esta época están ya maduras las uvas.

San Matías, cata marzo a cinco días, y si es bisiesto, cátalo al sexto.

San Matías, igualan las noches con los días y pega el sol en las umbrías.

San Miguel de las uvas, tarde vienes y poco duras; si vinieses dos veces al año, no quedaría mozo con amo.— Porque en este día se cumplían y pagaban las rentas.

San Miguel pasado, tanto manda el mozo como el criado. —Por la razón que se ha dicho en el refrán anterior.

San Nicolás de los vinos agudos, treinta vecinos, los veintinueve cornudos.—Dice Correas: «Nombre es de lugarillo y por la cuenta el vecino treinta es el cura».

Sano (El) al doliente so regla le somete.—Dice de lo fácil que es aconsejar y cómo el que está exento de un vicio puede dar ejemplo al que lo sufre.

San Pedro de Cátedra, toda res mala, cabeza alza; y más lo de la braga.

San Pedro de los Arcos, deja al diablo los bueyes y toma los asnos.

San Pedro y San Felices, frío en las narices.—Es en primero de agosto.

San Pedro y San Felices, quiebra el pan por las raíces.— Por lo reseca que está entonces la caña de las espigas.

San Silvestre y Santa Coloma, cuando el mes de enero asoma.

San Simón y Judas, mata los puercos y tapa las cubas.

San Siste, busca las uvas donde las viste.—Porque por esa época ya están maduras.

Santa Ana, uva pintada.

Santa Cruz, Saca las fiestas a luz.

Santo Domingo de la Calzada, que cantó la gallina después de asada.—Por el milagro que acaeció en esta villa.

Santo Domingo, mal pan y peor vino.—En la Rioja.

Santo Tomé, quien no tuviese puerco mate la mujer.

San Transfigurado, cual es el día tal es el año.

San Valentín, toma la vara y vete a guarir.—«Guarir» por guarecer. Dice que se deje la pesca y se entre en la casa porque viene el mal tiempo.

San Vicente claro, ensancha el jarro.

San Vicente claro, poco harto; San Vicente oscuro, pan ninguno.

San Vicente, echa la brasa en el río y hácela caliente.— Porque es el 22 de enero y ya comienza el agua de los ríos a no estar tan fría.

Sardina (La) arencada, debajo del sobaco se asa.—Dice que necesita poco calor.

Sardina (La) en la llama y la moza en la cama.—Es como mejor pueden tomarse.

Sardina (La) lo que quiere espira y bebe.—«Espirar» por sacar el aire de la bota o quitar el espirón al barril.

Sardina que el gato lleva, gandida va.—«Gandida» por digerida.

Sardinas (Las) frescas, fritas y frías.

Sardina (La) y el puerco, si volaran, en mucho más se estimaran.— Quiere decir si fuesen menos abundantes.

Sardina (La) y la longaniza, al calor de la ceniza.

Sarmiento (El) y el villano es porfiado.—Porque el sarmiento en la lumbre es menester darle llama con otra cosa, que de por sí no la hace aunque se sople.

Sarna con gusto no pica, pero a veces mortifica.—Dice que muchas veces por capricho se soportan cosas molestas, y aun se da a entender a los demás que no son tales, aunque en el fondo se aguanten sus consecuencias desagradables.

Sastre (El) del Campillo, que cosía de balde y ponía el hilo.—Se dice cuando una persona, además de prestar un servicio, pone de su parte el costo.

Sastre (El) que no hurta, no es rico por la aguja.

Saya tuviera, que sin guantes anduviera.—Lo dice el que se conforma con menos de lo que le prometen.

Sazón hace trigo, que no barbecho mullido.—Dice que para todas las cosas es necesario su tiempo.

Sea en hora mala para quien de noche trasteja casa.

Sea marido aunque sea de palo, que por ruin que sea es marido.—Porque: «Más vale hija mal casada que bien abarraganada».

Sea marido y sea grano de mi hijo.—Se dice por las que desean casarse y aceptan cualquier ofrecimiento.

Sea mi enemigo y vaya a mi molino.—Atiende al provecho y no a la amistad.

Sea *milagro y hágalo cualquier santo.*—Es como: «Sea milagro y hágalo el diablo».

Sea milagro y hágalo el diablo.—Se dice cuando se desea un beneficio, venga de donde viniere.

Séase extremeño, y siquiera un leño.—Dice que los extremeños son buenos por excelencia.

Séase vuestra la higuera y esté junto a mi lindero.— También se dice: «Sea tuya la higuera y esté yo a la vera». Amenaza que aunque la propiedad de la cosa sea de otro, ha de ir a partes con el provecho.

Seco la garganta, ni gruñe ni canta.—Es refrán de bebedores.

Seco, y no de hambre, huye de él como de landre.—«Landre» por golondrino. Dice que las personas extremadamente enjutas deben rehuirse porque suelen ser de carácter pronto y violento.

Secreto de dos, sábelo Dios; secreto de tres, toda res.— Dice lo difícil que es guardar un secreto entre más de dos personas.

Secreto (El) de tu amigo guardarás, y el tuyo no le dirás.

Seda (La) con la mano y con cepillo el paño.—Deben limpiarse.

Seda y raso no dan estado, mas hacen al hombre autorizado.—Ahora ya no visten de seda y raso los hombres, si no es obispos y demás; debe entenderse, pues, por seda y raso el lujo.

Sed de cazador y hambre de pescador.—Salsa es ésta que condimenta como ninguna otra los guisos.

Se dice el pecado, pero no el pecador.—Dice que para descubrir una falta no es preciso poner en evidencia al que la ha cometido.

Según el natural de tu hijo, así dale el consejo y el oficio. —Buen refrán para padres sabios.

Seguro está el cielo de lobos y de ladrones y robos.— También se dice: «Segura está la mar de fuego, y de ladrones el cielo».

Semana de Ramos, lava tus paños, que la de Pascua quema con ascua.

Sembrar por fanegas y coger por espigas.—Se dice cuando los resultados de un negocio son muy inferiores a lo que debieran ser.

Sentir con los pocos y hablar con los muchos.

Señal de mala bestia, sudar tras la oreja.

Señal mortal, no querer sanar.

Señor (El) que ha de ser servido ha de ser sorbido.— Se dice por lo que cuestan y malgastan los criados.

Sepultura de amigos, venganza de vivos.—Semejante al proverbio árabe: «Siéntate a la puerta de tu casa y verás pasar el cadáver de tu enemigo».

Serano de abril, vete al mandado, que verás a venir; serano de agosto, ni por agua al pozo.—«Serano» por tarde; por abril crecen los días y por agosto van menguando.

Serano de mayo, vete a tu mandado, que tiempo tienes harto.

Ser casta, para buena no basta.—Hay también que parecerlo y además tener otras buenas cualidades.

Ser mercader, más va en el cobrar que en el vender.

Sermón sin agustino, olla sin tocino.—Porque tienen fama de buenos predicadores los agustinos.

Sermón (El) y el salmón en Cuaresma tienen sazón, y después non.— También se dice: «El salmón y el sermón, después de Pascua no han sazón».

Sermón (El) y el zamarro no son para verano.—«Zamarro» es la chaqueta de piel de oveja que usan los pastores. En verano, los labradores tienen mucho que hacer en sus tierras y no pueden estarse en la misa más que el tiempo indispensable.

Ser puta y buena mujer, ¿cómo puede ser?—Es como: «Soplar y sorber no puede ser» y «No puede ser repicar y estar en la procesión», etc.

Ser (El) señor no es saber; es señor saberlo ser.—La señoría viene de casta, no puede improvisarse.

Servicio (El) del niño es poco, mas el que le deja es loco. —Porque lo poco que pueden hacer lo hacen de buena gana y con franqueza.

Servir es ser vil.

Seso (El) derecho, cantar en la mesa y silbar en el lecho. —Lo dice por ironía.

Seso en prosperidad, amigo en adversidad y mujer rogada casta, raramente se hallan.

Septiembre de mí no se miembre.—«Membrar» por recordar. Es mes propenso a enfermedades.

Septiembre, o lleva las puentes o secas las fuentes.

Se tapa Maricuela y se dejaba el culo fuera.—Dícese de ¡as personas que tratan de ocultar lo nimio y, sin embargo, descubren lo más importante.

Si a alguno probar querés, dale oficio y verás quién es.— Para ver si es trabajador o no.

Si a beodo te vieres ir, huye la compañía y vete a dormir.

Si a tu marido quieres matar, dale coles por San Juan.

Si a tu vecino quieres mal, mete las cabra en su olivar.— Porque el peor enemigo de los árboles, después del hombre, son las cabras.

Si bien bailo o mal bailo, mi cuerpo solazo.—Lo dice el que, desechando el parecer ajeno, sigue su voluntad. Semejante a: «Ande yo caliente, ríase la gente».

Si bien come el mulo, bien caga el culo.—Se dice cuando la dádiva está bien compensada.

Si bien me quieres, bien te quiero; no me hables de dinero. —Es como: «Dos que bien se quieren no cuentan lo que tienen».

Si bien me quieres, Juan, tus obras me lo dirán.—Semejante a: «Obras son amores y no buenas razones».

Si bebieras con el caldo, no darás al médico un puerco cada año.—Nota lo saludable que es beber buen vino tras el caldo. Es como: «Quien tras el caldo no bebe, no sabe lo que pierde».

Si buena vida tengo, buena hambre me paso.—Se dice de los holgazanes.

Si buen negocio traes, fraile, podéis hablar desde la calle. —Dice que las cosas limpias y honestas pueden decirse en público y no necesitan de rincones ni tapujos.

Si buscas mujer y no dama, ni tenga buena ni mala fama. —Dice que así como a la barragana le conviene la popularidad, la esposa debe ser tan honesta que no se la conozca.

Si caminares, Vicente, no comas en cada lugar ni bebas en cada fuente.

Si Castilla fuera vaca, Rioja fuera la riñonada.—Es decir, lo mejor de ella.

Si cazares, no te alabes; si no cazares, no te enfades.— Dice que el hombre debe ser mesurado, lo mismo en la prosperidad que en la desgracia.

Si como tercian quinta, como quinta pinta.—Pronóstico de la luna.

Si con el rey se echó, puta se halló.—Dice que las cosas mal hechas, aunque tengan por cómplices personas importantes, igualmente son reprobables.

Si con monjas quieres tratar, cúmplete de guardar.

Si cuando Tomico a todo me aplico, mirad qué haré siendo Tomé.—Se dice del que, sin ser nada, rebulle por todas partes.

Si culo veo, culo quiero.—Se dice de las personas caprichosas que procuran imitar y conseguir lo de los demás.

Si cumples las unas con otras promesas, en lo que pararon aquéllas pararán éstas.

Si da el cántaro en la piedra, mal para el cántaro; si da la piedra en el cántaro, mal para el cántaro.—Semejante a: «Siempre se quiebra la soga por lo más delgado».

Si de alguno te quieres vengar, has de callar.—Callar, y esperar la ocasión para tomarlo desprevenido.

Si de ésta escapo y no muero, nunca más bodas al cielo.—Dícese de los arrepentidos. Viene de la fábula de la raposa, que pidió al águila que la llevase a unas bodas que había en el cielo, y levantándola el águila a muy grande altura, la dejó luego caer, con lo que la raposa se derrengó y quedó maltrecha, y decía esto. También se dice: «Si Dios de ésta me escapa, nunca me cubrirá tal capa».

Si de Jaca Dios me escapa, más rico soy que el Papa.— Jaca es tierra pobre, a la vera del Pirineo.

Si dieras de comer al diablo, dale trucha en invierno y sardina en verano.

Si Dios no me quiere, el diablo me ruega.—Semejante a: «Donde una puerta se cierra, otra se abre». Dícese cuando, negando un recurso o solución, hallamos otro.

Si duerme el viejo, si no, descansa el hueso.—Lo dice porque al viejo, le es provechosa la cama.

Si el buey quieres, engordar, de mediado de febrero hasta mayo le has de apacentar.

Si el caballo tuviese bazo y la paloma tuviese hiel, todo el mundo se avendría bien.

Si el cielo se cae, quebrarse han las ollas.—Se dice también: «Si el cielo se cae, cogernos ha debajo». Se dice ruando se achacan demasiados inconvenientes a una cosa.

Si el c... tuviera llave, no tendría el hombre tal heredade.

Si el corazón fuera de acero, no le vencería el dinero.— Dice que muchas veces, por satisfacer las pasiones, se incurre en grandes faltas.

Si el cuerdo no errase, el necio reventaría.

Si el deudor no se muere, la deuda no se pierde.

Si el día de San Vicente hace claro, buena vieja ensancha el jarro.—Porque viene buen temporal para las viñas.

Si el gato come miel, no estamos aquí bien.—Porque será señal de que pasa mucha hambre y por ende la casa no es de hartura.

Si el grande fuese valiente, y el pequeño paciente, y el bermejo leal, todo el mundo sería igual.

Si el hijo sale al padre, de duda saca a la madre.

Si el lobo da en la dula, guay de quien no tiene más que una.—Porque la desgracia parece perseguir al más menesteroso.

Si el loco sentado está, o los pies mueve o cantará.— Se dice irónicamente por los que tienen estas costumbres.

Si el merecimiento no da ventura, más quiero dicha, madre, que hermosura.—Semejante a: «La tu hija hermosa, la mía venturosa» y «La suerte de la fea la bonita la desea».

Si el mozo supiese y el viejo pudiese, no habría cosa que no se hiciese.—Lo dice por el brío de uno y la experiencia del otro.

Si el necio no fuese al mercado, no se vendería lo malo.

Si el niño llorare, acállele su madre; y si no quisiere callar, déjele llorar.—Da a entender que cada uno, cumpliendo con su deber, no está obligado a más.

Si el principio se yerra, no puede seguirse fin buena.— Es como: «A mal principio no hay buen fin».

Si el secreto fuere descubierto a una mujer, luego se ha de saber.—Nota a las mujeres de habladoras e informales.

Si el Sol me alumbra, no he menester la Luna.—Dice que el que tiene un valido poderoso no se precia de ayudas más pequeñas.

Si el tiempo quieres asegurar, después de llovido, aire cierzo ha de andar; si ninguno anduviere, las nieves lo vuelven.

Si el villano supiera el sabor de la gallina en enero, no dejaría ninguna en el pollero.—Porque por esta época, como no ponen, están muy gordas y sabrosas.

Siembra con llovido y escarda con frío.

Siembra en haz y cogerás en paz.—«Haz» es junto a la casa, y también la superficie de la tierra antes de arar.

Siembra en polvo y habrás cogolmo. — «Cogolmo» por montón de trigo.

Siembra en polvo y no en lodo.—Como el anterior.

Siémbrame en febrero, siquiera me metas en un agujero. —El ajo.

Siembra quien habla y recoge quien calla.

Siembra temprano: si te engañas un año, acertarás cuatro.—También se dice: «Siembra temprano y cría carneros; que para venirte uno malo te vendrán cien buenos».

Siembra temprano y poda tardío; cogerás pan y vino.

Siembra trigo en barrial y pon viña en cascajal.—Dice que el trigo quiere tierra fuerte y polvorosa y la viña va mejor en arena y cascajo.

Siembra y cría y habrás alegría.—Porque es principio de todo provecho.

Siembra quien quisiere lino en secanal, y yo donde lo pueda regar.

Siempre promete en duda, porque al dar nadie te ayuda.

Siempre quiebra la soga por lo más delgado.—Dice que siempre suelen pagar las consecuencias de lo malo los más débiles.

Siempre quien toma un león en ausencia verás que teme un topo en presencia.—Nota la cobardía de los arrogantes y de aquellas personas que se atreven cuando no es ocasión de probar el valor.

Siempre sale a hablar quien tiene por qué callar.

Si en abril hay lodo, no se perderá todo.

¿Si encontrará Menga cosa que le venga?—Semejante a la frase proverbial: «No encontrar árbol donde ahorcarse». Dícese de los que no se encuentran satisfechos con nada.

Siéntate a la puerta de tu casa y verás pasar el cadáver de tu enemigo.—Es proverbio árabe, que da a entender que con paciencia se logra siempre lo que se desea.

Siéntate en tu lugar, no te harán levantar.—Recomienda que cada uno ocupe su puesto, con objeto de que nadie le discuta su derecho.

Si eres niño y has amor, ¿qué harás cuando mayor?— Semejante a: «Cuando aquí nieva, ¿qué será en la sierra?». Da a entender que cuando no es oportuno una cosa e insistentemente se muestra, cuando sea llegado su momento, ¿hasta qué extremo ha de llevarse?

Sierra (La), con la nieve es buena.—Dice que cada cosa o persona debe cumplir con el fin para que ha sido creada.

Siervo de otro se hace quien dice su secreto a quien no lo sabe.

Si es mi hijo o no es mi hijo, yo pagué el bautizo.— Lo dice el que, con obligación o sin ella, se atiene a las consecuencias de un asunto.

Si es primero la gallina, será después la sardina.—Dice que cuando al principio se gasta mucho, hay después que escatimar.

Si estuvieres al foguero, no hagas el culo peedero, porque si fueres a concejo, no quiera él hablar primero.—Dice que no se deben adquirir malas costumbres amparándose en la intimidad y la confianza, porque después en público no pueden evitarse y muestran lo grosero de ellas.

Si estuvieres subido, no te deseen ver caído.—Dice que con buenos actos se eviten los enemigos.

Siete cosas hacen las sopas: quitan la hambre y la sed, llenan el vientre y limpian el diente, hacen sufrir y dormir y la mejilla roja venir.— Se refiere a la sopa de vino.

Siete hermanos de un vientre, cada uno de su miente.

Siete hermanos en un concejo, de lo tuerto hacen derecho y de lo derecho tuerto.

Siete virtudes tiene la sopa: es económica, el hambre quita, sed da poca, hace dormir, digerir, nunca enfada y pone la cara colorada.—Se refiere a las sopas de ajo.

Si faltare, falte para la teja vana.—Dice que se procure lo más necesario en el comer y en el vivir, y si falta algo, sea esto lo superfluo.

Si fuéredes buenos, de los vuestros veranos haré inviernos; si fuéredes malos, de los vuestros inviernos haré veranos.

Si fueres arrendador, sé tú el cogedor.

Si fueres bueno, para ti el provecho; si fueres malo, para ti el daño.

Si fueres crespo y bezudo, no te aseguro de ser cornudo. «Bezudo» significa de labios gruesos; dice que las personas que tienen el pelo áspero y aborrascado y los labios prominentes son lerdas y obtusas.

Sigue la hormiga si quieres vivir sin fatiga.—Dice que se la imite.

Sigue razón, aunque a unas agrade y a otras non.

Si haces barato, venderás más que cuatro.

Si haces mal, espera otro mal.—Semejante a: «El que la hace la paga».

Si helare en marzo, busca cubas y mazo, y si en abril, tórnalas al cubil.—Dice que si hiela en marzo, es buen año de vino; pero si hiela en abril, no.

Si hubieres menester o alguno, bésale en el culo; si él te hubiere menester, bésete él.

Si la envidia fuera tiña, qué de tiñosos habría.

Si la fregona no fregase el mortero, ¿en qué comería el majadero?—Es respuesta a los que menosprecian los oficios bajos.

Si la lengua erró, el corazón no.—A los que se equivocan de buena voluntad.

Si la locura fuera dolores, en cada casa darían voces.

Si la morena tiene gracia, más vale que la blanca.

Si la mozuelo fuere loca, anden las manos y calle la boca.

Si la Natura señala, o es muy buena o muy mala.—Se refiere a las personas que tienen alguna particular señal o cicatriz.

Si la píldora bien supiera, no la doraran por de fuera.— Se dice cuando alguien elogia y encomia con demasía una cosa.

Si la vista no me agrada, no me aconsejes nada.—Y es verdad que la primera impresión suele ser la más certera, sobre todo en cosas de sentimiento.

Si lo trae de hado, muere de parto.—Dice que la suerte de cada individuo es invariable.

Silla de otro caballo no viene bien a ningún extraño.

Silla sin cuero, hombre en el suelo.—Se refiere a la silla de montar.

Si malhoja el olivar, dale a quemar.

Si marzo vuelve el rabo, no quedará oveja ni pastor enzamarrado.—Se suele también decir: «Si marzo vuelve el rabo, no deja cordero con cencerro, ni oveja con pellejo, ni pastor enzamarrado». Dice que en este mes, sobre todo al final, suelen producirse días muy fríos, barrascosos y crudos.

Si me lo has de dar, no me lo hagas desear.

Si mucho las pintas y regalas, de buenas hijas harás malas.

Si mucho se tiene, mucho se gasta y más se quiere.

Sin clérigo y palomar tendrás limpio tu hogar.

Sin manceba, ningún dómino, ni sin hideputa canónigo.

Si no ararais con mi vaquilla, no supierais de mi cosilla. —Se dice de las personas que entrando en una casa con intimidad se aprovechan de ésta y luego van propalando lo que oyen.

Si no atajas de chico el yerro, continuamente irá creciendo.—Nota la importancia que tiene la educación en la niñez.

Si no debes, fía y deberás.—Dice que el fiar es un negocio que arruina.

Si no entraras en mi fuego, no verías lo que cuezo.— Es como: «Si no ararais con mi vaquilla, no supierais de mi cosilla».

Si no eres casto, sé cauto.—Porque en los lances de amor siempre suele haber peligro.

Si no eres venturoso, sé porfioso; serás venturoso.—Por aquello de que: «Pobre porfiado saca mendrugo».

Si no errase el cuerdo, reventaría el necio.—También se dice: «Si el cuerdo no errase, el necio reventaría». Se dice cuando los imbéciles se alegran de las equivocaciones de las personas inteligentes o sensatas.

Si no es en el fuego mearse, de escupir es menester guardarse.

Si no es en esta barqueta, será en la que se fleta.—Encarece el valor de la constancia.

Si no es fraile, será hembra, y si no, mula gallega.—Es refrán antiguo, y dice que estas tres bestias se topaban siempre por los caminos.

Si no fui avisada, tomé la estopada.—Es excusa del que, reconociendo no tener talento, demuestra, empero, que es trabajador.

Si no fuere lo que suena, lo que fuere sonará.

Si no hace mella en la dama, hace mella en la fama.— Acaso se refiera al yacer con una doncella.

Si no haces lo que quieras, haz lo que puedas.

Si no hago lo que veo, todito me meo.—Es como: «Si culo veo, culo quiero».

Si no hila Marta, hila la arca.—Porque pagará a las hilanderas. Se dice para otros casos.

Si no hubiese castigo en el mundo, no andaría nadie seguro.—Porque la condición del hombre es mala.

Si no hubiese más de ajos que de canela, cuanto valen ellos valdría ella.—Porque el precio de las cosas depende, más que de su bondad, de su rareza.

Si no lo vendéis, tapadlo.—Se avisa a las doncellas que adoptan alguna postura deshonesta.

Si no lloviese en abril y mayo, venderá el rey el caballo y el carro, y por una hogaza lo que tuviere y dará la hija a quien la pidiere.

Si no lloviese en febrero, ni buen prado ni buen centeno.

Si no lloviese en agosto, echa tu caudal en mosto.

Si no medrásemos hogaño, doce meses tiene otro año.

Si no miran a la vieja, miran lo que lleva.—Recomienda a las personas de edad que se arreglen y procuren tener buen parecer.

Si no miras más que la papo, guay del saco.—Contra los comilones.

Si no naciste avisado, no estudies para letrado.

Si no puedes lo que quieres, quiere lo que puedes.

Si no sabes vivir quieto, quiébrate una pierna y estate en el lecho.

Si no te quieres casar, come sábalo por San Juan.—Semejante a: «Sábalo de mayo, calenturas para todo el año».

Si no tienes dinero en la bolsa, ten miel en la boca.— Porque: «Con el sombrero en la mano se conquista el mundo». Recomienda afabilidad y agrado en el trato.

Si no tienes dinero, pon el culo por candelero.—Da a entender que el pobre está obligado a sufrir toda clase de calamidades.

Si no tienes para bien, para mal no faltará.—Dice que aun en la miseria el hombre se procura lo necesario para satisfacer sus vicios.

Si no untan la muceta, gruñirá como carreta.—Buen aviso para pleitistas.

Si no valiese por testamento, valga por codicilo.

Sin pan ni carne no se sustenta buena sangre.

Sin pan y vino, no hay amor fino.—Dice que es muy difícil sostener el afecto en medio de las privaciones, por aquello de que: «Donde no hay harina, todo es mohína».

Sin temor, el amor parece desprecio; sin amor, el temor desdeño.

Sin un ojo y no con un hijo.—Avisa que no debe tomarse marido ni mujer con hijos.

Sí, por cierto, el caballo del rey cagó a mi puerta y en mi portal la jaca de la reina.—Burla para los que presumen de recibir favores de personas poderosas.

Si quieres acertar, casa con tu igual.—Es como: «Cada oveja, con su pareja».

Si quieres aprender a orar, entra en la mar.—Porque el temor hace creyentes.

Si quieres beber agua limpia, sácala de fuente viva.—En sentido figurado se emplea para indicar que si se quiere tratar con personas buenas y honradas se mire su origen y educación.

Si quieres bien casar, casa con tu igual.—Como: «Cada oveja, con su pareja».

Si quieres bien empreñar, guárdate de segundar.—Buena práctica, muy observada en las bestias, y quiere decir también que el que desee mantenerse fuerte y rollizo tenga poco trato con las mujeres.

Si quieres buena fama, no te dé el sol en la cama.—Va contra los perezosos.

Si quieres buen consejo, pídelo al hombre viejo.—Semejante a: «Del viejo, el consejo». Lo dice porque el viejo tiene experiencia y porque estando ya al margen de las pasiones ve la vida con más serenidad.

Si quieres cedo engordar, come con hambre y bebe a vagar.—«Cedo» por pronto.

Si quieres coger pan, ara por San Juan.

Si quieres comer mierda que te sepa bien, come queso sin raer.—Es decir, sin quitarle la corteza.

Si quieres comer comida mala, come la liebre asada.

Si quieres conejo muerto, apunta con ojo tuerto.

Si quieres conservarte fresco y lozano, la ropa del invierno usa en verano.—Lo dice porque además de preverse contra las variaciones atmosféricas, la gruesa ropa de lana, como evita el frío, preserva del calor, y esto bien lo tienen experimentado los labriegos de Castilla y otras regiones de España, que antiguamente usaban las capas en pleno estío.

Si quieres dar palos a tu mujer, pídela al sol de beber.—Porque el agua por transparencia nunca parece limpia del todo.

Si quieres de tu amigo probar la voluntad, finge necesidad.

Si quieres el huevo, sufre la gallina.—Se dice al que, deseando el beneficio de un negocio, reniega de los inconvenientes.

Si quieres enfermar, cena mucho y vete a acostar.—Semejante a: «De grandes cenas están las sepulturas llenas».

Si quieres enfermar, lávate la cabeza y vete a echar.

Si quieres estar bueno, mea a menudo, como hace el perro.

Si quieres hablando no errar, piensa primero qué hablar.

Si quieres hacer buen cotral, dale de comer y déjale holgar.—«Cotral» es el buey cebón que se utiliza para carne.

Si quieres hacer buen juiz, escucha lo que cada una diz. —«Juiz» por juez para la consonancia.

Si quieres hacer buen testamento, hazle estando bueno.— Recomienda que un asunto tan importante como éste no se acometa de prisa y bajo el temor e influencia a que ineludiblemente se someten los enfermos.

Si quieres hacer burla del año, sé porquero en invierno y pastor en verano.

Si quieres hacer del chivo carnero, échale a cocer en agua hirviendo.

Si quieres hacer de tu casa corral, quítale el techo y cátale hecho.

Si quieres hacer fuerza que tenga, haz piedra de barro y barro de piedra.—Dice que se haga ladrillo y cal, que son bonísimos materiales para la construcción.

Si quieres holgura, sufre amargura.—Dice que para alcanzar una posición desahogada es preciso sufrir antes privaciones y trabajos.

Si quieres la oveja, ándate tras ella.—Dice que el que desea conseguir algo debe ocuparse solícitamente de ello.

Si quieres la viña vieja tornarla moza, pódala en hoja.

Si quieres matar a un cuerdo, átale al pie un necio.—Porque verdaderamente nada hay tan insufrible como tener que aguantar la conversación y las órdenes de un insensato.

Si quieres no besar a tu suegro en el culo, siembra enjuto. —Dice que procure tener hacienda propia para no tener que depender de los demás, y menos aún de los parientes.

Si quieres que digan bien de ti, no digas mal de ninguno. —También se dice: «Si quieres que digan bien de ti dilo tú también».

Si quieres que haga por ti, haz por mí.

Si quieres que tu amigo no te tenga el pie sobre el pescuezo, no le descubras el secreto.

Si quieres que tu hijo crezca, lávale los pies y péinale la cabeza.— Recomienda la higiene, que tan necesaria es para la salud y desarrollo de los niños.

Si quieres saber cuánto vale un real, mándale a buscar. —Dice que verdaderamente cuando se sabe lo que valen las cosas es cuando hay que pedirlas a los demás, y entonces vemos lo difícil que es conseguirlas.

Si quieres saber de aquí, de allá y de acullá, el tiempo te lo dirá.—Va contra los curiosos y apresurados.

Si quieres saber quién eres, pregúntalo a tu vecino.— Dice que se pida consejo al que conoce nuestra vida y tiene motivos sobrados para saber en qué concepto nos tienen los demás.

Si quieres sacar colmenas, sácalas por las Candelas, y si quieres sacar miel, sácala por San Miguel.

Si quieres ser bien servido, sírvete a ti mismo.

Si quieres ser papa, póntelo en la testa.—Y es verdad, porque la voluntad lo consigue todo.

Si quieres tener buen mozo, antes que le nazca el bozo. —Se entiende buen criado.

Si quieres tener dinero, tenlo.—Es decir, guárdalo.

Si quieres tener efeto, negocia con secreto.

Si quieres tener pan sobrado, deja lo afamado y vete a lo holgado.

Si quieres un día bueno, hazte la barba; un mes bueno, mata puerco; un año bueno, cásate; un siempre bueno, hazte clérigo.

Si quieres venir conmigo, trae contigo.

Si quieres ver a tu compañero andar, párate a mear.

Si quieres ver a tu marido enterrado, dale a cenar carnero osado.—Por lo pesado que es de digerir. Semejante a: «De grandes cenas están las sepulturas llenas».

Si quieres vida segura, asienta el pie en llanura.—Recomienda que los bienes raíces se adquieran en tierra llana, por ser más productiva merced al clima igual.

Si quieres vivir sano, anda una legua más por año.— Recomienda el ejercicio, que no debe abandonarse a pesar de la edad.

Si quieres vivir sano, hazte viejo temprano y la ropa de invierno tráela en verano.—Dice que no se abuse de los placeres y se prevenga el cuerpo lo más posible.

Si quieres tener buena fama, no te tome el sol en la cama.—Recomienda que se sea trabajador y diligente.

Sirve al noble aunque sea pobre, que tiempo vendrá en que te lo pagará.—Se entiende al noble de condición, no de blasones.

Sirve a señor y sabrás qué es dolor.

Sirve bien a señor y obligarle ha la razón.

Sírvele como a marido y guárdate de él como de enemigo. —Consejo a la casada.

Si secretos quieres saber, búscalos en el pasar, o en el pesar, o en el placer.

Si siegas alto, no medrarás en el trato.—Dice que si en los negocios se comienza por hacer concesiones nunca alcanzaremos la parte mejor.

Si supiese la hueste lo que hace la hueste, mal para la hueste.—Buen consejo para capitanes.

Si supiese la mujer que cría las virtudes de la ruda, buscarla habría de noche a la luna.—Además de ser yerba medicamentosa, se supone a la ruda virtudes contra el maleficio de las brujas a las criaturas.

Si te dieren la vaquilla, acude con la soguilla.—Dice que cuando nos prometen una cosa no dejemos pasar la oportunidad.

Si te dijeren dos que eres asno, rebuzna.

Si te fuere bueno el trigo tardío, no se lo digas a tus hijos.—Lo dice porque es siempre mejor el trigo temprano.

Si te hace caricias el que no te las acostumbra a hacer, o te quiere engañar o te ha menester.

Si te mandare tu mujer arrojarte de un tejado, ruégala que seo bajo.— Nota la influencia que en el parecer del hombre tiene el capricho y la intención de la mujer; así se dice: «Dos que duermen sobre un colchón, se vuelven de la misma opinión», y aún se añade para descargo: «El consejo de la mujer es poco, y el que no lo sigue, un loco».

Si te muerde el alacrán, traigan la manta y el cabezal.— Porque es bicho muy venenoso. También se dice: «Si te muerde el alacrán, llama al cura y al sacristán».

Si te muerde el escorpión, traigan la pala y el azadón.— Como el anterior. *Si te pinchares, chúpate el dedo y sanarás luego. Si tienes médico amigo, quítale la gorra y envíale a casa de tu enemigo.*—Porque casi siempre los médicos hacen más perjuicio que beneficio.

Si tu amigo te engaña una vez, nunca medre él; si dos, tú y él, y si tres, tú solo nunca medres.—Recomienda no ser desconfiado, pero no confiar tanto que raye en tontería.

Si tuvieres al diablo por convidado, dale truchas en invierno y sardinas en verano.

Si tuvieres dinero que te sobre y no tienes caridad, bien te puedes llamar pobre.

Si vas a comprar la heredad, la jumenta al junco o aliaga has de atar.—Dice que son buenas las tierras que dan, por la humedad, juncos, o por la fuerza, aliagas.

Si vas a Hervás, lleva pan, que vino hallarás.

Si vieres rueca de algodón, éntrate hasta el rincón; si vieres rueca de lana, éntrate hasta la cama; si vieres rueca de lino, no pases del postigo.—Dice Correas: «Las de algodón y lana denotan pobreza, y que se alcanzarán fácilmente; la de lino úsanla también mujeres ricas para su casa, *y no serán tan fáciles*».

Si viniere el Dios os salve, antes en el caldo que en la carne nos hable.—Dice que como antaño los labradores comían primero la carne que el caldo, el «Dios os salve», o sea el que venía de visita y saludaba de esta manera, mejor era que llegara al caldo, pues podían invitarle gastando menos, ya que la carne se la hablan comido.

Sobre brevas, no bebas.—Agua, porque también se dice: «Sobre brevas, vino bebas».

Sobre cornudo, apaleado.—Se dice del que se sacrifica y sobre ello le vituperan. Viene este dicho del sucedido de un marido celoso que se vistió los trajes de su mujer para aguardar por la noche la llegada del amante, y entrando éste por la puerta, estuvo holgándose con la mujer, la cual, descubierta la trama del marido celoso, arremetió contra él, apaleándole fingiendo que le creía la coima de su esposo, con lo cual quedaron los tres contentos.

Sobre cuernos, penitencia.—Es como: «Sobre cornudo, apaleado».

Sobre dinero no hay compañero.—Nota el egoísmo; es semejante a: «Ante mis dientes no hay parientes».

Sobre Dios no hay señor, ni sobre la sal hay sabor.

Sobre el melón, vino fellón.—«Fellón» por puro.

Sobre mojado llueve y sobre seco a veces.—Dícese cuando se disputa o habla sobre cosas ya tratadas otra vez.

Sobre padre no hay compadre.

Sobre peras, vino bebas, y el vino sea tanto que las peras anden nadando.

Sobre quemado, agua hirviendo.—Vale tanto como: «Nombrar la soga en casa del ahorcado».

Sobre un huevo pone la gallina.—Nota el valor que tiene el estímulo.

Socorrer al cuero con albayalde, que seiscientos meses no se van de balde.—Se dice por las viejas repintadas.

So el buen sayo hay hombre malo.—«So» por bajo; al revés de: «Bajo una mala capa se esconde un buen caballero».

Soga (La) siempre quiebra por lo más delgado.—Dice que siempre paga el más débil.

So la buena razón empece el engañador.—«Empecer» por dañar u ofender.

Solano, malo de invierno, peor de verano.

So la sombra del nogal, no te pongas a recostar.—Porque es dañosa y produce afecciones en la piel.

Solas, penas y cenas, tienen las sepulturas llenas.

Sol conejero, agua en el capelo.—Cuando el conejo se pone al sol, llueve.

Sol de enero, el puerco al ladero.—Porque en enero ya comienzan los días a hacerse más largos y a la hora del sol los puercos buscan ya los lodazales.

Sol de enero, siempre anda detrás del otero.—Porque sube poco en el cielo y cae muy pronto.

Sol de invierno, sale tarde y pénese presto.—Se dice de los bienes tardíos.

Sol de invierno y amor de puta, poco dura.

Sol de marzo hiere como mazo.

Sol de marzo quema las damas del palacio, mas no las del ordenado.—Dice que no quema a las que hacen vida ordenada y están en su casa al reparo del sol, pero quema a las que andan de un lado en otro y gastan su tiempo holgando en ventanas y balcones.

Soledad (La) y la pobreza están mal juntas.

Sol madruguero no dura un día entero.—También se dice: «Sol que mucho madruga, poco dura».

Sólo aquel puede decirlo, que sabe sentirlo.—Buen consejo para muchos que se las dan de escritores.

Sólo Dios es el que no tiene necesidad.—Va contra los orgullosos que se creen bastante por sí mismo.

Sólo el sabio es rico y valiente el sufrido.

Sólo lo necesario deleita; lo superfluo atormenta.

Sol puesto, obrero suelto.—Antiguamente, cuando se trabajaba de sol a sol.

Sol que mucho madruga, poco dura.—Como: «Sol madruguero, no dura día entero».

Sol rojo, agua al ojo.

Sol (El) sale para todos.—Dice que a cada uno Dios le da medios con que valerse.

Soltero, pavón; desposado, león; casado, buey cansado.— Puede ser la historia de la mayoría de los hombres.

Sol y buena tierra, hacen buen ganado, que no pastor afamado.

Sol (El) y el médico y el alguacil, por doquier entra y vuelve a salir.

Sombra de teja y agua bermeja.—Es dicho de frailes, que apetecen estarse en casa y beber vino.

Sombrero (El), hasta el suelo, y el repelón, hasta el cielo.—Dice que se sea cortés con el contrario en los asuntos, pero que en tocante a derecho no se ceda un punto.

Somos arrieros y nos encontraremos.—Semejante a: «El mundo da muchas vueltas». «No digas de este agua no beberé, etc.»

Somos tierra y no para tapias buenas.—Excusándose por humildad.

Son burlas pesadas las que enojan y dañan.

Son como uña y carne.—Para denotar gran amistad.

Son habas contadas.—Denota la claridad en las cuentas.

Son más los días que las longanizas.—Contra los impacientes.

Soñaba el ciego que veía y soñaba lo que quería.—Es como: «El que hambre tiene, con pan sueña».

Sopa en vino no emborracha, pero arrima a la pared.— También se dice: «Sopa en vino no emborracha, pero agacha».

Sopas (Las) y los amores, los primeros son los mejores.— Se dice porque cuando se repite de un plato, lo añadido no parece ya tan bueno.

Sopas y sorber, no puede ser.—También se dice: «Sopas y sorber, no hay tal comer».

Soplando brasas se saca llama y enojos de mala palabra.

Sopla poco a poco, no harás gesto como loco.

Soplar y sorber no puede ser.—Semejante a: «Sopas y sorber no puede ser». Dice que no puede hacerse al mismo tiempo dos cosas contrarias.

Sordas son gallinas en las vendimias.—Porque como no ponen no cacarean.

Suegra, ni de azúcar buena; nuera, ni de pasta ni de cera.

Suegra (La) rogada y la olla reposada.

Sueño de abril, déjalo a tu hijo dormir; el de mayo, a tu criado.—Porque en este mes son los días más largos y da tiempo para todo.

Sueño sosegado no teme nublado.—Dice que el que no tiene preocupaciones está libre de temores.

Suerte (La) de la fea, la bonita la desea.—Es como: «Tu hija hermosa, la mía venturosa».

Suerte (La) del enano, que fue a cagar y se cagó en la mano.—Se dice cuando uno fracasa en su intento.

Sufra quien penas tiene, que un tiempo tras otro viene.

Sufre el asno la carga, mas no la sobrecarga.—Recomienda no apurar hasta el extremo las cosas o las personas.

Sufre lo poco para no venir a sufrir lo mucho.—Dice que se sufran con paciencia las pequeñas contrariedades, que han de servir de enseñanza para evitar las mayores.

Sufre por saber y trabaja por tener.

Sufrir hija golosa y albendera, mas no ventanera.—«Albendera» por presumida. Por ventanera se da a entender disoluta y procaz.

Suspiraba Jimena por la minga ajena.—Se dice de las personas que nunca están satisfechas.

Suspiros (Los) que salen del corazón descansan el dolor.

T

Taberna sin gente, poco vende.—Da a entender que la soledad y el apartamiento son poco a propósito para conseguir utilidad.

Tablilla de mesón, que a todos alberga y ella quédase a la puerta.—Lo dice por las tablas anunciadoras que se colgaban sobre los dinteles de los mesones, y se refiere a las personas que hacen por los demás olvidándose de sí mismas.

Tahur, tahur, el nombre dice hurta fur.—«Fur», antiguamente, ladrón.

Tal cabeza, tal sentencia.—Tiene dos sentidos. Se dice cuando un individuo responde una necedad, o bien cuando la justicia juzga emitiendo juicio distinto según la calidad de la persona. Referente al primer caso, se dice también: «Tal cabeza, tal seso y tal fundamento».

Tal deja el cazador la casa, como la caza la cama.— Dice que si la caza muerta por el cazador deja la cama vacía, también el cazador deja vacía su casa mientras está cazando.

Taleguilla (La) de la sal, mala es de sustentar.—Dice que los gastos cotidianos, aunque no sean muy crecidos, son los más difíciles de sufragar.

Tal es el vino para los gargajos, cual es San Bartolomé para los diablos.—Dice que el vino es malo para los asmáticos.

Tal es el yerno, como el sol de invierno.—Poco, malo y traidor.

Tales fuimos como vos, tales seréis como nos.—Viene este refrán de la fábula del hombre y la calavera.

Tal es la mujer de otro marido, como la olla de caldo añadido.—Dice que en la mujer ajena el deseo no corresponde a la posesión, porque en ella no se puede hallar el cariño y las demás cualidades que se gozan en la propia.

Tal hay que se quiebra los dos ojos porque su enemigo se quiebre uno.—Se dice cuando, por dañar a otro, no importa el perjuicio propio.

Tal la ley cual el rey.—Semejante a: «Allá van leyes do quieren reyes». Dice también que si el que dispone no es bueno para ello, lo mandado ha de ser enojoso y perjudicial para todos.

Tal para cual.—Se dice cuando se unen dos personas de poco valer o semejante condición. También se dice: «Tal para cual, Pascuala con Pascual» y «Tal para cual, Pedro para Juan».

Tal sea mi vida cual es la perdiz con lima.—Porque es un guiso excelente.

Tal sementera harás, cual fuere la simiente que sembrarás.— Semejante a: «Con la cuchara que escojas, con aquélla comerás». Advierte que las obras humanas son efecto de la condición de la persona que las emprende.

Tal te veas entre enemigos como pájaro entre niños.

Tal tiene, que saber no tiene, y tal ha tenido, que tener no ha sabido.—A los necios ricos.

Tal tierra andar, tal pan manjar.—Es semejante a: «Donde fueres, haz lo que vieres». Dice de la necesidad que tiene el hombre de acomodarse a las costumbres y uso de los lugares en que vive.

Tal vez de un necio sale un buen consejo.—«Tal vez» por alguna vez.

Tamborilero pagado hace mal son.—Da a entender que cuando la remuneración va delante del trabajo, éste no suele efectuarse con la minuciosidad y atención que debiera.

Tan bien parece el ladrón ahorcado, como en el altar el santo.

Tan buena pro te haga como la hierba al perro.—Que le sirve de purga.

Tan buen bofetón da el marido malo como el bueno y honrado.—Y suele ser buena regla de concordia.

Tan bueno es Pedro como su compañero.—También se dice: «Tan bueno es Pedro como su amo». Se dice refiriéndose a dos personas de la misma calaña.

Tan buen pan se hace aquí como en Francia.—Frase proverbial que se usa para dar a entender que lo que se posee es de tan buena calidad como lo mejor que pueda aducirse.

Tan contenta va una gallina con un pollo, como otra con ocho.—Dice que cada uno cree lo mejor lo suyo.

Tan corrido te veas como la moneda.

Tan grande es el yerro como el que yerra.—Por ello a los que dirigen las sociedades humanas debiera alcanzarles proporcionalmente la responsabilidad de sus equivocaciones.

Tan lejos de ojos, tan lejos de corazón.—Es como: «Ojos que no ven, corazón que no siente».

Tan malo es no querer pasar lo que no se puede excusar, como desear lo que no se puede alcanzar.

Tan presto va el cordero como el carnero.—Dice que en tanto no lo demuestre, no vale un hombre más que otro.

Tanta gente de bonete, ¿dónde mete?, pues dejar de meter no puede ser.—Va contra la castidad de los religiosos.

Tantas veces da la gotera en la piedra, que hace mella.— Es como: «La gota de agua horada la piedra».

Tantas veces va el cántaro a la fuente, que quiebra el asa o la frente.—Es como: «Tantas veces va el cántaro a la fuente, que alguna vez se rompe».

Tanto a mano, tanto a gasto.—Es como: «Cuanto a mano, tanto a gasto». Dice que teniendo facilidad de conseguir una cosa, se gasta pronto.

Tanto es amar sin ser amado, como responder sin ser preguntado.— Lo nota de inconveniente e inútil.

Tanto escarba la cabra, que descubre el cuchillo con que la matan.— También se dice: «Tanto escarba la cabra, que sangre se saca». Dice de la conveniencia de no apurar demasiado las situaciones, porque no se tope con lo peor de los asuntos.

Tanto es de limpia mi nuera, que con guantes friega.— Se dice para vituperar las exageraciones.

Tanto es el que no sabe como el que no ve.—La peor ceguera es la del entendimiento, porque limita muy estrechamente las sensaciones del alma.

Tanto es lo de más como lo de menos.—De enojoso.

Tanto es Pedro de bueno que hiede a enfermo.—Reprueba la excesiva bondad, que toca en tontería.

Tanto monta perder, como mal ganar el haber.—Porque lo mal adquirido o mal ganado tiene más de daño que de beneficio.

Tanto quiso el diablo a su hijo, que le sacó el ojo.—Se dice de los excesivos cariños, que dañan.

Tantos cobres pierde el ajero como días pasan de enero.—Porque es entonces época de sembrar los ajos.

Tanto tienes, tanto vales.—Semejante a: «Fortuna te dé Dios, hijo, que el saber nada te vale».

Tanto va el cántaro a la fuente, que alguna vez se rompe.—Dice que el que se expone repetidamente al peligro, acaba por perecer en él.

Tanto vale el castigo como el vestido.—Tanto les aprovecha a los hijos.

Tanto vale un hombre cuanto se estima.

Tanto vales cuanto tienes.—Es como: «Tanto tienes cuanto vales». Da a entender que la mayor parte de las veces se juzga a los hombres por sus riquezas.

Tañe el esquilón y duermen los tordos al son.—Se dice del que, acostumbrado a las represiones, no hace caso de ellas.

Tapar la nariz y comer la perdiz.—Porque dicen que es buena cuando huele a corrompida.

Tapiar con guindas y bardar con uvas.—Dice que se deben fabricar las tapias en el verano, con el mucho calor, para que se sequen, y por septiembre, o sea a vendimias, cubrirlas con las bardas, para que cuando lleguen las lluvias estén debidamente aparejadas.

Tarde chilla el pajarilla cuando está asido.—Dice de la inutilidad de los lamentos ante lo irremediable.

Tarde, mal y nunca son tres malas pagas.

Tarde o temprano, lobos comen al asno.—Dice que el desvalido siempre está expuesto a sucumbir ante el ataque de los poderosos.

Tarde de abril, ve donde has de ir, que a tu casa vendrás a dormir; las de agosto, ni por agua al pozo.—Porque las de abril van creciendo, y las de agosto, menguando.

Tardes de marzo, recoge tu ganado.—Porque son tempestuosas.

Tardío anochecedor, mal madrugador.—Va contra los nocharniegos o trasnochadores.

Teja (La) cabe la oreja.—Aconseja dormir en alto. Es semejante a: «Come poco y cena más, duerme en alto y vivirás».

Tejado de un rato, labor para todo el año.—Dice que lo que se hace de prisa y de mala manera, constantemente pide reparación y arreglo.

Tejero (El) y el labrador no viven a un son.—Porque el tejero quiere sequero y calor para sus tejas, y el labrador, humedad y blandura para el campo.

Telas y años caros casan hidalgos con villanos.—Lo dice porque la causa principal de los matrimonios desiguales suele ser la codicia de los intereses.

Tempero por San Miguel, guárdate Dios de él.

Templando la severidad se granjea loor de humanidad.

Temprano se recoge quien tarde se convierte.—Porque: «Más vale tarde que nunca».

Ten a tu esposa cariño y las manos en el bolsillo.—Recomienda que no se dé dinero a las mujeres.

Ten buen tiento cuando te diere la cara el viento.—Dice, en sentido figurado, de la conducta a observar en la adversidad.

Ten cuidado de ganar, que tiempo queda para gastar.

Ténganme envidia y no me tengan mancilla.

Ténganos el pie al herrar y verá del que cosqueamos.— Semejante a: «Métele el dedo en la boca, a ver si muerde». Dice que no se debe confiar en el aspecto exterior de las personas y que únicamente con el trato y pruebas repetidas se llegan a conocer sus defectos y buenas cualidades

Tenga ovejas y no tenga orejas.—Ensalza el valor del dinero. Se dice más por el labrador, al que recomienda ser ganadero.

Tenga yo cubas y caudal, y quien quisiera, viñas y lagar. —Hay otro refrán que dice: «Quien tiene viñas y no lagar, a sus ojos ve el mal». Lo dice porque el que tiene la viña ha de vender forzosamente el fruto para hacer el vino, y así se lo pagarán a como quieran; pero él no puede sacarle el provecho.

Tenga yo el pastor, otro las ovejas.—Vale tanto como colocarse en un negocio en la mejor parte.

Ten hacienda y mira bien de dónde venga.—Porque: «Tanto monta perder como mal ganar el haber».

Teniendo lengua y qué comer, irá el hombre por doquier.

Teniendo yo el palo, ¿para qué le he de dejar a quien con él me puede dar?

Tentar nada puede dañar.—«Tentar» por intentar.

Testamento (El), en la uña.—Lo dice porque cuantas menos condiciones se impongan, mayor claridad y garantía de cumplimiento.

Tetas y culo, haber no ninguno.—Se dice por los que todo lo echan en comer y beber; y también por los hombres que se casan con mujeres que no tienen más hacienda que la hermosura de su cuerpo. Y sucede que esta hermosura suele darse más entre gente villana que entre la acomodada y aristócrata.

Tiempo (El) aclara las cosas y el tiempo las oscurece.

Tiempo (El) cura al enfermo, que no el ungüento.—Se dice cuando se desconfía de la eficacia de los médicos y de las medicinas.

Tiempo derechero, el besugo al sol y el hornazo al humero. —Dice que por Navidad haga sol, y por Pascua florida, agua y fresco.

Tiempo (El) es sabio y el diablo viejo.—Semejante a: «Más sabe el diablo por viejo que por diablo».

Tiempo (El) lo cura todo, o lo pone del lodo.—Porque no hay otra fuerza sino él para resolver los negocios humanos.

Tiempo pasado siempre es deseado.—Jorge Manrique dijo: «Cualquiera tiempo pasado fue mejor.» Esta apreciación es más ilusoria que real, sobre todo teniendo en cuenta que la condición del hombre es idéntica en todas las épocas.

Tiempo pasado traído a la memoria da más pena que gloria.—Por el amor que despiertan los recuerdos; es condición de la memoria desvanecer los peligros y tristezas y aumentar las sensaciones placenteras.

Tiempo (El) todo lo cubre y todo lo descubre.

Tiempo (El) todo lo cura y todo lo muda.

Tiempo (El) todo lo trae y todo se lo lleva.

Tiempo tras tiempo y agua tras viento.

Tiempo vendrá que el desvalido valido valdrá.—Es consuelo que se funda en la constante mundanza de las cosas humanas.

Tiempo (El) y las ollas componen las cosas.

Tiempo y viento, mujer y fortuna, presto se muda.

Tienda y atienda quien tiene tienda.—Es como: «Quien tiene tienda, atienda».

¡Tienes a tu hijo muerto y el apio está en el huerto!—Para encarecer las excelentes cualidades curativas de esta planta. El apio es la hierba luctuosa, y antiguamente se colocaban coronas de esta planta a los difuntos, así como de ciprés y hiedra.

Tienes en casa el muerto y vas a llorar al ajeno.—De los que se ocupan más de lo ajeno que de lo propio.

¿Tienes ganas de morir? Come y cena carnero asado y échate a dormir.—Es como: «Si a tu marido quieres matar, dale carnero asado a cenar».

Tiene ventura el que la procura.—Es como: «Ayúdate y te ayudaré».

Tierra (La) ajena quema.—Dice de la mala condición de ser forastero.

Tierra de Campos, tierra de diablos, que sueltan los perros y atan los cantos.—Es tierra sin piedras

Tierra de roza y c... de moza.—Para fertilidad. «Tierra de roza» es limpia de toda hierba y vicio.

Tierra (La) do me criare, démela Dios por madre.—Porque: «La tierra ajena quema». Dice que allí donde se ha nacido y entre los que nos conocen es donde se encuentra más acogimiento y facilidad para vivir.

Tierra en frontera y vina en ladera.—Dice que la heredad debe estar cerca de la casa; las viñas en las laderas, sobre todo las expuestas a mediodía, son las mejores.

Tierra (La) estéril que no se cubre de hierba no dará pasto a vaca ni oveja.—Semejante a: «La tierra que no se cubre así, mal me cubrirá a mí».

Tierra (La) morena, buena pan lleva; la blanca, cardillos y lapa.—«Lapa» es una especie de musgo o salitre.

Tierra (La) negra lleva el pan, que la blanca por las paredes anda.

Tierra (La) que el hombre sabe, ésa es su madre.—Se refiere al país donde cada cual medra y en el que es considerado.

Tierra (La) que me sé, por madre me la he.—Como el anterior.

Tierra (La) que no se cubre a si, mal me cubrirá a mi.— Lo dice por la tierra que no se cubre de hierba, que es yerma.

Tierra (La) y la hembra, quien no la ara no la siembra.

Tinto (El), de Cuacos; de Jarandilla, el blanco; de Pasarón, el clarete; de Jaráiz, de toda suerte.—Buenos vinos de los lugares que se indica.

Tira el buey, tira la vaca; más puede el buey que la vaca. —Dice Correas: «Buen refrán y aviso para avenirse la mujer con su marido y el flaco con el poderoso antes de llegar a bregar.

Tirar la piedra y esconder la mano.—Se dice de los que hacen el daño y se ocultan.

Tocino (El) del Paraíso, para el casado es arrepiso.—«Arrepiso» por arrepentimiento. Dice que no hay casado que no esté arrepentido de haberlo hecho.

Tocino (El), y el vino, y el queso, y el amigo, añejo.

Toda buena cena, del beber comienza.

Toda es buena gente, mas mi capa no aparece.

Todo acaba con la muerte, sino el bien hacer.

Todo el monte no es orégano.—Es advertencia de que no siempre las cosas son fáciles y buenas.

Todo es bueno antes de hacello.—Porque es como capricho que se tiene y sólo se ven las ventajas.

Todo es como Dios quiere, mas no como debe.—Dice Correas: «Lo primero dijo un cuerdo, aplacando a un descontento, y éste lo repite y añade lo postrero, dando a entender que hay mal gobierno en los hombres, querella de todos los siglos y en todos los lugares, y que tienen hacienda y mandos quienes no debieran; dijera bien: «Todo está, o va, como Dios lo consiente, más no como debe», por vicio de los hombres, y éste es el sentido mejor.» Dice, a mi parecer, este refrán que hay que conformarse con las cosas tal cuales son, aunque no sean como debieran ser según la justicia humana.

Todo es menester: sopas y sorber.—Dícese cuando en un asunto es necesario atender a partes distintas y opuestas.

Todo es nada lo de este mundo, si no se endereza al segundo.—Es decir, si no se es bueno.

Todo este mundo es trazas y trapazas.

Todo ha menester maña, sino el comer, que quiere gana.

Todo lo ajeno parece bien, sino hombre ajeno sobre mujer. Es decir, hombre ajeno sobre la mujer propia.

Todo lo nuevo place. aunque sea contra razón.—Porque lo rige el capricho.

Todo lo nuevo place, y lo viejo satisface.—Lo nuevo gusta por lo inusitado; pero lo viejo complace porque es resultado de experiencia.

Todo lo puede el amor.

Todo lo puede el dinero.

Todo lo tiene bueno la toledana; todo lo tiene bueno si no es la cara.—Tienen fama de tener buen cuerpo y buen deseo de darlo.

Todo médico nuevo hincha el cementerio.

Todo pescado es flema y todo fuego postema.

Todo pierde sirviendo sino el hombre, que gana en extremo.—Las cosas, cuanto más se utilizan, más se gastan; el hombre, viviendo, que tal es servir, va aumentando en sabiduría y disposición.

Todo saldrá en la colada.—Es decir, en la hora de la verdad.

Todos al ruin y el ruin a todos.—Porque dice que el miserable de mala condición da que hacer y puede a todos los buenos.

Todos al saco y el saco en tierra.—Se dice cuando muchos se afanan a una cosa y no aparece el provecho o no son para resolverla.

Todos a sus cabos tienen putas y bellacos.—Dice que no hay ningún linaje enteramente limpio. Es como: «En cada generación, una puta y un ladrón».

Todos dan porque les den.

Todos de un vientre y cada uno de su miente.—Se dice de los hermanos desiguales.

Todo se andará si la vara no se rompe.—Es como: «Todo se andará, que la calle es larga», y «Hay más días que longanizas». Va contra los impacientes. La frase viene del cuento de un padre que apaleaba a su hijo, y un hermanillo, que le estaba mirando, señalaba al padre los sitios en que aún no le había pegado, y el padre contestaba esto.

Todo se sabe, y más lo de la manta.—Dice que nada se puede ocultar, ni aun las cosas más íntimas.

Todos los cojos son amigos de correr y saltar por su falta disimular.—Y todos los demás hombres hacen lo mismo con sus defectos.

Todos los consejos toma y el tuyo no dejes, que a ti más te duele.—Dice que, en efecto, se debe tomar consejo, y aun seguirse; pero muchas veces tanto va como en esto la propia reflexión y cordura.

Todos los días olla, amarga el caldo.—Como: «Todos los días perdiz, cansa», y «Cada día gallina, amarga la cocina».

Todos los duelos con pan son menos.—Es como: «Los duelos con pan son menos».

Todos los extremos son viciosos.—El término medio, que es donde está la virtud, es lo más raro de encontrar.

Todos los hombres lo saben todo, más no uno solo.— Dícese a los que se creen suficientes ellos solos.

Todos los ojos no lloran en un día.—Se suele decir cuando alguien se ríe de la desgracia ajena, indicando que a cada uno le llega su hora mala. Es semejante a: «A cada puerco le llega su San Martín».

Todos quieren más ser ralos que calvos.—Dice que es preferible tener lo mediano a carecer.

Todos somos hijos de Adán y Eva, sino que nos diferencia la seda.—Dice la «seda» por la situación que se ocupa en la sociedad.

Todos somos locos, los unos de los otros.

Todos son liberales de lo ajeno.—Es semejante a: «No es lo mismo predicar que dar trigo».

Todos tenemos culo, por la mayor ventura del mundo.

Toma casa con hogar y mujer que sepa hilar.

Tomar el rábano por las hojas.—Tomar las cosas al revés

Tomar las de Villadiego.—Se dice del que huye.

Tomar senderos nuevos y dejar caminos viejos no es buen consejo.

Toma tú igual y vete a mendigar.—Lo que: «Cada oveja, con su pareja». Dice el refrán que aun en la pobreza han de hallar conformidad los de la misma condición.

Tonada buena, por San Bartolomé comienza.—«Toñada» por otoñada; dice que entonces deben empezar las lluvias.

Tópanse los hombres y no los montes.—Dice que es propio de los hombres el disputar y el errar y que no debe haber en ello mayor vituperio que el que alcance a la determinada intención de cada uno.

Toque (El) del oro y del hombre el tesoro.—Dice Correas: «Que el tesoro es el toque de la prudencia del hombre, como lo es del oro la piedra de toque».

Torcijones a menudo, mensajeros son del culo.—«Torcijones» por retortijones.

Tornaos a vuestro menester, que zapatero solíades ser.— Se dice cuando se advierte a alguien que se ocupe sólo de lo que entiende.

Toro ruin, en el cuerno crece.—Se dice de los que por su condición mala sólo son capaces de aumentar cosas perjudiciales.

Toro (El) y el gallo, en el mes de mayo.

Toro y gallo y trucha y barbo, todo en mayo.

Torres más altas cayeron.—Es como: «El que está en pie, mire no caiga».

Torrezno (El) del pastor, una vuelta en el asador.

Tose el padre prior, bueno será el sermón.—Se dice cuando se teme, por algún indicio, la represión del superior.

Trabaja como si siempre hubieses de vivir, y vive como si luego hubieses de morir.—«Luego» está empleado por en seguida.

Trabajando sin candil se hacen hijos mil.

Trabajar para medrar.

Trabaja y no comerás paja.

Trabajar toda la noche y parir hija.—Se dice cuando después de mucho esfuerzo el resultado es malo.

Trabajo es la mala ventura, y más si dura.

Trabajo es mear en bota.—Mearse en las botas, es decir, llegar a viejo.

Trabajo sin provecho, hacer lo que está hecho.

Trabajos, y a la vejez andrajos.—Se dice de los que, a pesar de su esfuerzo, no han llegado a medrar.

Traer la bolsa abierta y entrarásete en ella la sentencia.—Dice de cómo el dinero es capaz de torcer la acción de la justicia.

Tráeme caballera, dice la colmena, y darte he miel y cera. —Porque es bueno trasladarlas en verano a lugar fresco y umbrío, y en invierno, al solano y resguardo.

Traición (La) aplace, más no el traidor que la hace.— Tan mala es la condición del traidor, que, aunque en alguna circunstancia se precise la traición, una vez cumplida ésta, el traidor es siempre rechazado, pues por su misma cualidad nadie puede fiarse de él, imaginando que puede volverse contra el mismo a quien ofreció su mala acción.

Tramontana no tiene abrigo, ni el hombre pobre tiene amigo.

Tramposo (El), el codicioso y el tahur presto se conciertan.

Tramposo (El) presto engaña al codicioso.

Tras crudo, puro y a menudo.—Dice que se beba tras la chacina.

Tras el buen comer, ajo.

Tras el acortar viene el alargar.—Semejante a: «El que guarda, halla». Dice que el que primero ahorra, después encuentra qué gastar.

Tras el trabajo viene el dinero y el descanso.

Tras el vicio viene el fornicio.

Tras la helada blanca, cierta es el agua.

Tras los años mil vuelven las aguas a su carril.—Dícese del que después de mucho tiempo de extravío vuelve otra vez a vivir razonablemente.

Tras los años vienen los desengaños.—Es como: «Con los años vienen los desengaños».

Traslucirse como hijo de clérigo.—Traslucirse que es hijo de clérigo por indicios que siempre asoman tras la mentira de llamarles sobrinos o cosa semejante.

Tras mala procura viene la mala ventura.—Es al contrario de: «La diligencia es madre de la buena ventura».

Tras pared ni tras seto no digas tu secreto.—Porque pueden oírlo sin ser vistos.

Tras peras, vino bebas, y tanto, que las peras anden nadando.

Tras poco caudal, mala ventura.—Dice que de la pobreza sólo pueden desprenderse dolores y miserias.

Trasquílenme en concejo y no lo sepan en mi casa.—Se dice de los que no se privan de observar mala conducta delante de todos y luego pretenden pasar por buenos ante los suyos.

Tras tormenta, gran bonanza.—Es como: «Tras la tormenta viene la calma».

Trata con el enemigo como que en breve haya de ser amigo, o con el amigo como si hubiese de ser enemigo.

Trátennos bien, que nos habernos visto en honra.—Dice Correas: «De más del sentido derecho, le tiene irónico contra el bajo que tal pide.»

Trece por docena, como azotes de escuela.

Treinta días trae noviembre, como abril, junio y septiembre, de veintiocho no hay más que uno; los demás, de treinta y uno.

Treinta monjes y un abad no pueden hacer cargar a un asno contra su voluntad.

Tres ajos de los de Quero rellenan un gran mortero.

Tres años un cesto, tres cestos un can, tres canes un caballo, tres caballos un hombre, tres hombres un elefante.— Dice de la duración de la vida.

Tres o uno *métenle la paja en el culo.*—También se dice: «Dos a uno, etc.»

Tres bueyes en un barbecho, más lo querría en el mío que en el vuestro.—Habla de la tierra bien trabajada.

Tres cada día y tres cada vez.—Dice que se debe comer cada día tres veces y se debe beber tres veces en cada comida.

Tres cosas deben ser premiadas: la virtud, las letras y las armas.

Tres cosas demando si Dios me las diese: la tela, el telar y la que teje.—Se dice de los que todo lo quieren hecho.

Tres cosas echan al hombre de su casa: el humo, la gotera y la mujer brava.

Tres cosas hacen al hombre medrar: iglesia, mar y casa real.

Tres cosas hay conformes en el mundo: el clérigo, el abogado y el muerto.

Tres cosas hay que matan al hombre: putas, juegos y medias noches.—«Medias noches» por cenar pasadas las doce.

Tres cosas son que matan al hombre: putas, dados y cominos de odre.—«Cominos de odre» por borrachera.

Tres (Los) dedos escribiendo, ¡cuántos males y bienes han hecho!

Tres días antes se arremanga el fraile.—Recomienda la prevención.

Tres en el año y tres en el mes, tres en el día y en cada una tres.—Se refiere, sucesivamente, a las confesiones, coitos, comidas y libaciones.

Tres higas hay en Roma: una para el que está en la mesa y espera que le digan que coma: otra para el que tiene la moza en la cama y no se la toma, y otra para quien le dan y no toma, y otra con ellas para el que cabalga sin espuelas. —«Higa» se llama a un gesto despreciativo que se hace cerrando el puño y colocando el dedo pulgar entre el índice y el corazón. Se sustituye con este gesto a cualquier palabra grosera o insultante.

Tres hijas y una madre, cuatro diablos para un padre.

Tres madres buenas para tres hijos ruines.

Tres mañas tienen las mujeres: mentir sin cuidar, mear donde quieren y llorar sin porqué.

Tres muchos y tres pocos destruyen los hombres locos: mucho gastar y poco tener, mucho hablar y poco saber, mucho presumir y poco valer.

Tres pies para un banco, y el banco cojo.—Es semejante a: «Tres al saco, y el saco en tierra». Se dice cuando muchos aúnan su esfuerzo y aun así no consiguen lo que desean. También se dice: «¡Qué tres pies para un banco!», juzgando despectivamente a los que se alude.

Tres tocas a un hogar mal se pueden concertar.—Tres mujeres en una casa.

Tres zapatos al buey, cuatro ha menester.

Tribulación, hermanos; entre dos, tres pollos —Lo decía un fraile.

Trigo centenoso, pan provechoso.

Trigo echado levanta a su amo.—Lo dice por el trigo que, muy granado, se inclina y es señal de buena cosecha.

Trigo en polvo y cebada en lodo, centenos en todo.—Se siembra.

Trigo temprano y carnero vedado, si yerra un año no errará en cuatro.

Trigo (El) y la mujer, a la candela parecen bien.—Por eso no deben escogerse ni comprarse por la noche.

Trigo (El) y la tela, a la candela.—Como el anterior.

Trigo y queso, de Alentejo.—Hoy región portuguesa.

Tripa llena, ni bien huye, ni bien pelea.

Tripas (Las) estén llenas, que ollas llevan a las piernas. —Dice que para caminar es preciso comer.

Tripas llevan corazón, que no corazón tripas.—Se dice al que, abatido por una pena, se niega a comer, dándole a entender que el vigor del cuerpo corre parejas con el del alma.

Tripa vacía, corazón sin alegría.—Y es verdad, que en ayunas no está el ánimo bien dispuesto.

Triste debe estar quien no tiene qué gastar.

Triste de la casa donde la gallina calla y el gallo canta.— Y también se dice al revés.

Triste es el que goza solo lo que tiene, sin que lo vea ni sepa quien bien quiere.—Porque las alegrías, comunicándolas, crecen.

Tristeza (La) que más duele es la que tras placer viene.

Triunfar galán, envejecer en la corte y morir en el hospital.

Tropezar, tropezar, y nunca enmendar.

Troque, troque, troque, los cencerros míos y los bueyes de otre.

Trucha cara no es sana.—Porque no se come con gusto.

Trucha de Vela, puta de Mena, carnero de Buitrón y villano de Sasamón.—Son finos.

Trucha (La) y la mentira, cuanto mayor, tanto mejor.

Tu bestia aguda y lerda, por San Juan la pon de venta. —Porque por esa época están gordas y lucidas por haber comido verde.

Tú bueno, yo bueno, ¿quién arreará el jumento?—Se dice cuando uno por otro, a pura transigencia, no se deciden a determinarse.

Tu camisón no sepa la intención.—Es como: «Que no sepa tu mano izquierda lo que hace la derecha».

Tú con la queja y yo con la pérdida.—Es como: «Yo soy el descalabrado y tú te pones la venda».

Tu dinero mudo no lo descubras a ninguno.

Tuerto, y no de nube, so la piel gran mal encubre.

Tu (La) hija hermosa y la mía venturosa.—Semejante a: «La suerte de la fea la bonita la desea».

Tu honra y tu bolsa no la pongas en mano de mujer moza.

Tú que coges el berro, guárdate del anapelo.—«Anapelo» es acónito, hierba medicinal venenosa. Da a entender que se tenga cautela para no engañarse y tomar lo malo por bueno.

Tú que no puedes, llévame a cuestas.—Es como: «La vieja que no puede andar, llevarla por el arenal».

Tú que vienes de yerro, ¿viste allá al majadero?

Tú vas a Roma o buscar lo que tienes a tu umbral.—Se dice de los que, despreciando lo de casa, se van afuera por cosas peores.

Tu viña alabada, en marzo la poda y en mayo la cava.

Tuyo o ajeno, nunca te falte dinero.

U

Último (El) mono es el que se ahoga.—Dice que al más débil e inferior es al que van a parar siempre las desdichas.

Una aceituna es oro; dos, *plata, y la tercera,* mata.—Se dice también: «Una aceituna es plata, dos son oro y la tercera lodo». Dice que no debe abusarse de este alimento, por ser de difícil digestión.

Una aguja para la bolsa y dos para la boca.—Que con viene ser prevenido y callado.

Una ánima sola, ni canta ni llora.—Dice que un individuo, sin ayuda de los demás, vale para muy poco.

Una buena cabra, una buena mula y una buena mujer son muy malas bestias las tres.

Una buena capa todo lo tapa.—Nota el valor que suelen tener las apariencias.

Una buena obra se paga con otra, y tal vegada, con otra mala.—«Vegada» es jornada, y en este caso, acción o mala pasada.

Una cautela, con otra se quiebra.

Una cosa es predicar y otra dar trigo.—Dice que es mucho más fácil aconsejar que seguir las normas de conducta que se preconizan.

Una cuñada tengo allende el mar; de allá me viene todo el mal.—Dice que las cuñadas, aun encontrándose lejos, no están acordes.

Una en el año y ésta en tu daño.—Dícese de los que tardan mucho en decidirse y por fin se equivocan.

Una en el clavo y ciento en la herradura.—Se dice del que yerra mucho.

Una en el papo y otra en el saco.—Se dice a los ambiciosos.

Una en la boca y otra en el corazón.—De la intención del hombre fingido.

Una es escasez; dos, gentileza; tres, valentía; cuatro, bellaquería.—Lo dice de los coitos.

Una golondrina no hace verano, ni una sola virtud bienaventurado.—Dice que una acción sola no funda costumbre y por ella no puede juzgarse al que la hace.

Un agravio consentido, otro sufrido.—La falta no puede tolerarse, porque con la transigencia puede dar lugar a su repetición.

Un agua de mayo y tres de abril, andan los bueyes al carril; una de abril y dos de mayo, valen más que los bueyes y el carro.

Una hija, una maravilla.—Porque es útil a los padres y porque, siendo sola, se la tiene en más estima.

Un alma sola, ni canta ni llora.—Porque no teniendo con quien comunicar sus impresiones, ni goza ni padece verdaderamente.

Una mano a la otra lava, y las dos, o *la cara.*—Se dice porque en todo es necesario ayuda.

Un apóstol en el cielo y un escribano en el suelo.—Se deben tener por valedores.

Unas han ventura y otras han ventrada.—Dice que unas se casan y otras se empreñan.

Un asno cargado de oro sube ligero a una montaña.— También se dice: «No hay lugar tan alto que un asno cargado de oro no lo suba». Dice que el dinero tiene poder sobre todas las cosas.

Un asno cubierto de oro parece mejor que un caballo enalbardado.— Dice cómo el dinero subyuga a las gentes.

Una vez engañan al cuerdo y dos al necio.

Una vez se engaña a un gitano, dos a ningún cristiano.

Un buen morir da honor a la vida entera.—Es traducido del italiano: «Un bel morir tutta la vita onora», frase de Petrarca.

Un bobo hace ciento.—También se dice: «Un loco hace ciento». Dice que sucede frecuentemente que los hombres se dejan arrastrar y convencer con opiniones que no son verdaderas y lógicas.

Un caballo sobre ciento y un hombre sobre un cuento.— Un caballo puede cubrir cien yeguas; un hombre, dominar un millón de hombres.

Un cabello hace su sombra en el suelo.—Que todo, por pequeño que sea, tiene su poder y su influencia.

Un clavo saca otro clavo.—Dice que una pena o dolor es borrada por otra más intensa.

Un convidado bien puede convidar a otro.—Era costumbre admitida en los convites antiguos la licencia de poder llevar el invitado a alguien de su agrado. Pedro Mexía, en sus «Coloquios convivales», aduce muchos ejemplos de ello.

Un cuchillo mesmo me parte el pan y me corta el dedo.— Dice que una misma persona o cosa pueden hacer beneficio y daño.

Un desorden no lleva al hospital; mas dos llevarán.—Es como; «Un grano *no* hace granero», etc. Dice que una falta es tolerable, pero no la repetición de ellas.

Un día de ayunar, tres días malos para el pan.

Un día enseña a otro.—Porque vivir es aprender.

Un día febrero y otro candelera.—Porque el día de la Candelaria es el día 2 de febrero.

Un día frío y otro caliente, está el hombre doliente.— Porque con la enfermedad sufre muchas alteraciones la temperatura fisiológica.

Un día por otro, la casa sin barrer.—Como: «Uno por otro, la casa sin barrer». Se dice cuando, excusando el uno en la opinión del otro, ninguno de los dos se determina a obrar.

Un dedo a otro y todos al rostro.—Ayudan. Es como: «Una mano a la otra lava, y las dos. a la cara».

Un grano no hace granero, pero ayuda al compañero.— Semejante a: «Más valen muchos pocos que pocos muchos». Dice que con ahorro poco a poco se llega a lo mucho.

Un hombre vale por ciento y ciento no valen por uno.—En determinadas circunstancias, así es.

Un huevo ha menester sal y fuego y un palito para revolvello, y no es más que un huevo.—Dice que cualquier cosa trae mucho trabajo y menester.

Un huevo, y ése bien cacareado.—A los que hacen poco y se alaban mucho.

Un lobo no muerde a otro.—Dice que los malos se favorecen entre sí. Se dice también: «Ningún lobo muerde a otro».

Un loco hace ciento.—Como «Un bobo hace ciento».

Un mal marido es a veces buen padre; pero una mala esposa nunca es buena madre. Un mal no viene solo.

Un manjar de continuo quita el apetito.—El consejero y confesor del rey Enrique IV de Francia, amonestaba frecuentemente a su señor por las continuas infidelidades que cometía abandonando a la reina para ir a buscar amores fáciles en otras mujeres, algunas de baja condición. Cansado el rey de sus consejos, le invitó a comer, ordenando que durante varios días seguidos le pusiesen perdices. Al cabo de algún tiempo observó el rey que el reverendo rechazaba el plato, y preguntándole la causa de su inapetencia, exclamó aquél: «Sire, toujours perdrix!...» Y en una ocasión en que el consejero criticaba una de las libertades amorosas del rey, contestó Enrique IV: «Mon ami, toujours la reine!»

Un manjar siempre, enfada.—Como el anterior.

Un mes antes y otro después de Navidad, es invierno de verdad.

Un nudo a la bolsa y dos a la boca.—Es como: «Una aguja para la bolsa y dos para la boca».

Uno come la fruta ácida y otro tiene la dentera.—Se dice por los que sufren las consecuencias de las faltas de sus antecesores.

Uno es el descalabrado y otro se pone la venda.—Se dice cuando se da por agraviado el que ha cometido la ofensa.

Un ojo al plato y otro al gato.—Aviso contra los descuidados.

Uno piensa el bayo y otro el que le ensilla.—Que cada uno piensa lo que le interesa.

Unos crían las gallinas y otros se comen los pollos.—Se dice cuando después de un trabajo goza otro su beneficio.

Uno se desea y otro es bien que sea.—Es como: «El hombre propone y Dios dispone». Dícese cuando las cosas no resultan como las esperamos y es consuelo de ello.

Unos lo siembran y otros lo siegan. — Es como: «Unos crían gallinas y otros se comen los pollos».

Unos nacieron para moler y otros para ser molidos.— Dice que por su carácter y condiciones unos hombres parecen a propósito para mandar y otros no sirven más que para obedecer. También se dice: «Unos nacen con estrella y otros estrellados».

Unos tienen la fama y otros cardan la lana.—Dice que sucede a veces que unos trabajan para que otros se beneficien, y que la lama de los unos se sostiene a costa de las buenas cualidades de otros que permanecen en el incógnito.

Uno y ninguno, todo es uno.—Dice que el hombre solo para nada sirve.

Un padre para cien hijos y no cien hijos para un padre. —Porque el padre acude a cada uno de ellos conforme le necesitan, y si él se encuentra en necesidad, entre todos los hijos no suelen hallar la ocasión.

Un palmo de cara es alcahuete de todo el cuerpo de la dama.—Lo dice porque las mujeres se dan muy buena maña para fingir.

Un palo vestido no parece palo.—Recomienda el mayor cuidado en el vestido, y da a entender que casi siempre se juzga a las personas por su aspecto exterior.

Un pero, un sino, no hay quien no le vino.—Dice que todo el mundo halla faltas aun en sí mismo.

Un pleito trae consigo ciento.

Un poco de murmuración es aceituna de postre en comida y en conversación.—Pero la murmuración, como la aceituna: «Una es oro; dos, plata y la tercera mata».

Un puerco encenagado quiere encenagar todo el rebaño. —Dice que el que ha cometido una falta y por ella es malquisto, desearía que todos estuvieran tocados de la misma tacha por hallar su disculpa.

Un queso, una fanega de trigo y un cántaro de vino, le quitarán el nombre de hacino.—«Hacino» por mezquino o ruin.

Un ratón da en qué entender a un elefante, aunque éste es tanto más grande.—Semejante a: «No hay enemigo pequeño» .

Un real de deuda, otro acarrea.

Un sí o un no vale mil doblas.

Un solo acto no hace hábito.—Es como: «Una golondrina no hace verano, ni una sola virtud bienaventurado».

Un solo golpe no derriba un roble.—Como el anterior.

Un tizón solo no arde sin otro.—Como los anteriores, dice que las acciones repetidas son las que causan el hábito, la costumbre y el efecto.

Un valiente otro halla y quien se le aventaja.—Avisa que ningún hombre puede tenerse como primero en nada, pues siempre puede hallar quien le supere.

Un yerro quinquiera le hace.—Semejante a: «El mejor escribano echa un borrón».

Uñas de gato y hábitos de beato.—Se dice por los hipócritas.

Uso (El) es maestro de todo.—Semejante a: «La experiencia es madre de la ciencia». También se dice: «El uso hace el maestro», dando a entender que sin experiencia no se puede saber.

Uso nuevo entierra vieja.—Dice Correas: «Que se pudre y consume la vieja con los usos nuevos de las mozas».

Uso nuevo entierra viejo.—Dice que las costumbres nuevas acaban por matar las antiguas.

Uva torrontrés, ni la comas ni la des, para vino buena es; la calagraña, cómela o dala. que para vino no vale nada.

V

Vaca (La) anda en el prado y acá majan el ajo.—Se dice cuando una persona goza de los beneficios que otros le procuran con su trabajo.

Vaca (La), bien cocida y mal asada.

Vaca (La), cuanto más se ordeña, más larga tiene la teta.

Vaca (La) en el estío y el carnero en tiempo frio.—Deben comerse.

Vaca (La) harta, de la cola hace abrigada.—Dice que el que ha comido bien nada le empece para bien dormir.

Vaca (La), nobleza; la oveja, riqueza; el puerco, tesoro; la cabra, socorro.

Vaca (La) que comió antes o despúes, no come con los bues.—«Bues» por bueyes. Se dice de la mujer que por laminera a la hora de la comida no tiene gana.

Vacas (Las) del villano, si en invierno dan leche, mejor la dan en el verano.

Vaca y carnero, comer de caballero.

Va como va, mas no como debe.

Va el bostezo de boca en boca como el pajarilla de hoja en hoja.—Lo dice porque el bostezo es comunicativo.

Va el rey a do puede y no a do quiere.—Se pone por excusa cuando uno hace lo que los demás le obligan.

Va la moza al río, no cuenta lo suyo y cuenta lo de su vecino.

Va la palabra de boca en boca como el pajarillo de hoja en hoja.—Es como: «Va el bostezo de boca en boca», etc.

Vale al sabio el no dejar de serlo en no creer de ligero.—Nota por buena conducta el enterarse y asegurarse bien de las cosas.

Vale más casarse que abrasarse.

Valientes (Los) y el buen vino duran poco.—Dice que loe fanfarrones, por la falsía de su fama, pronto caen en descrédito.

Valladolid de los vinos agudos, entran los mozos vestidos y salen desnudos; los necios, mas no los astutos.—Valladolid, a quien irónicamente llaman Pucela, es patria famosa de ladrones y estafadores; acaso por ello este refrán.

Vano es quien se alaba, loco quien dice mal y mal habla.

Vanse los amores, quedan los dolores.—Dice de los malos resultados que suelen dar las pasiones vehementes.

Varón (El), varón sea; la mujer estese queda.—Recomienda la influencia y mando del marido sobre la mujer.

Vase el dinero como moro a pasas.—Rápidamente.

Vase el bien al bien y las abejas a la miel.—Es como: «Dinero llama a dinero».

Vase el bien para el bien y el mal para quien lo tien.— Como el anterior.

Vase el humo a su humero y el necio estese quedo.—Dice que cada uno atiende a su negocio, en tanto que el necio nada hace por sí.

Vase el oro al moro.—Antiguamente se entendía por moro al hombre sin conciencia.

Vase el oro al tesoro.—Semejante a: «Dinero llama a dinero».

Vase la fiesta y resta la bestia.—Dice que pasa lo bueno y queda el trabajo que nos costó alcanzarlo.

Vase la piedra de la honda y la palabra de la boca.—Y es muy difícil recogerla.

Vase mi madre, puta sea quien más hilare.—Se dice por broma. Es como: «Mierda para el último», y otras frases semejantes que dicen los niños en sus juegos.

Vaso malo no se quiebra.—Dice que los utensilios esportillados y feos suelen durar mucho. También se dice: «Vaso malo, nunca cae de mano, o nunca es quebrado». Y es que parece desgraciarse con más facilidad aquello que tenemos en mucha estima.

Va tu enemigo a ti humillado, guárdate de él como del diablo.

Vaya con Dios la buena mujer, que un pan me lleva.— Se dice cuando haciendo un sacrificio nos consolamos de buena voluntad.

Váyase lo comido por lo servido.—Se dice de los negocios en que no ha habido ni ganancia ni pérdida. Es como: «Váyase lo uno por lo otro».

Va y viene quien de suyo tiene.—Dice que el que tiene bienes satisface como quiere su voluntad.

Véate yo blanco, siquiera seas gordo, siquiera delgado.— Se dice por el lienzo.

Vecina emprestadera, hace mala alhajera.—Hay otro refrán que dice: «Vecina mala, a su vecina hace con alhaja». Y éste lo dice porque, por no pedir prestado, la vecina la compra sus cosas o alhajas; por tanto, el otro dice que la vecina que pide prestado antes mengua que acrecienta la casa de la prestadora.

Vecina (La) mala hace tener buena alhaja.—Emplea el vocablo alhaja no solamente en el sentido de joya, sino de cosa de algún valor, y dice el refrán que la vecina que es pedigüeña y acostumbra a solicitar prestado, obliga a tener que darle por no responder siempre que no.

Vecino, préstame la tu moza. —¿Para qué? —Para hacer otra.—Se dice a los que demandan cosas necias o imposibles.

Vecino que no presta y cuchillo mangorrero, que se pierda, ¿qué va en ello?—«Mangorrero» se dice del cuchillo tosco y mal forjado.

Vede, golosa; vede, pedera; no puede vedar ventanera.— Es refrán astuariano. Dice que se puede transigir con la pedorrera o la golosa, pero no con la ventanera o deshonesta.

Ve do fueres y haz como vieres.—También se dice: «Ve do vas y como vieres haz».

Ve enviado, ven llamado.—Dice que no vayas a ninguna parte sin causa justificada y no vengas si no te solicitan.

Veinte años puta y uno casada, y sois muy honrada.—Dice que el arrepentimiento o la reparación de las malas acciones, aunque tarde, siempre redime al pecador. Este refrán úsase también en sentido irónico para disculpar los vicios de alguien.

Veis el larguero en el ojo ajeno y no veis la viga en el vuestro.—Es como: «Veis en el ojo del vecino una paja y en el vuestro no veis una tranca». Y dice que en los demás en seguida descubrimos los defectos, por pequeños que sean, y en nosotros mismos los ignoramos.

¿Veisla gorda y bermeja? Por el papo la entra, que no por la oreja.— Dice que las personas que quieren vivir tranquilas y satisfechas deben cuidarse bien y despreciar las habladurías y chismes.

Vejez echa torpedad que trajo mocedad.—Dice que a la vejez salen los alifafes, efecto de la vida disoluta de los años mozos.

Vejez, mal deseado es.

Vejez (La) tornó por los días en que nació.—Dice que los viejos se vuelven niños.

Velar a la luna y dormir al sol, ni hace pro ni honor.— Recomienda la vida ordenada.

Vela (La) y la doncella, abrirla las piernas; en despabilando, abrir algo el pábilo.—Dice Correas: «Para que dé más luz, y puede entenderse por la vela de la nave.»

Ve llamado y ven llamado.—Es como: «Ve enviado y ven llamado».

Ven acá, ayudarte he a levantar.—Se dice cuando nos piden una cosa imposible.

Vencido (El), vencido, y el vencedor, perdido.—Dícese del poco o ningún provecho que producen las guerras, y aconseja que siempre deben evitarse los pleitos y disputas.

Vende en casa, compra en casa y harás casa.—Semejante a: «Vender en casa y comprar en la plaza».

Vende en casa y compra en feria si quieres salir de laceria.— «Laceria» por miseria o pobreza.

Vende público y compra secreto, no te sabrán el primer precio.

Vender en casa y comprar en la plaza.—Dice que se debe vender cuando lo solicitan v comprar cuando lo ofrecen para conseguir así ventaja.

Vender miel al colmenero.—Se dice cuando se va a ofrecer a una persona lo que ella tiene de sobra,

Vendimia en enjuto y cogerás vino puro.

Vendimia (La) enjuta y fría.

Venga el bien y venga por doquier.

Ven, mora, y no cada hora.—Recomienda no trajinar demasiado ni mudar con frecuencia de lugar o habitación.

Venta deshace renta.—Porque es aminorar la hacienda.

Ventaja manifiesta, tener las piedras y la cuesta.—Se dice del que tiene todas las probabilidades a su favor.

Venteros y gatos, todos son latros.—«Latros» por ladrones.

Ventura corre más que caballo ni mula.—Dice que las buenas noticias se saben en seguida, y que cuando la fortuna ayuda al individuo, luego alcanza lo que de otro modo hubiera tardado muchos años en conseguir.

Ventura (La) de la barca, la mocedad trabajada y a la vejez quemada.—Se dice en son de queja.

Ventura (La) de la fea, la hermosa la desea.—Es como: «La suerte de la fea, la bonita la desea».

Ventura hayas, hijo, que saber poco has menester.—Dice que para vivir es más necesario el dinero que la ciencia.

Ventura te dé Dios, hijo, que saber albardar te basta.— Es como el anterior.

Venus duerme si Marte vela.—Y al revés. Dice que el que batalla y trajina no se acuerda de los placeres sensuales, y al contrario, que el que anda de holganza siempre está acometido de deseo.

Verano fresco, invierno lluvioso, estío peligroso.—Para la salud.

Verbena (La) y la verdad, perdido se han.—Porque esta planta ya no se halla en los montes como antes.

Verdad (La) adelgaza, mas no quiebra su hilaza.—Dice quo por mucho que se apure al hombre, si dice verdad siempre sale airoso.

Verdad (La) ama la claridad.—Dice que todo lo verdadero puede decirse con llaneza y diafanidad, al contrario de lo engañoso, que preciso es disimularlo y defenderlo arteramente.

Verdad (La) amarga y la mentira dulce.

Verdad (La) anda en la heredad.—Se dice cuando es llegada la hora de resolver definitivamente un asunto.

Verdad (La), aunque amarga, se traga.

Verdad (La), como el olio, nada en somo.—Dice que la verdad, como el aceite, está siempre encima, pues aunque trate de ocultarse tiene tal fuerza que siempre se descubre.

Verdades (Las) de Perogrullo, que a la mano cerrada llamaba puño.—Se dice cuando alguien habla cosas de una evidencia tal que toda demostración resulta superflua.

Verdad (La) es hija de Dios, y la mentira, del diablo.— Las juzga de buena o de mala por las consecuencias que produce.

Verdad (La) es verde; quien la dice, no medre.—«Verde» por áspera y amarga. La intención del refrán no es que no se diga la verdad, sino que advierte que el que la dice halla muchas dificultades para abrirse camino en la vida.

Verdad (La) huye de los rincones.—Es como: «La verdad ama la claridad».

Verdad (La) tiene gran fuerza, porque no quiebra.

Vergonzosa es mi hija, que tapa la cara con la falda de la camisa.—Se dice irónicamente por los que carecen de vergüenza.

Vergüenza (La), donde sale una vez nunca más entra, y la sospecha nunca sale de donde entra.—Es muy difícil, por no decir imposible, que el que ha caído en la deshonra o la desvergüenza, vuelva a rehabilitarse, lo mismo que una vez nacida la duda llegar a extirparla completamente.

Vergüenza (La) en la doncella enfrena el fuego que arde en ella.—Natural es en las jóvenes la curiosidad y el deseo, que las empuja hacia el conocimiento de la vida; pero el temor al juicio de los demás contiene sus naturales inclinaciones.

Vergüenza (La) y la honra, la mujer que la pierde nunca la cobra.

Ver la mota en el ojo ajeno y no ver la viga en el nuestro.—Indica que se critican los pequeños vicios de los demás sin darnos cuenta de que muchas veces se tienen mayores.

Verme has a deseo, olerme has a poleo.—Va como amenaza y se dice cuando a otro se le pone pleito o quiere dársele a entender que ha de soportarle a la fuerza.

Verterse el vino es buen sino; derramarse la sal es mala señal.—Son supersticiones.

Vestido (El) del criado dice quién es su amo.

Vestido está quien vestirse puede.—Se dice de las personas que ostentan el provecho de sus bienes.

Vestidos dan honor, que no hijos de emperador.—Dice que el buen traje hace más que la calidad si ésta se presenta andrajosa.

Vete a la adivina, meterte ha en fatiga.—Porque las adivinas y hechiceras inventan mil disparates que el vulgo suele creer a pie juntillas.

Vete allá, ganancia necia, no me des pérdida.—Semejante a: «Donde no hay ganancia, cerca está la pérdida».

Vezaste tus hijas galanas, cubriéronse de hierbas tus sembradas.—«Vezar» por acostumbrar. Dice el refrán que quien cría a sus hijas en abundancia y holganza corre el peligro de dejar desatendida su hacienda.

Vezo malo, llama necesidad lo que es regalo.—Dice que el acostumbrado a lujo acaba por necesitarlo.

Vezo malo, tarde es dejado.—Las malas costumbres son muy difíciles de desarraigar.

Vezo pondrás, que vezo quitarás.—Dice que con buena costumbre se quita la mala.

Vezo pongas que no tollas.—«Tollar» por quitar. Dice que la costumbre que se tome sea tan buena que no haya necesidad de ir contra ella.

Vez por vez, la de la nuez; gota por gota, la de la bellota.

Vicio es no tener amigos y mudarlos de continuo.—Reprende tanto el carácter adusto como el voluble.

Vida (La) de la aldea, dela Dios a quien la desea.

Vida de lacayo, vida de palacio.—Porque los criados de los grandes suelen holgar mucho y regalarse bien.

Vida (La) pasada hace la vejez pesada.

Vida (La) se puede aventurar por un amigo y la hacienda se ha de dar para no cobrar un enemigo.

Vida sin amigo, muerte sin testigo.

Vida (La) y el alma, mas no la albarda.—Para los que prefieren exponer la vida y el alma antes que la hacienda.

Vidrio (El) y la honra del hombre no tienen más de un golpe.

Vieja (La) gallina hace buen caldo.

Vieja (La) gallina hace gorda la cocina.—Semejante al anterior

Vieja que baila, mucho polvo levanta.—Dice que cuando una persona de experiencia se decide al fin a alguna cosa, es porque tiene sobrada razón para ello y porque le mueve a hacerlo la importancia del asunto, cuyas consecuencias, por ende, suelen ser trascendentales.

Vieja (La) que de amores muere, Barrabás que la lleve.

Vieja (La) que no puede andar, llevarla por el arenal.— Se dice cuando una persona que se halla en trance difícil, se le añaden todavía más pesares o trabajos.

Vieja (La) raposa, con lazo no se toma.—Semejante a: «Vieja escarmentada pasa el vado rezagada».

Viejo amador, invierno con flor.—Cosa por demás inconveniente y absurda.

Viejo (El) desvergonzado hace al niño osado.—Advierte cuán peligrosa es para el niño la malísima compañía de los ancianos libertinos y malintencionados.

Viejo (El) en su tierra y el mozo en la ajena, mienten de una manera.— Dice que el viejo, contando cosas que nadie vio, puede mentir en su tierra, como el mozo fuera del lugar, adonde dice que acaecieron sus cuentos.

Viejo (El) pajar, cuando se enciende, malo es de apagar. —Lo dice por los viejos cuando se enamoran.

Viejo planta viña y viejo la vendimia.—Porque da pronto fruto.

Viejo (El) por no poder y el mozo por no saber, dejan las cosas perder.

Viejo (El) por no poder y el mozo por no saber, quédase la moza sin lo que puedes entender.

Viejo que con moza casó, o vive cabrito o muere cabrón.

Viejo (El) que no adivina, no vale una sardina.—Porque el consejo del viejo, muchas veces parece adivinación, por la cordura que le da la experiencia.

Viejo (El) que se cura, cien años dura.

Viejos (Los) a la taberna y los mozos a la putería: al revés va el mundo de como debía.

Viejo soy, mozo fui, nunca al bueno desamparado ni hambriento vi.

Viejo (El) y el horno, por la boca se calienta: el uno con el vino y el otro con la leña.

Viejo (El) y el pece, al sol se aterece.—«Pece» por pez; «Aterecerse» es helarse.

Viene al justo como dedo en ojo de culo.—Es decir, inoportunamente. Semejante: «Le sienta como a un Cristo un par de pistolas».

Viene bien a unos por venir mal a otros.

Viéneme el mal que me suele venir, que después de harto me suelo dormir.

Viene San Martín en caballo chiquito, tapa la cuba y garda el mosquito.—«Garda» por evita.

Viene de la huesa y pregunta por la muerta.—Se dice de los que afectan ignorar una cosa que conocen perfectamente.

Viene ventura a quien la procura.—Semejante a: «Ayúdate y te ayudaré».

Viento (El) que corre, muda la veleta, mas no la torre.— Distingue entre las personas veleidosas y las constantes y firmes.

Viento solano, agua en la mano.

Viento y ventura poco dura.

Vientre (El) ayuno, no oye a ninguno.—Sucede que antes de comer, el humor y la voluntad no son tan asequibles como después.

Vientre (El) lleno, siquiera de heno.

Villafranca de Montes de Oca, alta de camas y baja de ropas.

Villano es el que hace villanía, que no el de la villa.

Villa por villa, Valladolid en Castilla; tanto por tanto, Menina del Campo; ciudad por ciudad, Lisboa en Portugal; aldea por aldea, Fregenal de la Sierra.

Villa por villa, Valladolid en Castilla, y Carmona en Andalucía; rincón por rincón, Alcañiz y Calatayud en Aragón.

Vinagre y miel saben mal y hacen bien.

Vino acedo y tocino añejo y pan de centeno, sostienen la casa en peso.

Vino (El) alegra el ojo, limpia el diente y sana el vientre.

Vino (El) anda sin bragas.—Dice que bebido luego descubre las vergüenzas como el que anda sin bragas.

Vino (El), comido mejor que bebido.—Dice que el vino debe tomarse comiendo, porque tomándolo solo hay más peligro de que emborrache. También que es mejor tomarlo en sopa, porque entonces aprovecha más como medicina reconstituyente que como bebida.

Vino (El) como el rey y el agua como buey.—Recomienda el moderadísimo uso que se debe hacer del vino y, en cambio, la libertad que hay para beber agua, por ser ésta muy sana.

Vino de Alaejos hace cantar los viejos.

Vino de Aniés, ni lo vendas ni lo des.—Porque es muy bueno en este lugar de Aragón.

Vino (El) de la pera, para mí sea, y el de la castaña, para mi compaña.

Vino (El) de las peras, ni lo viertas, ni lo bebas, ni lo des a quien quieras; mas lávate con él las muelas.

Vino de San Martirio, encerrado en Ávila es más fino.

Vino de Toro, sangre de cabrito.

Vino (El) dicen que era de las mujeres, y lo trocaron con los hombres por los afeites.—Es disculpa que se da a las mujeres cuando critican a los bebedores.

Vino (El), en el jarro y no en el casco.—Recomienda que se beba moderadamente.

Vino (El) es la teta del viejo.

Vino (El) por el color, y el pan por el olor, y todo por el sabor.

Vino (El) que es bueno, no ha menester pregonero.—Semejante a: «El buen paño, en el arca se vende».

Vino (El) que tarde hierve, hasta otro se detiene.—Hasta la nueva cosecha.

Vino (El) tiene estas tres propiedades: hace dormir y reír y los colores al rostro salir.

Vino (El) tinto quiere estar apretado y el blanco holgado.

Viña (La) del cerro, cávanla ciento y vendímiala un perro.

Viña (La) del ruin se poda en abril, y la del bellaco, ni en abril ni en mayo.

Viña (La) donde se hiele y la tierra donde se riegue.

Viña entre viñas y casa entre vecinas.—Porque la viña sola está más expuesta a la codicia de los transeúntes y la casa aislada tiene los peligros naturales del apartamiento e incomunicación.

Viña (La) guárdala el miedo, que no el viñadero.—Dice que en las personas y en las cosas hace más el respeto que infunden que la defensa material que de ellas pueda hacerse.

Viña apreciada, dámela en la solana.

Viña (La) que no poda despacio, antes de un año dará agrazo.

Viña regalada, en marzo la poda y en marzo la cava y en mayo la bina y deja deslechugada y surcos por donde se vaya el agua.

Viñas cuantas bebas, tierras cuantas veas.—Viñas pocas, tierras muchas.

Viña (La) y el potro hágalo otro.—Porque en general todos los principios suelen ser malos y trabajosos.

Viña y niña, peral y habar, malos son de guardar.— Por ser cosas que incitan a los apetitos.

Virgo viejo, puta segura.—Dice que la mujer que tiene contacto con el hombre en su madurez, se aficiona mucho a ello, como si quisiera recuperar el tiempo perdido.

Virgo (El) y el duende, nadie lo entiende.

Visitas (Las), raras y no reposadas.

Vistan un palo y parecerá algo.—Es como: «Un palo vestido no parece palo». Recomienda el buen traje y presentación, porque facilita mucho las buenas relaciones en sociedad.

Vístete en guerra y ármate en paz.—De: «Si vis pacem para bellum».

Viuda (La) con el lutico y la moza con el moquito.—Se deben casar.

Viuda (La) entierra al marido y el cura hace el niño.— Lo dice porque, por regla general, se suelen casar muchas más viudas que viudos.

Viuda (La) honrada, su puerta cerrada.—Dice que las mujeres en este estado deben observar una vida muy recatada para no caer en entredicho.

Viuda lozana, o casada o sepultada.—Porque si no, está muy expuesta a la maledicencia.

Viuda (La) llora y otros cantan en la boda.—Dice que la variedad de las condiciones y existencias humanas es tal, que mientras unos están sumidos en el dolor, otros gozan alegremente de la vida.

Viuda que no duerme, casarse quiere.

Viuda (La) que se arrebola, por mi fe que no duerme sola.

Viuda (La) rica, casada fica.—«Ficar» por quedar. Dice el refrán que la viuda rica es como si no quedara viuda, porque luego puede casarse cuando quiera, y aunque no lo haga, no siente los agobios de la viudez pobre.

Viuda (La) rica, con un ojo llora y con el otro repica.— Por aquello de que: «Los duelos con pan son menos».

Viuda (La) y capón, sobre sí pon.—Dice que la viuda, como el capón, engordan y se hacen lucidos porque aprovechan lo que comen.

Viva la gallina, aunque sea con su pepita.—Se dice de los enfermos y de las cosas necesarias, aunque tengan inconvenientes.

Vivamos claros, siquiera bien adeudados.—«Siquiera» por aunque.

Vive bien y *trata verdad, y vivirás con seguridad.*

Vive como se puede y no como se quiere.

Vive en ciudad, por pequeña que sea; casa con moza, por pobre que sea; come carnero, por caro que sea.

Vive en Sariñena y tendrás la tripa llena.—Lo dice por ser tierra de mucha abundancia.

Vivirás buena vida si refrenas tu ira.—Porque con la ira se cometen muchas insensateces y por eso debe tenerse especial cuidado en evitarla.

Vivir en esta vida y no medrar, no es de envidiar.

Vivir enfrente del cura no es cordura, que como no tiene en casa quien le dé pena, espeta los ojos en la ajena.

Vivir, servir y pedir, hacen a los hombres huir.

Vivir (El) templadamente hace sana y rica la gente.

Voime por el yermo, y voime pediendo; véngome a poblado y voime a lo avezado.—Dice que los que adquieren malos hábitos para consigo mismos, luego los demuestran ante los demás.

Voluntad del rey no tiene ley.—Dice que el poderoso casi siempre consigue lo que quiere.

Voluntades secas está el mundo harto de ellas.—Dice que la voluntad de hacer una cosa no es suficiente si no va seguida de su realización.

Voluntad es vida y muerte es enojo.

Voluntad tiene a los tronchos quien abraza al hortelano. — Semejante: «Por la peana se adora al santo».

Vos cazáis y otro os caza; más valiera estar en casa.— Se dice de los cazadores que dejan a las mujeres mozas en casa.

Vos desnuda y yo *sin bragas, ésas me hagas.*—Dice que se aproveche la ocasión cuando se presenta.

Vos dueña, yo dueña, ¿quién echará la puerca afuera?—Se dice cuando dos personas, por ser de la misma calidad, no quieren humillarse la una a la otra.

Vos seréis abad, que sois medroso.—Se dice a los remilga dos y tímidos, que parecen valer mejor para gente de iglesia que para seglares.

Vos seréis bueno cuando la rana tuviere pelo.—Es decir, nunca.

Voz (La) del pueblo, voz de Dios.—También se dice: «Voz del pueblo, voz del cielo». Del latín: «Vox populi, vox Dei».

Vuela en alto vanagloria, y cae en el suelo hecha escoria. —Dice de lo poco que vale la fama sin fundamento.

Vulgar (El) ignorante, a todos reprende y habla más de lo que menos entiende.—Porque nada hay más atrevido que la ignorancia.

Vulgo (El) juzga las cosas, no como ellas son, sino como se le antoja.—Por eso hay que hacer tan poco caso de las habladurías de los demás.

Vulgo (El) no perdona las tachas a ninguno.

Y

Ya es viejo Pedro para cabrero.—Se dice cuando una persona ha pasado de la edad para dedicarse a algún asunto.

Yantar tarde y cenar cedo, sacan la merienda de en medio.—«Yantar» es comer y «cedo» pronto.

Ya que el agua no va al molino, vaya el molino al agua.— Es como: «Ya que la montaña no viene a mí, iré yo a la montaña».—

Ya que lo tenía concertado, estorbómelo el verdugado.— «Verdugado» es la vestidura que las mujeres usaban debajo de las basquiñas. Se dice cuando un inconveniente imprevisto estorba un proyecto perfectamente planeado.

Ya que no seas casto, sé cauto.—Dice que ya que se comete el pecado, por lo menos se evite el escándalo.

Ya se murió el emprestar, que le mató el malpagar.— Se dice a los que vienen pidiendo de nuevo sin haber satisfecho lo que adeudan.

Ya se pasó ese tiempo en que anclaba el culo al viento; hase mudado, y todos lo traen tapado.

Ya vienen los dos hermanos, Moquita y Soplamanos.— Es alegoría del invierno.

Yegua cansada, prado halla.—Es semejante a: «Dios aprieta, pero no ahoga». Dícese cuando en medio de la mayor necesidad se encuentra un alivio para ella. Es como: «Donde una puerta se cierra, otra se abre».

Yemas de abril, pocas al barril.—Dice que cuando brotan las parras en este mes suelen helarse luego las yemas y, por lo tanto, hay poca uva,.

Yerno, sol de invierno, sale tarde y pónese Juego—Dice que ni suele ser afecto ni ayuda.

Yerro (El) del médico, la tierra le tapa; el del letrado, el dinero le sana.—Antiguamente se añadía a este refrán: «El del teólogo, el fuego le apaga», refiriéndose a que los herejes sufrían el suplicio de la hoguera.

Yerro (El) encelado, medio perdonado.—«Encelado» por disimulado.

Yerros de amor, dignos son de perdón.—Porque provienen de la nobleza del sentimiento.

Yerros (Los) del médico encubre la tierra; los del rico, la hacienda.— Es como: «El yerro del médico, la tierra lo tapa», etc.

Yo a vos por honrar, vos a mi por encornudar.—Se dice de los que corresponden con daño a las atenciones que reciben.

Yo dueña y vos doncella, ¿quién barrerá la casa?—Es como: «La una por la otra, la casa sin barrer».

Yo duro y vos duro, ¿quién llevará lo maduro?—Se dice cuando dos personas se obstinan cada una en una cosa contraria.

Yo no lo entiendo, que tanta gente de bonete dónde mete. —Es como: «Tanta gente de bonete, ¿dónde mete?, pues dejar de meter no puede ser».

Yo que me callo, piedras apaño.—Da a entender que a veces el que menos dice es el que más hace.

Yo que no duermo, a todos doy mal sueño.

Yo soy Duero, que todas las aguas bebo; si no es a Guadiana, que se va por tierra llana, y a Ebro, que no le veo, y a Guadalquivir, que nunca le vi.

Yo soy Ebro, que todos las aguas bebo; si no es a Duero, que no le veo, y a Tajo, que no le alcanzo, y a Guadalquivir, que nunca le vi, y a Guadiana, que se va por tierra llana.

Yo soy la que hiedo, que no el atún que vendo.

Yo te hice y tú me enseñas.—Semejante a: «Los hijos de Verdolé, que le enseñen a j... a su padre».

Yo te perdono el mal que me has hecho por lo bien que me sabes.— Semejante a: «Más vale un gusto que cien panderos».

Z

Zagala (La) y el garzón, para en uno son.—Se dice cuando dos cosas vienen muy bien la una a la otra.

Zamarra (La) mala, hacia mí la lana, y la buena, carnaza afuera.—Dice que las vestiduras de piel deben colocarse siempre con el pelo hacia dentro, porque si no, no abrigan.

Zamarra (La) y la vileza, al que se aveza.—«Aveza» por acostumbrar. Dice el refrán que aun a las cosas toscas y perversas se llega el hombre a acostumbrar a fuerza de tiempo.

Zancas vanas, zancas vanas, temprano espigas y tarde granas.—*Calla, calla, rodilludo, que a do tú faltas, yo cumplo.* —Es diálogo que sostienen el trigo y el centeno.

Zapatero amigo, las suelas quemadas y el hilo podrido.— Responde al dicho del comerciante: «Con los amigos se vive».

Zapatero, a tus zapatos.—Aconseja que cada cual se ocupe de lo que le corresponde.

Zapatero solíades ser; volveos a vuestro menester.—Dice que cada uno se ocupe de lo que sabe y conoce.

Zapato roto o sano, más vale en el pie que no en la mano.—Recomienda que cada cosa se emplee para lo que es.

Zaragoza la harta, Valencia la bella, Barcelona la rica, Huesca la amena.

Zarza (La) da el fruto espinando y el ruin llorando.— Dice que los beneficios que puede producir la gente mezquina son siempre escasos y llenos de inconvenientes.

Zorra (La) mudará los dientes, mas no las mientes.—Es como: «El pelo muda la raposa, mas el natural no despoja».

Zorra (La) no se anda a grillos.—Dice que cada uno sigue su natural o su negocio.

Zorra (La) va por el mijo y no come; mas dale con el rabo y sacude el grano.—Dice que la persona mala por dondequiera que pasa deja su huella.

Zorra (La) vieja vuélvese bermeja.

Zorrilla que mucho tarda, caza aguarda.—Da a entender que el que va a emprender un negocio no debe precipitarse, sino reflexionar bien antes de decidirse.

Zorrilla tagarnillera, hácese muerta por asir la presa.— Se dice de las personas muy astutas.

Zorros en zorrera, el humo los echa fuera.—Dice que para librarse de las personas malvadas no hay más remedio que emplear medios a propósito para ello.

Zurdos y calvos y rubios no habían de estar en el mundo. —Los moteja de malos.

EL CRÍTICO Y EDITOR - Juan Bautista Bergua

Juan Bautista Bergua nació en España en 1892. Ya desde joven sobresalió por su capacidad para el estudio y su determinación para el trabajo. A los 16 años empezó la universidad y obtuvo el título de abogado en tan sólo dos años. Fascinado por los idiomas, en especial los clásicos, latín y griego, llegó a convertirse en un célebre crítico literario, traductor de una gran colección de obras de la literatura clásica y en un especialista en filosofía y religiones del mundo. A lo largo de su extraordinaria vida tradujo por primera vez al español las más importantes obras de la antigüedad, además de ser autor de numerosos títulos propios.

Su librería, la editorial y la "Generación del 27"

Juan B. Bergua fundó la Librería-Editorial Bergua en 1927, luego Ediciones Ibéricas y Clásicos Bergua. Quiso que la lectura de España dejara de ser una afición elitista. Publicó títulos importantes a precios asequibles a todos, entre otros, los diálogos de Platón, las obras de Darwin, Sócrates, Pitágoras, Séneca, Descartes, Voltaire, Erasmo de Rotterdam, Nietzsche, Kant y los poemas épicos de La Ilíada, La Odisea y La Eneida. Se atrevió con colecciones de las grandes obras eróticas, filosóficas, políticas, y la literatura y poesía castellana. Su librería fue un epicentro cultural para los aficionados a literatura, y sus compañeros fueron conocidos autores y poetas como Valle-Inclán, Machado y los de la Generación del 27.

El Partido Comunista Libre Español y las amenazas de la izquierda

Poco antes de la Guerra Civil Española, en los años 30, Juan B. Bergua publicó varios títulos sobre el comunismo. El éxito, mucho mayor de lo esperado, le llevó a fundar el Partido Comunista Libre Español que llegaría a tener mas de 12.000 afiliados, superando en número al Partido Comunista prosoviético oficial existente. Su carrera política no duró mucho después que estos últimos le amenazaran de muerte viéndose obligado a esconderse en Getafe.

La Censura, quema de libros y sentencia de muerte de la derecha

Juan B. Bergua ofreció a la sociedad española la oportunidad de conocer otras culturas, la literatura universal y las religiones del mundo, algo peligrosamente progresivo durante esta época en España.

En el 1936 el ejército nacionalista del General Franco llegó hasta Getafe, donde Bergua tenía los almacenes de la editorial. Fue capturado, encarcelado y sentenciado a muerte por los Falangistas, la extrema derecha.

Mientras estuvo en la cárcel temiendo su fusilamiento, se quemaron miles de libros por encontrarlos contradictorios a la Censura, todas las existencias de las colecciones de la Historia de Las Religiones y la Mitología Universal, los libros sagrados de los muertos de los Egipcios y Tibetanos, las traducciones de El Corán, El Avesta de Zoroastrismo, Los Vedas (hinduismo), las enseñanzas de Confucio y El Mito de Jesús de Georg Brandes, entre otros.

Aparte de los libros religiosos y políticos, se perdieron otras colecciones como Los Grandes Hitos Del Pensamiento. Ardieron 40.000 ejemplares de La Crítica de la Razón Pura de Kant, y miles de libros más de la filosofía y la literatura clásica universal. La pérdida de su negocio fue un golpe tremendo, el fin de tantos esfuerzos y el sustento para él y su familia…fue una gran pérdida también para el pueblo español.

Protegido por General Mola y exiliado a Francia

Cuando General Emilio Mola, jefe del Ejército del Norte nacionalista y gran amigo de Bergua, recibe el telegrama de su detención en Getafe intercede inmediatamente para evitar su fusilamiento. Le fue alternando en cárceles según el peligro en cada momento.

–El General y "El Rojo"–Su amistad venia de cuando Mola había sido Director General de Seguridad antes de la guerra civil. En 1931, tras la proclamación de la Segunda República, Mola se refugió durante casi tres meses en casa de Bergua y para solventar sus dificultades económicas Bergua publicó sus memorias. Mola fue encarcelado, pero en 1934 regresó al ejército nacionalista y en 1936 encabezó el golpe de estado contra la República que dio origen a la Guerra Civil Española. Mola fue nombrado jefe del Ejército del Norte de España, mientras Franco controlaba el Sur.

Tras la muerte de Mola en 1937, su coronel ayudante dio a Bergua un salvoconducto con el que pudo escapar a Francia. Allí siguió traduciendo y escribiendo sus libros y comentarios. En 1959, después de 22 años de exilio, el escritor regresó a España y a sus 65 años comenzó a publicar de nuevo hasta su fallecimiento en 1991. Juan Bautista Bergua llegó a su fin casi centenario.

Escritor, traductor y maestro de la literatura clásica, todas sus traducciones están acompañadas de extensas y exhaustivas anotaciones referentes a la obra original. Gracias a su dedicado esfuerzo y su cuidado en los detalles, nos sumerge con su prosa clara y su perspicaz sentido del humor en las grandes obras de la literatura universal con prólogos y notas fundamentales para su entendimiento y disfrute.

Cultura unde abiit, libertas nunquam redit.
Donde no hay cultura, la libertad no existe.

LA CRÍTICA LITERARIA
www.LaCriticaLiteraria.com

TODO SOBRE LITERATURA CLÁSICA, RELIGIÓN, MITOLOGÍA, POESÍA, FILOSOFÍA...

La Crítica Literaria es la librería y distribuidor oficial de Ediciones Ibéricas, Clásicos Bergua y la Librería-Editorial Bergua fundada en 1927 por Juan Bautista Bergua, crítico literario y célebre autor de una gran colección de obras de la literatura clásica.

Nuestra página web, LaCriticaLiteraria.com, es el portal al mundo de la literatura clásica, la religión, la mitología, la poesía y la filosofía. Ofrecemos al lector libros de calidad de las editoriales más competentes.

LEER LOS LIBROS GRATIS ONLINE
www.LaCriticaLiteraria.com

La Crítica Literaria no sólo está dedicada a la venta de libros nacional e internacional, también permite al lector la oportunidad de leer la colección de Ediciones Ibéricas gratis online, acceso gratuito a más que 100.000 páginas de estas obras literarias.

LaCriticaLiteraria.com ofrece al lector un importante fondo cultural y un mayor conocimiento de la literatura clásica universal con experto análisis y crítica. También permite leer y conocer nuestros libros antes de la adquisición, y tener la facilidad de compra online en forma de libros tradicionales y libros digitales (ebooks).

COLECCIÓN LA CRÍTICA LITERARIA

Nuestra nueva **"Colección La Crítica Literaria"** ofrece lo mejor de los clásicos y análisis de la literatura universal con traducciones, prólogos, resúmenes y anotaciones originales, fundamentales para el entendimiento de las obras más importantes de la antigüedad.

Disfrute de su experiencia con nosotros.

www.LaCriticaLiteraria.com